NORTHROP FRYE E JAY MACPHERSON
A BÍBLIA E OS MITOS CLÁSSICOS
A ESTRUTURA MITOLÓGICA DA CULTURA OCIDENTAL

TRADUÇÃO DE IGOR BARBOSA

SÉTIMO
SELO

NORTHROP FRYE E JAY MACPHERSON
A BÍBLIA E OS MITOS CLÁSSICOS
A ESTRUTURA MITOLÓGICA DA CULTURA OCIDENTAL

SÉTIMO SELO

A Bíblia e os mitos clássicos: a estrutura mitológica da cultura ocidental
Northrop Frye e Jay Macpherson
1ª edição — janeiro de 2023 — CEDET
Título original: *Biblical and Classical Myths: The Mythological Framework of Western Culture.*
© University of Toronto Press, 2004
Originalmente publicado pela University of Toronto Press, Toronto, Canadá.
Esta edição é publicada em acordo com a University of Toronto Press e intermediada pela International Editors' Co.

Grafia atualizada segundo o Acordo Ortográfico da Língua Portuguesa de 1990, adotado no Brasil em 2009.

Os direitos desta edição pertencem ao
CEDET — Centro de Desenvolvimento Profissional e Tecnológico
Av. Comendador Aladino Selmi, 4630— Condomínio GR2, galpão 8
CEP: 13069-096 — Vila San Martin, Campinas (SP)
Telefone: (19) 3249-0580
E-mail: livros@cedet.com.br

EDITOR	Ulisses Trevisan Palhavan
TRADUÇÃO	Igor Barbosa
REVISÃO	Paulo Bonafina
PREPARAÇÃO DE TEXTO	Juliana Tessari Coralli
DIAGRAMAÇÃO	Virgínia Morais
CAPA	NOZ nozmarca.com
IMAGEM DA CAPA	*The Whirlwind: Ezekiel's Vision of the Cherubim and Eyed Wheels* (c. 1803), de William Blake (1757–1827)
LEITURA DE PROVA	Mariana Souto Figueiredo Juliana Tessari Coralli Flávia Regina Theodoro
CONSELHO EDITORIAL	Adelice Godoy César Kyn d'Ávila Silvio Grimaldo de Camargo

FICHA CATALOGRÁFICA

Frye, Northrop (1912–1991).

A Bíblia e os mitos clássicos: a estrutura mitológica da cultura ocidental / Northrop Frye e Jay Macpherson; tradução de Igor Barbosa — 1ª ed. — Campinas, SP: Editora Sétimo Selo, 2023.

Título original: *Biblical and Classical Myths: The Mythological Framework of Western Culture.*

ISBN: 978-65-88732-55-7

1. Bíblia e literatura 2. Mitologia clássica

I. Macpherson, Jay (1931–2012) II. Título

CDD — 809.93522/292.13

ÍNDICE PARA CATÁLOGO SISTEMÁTICO
1. Bíblia e literatura — 809.93522
2. Mitologia clássica — 292.13

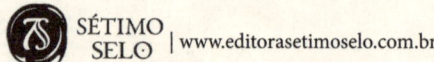

Reservados todos os direitos desta obra. Proibida toda e qualquer reprodução desta edição por qualquer meio ou forma, seja ela eletrônica, mecânica, fotocópia, gravação ou qualquer outro meio de reprodução, sem permissão expressa do editor.

Sumário

Apresentação 7

Prefácio à edição conjunta 9

Abreviaturas 11

SIMBOLISMO NA BÍBLIA | *Northrop Frye*

Prefácio 15

1. Uma abordagem da Bíblia e traduções da Bíblia 19
2. A forma da Bíblia 33
3. Imagens do Paraíso: árvores e água 43
4. Demoníaco em paródia e demoníaco manifesto: árvores e água 53
5. Imagética sexual: a noiva e o noivo; a Grande Prostituta e a Prostituta Perdoada 63
6. Imagética pastoril e agrícola 73
7. O mundo dos anjos; Leviatã, dragões e o Anticristo 85
8. Paródias demoníacas e o herói de além-mar 95
9. O espelho duplo: o Êxodo e o Evangelho 105
10. A metáfora da realeza 113
11. Rei, sacerdote e profeta 123
12. A questão da primogenitura 131
13. Gênesis: no princípio 147
14. Gênesis: a criação dos sexos; Êxodo: uma herança revolucionária 157
15. Lei: a instalação da ordem em uma sociedade 167
16. Lei e revolução; Sabedoria: o provérbio 177
17. Sabedoria: brincar diante de Deus; Eclesiastes: vaidade das vaidades 187

18. Jó: uma provação 197
19. Jó e o tema da tragédia...207
20. Jó e a humanidade restaurada..219
21. A linguagem da proclamação: estilo e ritmo na Bíblia;
    o Evangelho: reescritura dos mandamentos 229
22. Apocalipse: a remoção do véu 239
23. Apocalipse: depois que o ego desaparece 249
24. A linguagem do amor..261
Nota sobre as ilustrações...273
A Bíblia e outras leituras 275

Quatro idades: os mitos clássicos | Jay Macpherson

Prefácio 283
Introdução 285
1. No princípio..289
2. Primavera e inverno 307
3. Amores dos deuses e metamorfoses...319
4. Os heróis 331
5. A casa real de Tebas...365
6. A história de Troia 373
7. Cupido e Psiquê 409
8. O fim e o pós-morte dos deuses..417
Nota sobre as ilustrações 433
Nota sobre os nomes clássicos 435
Sugestões para leitura adicional 437

Índice bíblico 441
Índice de mitologia clássica..457

Apresentação

Nas décadas de 1970 e 1980, Northrop Frye e Jay Macpherson deram, juntos, um curso muito influente, na Victoria College da Universidade de Toronto, no qual Frye se dedicou aos mitos bíblicos e Macpherson, aos clássicos. *A Bíblia e os mitos clássicos* tenta recriar a sinergia notável daquele curso, combinando as palestras de Frye (publicadas apenas muito recentemente em *The Collected Works of Northrop Frye*) e o popular livro de Macpherson publicado em 1962, *Quatro idades: os mitos clássicos*.

As palestras de Frye sobre a Bíblia, que compõem a primeira metade deste livro, expõem uma ampla variedade de temas relacionados à imagética e narrativas bíblicas. Na segunda metade, Macpherson reconta os principais mitos clássicos, explorando suas interconexões e suas sobrevidas em tradições europeias posteriores.

Combinando a tradição bíblica e a clássica, este volume oferece uma introdução abrangente à mitologia ocidental. Interessante e acessível, *A Bíblia e os mitos clássicos* representa uma conquista única da erudição acadêmica e é um volume essencial para estudantes e para todos os interessados em literatura e estudos culturais.

NORTHROP FRYE foi professor no Departamento de Inglês da Victoria College, Universidade de Toronto.

JAY MACPHERSON foi professora no Departamento de Inglês da Victoria College, Universidade de Toronto.

Prefácio à edição conjunta

Ao longo de suas carreiras, os dois autores deste livro foram professores na Victoria College, da Universidade de Toronto: Northrop Frye de 1939 a 1991 e Jay Macpherson de 1957 a 1996. Frye foi uma figura proeminente na crítica moderna, autor de mais de trinta livros, incluindo os muito influentes *Fearful Symmetry: A Study of William Blake*, *Anatomia da crítica: quatro ensaios* e *O grande código: a Bíblia e a literatura*. Macpherson é conhecida há muito tempo como uma das maiores poetisas do Canadá, sendo autora de *The Boatman* e *Welcoming Disaster*, e como uma pesquisadora tanto da mitologia clássica (*Four Ages of Man*) quanto dos padrões de romance na literatura europeia e norte-americana (*The Spirit of Solitude: Conventions and Continuities in Late Romance*).

Embora sejam muito diferentes entre si, tanto no estilo quanto pessoalmente, Frye e Macpherson têm em comum o fato de terem sido professores excepcionalmente comprometidos e eficazes. Grande parte de sua escrita acadêmica surgiu de seu trabalho como professores universitários e foi projetada para ajudar os leitores estudantes e outros. Este livro é a quintessência de Frye e Macpherson. A erudição subjacente é extensa e profunda, mas as apresentações dos mitos bíblicos e clássicos são facilmente acessíveis a qualquer aluno atento. Os textos não perderam o frescor de quando foram apresentados pela primeira vez, na forma oral e escrita, respectivamente. O aparato crítico agora disponibilizado com o trabalho de cada autor é atualizado, discreto e criteriosamente escolhido para ajudar os leitores interessados a ir mais longe nas áreas de estudos mitológicos e culturais que mais lhes interessarem. As ilustrações e mapas, escolhidos por Jay Macpherson e Margaret Burgess, são simples, informativos e elegantes.

A Bíblia e os mitos clássicos: a estrutura mitológica da cultura ocidental é o resultado de certas circunstâncias e colaborações. Eu sou editor-geral das *Collected Works of Northrop Frye*, uma edição acadêmica de trinta e três volumes publicada pela University of Toronto Press. Como editor do volume 13 deste projeto, Robert D. Denham publicou em 2003 os *Notebooks and Lectures on the Bible and Other Religious Texts* de Northrop Frye. Em resposta à entusiasmada recepção de leitores externos e internos ao manuscrito de Denham, Ron Schoeffel e Bill Harnum, gerentes da editora, nos pediram para disponibilizar as famosas palestras de Frye sobre a Bíblia em uma edição de bolso. Esse pedido estava em perfeito acordo com minhas ideias sobre os materiais de Frye. Por mais de cinquenta anos suas palestras, em constante variação temática, influenciaram muitas centenas de alunos e os levaram a um estado de consciência cultural inaudito; eu fui um desses felizardos. Mas tive uma ideia adicional: complementar o texto dessas palestras com a versão de Macpherson dos mitos clássicos. Isso resultaria numa rica apresentação das duas mitologias do mundo ocidental, que há muito tempo se encontram entrelaçadas, como indica o subtítulo deste livro, escolhido por ser o nome do curso que Frye e Macpherson ministraram por alguns anos a partir de 1973–1974. A Press gostou da ideia da combinação e Macpherson prontamente concordou em ajudar. Ela trabalhou dedicadamente na preparação deste livro, interrompendo sua própria pesquisa para esta atividade. Ela e eu recebemos assistência especializada e detalhada de Margaret Burgess, também uma co-professora (posteriormente) do curso de Frye, e um membro muito experiente e prestativo de nossa equipe editorial.

Em um período da história humana em que inúmeras culturas se acotovelam diariamente, às vezes criativamente e às vezes com resultados ferozmente destrutivos, é importante entender as tradições da cultura ocidental em suas combinações e recombinações. A esse fim este livro se dedica.

ALVIN A. LEE

Abreviaturas

AC *Anatomy of Criticism: Four Essays.* Princeton: Princeton University Press, 1957.

AV Authorized Version (Versão Autorizada).

CR *Creation and Recreation.* Toronto: University of Toronto Press, 1980.

CW Collected Works of Northrop Frye.

DG *Divisions on a Ground: Essays on Canadian Culture.* Ed. James Polk. Toronto: Anansi, 1982.

DV *The Double Vision: Language and Meaning in Religion.* Toronto: University of Toronto Press, 1991.

NF Northrop Frye.

NFR *Northrop Frye on Religion: Excluding "The Great Code" and "Words with Power".* Ed. Alvin A. Lee e Jean O'Grady. CW, 4. Toronto: University of Toronto Press, 2000.

GC *The Great Code: The Bible and Literature.* Nova York: Harcourt Brace Jovanovich, 1982.[1]

RSV Revised Standard Version (Versão Padrão Revisada).

---

[1] As referências GC foram atualizadas para o respectivo número da página na edição brasileira: Northrop Frye, *O grande código: a Bíblia e a literatura.* Campinas: Sétimo Selo, 2021, 1ª ed. — NE.

Biblia Pauperum 1: Anunciação
(Lc 1, 26–38)

Eva e a serpente
(Gn 3, 1–7)

O velo de Gideão
(Jz 6, 36–40)

SIMBOLISMO NA BÍBLIA

NORTHROP FRYE

Editado por
Robert D. Denham

Prefácio

O texto apresentado a seguir vem de uma série de vinte e quatro palestras que Frye proferiu em seu curso intitulado "A estrutura mitológica da cultura ocidental" em 1981–1982. As palestras, transcritas por Anis George e editadas por Michael Dolzani, foram originalmente impressas em livretos encadernados em espiral que acompanhavam as fitas de vídeo das palestras de Frye, intituladas *The Bible and Literature: A Personal View from Northrop Frye*, uma série concebida e produzida por Robert Sandler. Esses livretos incluíam extensos guias de ensino para cada uma das fitas de vídeo, preparados pelo Professor Dolzani, que era na época assistente de pesquisa de Frye. Os trinta programas da série de vídeos, cada qual com vinte e seis minutos de duração, foram publicados pelo Centro de Mídia da Universidade de Toronto. Frye havia originalmente perguntado a Sandler se ele aceitaria escrever uma série da TV Ontário sobre literatura, com a participação de Frye, baseada no modelo de *The Ascent of Man*, de Jacob Bronowski, e *Civilization*, de Kenneth Clark. Esse projeto fracassou, mas Sandler, depois de assistir às palestras bíblicas de Frye, acabou convencendo o Centro de Mídia da Universidade de Toronto a gravar as palestras. Sandler então as editou, eventualmente excluindo parte do material para caber no formato de meia hora ou dividindo o material de duas palestras diferentes para formar um único vídeo. Os textos completos das vinte e quatro palestras de Frye estão, no entanto, impressos nos manuais de ensino; é o que reproduzimos nas páginas seguintes. Os títulos das palestras seguem, integralmente ou com adaptações, os dos guias de estudo. Em seis ocasiões, dois programas da série de vídeos foram derivados de uma só palestra. Assim, vinte e quatro palestras resultaram em trinta programas. Erros tipográficos foram simplesmente corrigidos; as emendas ao texto foram listadas no fim das palestras e publicadas no volume 13 das *Collected Works, Notebooks and Lectures on the Bible and Other Religious Texts*, de Northrop Frye, mas foram omitidos da presente edição. Ressalte-se que o texto-cópia não é de uma retranscrição das fitas das próprias palestras, mas é uma versão editada da transcrição feita no início dos anos 1980. Emendas e mudanças editoriais no texto, portanto, não são necessariamente alterações do que Frye disse, mas da transcrição impressa das palestras.

Cursos sobre a Bíblia Inglesa foram oferecidos no Victoria College desde o momento em que o Departamento de Conhecimento Religioso foi estabelecido em 1904–1905, quando cursos de duas horas por semana eram opções tanto no primeiro quanto no segundo ano. Em 1930–1931, quando Frye estava no segundo ano da graduação, esses cursos foram disponibilizados para todos os quatro anos — uma hora por semana no primeiro ano, duas horas por semana no segundo ano e três horas por semana no terceiro e quarto anos para alunos do Curso Pass e uma hora por semana em todos os quatro anos para alunos do Curso Honour. As primeiras experiências de Frye com o ensino nesta área foram conduzidas sob os auspícios do Movimento Cristão Estudantil durante um período de quatro anos. No início da década de 1940, ele conduziu pequenos grupos de discussão sobre "Mitologia e simbolismo da Bíblia", "Revelação", "Religião comparada" e "Simbolismo no Livro do Apocalipse". Em algum momento, em meados da década de 1940, Frye começou a ministrar um curso sobre a Bíblia Inglesa sob os auspícios do Departamento de Conhecimento Religioso. Uma vez estabelecido, o curso continuou mais ou menos inalterado até 1966–1967, quando foi listado como "Simbolismo na Bíblia". Em 1970–1971, após a formação do Departamento de Estudos Religiosos, o curso foi descrito como "um estudo da Bíblia baseado na concepção de sua unidade imaginativa e doutrinal, e abordado através do exame de seus temas e imagens recorrentes. Tenta-se, em certa medida, indicar como uma visão tradicional da Bíblia influenciou a poesia e o pensamento do mundo ocidental". A grande transformação final do curso — embora não necessariamente das próprias palestras de Frye — ocorreu em 1973–1974, quando Jay Macpherson se juntou a ele em uma parceria pedagógica. Nessa época, o curso foi rebatizado como "A estrutura mitológica da cultura ocidental". Macpherson acrescentou um módulo de palestras sobre mitologia clássica para acompanhar as de Frye sobre a Bíblia. Ela foi sucedida por Marguerite Stobo, que substituiu Macpherson interinamente em 1978–1979 e definitivamente em 1980–1981, sendo, por sua vez, sucedida por Margaret Burgess, que ensinou ao lado de Frye de 1987–1988 até sua morte em 1991 e a quem sou grato por esta informação sobre o curso bíblico — e por grande parte deste texto.

Robert D. Denham

Biblia Pauperum 2: Natal do Senhor
(Lc 2)

Moisés e a sarça ardente
(Ex 3)

O cajado de Aarão
(Nm 17)

1

Uma abordagem da Bíblia e traduções da Bíblia

Sendo minha tarefa, neste curso, apresentar um estudo da narrativa e imagética da Bíblia em vernáculo, talvez valha a pena, na tentativa de esclarecer meu objetivo, esboçar a história do próprio curso, e assim explicar por que comecei a ministrá-lo.

Sua história remonta à época em que eu era instrutor júnior, quando então me vi falando ao chefe do meu departamento sobre as dificuldades que havia encontrado em fazer meus alunos entenderem o que se passa em *Paraíso perdido*. A dificuldade, no caso, era obviamente a falta de conhecimento bíblico. Ele disse: "Mas como será possível dar aulas sobre *Paraíso perdido* para pessoas que não sabem a diferença entre um filisteu e um fariseu?". Fiquei tentado a responder que, dado o *status* de classe média de meus alunos, essa distinção específica talvez não fosse muito relevante para eles. Porém, dado que eu não costumava falar assim com meu chefe de departamento, limitei-me a perguntar: "O que eu faço, nesse caso?". Ao que ele respondeu: "Nesse caso, você dá um curso sobre a Bíblia em inglês".

Naquela época, "conhecimento religioso" era uma matéria da faculdade em Victoria, em Trinity e na St. Michael. A University College também tinha cursos de conhecimento religioso, mas via-se obrigada a oferecê-los sob títulos eufemísticos como "Estudos do Oriente Próximo" ou "Línguas orientais" para que o Queen's Park não se assustasse ao pensar que havia uma faculdade interessada em Deus gastando o dinheiro público.[1]

Os cursos naturalmente difeririam muito. Se você fosse a St. Michael, receberia exclusivamente Santo Tomás de Aquino, com talvez uma ou duas aulas

---

1. As três primeiras dessas quatro faculdades federadas da Universidade de Toronto eram afiliadas a tradições religiosas: a Victoria era metodista (posteriormente Igreja Unida do Canadá); a Trinity, anglicana; e a St. Michael, católica romana. O University College tornou-se o braço docente da universidade quando foi secularizado em 1849.

sobre Santo Agostinho como sobremesa; de modo que os cursos de religião eram bastante fechados nas várias faculdades. Quando o Departamento de Religião da universidade foi organizado, eu pude continuar ministrando o curso dentro do departamento. Mas então, sob os novos regulamentos, ele tornou-se um meio-curso, e como para mim meios-cursos não são nada mais que um incômodo para os alunos, pedi a colegas que ministrassem também um curso de mitologia clássica, assim completando e expandindo a ideia original do curso: a de proporcionar aos alunos — tanto aqueles que se interessam principalmente por literatura quanto os demais — algum conhecimento das tradições culturais nas quais todos fomos criados e pelas quais todos estamos circunscritos em cada momento de nossas vidas, quer saibamos disso ou não.

Tomou-me algum tempo encontrar a fórmula certa para um curso sobre a Bíblia. Consultei os currículos de outras universidades e descobri que eles davam cursos chamados "A Bíblia como literatura", que envolviam cortar pedaços da Bíblia como o Livro de Jó e as parábolas de Jesus, dizendo: "Veja bem, estes trechos não são literários?". Tal abordagem ia contra todos os meus instintos de crítico, porque esses instintos me diziam que o que um crítico faz, quando tem diante de si qualquer documento verbal, é começar lendo no canto superior esquerdo da primeira página e continuar até chegar ao canto inferior direito da última página. Contudo, muitas pessoas que tentaram a façanha de ler a Bíblia fugiram depois de pouco avanço, geralmente em algum lugar no meio de Levítico.

Parte da razão é que a Bíblia aparenta ser uma pequena biblioteca de livros, uma miscelânea de vários textos, não um livro apenas. Poderíamos nos arriscar a dizer que não existe *um* livro chamado a Bíblia. De fato, a própria palavra "bíblia" vem do grego *ta biblia*, que é plural: "Os livrinhos". Daí surge a possibilidade de que "a Bíblia", como a chamamos, seja apenas um nome que damos por conveniência a uma pilha de livros encadernados em uma capa.

Por isso, eu tive de seguir para o próximo estágio: estabelecer que existe, de fato, uma unidade genuína na Bíblia e que esta unidade assume dois tipos. Primeiro, há uma unidade narrativa. Como eu disse, nem todo mundo lê a Bíblia do Gênesis ao Apocalipse; mas quem o fizer descobrirá que a Bíblia tem, pelo menos, um começo e um fim. Ela começa, logicamente, com a Criação, no início dos tempos; e logicamente termina no final dos tempos, com o Apocalipse, examinando toda a história humana entre esses dois marcos — ou a parte da história que lhe interessa —, sob os nomes simbólicos de Adão e Israel.

Assim, a unidade narrativa da Bíblia, que existe apesar da natureza variada de seu conteúdo, foi algo que enfatizei. E essa preocupação com a narrativa me parece ser uma característica distintiva da Bíblia em comparação com outros livros sagrados. No Alcorão, por exemplo, as revelações de Maomé foram reunidas após sua morte e organizadas por ordem de extensão, o que sugere que a revelação no Alcorão não dá atenção à continuidade narrativa — pois o interesse do Alcorão não é esse. Mas o fato de a Bíblia se interessar pela continuidade narrativa parece ser significativo para o estudo da literatura e por muitas outras razões.

O segundo tipo de unidade presente na Bíblia consiste no uso de um conjunto de imagens recorrentes: montanha, ovelha, rio, colina, pasto, noiva, pão, vinho e assim por diante. Elas ecoam e ressoam por toda a Bíblia e são repetidas de tantas maneiras que parecem ter uma importância temática: parece que elas estão realmente construindo algum tipo de unidade interconectada. Na essência, o presente curso se baseia nessa concepção da unidade da narrativa da Bíblia e da unidade formada por seu imaginário recorrente.

A única forma de Bíblia com a qual posso trabalhar é a Bíblia cristã, Antigo e Novo Testamento, por mais polêmicos que estes nomes possam soar. Em primeiro lugar, é a única versão da Bíblia que conheço e, em segundo lugar, é a que foi decisiva para a cultura ocidental desde a Idade Média e o Renascimento até os nossos dias.

Como sabemos, o Antigo Testamento foi escrito em hebraico, com a exceção de algumas passagens na língua aramaica, mais recente, que substituiu o hebraico como língua falada, tendo sido provavelmente a língua falada por Jesus e seus discípulos. Em hebraico, apenas as consoantes são escritas, de modo que todas as vogais são acréscimos editoriais. Portanto, o estabelecimento do texto da Bíblia hebraica levou muito tempo e ainda estava acontecendo nos tempos do Novo Testamento. Alguns séculos antes disso, os textos haviam sido traduzidos para o grego, para uso dos judeus que viviam na cidade de Alexandria, no Egito. Por serem, segundo a tradição, setenta o número de tradutores, a tradução grega do Antigo Testamento hebraico é chamada de Septuaginta, geralmente abreviada LXX (dos Setenta). O texto hebraico na forma em que o temos foi estabelecido mais tarde — é chamado de Massorético, o texto erudito ou tradicional estabelecido por rabinos e eruditos que trabalhavam principalmente nos arredores do Lago Tiberíades, na Galileia. Assim, a Septuaginta é, em muitos aspectos, mais antiga do que o texto hebraico que temos, e às vezes preserva leituras mais primitivas.

O Novo Testamento foi escrito em grego por escritores cuja língua nativa provavelmente não era o grego. O tipo de grego em que eles escreveram era chamado *koiné*,[2] o grego popular que se falava em todos os países do Oriente

---

2 Aportuguesado, "coiné" significa "comum". Segundo o dicionário Houaiss, "língua comum falada

Próximo como uma espécie de língua comum. Os escritores do Novo Testamento talvez tivessem diferentes graus de familiaridade com o texto hebraico do Antigo Testamento, mas quando o citavam, tendiam a usar a Septuaginta. Eis as primícias de um princípio que é bastante importante para a história do cristianismo. Em qualquer livro sagrado, a escrita é concentrada e aqueles que o aceitam como sagrado o tomam com extrema atenção, o que faz com que as características linguísticas da língua original sejam de grande importância. Qualquer interpretação ou comentário judaico sobre o Antigo Testamento hebraico inevitavelmente dedica-se bastante ao estudo das nuances linguísticas do texto original hebraico. A mesma coisa acontece com o Alcorão, que está tão ligado às características linguísticas do árabe que, na prática, a língua árabe teve de migrar para todos os lugares ocupados pela religião islâmica.

Já o cristianismo, enquanto religião, desde o início dependeu de traduções. Após o período do Novo Testamento, o centro do poder no mundo ocidental se fixou em Roma, e com essa mudança veio a necessidade de uma tradução latina da Bíblia. A tradução latina da Bíblia, conhecida como Vulgata (ou seja "aquela de uso comum"), foi feita por São Jerônimo e pode sem dúvida ser considerada a maior obra de erudição já alcançada por um único homem. Nos mil anos seguintes, a Bíblia Vulgata Latina *foi a própria* Bíblia na Europa ocidental. Havia muito pouco conhecimento de grego ou hebraico durante a Idade Média, e a Vulgata era, na maioria dos casos, o mais longe que alguém podia avançar na leitura da Bíblia.

Ainda na Idade Média surgiu a questão de traduzir a Bíblia para as línguas vernáculas (ou modernas). As autoridades eclesiásticas resistiram, em parte porque a questão logo se envolveu com os movimentos de reforma dentro da Igreja. Um desses movimentos de reforma foi liderado na Inglaterra por John Wyclif, contemporâneo de Chaucer no século XIV. Seus discípulos, trabalhando principalmente após sua morte, produziram uma tradução inglesa de toda a Bíblia, feita, naturalmente, a partir de uma tradução da Vulgata, do texto latino, e não do grego e hebraico. No entanto, a Bíblia Wyclifita tornou-se a base para todas as futuras traduções inglesas. No século XVI, a Reforma Protestante eclodiu na Alemanha sob Lutero, e um dos maiores esforços de Lutero para consolidar sua posição foi fazer uma tradução alemã completa da Bíblia, que se tornou, entre outras coisas, uma pedra angular da literatura alemã moderna.

---

e escrita pelos gregos nos países do Mediterrâneo oriental, nos períodos helenístico e romano. É o resultado da fusão de diversos falares gregos entre os séculos I e V a.C., tendo o dialeto ático por base" — NE.

Iniciativas semelhantes se produziram na Inglaterra. Como é sabido, Henrique VIII declarou-se o chefe da Igreja, mas não quis fazer nenhuma alteração na doutrina; então ele se divertiu, em seus últimos anos, executando protestantes por heresia e católicos por negar sua autoproclamação como chefe da Igreja. Assim, William Tyndale, o primeiro a trabalhar na tradução da Bíblia para o inglês a partir de fontes gregas e hebraicas, tornou-se um refugiado e teve de trabalhar no continente. Por fim, ele foi pego pelos capangas de Henrique e levado de volta para a Inglaterra, onde foi queimado na fogueira junto com cópias de sua Bíblia. Henrique VIII, com aquela versatilidade de intenção costumeiramente encontrada em pessoas que têm sífilis de terceiro grau, começara seu reinado sendo chamado pelo Papa de "defensor da fé", por ter escrito um panfleto atacando Martinho Lutero — na verdade, fora seu ministro Sir Thomas More que o havia escrito, mas Henrique o havia assinado. No entanto, como "defensor da fé", ele mudou de ideia sobre qual fé devia defender. Nos últimos anos de seu reinado, a Bíblia em inglês, produzida pelas mãos de vários outros tradutores, incluindo Miles Coverdale, se estabeleceu como a Bíblia oficial para a Igreja da Inglaterra, da qual ele agora era o chefe.

Ora, havia duas Bíblias no reinado da Rainha Isabel. Uma era em grande parte produto do *establishment* de direita na Igreja da Inglaterra, e era chamada de "Bíblia dos Bispos". A outra era uma Bíblia puritana, que também havia sido produzida por refugiados no continente durante o reinado da Rainha Maria, e embora fosse conhecida como a Bíblia de Genebra, às vezes é chamada de "Bíblia dos calções", porque na história de Adão e Eva se diz que, após a queda, eles sabiam que estavam nus, e então tentaram fazer para si mesmos o que a Bíblia King James castamente chama de "vestes", mas a Bíblia puritana chama de "calções". A Bíblia dos Bispos foi aprovada para uso durante o reinado de Isabel; a Bíblia de Genebra não. As objeções contra ela se dirigiam menos à qualidade da pesquisa, que era bastante minuciosa, do que às suas notas marginais, que, além de muito abundantes, declaravam a infalível justeza da posição puritana e a loucura e obstinação de todos que se opunham a ela. Mas ambas circularam na Inglaterra, e os estudiosos acreditam que Shakespeare usou — quase certamente por mero acaso — a Bíblia dos Bispos em suas primeiras peças e a Bíblia de Genebra nas tardias.

Isabel morreu em 1603; seu sucessor, o Rei Jaime VI da Escócia, mudou-se para Londres, tornando-se o Rei Jaime I da Inglaterra. Filho de Maria, Rainha da Escócia, que era, naturalmente, católica romana, o Rei Jaime ouvira muitos sermões puritanos em sua juventude, sendo assim induzido a favorecer o *establishment* mais à direita. Com efeito, um de seus lemas era "sem bispo, sem rei", pois acreditava que o sistema episcopal era essencial para a monarquia. No entanto, sendo "bem-aventurados os que promovem a paz" seu verdadeiro lema, ele considerou tentar algum tipo de reconciliação entre a direita episcopal e a esquerda puritana (naquela época os puritanos não formavam uma igreja separada, mas eram apenas um grupo dentro da Igreja da Inglaterra). Sua maneira de alcançar a reconciliação foi a tradicional convocação de uma conferência, que se reuniu em Hampton Court em 1604, e depois de algumas semanas se desfez com a costumeira balbúrdia teológica. Mas antes de chegar a esse estágio, seus membros conseguiram aprovar uma resolução muito importante, segundo a qual deveria haver uma tradução inglesa autorizada da Bíblia, a ser feita por um comitê de eruditos que representariam tanto os estudos episcopais quanto os puritanos. Esses estudiosos trabalharam em sua tradução por sete anos e, quando finalmente a publicaram em 1611, ficou conhecida como a Versão Autorizada, porque era, como diz a página de rosto, "destinada a ser lida nas igrejas".

É também frequentemente chamada de Bíblia King James. E, por favor, não se refira a ela como a "Bíblia de São Tiago". O Rei Jaime (*King James*) era uma pessoa notável em muitos aspectos: era poeta, crítico literário, diplomata, panfletário antitabagismo, homossexual inveterado e, muito provavelmente, bastardo, mas não era um santo.

A Versão Autorizada manteve sua posição, e ninguém mais tentou usar outra versão da Bíblia, exceto os católicos romanos, que novamente tiveram de trabalhar fora do país, no continente europeu. Fizeram uma tradução do Novo Testamento no início do reinado de Isabel, mais tarde também do Antigo Testamento, chegando assim à versão completa conhecida como a Bíblia Douay, porque foi concluída em Douay, na Flandres. Sua conclusão data de 1609, um pouco tarde para os tradutores da Bíblia de 1611 se beneficiarem dela. Diferentemente da Bíblia King James, a Bíblia Douay é baseada na Vulgata, que o Concílio Católico Romano de Trento declarou, no século XVI, ser a versão autêntica da Bíblia, estipulando que qualquer tradução católica da Bíblia para o inglês deveria seguir o original da Vulgata.

A sequência de Bíblias em inglês que culmina na Bíblia King James remonta à Bíblia Wyclif, que também era uma tradução da Vulgata. Depois de 1611, estudiosos como Milton ou Sir Thomas Browne geralmente continuaram a citar a Vulgata em latim, mas o uso da Bíblia em inglês naturalmente cresceu, à medida que a língua crescia.

Usarei a Bíblia King James ao longo deste livro por vários motivos. É a versão mais familiar e acessível, e mais importante: seus tradutores não pretendiam fazer uma nova tradução, mas se esforçaram por fazer uma tradução tradicional.³

Sempre houve duas tendências nos estudos bíblicos, embora estas muitas vezes tenham convergido. Uma é a tendência analítica de tentar estabelecer o que diz o texto original, que é a base da tradição crítica. A outra é a tentativa de traduzir a Bíblia de acordo com o seu sentido declarado por um consenso das autoridades eclesiásticas. A maioria das cópias da tradução King James em circulação comum omite duas coisas muito importantes, de modo que me cabe indicar uma versão da Bíblia que contenha ambas, como, por exemplo, a minha edição de Cambridge. As duas coisas geralmente omitidas são, em primeiro lugar, a sequência de livros conhecida como os Apócrifos, que explicarei em breve; em segundo lugar, a "Mensagem ao leitor" com que os tradutores da King James prefaciaram seu livro. A dedicatória ao Rei Jaime, que é quase sempre preservada em cópias da Versão Autorizada, é apenas uma peça de retórica superficial, mas a mensagem dos tradutores para o leitor é uma declaração muito cuidadosa, lúcida e honesta do que os tradutores procuraram realizar e de qual era a sua política de tradução. E uma das primeiras coisas ditas por eles é que, ao invés de fazer uma nova tradução, estavam tentando produzir uma versão da Bíblia que estivesse de acordo com toda a tradição de traduções bíblicas.

Na prática, isso significa que a Bíblia King James é uma Bíblia muito próxima da tradição da Vulgata. Portanto, aproxima-se muito da Bíblia com a qual todos estavam familiarizados na Inglaterra até 1611. E essa é a principal razão pela qual quero usá-la.

As diferenças entre as traduções católicas romanas e protestantes da Bíblia foram, a meu ver, muito exageradas e se limitam principalmente a uma série de termos técnicos relacionados à organização eclesiástica. As disputas giram em torno de saber se a palavra *episcopos* significa "bispo" ou "apóstolo"; se a palavra *ecclesia* significa "igreja" ou "congregação". Deve haver meia dúzia de palavras desse tipo, com as quais não nos ocuparemos neste curso. Trabalharemos antes com as imagens da Bíblia: com palavras como "montanha", "rio", "ovelha", "corpo" e "sangue", e assim por diante; palavras tão concretas que o tradutor não tem como se equivocar. Portanto, não há grandes dificuldades na tradução ou variedade de tradução com as quais precisemos nos preocupar.

---

3   Seguindo os mesmos critérios do autor, foram usadas alternativamente traduções literais dos trechos citados da Bíblia King James e traduções consagradas em português (Padre Matos Soares e a Ave-Maria), conforme a conveniência do próprio texto. Em alguns casos, a fim de elucidar toda a intenção do autor, foi conveniente manter o texto citado em inglês seguido de sua tradução — NT.

O grande prestígio da Bíblia King James na literatura se deve, em grande parte, ao fato de ser uma versão autorizada e designada para ser lida nas igrejas. Ou seja, seu ritmo é baseado na palavra falada e, embora haja muitos lapsos, o ouvido dos tradutores da King James para a palavra falada era extremamente aguçado. E por causa disso a Versão Autorizada manteve sua posição, até mesmo contra as traduções modernas mais eruditas.

A base oral da Bíblia King James — o fato de que esta tradução se destinava principalmente a ser lida em voz alta — explica muitas de suas características, como a prática de imprimir cada frase como um parágrafo separado, o que faz sentido para a leitura em público. O resultado é que a Versão Autorizada se estabeleceu como parte de nossa herança oral: os sons, as cadências dessa tradução continuam ecoando em nossas mentes, quer o notemos ou não.

Somente na última parte do século XIX a necessidade de versões revisadas começou a se fazer sentir, e mesmo assim o prestígio da Bíblia King James as ofuscou. Houve uma versão revisada britânica em 1885 e uma versão padrão americana em 1900:[4] ambas foram um fracasso do ponto de vista literário. Seu progresso era muito limitado, em parte porque os acadêmicos genuínos do comitê de tradução sempre acabavam cedendo aos velhos tradicionalistas, contrários a qualquer mudança; e, mais importante, porque infringiam o princípio da tradução segundo o qual não é o conhecimento acadêmico do original que torna uma tradução permanente, mas a sensibilidade à própria língua. Esses tradutores, ao tentarem alcançar uma espécie de meio-termo entre a língua do início do século XVII e a língua falada de 1885 e 1900, não conseguiram nem uma nem outra coisa devido à falta de decisão. Por exemplo, há uma frase e expressão magnífica que é repetida com muita frequência no Antigo Testamento: "Yahweh Sabaoth", que na versão King James foi vertida para "The Lord of the Hosts" [O Senhor dos Exércitos]. A Versão Revisada Americana a traduz como "Jehovah of the Hosts" [Jeová dos Exércitos]. Ora, esta é uma tradução errada, mesmo que seja mais precisa do que a versão King James. Se você não acredita que esse é um erro de tradução, experimente-o com seus ouvidos. "Jehovah of the Hosts" revela uma profunda insensibilidade ao inglês como língua falada, e nenhuma tradução que admite uma tranqueira como essa tem chance de sobreviver.

Várias outras traduções apareceram posteriormente, no século XX. A Versão Padrão Revisada de 1952 é uma que eu cito bastante. A versão comentada, cujo Antigo Testamento conta com anotações de Bruce Metzger, de Princeton

---

4   A versão revisada americana na verdade foi publicada em 1901.

— e agora não me lembro quem anotou o Novo[5] — é um livro extremamente valioso, que tem comentários e notas de rodapé muito funcionais e discretos. A Nova Bíblia Inglesa — mais britânica do que a RSV, que é, essencialmente, fruto de pesquisas americanas — saiu em 1970. E a principal Bíblia Católica Romana atualmente é chamada de Bíblia de Jerusalém. Como disse anteriormente, citarei a partir da Bíblia King James e algumas vezes terei de me referir aos Apócrifos, de modo que seria uma vantagem possuir um exemplar da Bíblia que os inclua.

Os Apócrifos são um grupo de quatorze livros que quase certamente foram escritos originalmente em hebraico. Mas a palavra "apócrifo" significa "escondido" ou "oculto": sua partícula "crif" (em inglês, *cryph*) [em português, *cripto*] vem da mesma raiz que nossas palavras "cripta" e "críptico", ou seja, coisas escondidas. E o que estava oculto neste caso era o original hebraico. Quando os estudiosos rabínicos dos primeiros séculos cristãos estavam montando seus livros canônicos, excluíram os livros que não tinham original hebraico. Consequentemente, esses sobreviveram apenas em textos gregos ou, em um caso, em latim, embora posteriormente arqueólogos tenham recuperado algumas partes dos originais hebraicos.

São Jerônimo, quando fez sua tradução da Vulgata da Bíblia para o latim, traduziu os livros dos Apócrifos, mas os colocou em uma seção separada. A Igreja de Roma, no entanto, não o seguiu neste ponto, e assim as Bíblias Católicas Romanas ainda hoje têm os livros dos Apócrifos junto com os livros do Antigo Testamento hebraico. Os Apócrifos também faziam parte do empreendimento de 1611 e foram traduzidos junto com o Antigo e o Novo Testamento. Mas os protestantes tendiam a voltar à prática de São Jerônimo de manter os Livros Apócrifos separados e, por isso, eles começaram a ser excluídos da maioria das Bíblias protestantes em circulação. Ao ler literatura inglesa anterior, no entanto, deve-se considerar que os Livros Apócrifos eram tão familiares para os leitores na Inglaterra quanto os livros do Antigo e do Novo Testamento. Por exemplo, em *O mercador de Veneza*, de Shakespeare, que é uma peça extremamente bíblica, Shylock saúda Pórcia como um "Daniel chegado ao julgamento" [4.1.23], indicando que ela é uma ótima advogada. Porém Daniel não aparece como advogado no Livro de Daniel, mas apenas em alguns dos Livros Apócrifos: a história de Susana [13, 44–63], e a história de Bel e o Dragão.[6]

---

5   Bruce M. Metzger foi o editor do Novo Testamento; Herbert G. May editou o Antigo Testamento.

6   Embora Daniel passe por um julgamento em Bel e o Dragão, ele é retratado mais como um detetive sagaz do que como um advogado. [Na Bíblia católica, essas passagens não são consideradas apócrifas, estando presentes, respectivamente, nos capítulos 13 e 14 do Livro de Daniel — NE].

Os livros do Antigo Testamento, os livros do Novo Testamento e os quatorze livros dos Apócrifos compõem o que normalmente chamamos de Bíblia. Há uma série de outros livros periféricos que não entraram nem na Bíblia nem nos Apócrifos, alguns dos quais são por si só bastante interessantes. Por exemplo, há uma coleção de escritos chamada Pseudepígrafos, que em grego significa "escritos falsos", porque foram atribuídos a figuras veneráveis que certamente não os escreveram. É verdade que muitos dos livros da própria Bíblia são pseudoepígrafos no mesmo sentido, mas esse é outro tipo de questão. Esses livros são, em grande parte, profecias sobre o fim do mundo. Foram escritos nos últimos três séculos antes da era cristã e são quase certamente de origem hebraica e judaica. Os mais conhecidos entre eles são dois livros atribuídos ao patriarca Enoque. Enoque é citado no Livro de Gênesis como o bisavô de Noé [5, 18–29]. Supõe-se que ele tenha escrito uma longa profecia apocalíptica, cuja autenticidade era aceita na Igreja primitiva. Há uma referência a ela no Novo Testamento, naquela curiosa pequena epístola conhecida como Epístola de Judas, o penúltimo livro do Novo Testamento [vv. 14–15]. Há uma citação do Livro de Enoque que fala de seu autor como o sétimo na descendência de Adão [60, 8], o que de fato Enoque é, segundo as genealogias do Gênesis. Mas logo ficou claro que o Enoque do Antigo Testamento não poderia ter escrito este livro, então ele caiu em desgraça e desapareceu da Europa Ocidental, aparecendo novamente na Abissínia, por volta de 1790, em uma versão etíope. Há um Segundo Livro de Enoque que apareceu trinta ou quarenta anos depois daquele no sul da Rússia, e vários outros livros do mesmo tipo nesta coleção. Alguns deles, como o Testamento dos Três Patriarcas e os Ditos dos Padres, são clássicos por suas próprias qualidades. Um homem chamado R. H. Charles editou os Apócrifos e os Pseudepígrafos do Antigo Testamento em dois volumes, e essa é a versão a ser consultada por quem quiser saber mais sobre eles.

Há também uma série de escritos que não entraram no cânone do Novo Testamento. Alguns poderiam muito bem ter sido incluídos: há duas cartas de Clemente — São Clemente, que era um líder na Igreja primitiva — e alguns outros de qualidade equivalente. Mas, de um modo geral, existem vários escritos apócrifos que foram aceitos na Idade Média, mas cuja autenticidade foi contestada por estudos históricos modernos. Seja como for, durante o período em que foram aceitos, sua influência cultural foi grande. Por exemplo, quem sabe ler em inglês médio[7] pode descobrir que há muitas referências ao

---

7 *Middle English* é o nome que a filologia histórica atribui às várias formas que a língua inglesa falada na Inglaterra assumiu simbolicamente a partir do final do século XI (invasão normanda) até o final do século XV (final do Renascimento). Graças ao escritor Geoffrey Chaucer (c. 1340–1400), o "inglês médio" surgiu como uma língua literária, em grande parte graças à sua obra mais famosa *Contos da Cantuária* — NE.

"*harrowing of hell*" [descida aos infernos]. Jesus após sua morte supostamente desceu ao Inferno e resgatou todas as pessoas que estavam destinadas à salvação, desde Adão e Eva até João Batista. Chaucer, por exemplo, aceita essa narrativa como oriunda do Evangelho; mas ela é inteiramente apócrifa[8] e remonta ao chamado Evangelho de Nicodemos, às vezes chamado Atos de Pilatos. É um livro interessante, mas como evangelho é uma fraude, privado de qualquer base histórica que o torne aceitável.

Também há uma série de evangelhos da infância, que narram lendas sobre a infância de Jesus. Em uma delas, Jesus está no quintal, fazendo bolos de lama, e um de seus amiguinhos aparece e interfere em sua brincadeira; então o Menino Jesus mata a criança. A mãe do menino morto vem reclamar com a Virgem Maria, que se dirige a Jesus e diz algo assim: "Olha, você não deveria sair por aí matando pessoas, isso pega mal". Ao que o Menino Jesus responde: "Ah, tudo bem". E traz então o menino morto de volta à vida, para depois continuar brincando com seus bolos de lama [Evangelho de Pseudo-Mateus 26]. Em outra parte do mesmo livro, o Menino Jesus parece não entender por qual motivo as outras crianças não queriam brincar com ele [cap. 29]; e assim por diante esses livros vão tagarelando sem parar, com a criatividade típica das mentes de segunda categoria. Ao mesmo tempo, é na qualidade de evangelhos que eles, por exemplo, atribuem uma ascendência à Virgem Maria e fazem-na filha de Santa Ana.[9] Santa Ana era a padroeira, creio eu, da província de Quebec — Ste. Anne de Beaupré.[10] Havia um famoso santuário ali, até que se percebeu que não há evidência histórica da existência de Santa Ana e que a Bíblia nada diz sobre ela: então o título foi transferido para João Batista. De todo modo, esses livros foram editados por um homem chamado Montague James, que os chama de Apócrifos do Novo Testamento. M. R. James foi reitor do Eton College, escreveu algumas histórias de fantasmas excelentes e também foi um erudito em letras clássicas.

Há também dois escritores seculares aos quais me referirei com bastante frequência. Um deles era um filósofo judeu que vivia em Alexandria, no Egito, na época de Jesus, conhecido pela posteridade como Fílon de Alexandria. Ele foi um filósofo platônico que tentou encontrar a doutrina das formas, de Platão, no relato da Criação no Gênesis. Embora sejam um tanto forçados, seus argumentos interpretativos não deixam de ser de grande interesse para qualquer um que esteja interessado no padrão imagético bíblico. O outro era

---

8 Contudo, vale lembrar o seguinte trecho da Primeira Epístola de São Pedro: "[...] foi o Evangelho também pregado aos mortos [...]" (1Pd 4, 6) — NT.

9 Isso está registrado no Livro de Tiago, ou *Protoevangelium*, 4–5, e no Evangelho de Pseudo-Mateus 4.

10 A cidade de Ste. Anne de Beaupré fica a nordeste da cidade de Quebec, no Rio St. Lawrence.

um grande historiador judeu, Flávio Josefo, que viveu na época da destruição da Judeia pelos romanos e que escreveu *Antiguidades dos judeus*, livro que, em grande parte, trata do que já tinha sido exposto no Antigo Testamento, mas acrescenta muitos detalhes sobre o período posterior. Flávio Josefo é, por exemplo, fascinado pelo Rei Herodes, que aparece no início do Novo Testamento, e grande parte de seu livro é dedicada a Herodes e seus feitos. Ele tem outro livro chamado *Guerras dos judeus*, que trata das lutas finais contra o poder romano. Esse autor é, repito, uma autoridade histórica inestimável para o período do Antigo Testamento.

Não sabemos muito sobre os evangelhos gnósticos porque eles sobrevivem apenas nas obras dos cristãos ortodoxos que os atacaram. Houve, naturalmente, razões políticas pelas quais os livros dos oponentes ortodoxos perduraram, mas os próprios livros gnósticos não. Porém, seus oponentes os citaram muitas vezes, pelo que se torna possível saber bastante coisa sobre os gnósticos. A melhor introdução ao gnosticismo é de Hans Jonas: chama-se *The Gnostic Religion* [A religião gnóstica]. Contudo, havia gnósticos pagãos e judeus, bem como cristãos: era um movimento bastante difundido. Retornarei aos gnósticos ao longo deste curso e tratarei de algumas das questões que eles levantaram.

Biblia Pauperum 3: Epifania
(Mt 2, 1–11)

Davi recebe Abner
(2Sm 3, 6–21)

Salomão recebe a Rainha de Sabá
(1Rs 10, 1–13)

Biblia Pauperum 4: Apresentação de Cristo no templo
(Lc 2, 22-39)

A purificação após o parto
(Lv 12)

Samuel consagrado ao serviço do templo
(1Sm 1, 24-28)

2

A forma da Bíblia

As citadas sequências narrativas na Bíblia pertencem a um gênero que torna muito difícil responder à seguinte pergunta: são narrativas históricas ou ficcionais? De fato, pode-se dizer que o fato distintivo, quase único, sobre a Bíblia é a impossibilidade de responder diretamente a essa pergunta.

Toda sequência de palavras, apenas pelo fato de ser uma sequência, é uma estrutura verbal na qual as palavras têm seus próprios padrões e suas próprias formas. É impossível descrever com precisão definitiva, por meio de palavras, qualquer coisa no mundo exterior, porque as palavras sempre formam seus próprios padrões autocontidos de sujeito, predicado e objeto. Elas moldam continuamente a realidade, transformando-a no que são, em essência, ficções gramaticais.

Não importa se uma sequência de palavras é chamada de história ou estória,[1] isto é, se pretende seguir uma sequência de eventos reais ou não. No que diz respeito à sua forma verbal, ela será igualmente mítica em ambos os casos. Mas notamos que qualquer ênfase no contorno, na estrutura, no padrão ou na forma sempre lança uma narrativa verbal na direção que chamamos de mítica ao invés de histórica. Para dar um exemplo, o Livro de Juízes é uma sequência de estórias sobre líderes que eram originalmente líderes tribais, mas as narrativas foram editadas para apresentar a aparência de um Israel unido passando por uma série de desastres e restaurações. Os heróis reais são diferentes a cada vez — Gideão, Jefté, Sansão, Samuel — e as histórias contadas a seu respeito naturalmente diferem em conteúdo. Mas todos se encaixam em uma estrutura semelhante: Israel abandona seu Deus, e disso resulta o desastre; um inimigo aparece, conquista o país ou o invade;

---

1 Em inglês, "history" denota narrativas de fatos reais (históricos) e "story" narrativas de fatos inventados (ficcionais) de cunho popular. Embora datada do século XIII, essa acepção de "estória" em português foi caindo em desuso no século XX, chegando a ser rechaçada por alguns linguistas (e reproposta por outros) brasileiros como sendo um anglicismo. É levando em conta essa útil distinção feita pelo autor que usaremos os respectivos termos em português — NE.

os israelitas repensam sua infidelidade, voltam-se para seu Deus novamente; um libertador ou um juiz é enviado e os traz de volta a uma situação mais ou menos similar à anterior.

Temos aqui um contorno ou padrão narrativo similar ao que se encontra em relatos históricos ou em obras literárias: aproximadamente uma forma de U. E esse padrão em forma de U é a forma típica da estrutura que conhecemos como comédia. Se examinamos uma comédia, notamos que ela apresenta uma situação que gradualmente se torna mais sinistra e ameaçadora, anunciando o desastre aos personagens com os quais simpatizamos. Então, há uma espécie de truque ou mudança repentina na trama, e por fim ela se direciona para um final feliz, onde todos se casam, e a vida real do herói e da heroína começa depois que a peça termina. É por isso que os heróis e heroínas de tantas comédias são, na verdade, pessoas bastante tediosas. Os personagens mais interessantes acabam sendo os personagens-obstáculo: os pais que proibiram um casamento, por exemplo.

Essa curva é também a forma narrativa que contém a Bíblia, porque o contorno mítico da Bíblia, se a lermos do começo ao fim, é cômico. É uma história em que o homem é colocado em um estado de natureza do qual ele cai — a palavra "queda" é algo que este diagrama indica visualmente.[2] No final da história, restaura-se a posse das coisas que ele tinha no início. O judaísmo concentra-se na história de Israel, que no Antigo Testamento deve ser restaurado no final da história, de acordo com a maneira como os profetas a enxergam. A Bíblia cristã está mais focada na história de Adão, que representa a humanidade caindo de um estado de integração com a natureza em um estado de distanciamento dela.

Em termos simbólicos, o que Adão perde é a árvore e a água da vida. Essas são imagens que veremos com mais detalhes posteriormente. Praticamente na primeira página da Bíblia nos é dito que Adão perde a árvore e a água da vida no Jardim do Éden. Praticamente na última página da Bíblia, no último capítulo do Livro do Apocalipse, o profeta tem uma visão da árvore e da água da vida devolvidas ao homem. Essa afinidade entre a estrutura da Bíblia e a estrutura da comédia é reconhecida há muitos séculos e é a razão pela qual Dante chamou sua visão do Inferno, do Purgatório e do Céu de *Comédia*.

Devemos nossas grandes tragédias em grande parte à tradição grega, que tem uma perspectiva diferente. A Bíblia não está muito próxima da tragédia: quando trata do desastre, seu ponto de vista é irônico e não trágico. Embora

---

2   Refere-se ao diagrama de uma série de formas em U conectadas que NF desenhou no quadro-negro, semelhante ao diagrama em GC, 249.

existam muitas razões para isso, a principal é que, em uma tragédia típica, há um herói que incorpora certas qualidades que sugerem o sobre-humano, e a Bíblia não reconhece nenhum herói desse tipo, exceto o próprio Jesus. A Crucificação seria a única forma trágica genuína na Bíblia, mas este é, obviamente, um episódio contido dentro de uma comédia.

E esse padrão em forma de U — de perda, retorno e redenção — é encontrado em toda a Bíblia. Esta é não apenas a forma geral que enquadra o texto como um todo; ela também aparece em muitas partes da Bíblia que não têm nada de histórico. É, por exemplo, a forma que enquadra a história de Jó, que goza de prosperidade, perde tudo o que tem e, no final da história, é restaurado à prosperidade anterior. É também a forma que enquadra a parábola de Jesus sobre o filho pródigo [Lc 15, 11–32]. Talvez seja interessante notar que, dessas histórias de perda e retorno, o filho pródigo é a única versão que temos na Bíblia em que a decisão de retornar é um ato voluntário do próprio personagem principal. Todos os outros dependem de uma confissão humana de desamparo e de uma intervenção divina.

Um fato que se liga a isso é que a nação central da narrativa bíblica é Israel, e o fato histórico mais importante sobre Israel é que os israelitas nunca tiveram sorte na disputa dos impérios: a terra de Israel era simplesmente uma estrada entre o Egito e os reinos da Mesopotâmia. Em todo o registro histórico, há apenas dois períodos muito breves de relativa prosperidade e independência: o período de Davi e Salomão e o período logo após a rebelião dos Macabeus, cerca de um século antes da época de Cristo. A razão foi a mesma em ambos os casos: um império mundial havia decaído e seu sucessor ainda não havia surgido. O período de Davi e Salomão ocorreu entre o declínio do Egito e a ascensão da Assíria, e o período dos Macabeus e seus sucessores ocorreu entre o declínio da Síria e a ascensão de Roma.

Assim, descobrimos que a história é sempre um problema em si para os narradores bíblicos. Eles estão cercados por reinos prósperos e poderosos que, embora terrivelmente perversos, parecem escapar impunes. A maioria dos escritores bíblicos está escrevendo dentro de um Israel que anseia desesperadamente por esse tipo de poder, influência e prosperidade, e que sem dúvida o consideraria a marca de um assinalado favor divino se algum dia o obtivesse. Mas, ao longo da história bíblica, isso quase nunca acontece.

Podemos ver a história de Israel, miticamente, como uma sequência de quedas e ascensões. Às vezes, a ascensão se limita a uma mudança de dominadores, mas ainda assim, esse padrão em forma de U é a maneira pela qual a estória de Israel é contada em toda a Bíblia. Dado que citar todas essas quedas e ascensões só poderia causar confusão, escolho apenas seis, em homenagem aos dias da Criação. Comecemos, naturalmente, com Adão, que é expulso do Éden e condenado a lavrar o solo, o qual é amaldiçoado, para tornar a lavra mais difícil. E assim, deixando o jardim, chegamos a um deserto. A esse símbolo do deserto, acrescentam-se duas outras imagens. Uma é a do mar, que aparece na história do dilúvio de Noé. A outra é o símbolo da cidade pagã. A primeira pessoa nascida fora do Jardim do Éden é Caim, o filho mais velho de Adão e assassino de Abel. Ele é então enviado para um país distante, e lá funda uma cidade, o que sempre foi um enigma para os leitores de Gênesis, cuja narrativa, nesse ponto, parece sugerir a existência de apenas três pessoas vivas no mundo inteiro. Mas o que é interessante é a suposição de que as cidades são a forma mais antiga de assentamento humano, em vez de aldeias, vilarejos ou fazendas isoladas.

Caim vai para o que é chamado de terra de Nod, cuja localização não sabemos, mas que parece ter sido algum lugar da Mesopotâmia. Ignoremos, por enquanto, a história do dilúvio. O primeiro movimento ascendente notável é o de Abraão, que vive em uma cidade pagã chamada Ur, na Suméria, e é tirado de lá por Deus, que o promete uma terra no Oeste. E a partir daí se sucedem os patriarcas: o filho de Abraão é Isaque; o filho de Isaque é Jacó, depois renomeado Israel. Este período parece ser em grande parte pastoril, povoado por rebanhos e manadas, num ambiente econômico essencialmente pecuário. Mas então Jacó (Israel), ao fim de uma história complicada centralizada em seu filho José, desce ao Egito.

Este é o grande evento arquetípico, por assim dizer: é aquele do qual todos os outros tomam sua forma e modelo. Os israelitas não fizeram nada de errado ao entrar no Egito; na verdade, eles receberam as boas-vindas ao chegar lá. Mas depois de um século ou dois, surgiu um faraó que decidiu exterminá-los por genocídio, e o resultado foi o Êxodo. O Êxodo, sob a liderança primeiro de Moisés e depois de Josué, os leva de volta à Terra Prometida. Mas, desta vez, a sua economia é mais agrícola. A eles é prometida uma terra que mana leite e mel [3, 8]. E embora nenhum dos dois seja um produto vegetal, o símbolo da Terra Prometida, quando eles chegam lá, é um grande cacho de uvas [Nm 13, 23-24]. Somos informados que, com alguma relutância, eles se conformam com uma vida agrícola, dependente das safras, da colheita e da vindima.

O evento crucial do Êxodo foi a travessia do Mar Vermelho. Os israelitas conseguiram atravessá-lo com segurança, mas o exército egípcio que os perseguia foi afogado em suas águas [Ex 14]. Assim, a imagem demoníaca do mar se repete na história do Êxodo, e seguem-se, como sabemos, os quarenta anos de peregrinação no deserto.

Advém o período dos juízes e, depois de algum tempo, os israelitas são dominados por muitos dos reinos vizinhos, dos quais o mais poderoso e importante era o dos filisteus. Os filisteus eram provavelmente um povo de língua grega de Chipre, e a Palestina, um tanto ironicamente, herdou deles seu nome. A essa altura, estamos nos aproximando da época da Guerra de Troia, que é uma reconstrução lendária de um período da história em que o Império Egípcio estava em declínio e era constantemente atacado por piratas do mar, a maioria dos quais eram aliados dos gregos. A armadura do gigante filisteu Golias, descrita no Livro de Samuel [1Sm 17, 5-7], é muito semelhante à armadura dos guerreiros homéricos. Portanto, estamos falando do período em torno de 1200 a 1100 a.C.

Segue-se uma prosperidade renovada, em que os grandes líderes são Davi e seu filho Salomão. Aqui as imagens passam a ser imagens urbanas. A grande façanha de Davi, do ponto de vista bíblico, foi capturar a cidade de Jerusalém e torná-la a capital de seu reino. Assim, Jerusalém torna-se a imagem central desta fase da história israelita, juntamente com o templo no Monte Sião construído por Salomão, o sucessor do trono.

Salomão é um exemplo curioso do modo como a lenda e a história estão entrelaçadas na Bíblia. O Salomão histórico não era um homem sábio, mas um homem fraco, tolo e extravagante que passou sete anos construindo um templo e treze anos construindo seu próprio palácio, e que então, por sugestão de algumas de suas setecentas esposas, amavelmente construiu mais dois ou três templos para outros deuses. Podemos dizer sem medo: o Salomão histórico, provavelmente, não era um monoteísta. Mas a lembrança de sua tributação para todas essas construções era muito amarga. Pouco depois de sua morte, seu filho, quando insinuou que iria à frente com as políticas do pai, perdeu, de imediato, cinco sextos de seu reino, que foi dividido em Israel, no Norte, e Reino de Judá, ao Sul. Depois disso, era apenas uma questão de tempo até outro cativeiro. A grande máquina de guerra assíria irrompeu pela Ásia Ocidental e destruiu o Reino do Norte por volta de 722 a.C. O Reino do Sul, Judá, teve um tempo de sossego, mas eventualmente o Rei Nabucodonosor da Babilônia veio saquear Jerusalém, e os israelitas, agora chamados de judeus, foram levados para o cativeiro na Babilônia.

O cativeiro babilônico durou cerca de setenta anos, até que a própria Babilônia foi destruída pelo poder da Pérsia. O primeiro grande rei da Pérsia, Ciro, um dos poucos homens autenticamente grandes do mundo antigo e uma tremenda figura lendária, tanto na literatura grega quanto na Bíblia, permitiu — na verdade, de acordo com a Bíblia, encorajou — os judeus a retornarem e reconstruírem seu templo [2Cr 36, 22-23; Esd 1, 1-3]. Há dois retornos que recebem destaque na Bíblia: um no final do século VI, por volta de 516 a.C., e outro cerca de um século depois, sob Esdras [7–10] e Neemias [2, 5 ss.]. Provavelmente houve outros, mas simbolicamente precisamos apenas de um retorno, que se concentra na imagem do templo reconstruído.

Segue-se uma espécie de espaço em branco. A história consecutiva do Antigo Testamento termina com a destruição de Jerusalém em 586 a.C., e temos apenas vislumbres parciais do período persa. Cabe lembrar que o Império Persa foi destruído por Alexandre, o Grande, a quem a Bíblia não dá muita importância, embora o grande historiador bíblico Josefo narre sua recepção pelo sumo sacerdote em Jerusalém com muitas expressões de estima mútua.[3] Mas o império de Alexandre, como sabemos, se desfez instantaneamente após sua morte. Judá acabou sendo anexado ao seu maior fragmento, o Império Selêucida, com sede na Síria. Finalmente, por volta de 165 a.C., iniciou-se a perseguição aos judeus não helenizados pelo Rei da Síria. Este rei, que se chamava Antíoco, deu a si mesmo o nome de Epifânio, que significa "o Glorioso". Mas, quando ele não estava ouvindo, seus cortesãos o chamavam de Epímanes, "o Lunático". Antíoco parece ter considerado a religião judaica como um insulto pessoal. Sua perseguição foi tão feroz que provocou a rebelião de um homem da tribo sacerdotal de Levi, cujos cinco filhos, todos eles também muito ativamente engajados na rebelião, são conhecidos como os Macabeus.

Os Macabeus chegaram a conquistar um certo grau de independência para o país, e realizaram a purificação do templo, talvez um evento mais importante, em seu simbolismo, do que a reconstrução. O que Antíoco tinha feito de particularmente ultrajante para os sentimentos judaicos foi colocar uma estátua do deus Apolo no Santo dos Santos,[4] a parte mais sagrada do templo. Eis por que, no aniversário desse sacrilégio, o templo foi purificado por Judas Macabeu [2Mc 10, 1–9]. A independência conquistada pelos Macabeus durou até que as legiões de Roma, chefiadas por Pompeu, viessem, mais uma vez, da Ásia Menor, e entrassem em Jerusalém no ano 62 a.C. Essa é a situação histórica que encontramos no início do Novo Testamento.

No ano 70 d.C., Jerusalém foi atacada e saqueada pelo Imperador Tito. Em 135 d.C., o Imperador Adriano expulsou todos os judeus de sua terra natal, mudou o nome de Jerusalém para um nome latino — Aelia Capitolina — e simplesmente erradicou todos os vestígios geográficos do povo judeu. Neste

---

3   Alexandre, o Grande, é mencionado alusivamente na segunda visão de Daniel ("o grande chifre" em 8, 8) e explicitamente em 1Mc 1, 1–7 e 6, 2.

4   Mais provavelmente uma estátua de Zeus Olímpico, a versão grega do sírio Baal Shamen. Ver 1Mc 1, 54; 2Mc 6, 2; Dn 11, 31 e 12, 11.

ponto, as versões judaica e cristã dessa narrativa em forma de U divergem. A interpretação cristã é que Jesus veio dar a todos esses símbolos de paz e prosperidade uma forma espiritual. Na crença judaica, isso ainda vai acontecer, e deve haver também um retorno literal do povo judeu à terra que lhe pertence.

Eu não diria que esse padrão seja cíclico. A Bíblia não gosta de visões cíclicas da história. A razão é esta: um ciclo é uma máquina, e uma visão cíclica da história é impessoal como uma máquina em seus giros. Tal visão seria parte dessa tendência perversa da humanidade de se escravizar às suas próprias invenções e às suas próprias concepções. O homem inventa a roda e logo começa a falar sobre a roda do destino, a roda da fortuna, como algo que é mais forte do que ele. Esse é o elemento Frankenstein na mente humana, um elemento que faz parte do pecado original.

A Bíblia, embora apresente uma abordagem muito oblíqua da história, ainda assim tem um interesse muito forte, até mesmo apaixonado, pelo sentido histórico. E na história, como sabemos, nada se repete exatamente. Cada situação é um pouco diferente, mas o que acontece é uma espécie de consolidação crescente dessas imagens. De modo que a imagem da restauração final da humanidade que temos no Livro do Apocalipse não é um simples retorno a um simples Jardim do Éden, mas incorpora também a imagem das cidades, das colheitas e das vindimas. Acho que a cada fase recebemos, simbolicamente, um novo aspecto da vida humana ideal, que é pensada inicialmente como um jardim onde o homem vive inteiramente dos frutos das árvores. Então, à medida que a história avança, ela incorpora os elementos do trabalho humano, elementos pelos quais o homem transforma seu ambiente em algo com forma e significado humanos. E com a concepção do templo reconstruído, soma-se o elemento do tempo. Estamos diante de algo que ocorre tanto no tempo quanto no espaço conceitual.

Pois bem, se consideramos este quadro maníaco-depressivo,[5] notamos que simbolicamente há uma certa afinidade entre todas as categorias superiores. Todas são símbolos da morada da alma, da situação ideal da vida humana. Da mesma forma, todas as categorias inferiores são símbolos recorrentes da escravidão e tirania da história humana. Trabalhamos com o princípio do mito até um certo ponto, mas então torna-se necessário invocar outro princípio, que é o princípio da metáfora.

A metáfora é a figura gramatical que diz: "Isto é aquilo". Lendo o capítulo quarenta e nove do Gênesis, que consiste na profecia de Jacó sobre as doze

---

5   Ver nota 2 da p. 34.

tribos de Israel, encontramos várias metáforas desse tipo:[6] José é um rebento de árvore fértil; Neftali é uma corsa veloz; Issacar é um jumento robusto; Dan será uma serpente no caminho [vv. 22, 21, 14, 17]. Ora, essa é a forma gramatical da metáfora, em que há duas categorias, A e B. Diz-se que são a mesma coisa, embora sejam ainda duas coisas diferentes. Portanto, a metáfora é ilógica; ou, mais precisamente, é insanidade. Portanto, ninguém pode levar uma metáfora a sério, a não ser as pessoas mencionadas no discurso de Teseu em *Sonho de uma noite de verão*: o lunático, o amante e o poeta [5.1.7–8]. A Bíblia tem muitas metáforas porque é intensamente poética.

Descobriremos, à frente, quantas das imagens da Bíblia, e até quantas das doutrinas centrais da Bíblia, ou as doutrinas centrais do cristianismo que evoluíram da Bíblia, podem ser gramaticalmente expressas apenas sob forma de metáfora. Na doutrina da Trindade, por exemplo, um é igual a três. Ou, um é três e três são um. A doutrina da presença real diz que o Corpo e o Sangue são o pão e o vinho. Jesus, na doutrina cristã, é homem e Deus. Todas essas são metáforas na expressão gramatical, e todas são afirmações que, em certo sentido, transcendem completamente o mundo da lógica. Na lógica, A só pode ser A e nunca pode ser B.

No Novo Testamento, Paulo e outros nos dizem que a Bíblia deve ser entendida espiritualmente (*pneumatikos*), e a palavra "espiritualmente" significa muitas coisas no Novo Testamento. Mas um significado que ela sempre tem, e sempre tem de ter, é "metaforicamente". Em Apocalipse 11, 8 somos informados do martírio de duas testemunhas nos últimos dias, como uma das profecias do que acontecerá no fim dos tempos. E o versículo diz: "Os seus cadáveres ficam estendidos na praça da grande cidade, que se chama espiritualmente Sodoma e Egito, onde também nosso Senhor foi crucificado". Isto é, espiritualmente, metaforicamente, Sodoma, Egito e a Jerusalém terrena são todas a mesma cidade. E da mesma forma, no simbolismo da Bíblia, Egito, Babilônia e Roma são todas simbolicamente a mesma tirania. E o Faraó do Êxodo, o Nabucodonosor da Babilônia e os opressores césares de Roma, dos quais Nero é o modelo, são metaforicamente ou espiritualmente a mesma pessoa.

Mas eles, naturalmente, são a mesma pessoa de uma forma que não nos obriga, de modo algum, a uma crença literal na reencarnação ou algo como "olha aquele homem de novo". Isto é, Antíoco, Nero, Nabucodonosor e o Faraó do Êxodo são todos espiritualmente a mesma pessoa. E da mesma forma, o Jardim do Éden, a Terra Prometida, Jerusalém e o templo no Monte Sião são todos intercambiáveis espiritualmente, a mesma imagem do ideal da alma e

---

6   Todas, aqui, extraídas da tradução de Padre Matos Soares — NT.

do lar da alma. A razão pela qual essa concepção é tão importante na Bíblia cristã é que Jesus fala continuamente sobre seu reino espiritual, deixando bem claro que ele não tem nada a ver com a derrubada do Império Romano. Eis por que a palavra "espiritual" é tão enfatizada no Novo Testamento.

Não é de algo individual ou subjetivo que falo. A palavra "espiritual" trata do que normalmente abordamos de modo individual e subjetivo, mas há um interesse social muito forte na Bíblia, que justifica parte de seu interesse histórico. No Novo Testamento, Paulo, por exemplo, fala de um momento de iluminação particular que teve. No final da Segunda Carta aos Coríntios, ele como que pede desculpas por isso, e trata da jactância, que ele desaprova em si mesmo [12, 1–12]. É muito vagamente, também, que ele trata de tal fato. Não garante que o sujeito fosse ele ou outra pessoa. E eu acho que ele está pensando no seguinte: uma religião que visa puramente a iluminação individual é uma espécie de escapismo. O que ele tenta proclamar é também algo social e revolucionário. Ele quer que o mundo desperte, e não apenas alguns indivíduos isolados.

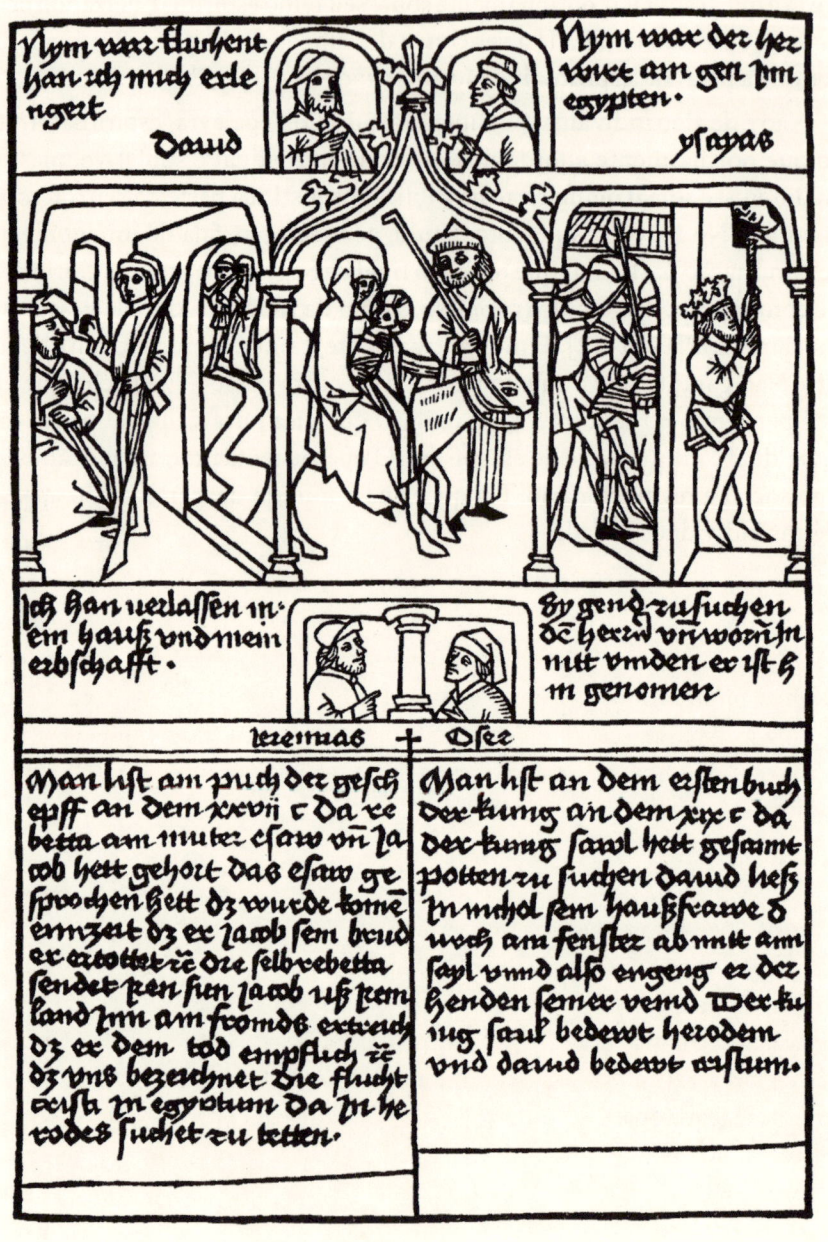

Biblia Pauperum 5: Fuga para o Egito
(Mt 2, 13–14)

Rebeca direciona Jacó a Labão
(Gn 28, 11–46)

Mical ajuda Davi a fugir
(1Sm 19, 9–17)

3

Imagens do Paraíso: árvores e água

Falei anteriormente de uma série de altos e baixos em um gráfico que lembrava o monstro do Lago Ness: Israel subia para um certo nível ideal e depois caía a um nível de escravidão, invasão ou exílio. E sugeri que as categorias superiores e as inferiores são todas metaforicamente idênticas, respectivamente. É preciso entender até que ponto a Bíblia se baseia na identificação metafórica. A metáfora na Bíblia não é um ornamento da linguagem: é o modo de pensar dominante, e a metáfora é uma afirmação que gramaticalmente afirma: "Isto é aquilo". É ilógica — ou melhor, antilógica — toda afirmação de que duas coisas são a mesma coisa e, ao mesmo tempo, duas coisas distintas. Por isso, devemos também levar em consideração que é uma característica importante da Bíblia não usar uma linguagem lógica ou predicativa. A Bíblia usa uma linguagem que tem algo em comum com a poesia, mas com um propósito ligeiramente diferente.

Eu disse ainda que havia, para começar, uma história no início da Bíblia que conta como Adão foi colocado no Jardim do Éden e depois lançado no deserto. Talvez possamos chamá-lo de forma paradisíaca de existência. Do lado ideal temos o apocalíptico: "Apocalipse" significa "revelação". O último livro da Bíblia é o *Apocalypsis Iohannis* — o Apocalipse, ou Revelação de João. O que a Bíblia tem a revelar é, entre outras coisas, um modo de vida ideal, que existe em várias categorias. A primeira categoria que nos é apresentada é a paradisíaca, que aparece sob a forma de um jardim ou oásis. O paradisíaco é representado como o mundo que Deus fez para instalar o homem, em oposição ao conceito de um mundo que alcançou sua forma através do esforço humano. E, claro, para os habitantes do deserto, o oásis, com suas árvores e água, seria a imagem perfeita da Criação providencial, de algo oferecido ao homem, sem que o homem precisasse fazer nada a respeito.

Todas essas imagens na Bíblia têm uma forma grupal e uma forma individual. A forma individual desta imagem de jardim ou oásis é a imagem de árvores e água. Ouvimos que havia duas árvores no Jardim do Éden: a árvore da vida e a árvore do conhecimento do bem e do mal. Há aí certas complicações às quais chegaremos mais tarde: as duas árvores seriam metaforicamente a mesma em duas áreas ou categorias de existência diferentes. Mas podemos dizer que existe a árvore da vida e a água da vida. A água da vida não recebe explicitamente esse nome, no relato de Gênesis; mas o uso da imagem em outras partes da Bíblia deixa bastante claro que ela é o que é. Há várias coisas interessantes a esse respeito. Como eu disse, o relato do Gênesis não fala, explicitamente, da água da vida, mas fala de rios.

Há dois relatos da Criação no Livro de Gênesis. O que aparece no início da Bíblia é muito posterior; conhecido como relato sacerdotal, ele consiste numa espécie de cosmogonia semifilosófica. Um outro relato, muito mais antigo, começa no capítulo 2, versículo 4, pelo parágrafo: *"These are the generations of the heavens and of the earth"* [Estas são as gerações dos Céus e da Terra]. A diferença entre este relato e o anterior é a repentina mudança na palavra usada no texto para referir-se a Deus. No primeiro capítulo de Gênesis, lemos: "No princípio, o Elohim criou os Céus e a Terra". Essa palavra "Elohim" é plural; a terminação "im" é um plural hebraico regular. Assim, seria teoricamente possível, ainda que demonstrativo de péssima pesquisa, traduzir o versículo de abertura de Gênesis como: "No princípio, os deuses criaram o Céu e a Terra", fato que despertou a hilaridade de Voltaire, quando soube disso. Mas o fato já era conhecido muitos séculos antes dele. Santo Agostinho havia explicado a forma plural como uma referência à Trindade cristã — o que não é muito superior em termos de rigor científico.[1] Mas, na verdade, o "im" é o que se conhece como um plural intensivo, o chamado plural majestático ou de imponência. Quando alguém contava uma piada de mau gosto na presença da Rainha Vitória, ela dizia: "Não achamos graça", referindo-se ao Império Britânico que ela mesma representava: era assim que se usava um plural intensivo.[2] E assim se obtém a forma plural de Deus usada no primeiro capítulo de Gênesis. Depois, no segundo capítulo, a partir do quarto versículo, o nome de Deus muda para "Yahweh". Ninguém sabe como se pronuncia essa palavra: são quatro letras hebraicas. No hebraico do Antigo Testamento, apenas as consoantes eram escritas, e todas — ou praticamente todas — as vogais eram acréscimos editoriais. Donde resultou que, na leitura

---

1   *Sobre a Trindade*, l. 7, cap. 5, § 12.
2   O comentário de Vitória foi inspirado pelo Exmo. Alexander Grantham (Alick) Yorke, um membro de sua corte, cujo papel era o de manter conversas divertidas. Certa vez, ele contou uma história ousada a um convidado alemão que riu alto, levando a rainha a pedir que a história fosse repetida. Ele a repetiu, e ela não achou graça. Seu "nós" não era realmente o "nós" real, já que ela falava em nome das damas ofendidas da corte (*Notebooks of a Spinster Lady*, 2 de janeiro de 1900).

das Escrituras durante o culto público, a palavra "Yahweh" fosse considerada sagrada demais para ser proferida, então o seu conjunto original de vogais foi substituído pelos da palavra "Adonai", que significa "Senhor". Assim se obteve uma forma híbrida, pronunciada mais ou menos como "Jehovah" [Jeová]. Por meio da Bíblia alemã de Lutero, essa forma entrou na língua inglesa como a anglicização normal da palavra "Yahweh".

É apenas neste segundo relato que se dá maior ênfase à história do jardim, o oásis. Lemos que havia um rio que regava todo o jardim. No capítulo 2, versículo 10, ele é descrito como um único rio: "E saía um rio do Éden para regar o jardim; e dali se dividia e se abria em quatro braços". Os quatro rios são listados a seguir; dois deles são o Eufrates e o Tigre da Mesopotâmia. A palavra "Mesopotâmia" significa "a terra entre os dois rios". E o terceiro, o Geon, aparentemente é o Nilo.[3] O quarto é mais misterioso. De acordo com o historiador judeu Josefo, que viveu na época do Novo Testamento, o quarto rio era o Ganges [*Antiguidades dos judeus*, 1.1.3]; ele provavelmente se referia ao Indo. Em todo caso, temos um jardim que se estende do Egito à Índia, o que forneceria uma quantidade razoável de espaço para duas pessoas passearem. E é regado por quatro rios cuja nascente se diz explicitamente ser a mesma.

De fato, no relato javista, a Criação começa com a rega do jardim no versículo 6: "Embora da terra subisse um vapor que regava toda a sua superfície". A palavra "vapor", embora seja uma tradução bastante precisa da palavra hebraica, não faz muito sentido neste contexto. A Septuaginta, a tradução grega, traz *pege* [fonte], e a fonte é recorrente entre as imagens bíblicas.

O interessante é a suposição de que existem dois mares sob a terra — um mar de água doce e potável e um mar de água salgada. A presença de água doce sob o solo é verificável por observação direta, uma vez que ela brota em fontes e poços. Portanto, temos, espalhadas pelos primeiros livros da Bíblia, várias referências a um mar de água doce debaixo da terra. É esse mar de água doce que irriga o Jardim do Éden.

Nos Dez Mandamentos, o segundo mandamento proíbe os israelitas de fazer uma imagem de qualquer deus, incluindo o deus das águas subterrâneas. Isso sugere, por implicação, que devia haver outros povos na vizinhança dos israelitas que cultuavam tais deuses e tinham estátuas e templos erguidos em sua honra. Os sumérios, que são a alvorada da civilização no Oriente Próximo, tinham um deus assim, chamado Enki. Ele era, como muitos deuses da fertilidade, um sedutor incansável das divindades femininas.

---

3   Há algum debate sobre a localização do Geon. Enquanto Cush (RSV) é geralmente associada à Etiópia e à Arábia, o Geon (AV) pode ser um rio local, aquele que flui do Monte Sião em Jerusalém e se origina da nascente de Geon, a oeste da Muralha de Manassés na época do Antigo Testamento.

Mas ele também parece ter sido uma espécie de protetor da raça humana, e seu defensor nas histórias equivalentes à do dilúvio, em que os deuses propõem destruir a humanidade.

O reino que substituiu a Suméria foi o de Acad, um reino semítico que falava uma língua semítica e herdou a maior parte de sua mitologia da Suméria. Eles também tinham um deus das águas doces, que chamavam de Abzu. Algumas pessoas tentaram conectá-lo com a palavra grega *abyssos* [*abyss*, em inglês; *abismo*, em português]. Sua consorte Tiamat era a deusa das águas amargas, ou seja, as águas salgadas. De acordo com o poema da criação acadiano, Abzu foi morto e sua consorte Tiamat, agora viúva, decidiu se vingar dos deuses. Os deuses estavam amedrontados por ela, exceto pelo deus herói Marduk. Marduk matou Tiamat, dividiu-a em duas e fez os Céus com metade de seu corpo e a Terra com a outra metade.

Essa história da Criação que começa com a morte de um dragão é algo com o qual os autores hebreus do Antigo Testamento estavam bastante familiarizados, embora a usassem como imagem poética, não como um ponto de crença. Mesmo o relato tardio da Criação em Gênesis 1, com o qual a Bíblia começa, tem alguns ecos fracos de um relato anterior em que a Criação foi o resultado de uma vitória sobre um dragão. Gênesis começa: "No princípio criou Deus o Céu e a Terra. E a Terra estava informe e vazia": *tohu wa bohu*. "E as trevas cobriam a face do abismo". A palavra "abismo" é *tehom*. E os estudiosos nos dizem que essas palavras hebraicas estão conectadas etimologicamente com o nome próprio Tiamat, da deusa das águas amargas. No relato bíblico, a Criação surge do caos, que é uma versão mais filosófica do mar salgado. Todavia, o mar permanece, ao longo de toda a Bíblia, uma imagem do caos.

Além do mar de água doce sob o solo, também se supõe que haja uma fonte de água doce no céu, muito mais alta do que as nuvens de chuva. No primeiro capítulo de Gênesis nos é dito que após a criação da luz houve a criação de um firmamento, isto é, um céu que isolou as águas inferiores das águas superiores [vv. 3–7]. Essas águas acima dos céus são mencionadas mais tarde no Salmo 148. Apenas uma vez na história esses dois corpos de água, o de cima e o de baixo, mostraram-se destrutivos: foi quando, na época do dilúvio de Noé, eles se derramaram para reforçar as chuvas e a violência do mar, ajudando a afogar o mundo, em Gênesis 7, 11[–12]: "No ano seiscentos da vida de Noé, no segundo mês, aos dezessete dias do mês, no mesmo dia se abriram todas as fontes do grande abismo, e as janelas do céu foram abertas. E a chuva caiu sobre a Terra durante quarenta dias e quarenta noites". As janelas do céu sugerem a existência de uma fonte de água acima das nuvens de chuva. No quarto versículo daquele Salmo que mencionei anteriormente, o Salmo 148, temos: "Louvai-o, ó Céus dos céus, e ó águas que estão acima dos céus". Também é verificável, por observação direta, que as nuvens de chuva estão abaixo dos céus. E a implicação de haver água acima, ou atrás das janelas do céu, indica outra dimensão da água. De modo que somos, inicialmente, apresentados ao conceito de uma água da vida que está tanto acima quanto abaixo, e isso leva a pensar que a água da vida mencionada aqui não é exatamente a mesma coisa que a água potável comum. Em outras palavras, sugere-se que o homem poderia viver na água como um peixe; que haveria um estado de existência em que a água não necessariamente causaria afogamento, em que o homem poderia viver imerso na água, como em um de seus ambientes próprios.

Em todos os primeiros livros da Bíblia, particularmente no relato do Êxodo, com suas tantas perambulações pelo deserto, o abastecimento de água era naturalmente uma questão de vida ou morte, de modo que há muitas referências a árvores e água. Um dos contrastes mais importantes na imagética bíblica é o contraste entre a água viva e a água morta. A grande fraqueza da Bíblia King James enquanto tradução é sua preferência por traduções racionalizadas, ou o que o serviço funerário chama de "o conforto de uma religião racional";[4] consequentemente, ela é muito menos metafórica do que a Bíblia real e diz coisas como "água de nascente", onde o original hebraico diz "água viva".

O primeiro evento na Bíblia é a expulsão do Éden e a perda da árvore da vida e da água da vida, em Gênesis 3, 22–23: "E disse o Senhor Deus: 'Eis que o homem se tornou como um de nós, conhecendo o bem e o mal; agora, que não estenda a mão e tome também da árvore da vida, coma, e viva para sempre'; portanto o Senhor Deus lançou-o fora do Jardim do Éden, para lavrar a terra de que tinha sido tomado". Esse versículo 22 é um tanto estranho. Deus se dirige a uma assembleia de outros deuses, e fala como alguém realmente aterrorizado com o poder que o homem agora adquiriu com seu conhecimento do bem e do mal. Na verdade, ele está tão apavorado que nem consegue terminar a frase. E a ideia de perder a árvore da vida e, consequentemente, a água da vida, sem dúvida é fortemente enfatizada.

Esse é o primeiro evento. O último evento na Bíblia é narrado em Apocalipse 22, o último capítulo do último livro do Novo Testamento, e começa assim: "E ele mostrou-me um rio puro de água da vida, claro como cristal, oriundo do trono de Deus e do Cordeiro. No meio da rua, e em ambos os lados do rio,

---

4   "[...] que o teu Espírito Santo nos guie em santidade e justiça por todos os nossos dias, para que, quando nós tivermos te servido em nossa geração, sejamos reunidos a nossos pais, tendo o testemunho de uma boa consciência; na comunhão da Igreja Católica; na confiança de uma fé certa; no conforto de uma esperança racional, religiosa e santa" ("Enterro dos Mortos: Rito 1", do *Livro de oração comum*).

estava a árvore da vida, que dava doze tipos de frutos, e dava fruto todo mês; cujas folhas da árvore servem para a cura das nações". Assim, o incidente de abertura na Bíblia é a perda, pelo homem, da árvore e da água da vida. O incidente final da Bíblia é sua recuperação da árvore e da água da vida. E percebe-se que o rio da vida é descrito como uma "rua": ou seja, tornou-se agora um ambiente no qual o homem pode viver.

Pois bem, neste ponto, quero introduzir um princípio que será muito central neste curso, que é a atitude do Novo Testamento em relação ao Antigo. A visão do Novo Testamento sobre o Antigo é que ele apresenta o que é essencialmente uma profecia do que acontecerá mais tarde, a saber, a vinda de Cristo. E, consequentemente, tudo o que acontece no Antigo Testamento é uma manifestação de algo que acontece no Novo. O que acontece no Novo Testamento explica o que aconteceu no Antigo Testamento e, portanto, é chamado de antítipo.

Em Romanos 5, 14, por exemplo, Paulo diz: "A morte reinou desde Adão até Moisés, mesmo sobre aqueles que não pecaram à semelhança da transgressão de Adão, que é a figura daquele que havia de vir". A palavra grega que Paulo usa, traduzida na KJB como *figure*, é a palavra *typos*. A tradução latina na Vulgata é *forma*, mas a Bíblia King James tem *figure* porque foi principalmente a palavra *figura* que veio a ser o equivalente latino da palavra grega *typos*, da qual temos "tipo". E então o que Paulo está dizendo é que Adão é um tipo de Cristo. E em outros lugares ele fala de Cristo como o segundo Adão (1Cor 15, 45–47).

Na Primeira Epístola de Pedro 3, 21, temos: "A figura semelhante à do batismo que agora também nos salva"; aqui novamente está a palavra "figura", mas a palavra grega não é *typos*, mas *antitypos* — antítipo. E o que Pedro está dizendo, ou o que a Primeira Epístola de Pedro está dizendo, é que o rito cristão do batismo é o antítipo da salvação da família de Noé do afogamento.

Isso significa que o Novo Testamento é, entre outras coisas, um denso mosaico de alusões ao Antigo Testamento. Tal afirmação é especialmente verdadeira em relação a alguns livros, como o Apocalipse e a Epístola aos Hebreus, mas é difícil de encontrar alguma passagem no Novo Testamento — suspeito que não haja uma sequer — que não esteja associada a alguma passagem do Antigo Testamento por essa relação de tipo–antítipo.

Consequentemente, a passagem no final do Apocalipse sobre a devolução da árvore e da água da vida ao homem também deve vir de algo no Antigo Testamento. Encontramo-lo bem no meio da Bíblia, em Ezequiel 47, 7. Ezequiel se mostra na Babilônia durante o cativeiro, e sua profecia orienta os judeus que retornam do cativeiro babilônico à sua terra natal a começarem pela reconstrução do templo. Os últimos oito capítulos do Livro de Ezequiel são uma visão detalhada da adoração adequada a Deus sendo restabelecida no templo desprezado e abandonado.

Na época do capítulo 47, o templo já estava perfeitamente reconstruído. O anjo que mostrava a Ezequiel esta profecia também lhe mostra o templo reconstruído, e diz que assim que o templo foi concluído, uma fonte de água borbulhou do umbral e formou um rio que corria para o Leste. Ora, um rio que nascesse na colina de Jerusalém e corresse para o Leste iria desaguar no Mar Morto. E o Mar Morto, que é tão salgado que nada pode viver dentro ou perto dele, é uma imagem consistente de água morta em toda a Bíblia. Lemos que esta água doce, correndo para o Mar Morto, vai vivificá-lo. No versículo 8: "Então me disse: Estas águas saem para a terra do Oriente, e descem ao deserto, e vão para o mar; de maneira que as águas serão curadas". Penso que ele aponta não apenas para o sentido de um Mar Morto sendo transformado em água doce, mas de toda a água salgada sendo transformada em água doce. Isso é captado pelo autor de Apocalipse, que diz, no início do capítulo 21, assim que a visão final começa, que o céu e a terra "haviam passado; e não havia mais mar". E, mais uma vez, é preciso pensar metaforicamente a respeito. O que o autor do Apocalipse está dizendo é que, no Apocalipse final, não há mais Mar Morto, ou seja, não há mais água morta. Ou seja, não há mais morte.

Na visão de Ezequiel, percebe-se que, junto com o rio, aparecem árvores ao longo de sua margem. No versículo 7: "E, à minha volta, eis que à margem do rio havia muitíssimas árvores de um lado e do outro", o que sugere que metaforicamente a árvore da vida no Éden não é uma única árvore, mas todas as árvores. Ele diz que essas árvores também são árvores da vida no versículo 12: "À beira do rio, à sua margem, deste e daquele lado, todas as árvores crescerão dando carne [*meat*], cujas folhagens não murcharão, nem o seu fruto será consumido: produzirão novos frutos a cada mês". A palavra *meat*, carne, em 1611 significava qualquer tipo de comida. E tudo isso é recolhido e citado pelo autor do Apocalipse.

Biblia Pauperum 6: A queda dos ídolos do Egito
(Apócrifo)

Moisés e o bezerro de ouro
(Ex 32)

A queda de Dagon diante da Arca
(1Sm 5, 1–5)

50 | Simbolismo na Bíblia

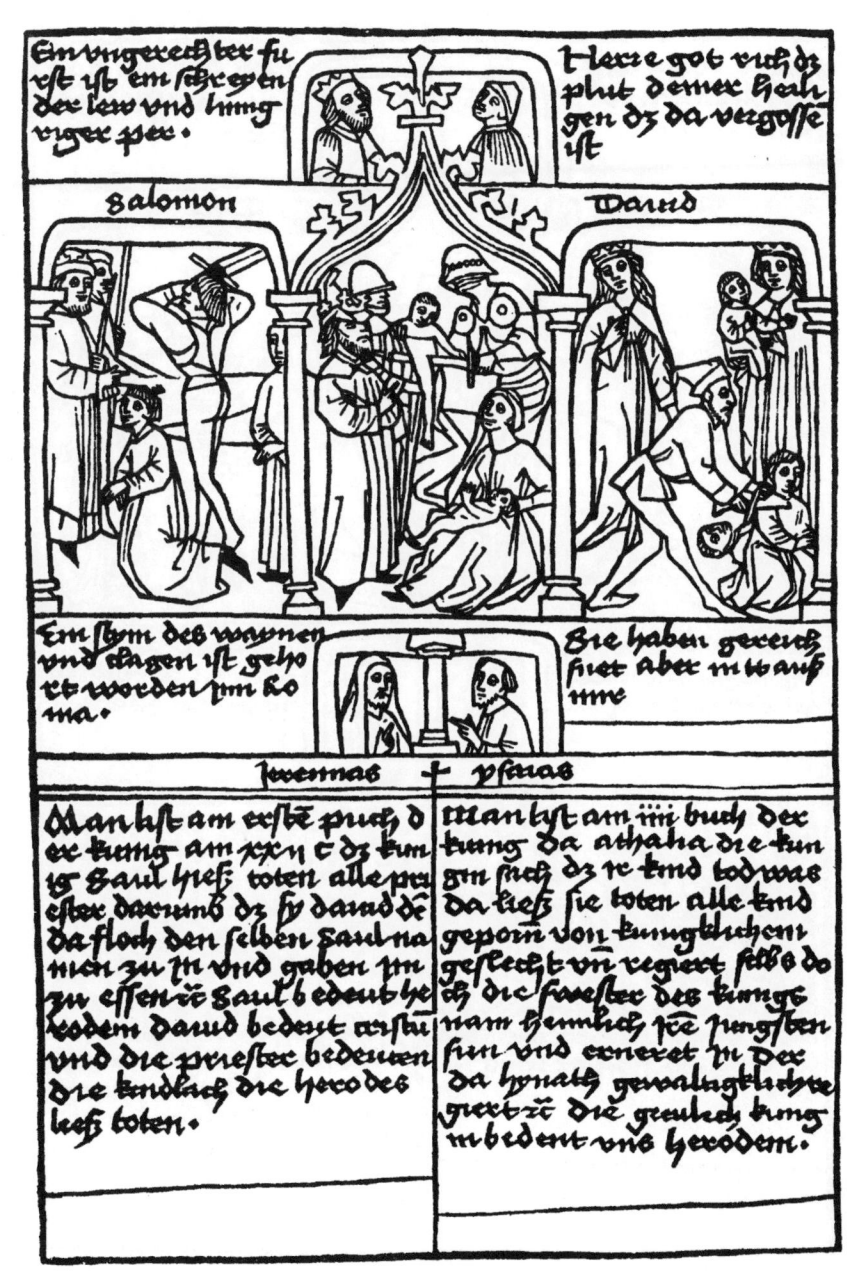

Biblia Pauperum 7: O MASSACRE DOS INOCENTES
(Mt 2, 16–18)

Saul executa os sacerdotes
(1Sm 22)

Atalia mata os príncipes de Judá
(2Rs 11, 1)

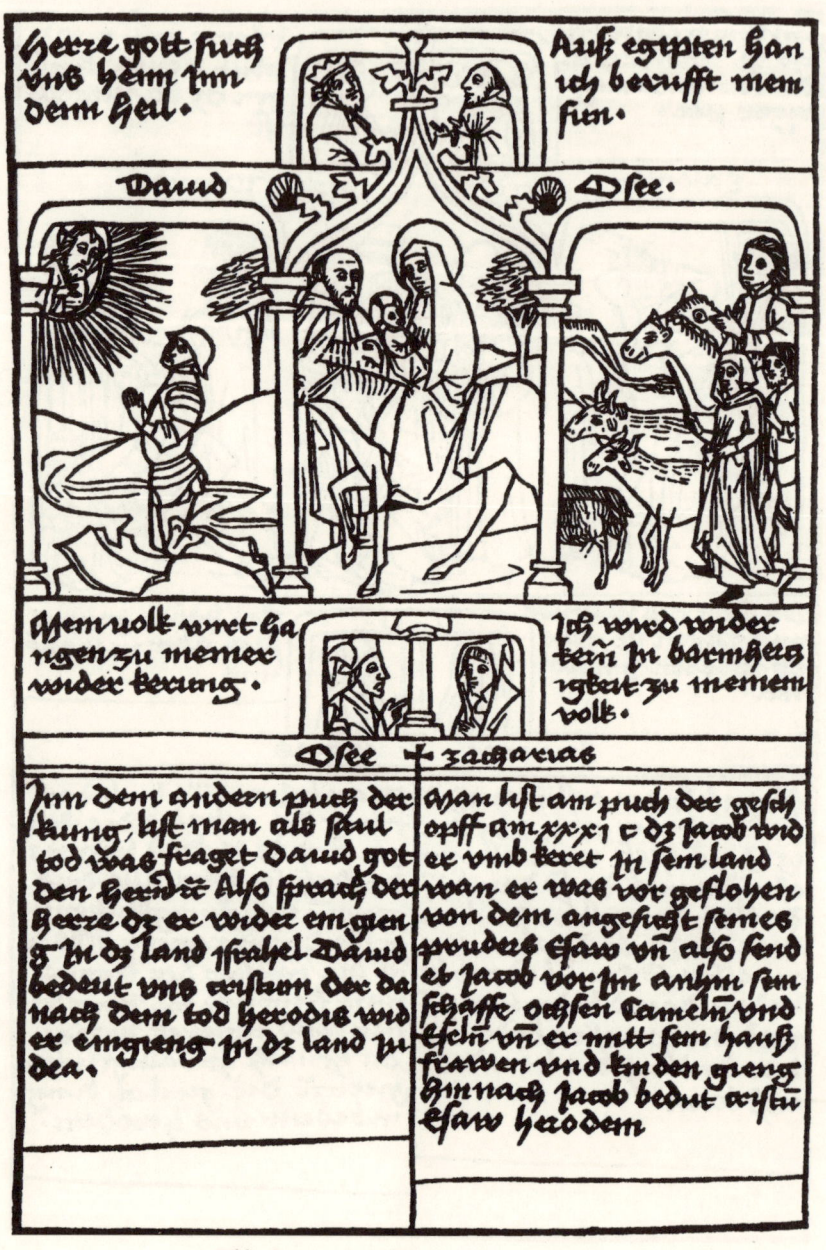

Biblia Pauperum 8: O retorno do Egito
(Mt 2, 19–23)

Davi retorna após a morte de Saul
(2Sm 2, 1 ss.)

O retorno de Jacó
(Gn 32–33)

4

Demoníaco em paródia e demoníaco manifesto: árvores e água

Ao falar sobre a estrutura de imagens da Bíblia, eu disse que as imagens tendem a se dividir em duas categorias opostas. Uma contém as que eu chamo de apocalípticas ou ideais, aquelas que estão associadas ao Jardim do Éden, à Terra Prometida, a Jerusalém e ao templo, ao reino espiritual de Jesus. A outra contém as que chamo de demoníacas: são as que estão associadas aos reinos pagãos da tirania — Egito e Babilônia e, no Novo Testamento, Roma.

Ora, com isso quero dizer que todas as imagens bíblicas tendem a pertencer a essas duas categorias fortemente opostas, e que não há imagem na Bíblia que não tenha tanto um contexto apocalíptico quanto um demoníaco; ou ao menos que não *possa* ter ambos. Não há imagem na Bíblia que seja necessariamente sempre demoníaca ou sempre ideal. Em outras palavras, não há imagem natural. Uma serpente, por exemplo, geralmente é uma imagem sinistra na Bíblia por causa de seu papel na história do Jardim do Éden, mas é um símbolo genuíno de sabedoria na maioria das religiões e mitologias do mundo, e também é citada por Jesus dessa maneira: "Sede [...] sábios como as serpentes" [Mt 10, 16]. Portanto, o pertencimento de uma imagem a uma categoria ou a outra depende do contexto, mas esse contexto nunca é muito difícil de determinar.

Eu vinha trabalhando com vários níveis de imagens, e começáramos pelo Paraíso. Como eu disse, o grande símbolo paradisíaco era o oásis, que tem, em particular, duas imagens — a árvore da vida e a água da vida, cujas aparições através da Bíblia rastreamos. No Livro dos Salmos, por exemplo, o primeiro Salmo aplica a mesma imagem à vida privada e individual. O homem justo, nos é dito, "será como uma árvore plantada junto aos rios de água" [v. 3]. As mesmas imagens também se repetem no Novo Testamento. Como tentamos mostrar, elas envolvem toda a ação da Bíblia, sendo as primeiras coisas que o homem perde na abertura da narrativa e as últimas coisas que ele recupera no final dela.

Segue-se, portanto, que essas imagens paradisíacas também teriam que ter suas contrapartes demoníacas. A complicação, neste ponto, é que existem dois tipos de imagens demoníacas na Bíblia. Em primeiro lugar, há o estranho paradoxo do fato de que os únicos reinos que são consistentemente bem-sucedidos e prósperos são os reinos malignos. É o Egito, a Assíria, a Babilônia e Tiro que têm o nível de poder e prosperidade desesperadamente desejado pelo próprio Israel, que o teria considerado como uma marca do favor divino se o tivesse. Assim, a prosperidade dos reinos pagãos forma uma categoria de imagens que podemos chamar de paródia demoníaca, que tem todas as qualidades da coisa real, exceto a permanência. Há também o demoníaco manifesto, ou o "você não perde por esperar", que é o destino de toda essa prosperidade e sucesso mais cedo ou mais tarde.

Vimos que a água da vida estava associada a quatro rios, dois dos quais eram o Eufrates e o Tigre da Mesopotâmia. O terceiro é geralmente identificado com o Nilo no Egito, e o quarto possivelmente, como Josefo sugere, com a Índia (o Ganges ou o Indo). Claramente, suas imagens demoníacas paródicas seriam o Nilo, o Eufrates e o Tigre em suas manifestações históricas. São os rios que deram prosperidade, sucesso e fertilidade ao Egito, à Babilônia e à Assíria. Nínive está no Tigre, e Babilônia no Eufrates. A isto, pode-se acrescentar o comércio e a navegação no Mediterrâneo e no Golfo Pérsico, que aumentaram o sucesso e a prosperidade dos reinos da Mesopotâmia e também da Fenícia. A Fenícia ocupou a parte noroeste do território israelita e, ao contrário dos israelitas, que nunca detiveram consistentemente um porto no Mediterrâneo, eles eram grandes marinheiros e comerciantes. E assim esses rios da história são a água da vida para esses reinos pagãos. Foram eles que sustentaram a prosperidade, o prestígio comercial e a fertilidade desses reinos. Essa é uma imagem importante e recorrente, que pertence a uma categoria um pouco diferente.

Muito se tem pesquisado sobre a Bíblia e sua relação com o folclore comparativo e a mitologia. A suposição geral subjacente é que não há nada na Bíblia que não possa ser encontrado de alguma forma — ou ao menos que possua alguma analogia — em alguma mitologia ou folclore em outros lugares. Mas poderíamos inverter o axioma e dizer que não há nada realmente essencial no folclore ou mitologia de qualquer civilização que não possa ser encontrado de alguma forma na Bíblia. Se invertermos o axioma dessa maneira, encontraremos muitas imagens na Bíblia que são paródias de mitos muito difundidos. Uma delas é a "árvore do mundo".

A "árvore do mundo" às vezes é a mesma coisa que a árvore da vida e, como tal, pertence a mitologias muito mais antigas que a Bíblia. À medida que se desenvolve na mitologia, ela passa a ser uma forma do que é chamada de *axis mundi* [eixo do mundo], o aspecto vertical da existência. Suas raízes formam o mundo inferior abaixo deste, e seus frutos e ramos estão em um mundo superior acima deste. A superfície deste mundo geralmente era, na mitologia, uma terra média, com um mundo superior no céu e um mundo inferior no subsolo. O *axis mundi* ou árvore do mundo ocupa todos esses três mundos e, em versões mais sofisticadas, os planetas são os frutos pendurados em seus galhos. Podemos encontrar essa imagem praticamente em todos os lugares em que procurarmos, desde a mitologia nórdica, onde é chamada de Yggdrasil, a contos infantis como *João e o pé de feijão*.

Portanto, não nos surpreende observar que, quando os profetas começam a denunciar a aparente prosperidade do Egito, da Assíria ou da Babilônia, eles usam uma imagem desse tipo em um contexto de paródia. Vejamos, por exemplo, Ezequiel 31. Este é um oráculo contra o Egito que aplica a ele a mesma imagem que é aplicada à Assíria. A história da Assíria foi particularmente dramática para os escritores do Antigo Testamento. Nínive, a capital da Assíria, era a maior cidade do mundo antigo e, de acordo com o Livro de Jonas, gastava-se três dias para atravessá-la do arrabalde ocidental ao oriental [3, 3]. No entanto, de repente, Nínive simplesmente sumiu. Desapareceu sob as areias, onde permaneceu até meados do século XIX. Quase imediatamente depois que foi destruída, tornou-se impossível, para qualquer pessoa, localizar a maior cidade do mundo. Assim, a rapidez com que o poder pagão podia desaparecer quase da noite para o dia era naturalmente um tema favorito da profecia.

Ezequiel diz, em 31, 3[.5]:

> [A Assíria assemelha-se a] um cedro sobre o Líbano, de formosos ramos e espessa folhagem, de elevado tronco, erguendo até as nuvens o alto de sua copa. [...] Por isso ultrapassou em altura todas as árvores do campo, multiplicaram-se os seus braços, estenderam-se os seus ramos, por causa das águas abundantes enviadas.

Esta é uma paródia que descreve uma árvore do mundo, identificada com o poder assírio, que é nutrida pela água da vida fertilizando suas raízes. E nos versículos 8[–9]:

> No Jardim de Deus não havia cedros tão altos como ele; os ciprestes não se podiam comparar aos seus braços, nem os plátanos aos seus ramos; nenhuma árvore do Jardim de Deus o igualava

em formosura. Eu tinha-o feito belo pela frondosidade dos seus ramos, de modo que tiveram dele emulação todas as árvores que havia no Éden, Jardim de Deus.

Mas, naturalmente, o reino assírio cai, e com grande estrondo. No versículo 16, há um comentário significativo: "Fiz estremecer as nações com o estrondo da sua ruína, quando o conduzi à habitação dos mortos com os que descem à fossa. Consolaram-se no fundo da terra todas as árvores do Éden". A grande árvore assíria caiu ao nível do Jardim do Éden desaparecido antes do início da história.

Provavelmente há uma alusão bastante específica à mitologia assíria, porque a árvore do mundo é encontrada em monumentos assírios. No Livro de Daniel, muito posterior, há uma árvore muito semelhante associada a Nabucodonosor e ao poder da Babilônia. Os termos usados para descrever essa árvore são ainda mais explicitamente uma descrição de uma árvore do mundo, um *axis mundi*. Em Daniel 4, 20[–22]:[1]

> A árvore que tu viste alta e robusta, que chegava até ao céu e se via de toda a terra, (essa árvore) de folhagem formosa e frutos abundantes, na qual todos achavam com que se sustentar, a cuja sombra os animais do campo se acolhiam [...] (essa árvore) és tu, ó rei, que te engrandeceste e te fizeste poderoso, cuja grandeza crescente chegou até ao céu, cujo poder se estendeu até às extremidades da terra.

Aqui se diz explicitamente que a árvore do mundo alcança o céu e é visível de todo o mundo.

É essa, portanto, a imagem da prosperidade temporária. Ela é contrastada com a do demoníaco manifesto, que é a paródia mais direta da imagem ideal. Temos, assim, como as unidades principais do demoníaco manifesto, a árvore da morte e a água da morte.

Como eu disse anteriormente, a imagem mais óbvia e dramática da água da morte é o Mar Morto, porque ele é feito literalmente de água morta na qual nada vive — há muito sal nela. E tradicionalmente, embora não explicitamente, as cidades malignas de Sodoma e Gomorra foram destruídas pelo fogo do céu e afundadas no Mar Morto. Da mesma forma, o Mar Vermelho também é uma imagem da água da morte, em grande parte por razões políticas.

1   Em Padre Matos Soares, Dn 4, 17–19 — NE.

Na época do Êxodo os israelitas cruzaram o Mar Vermelho, mas o exército egípcio foi afogado nele, de modo que simbólica e metaforicamente o Egito está afundado sob o Mar Vermelho, como Sodoma e Gomorra estão sob o Mar Morto.

Ezequiel dirige um oráculo contra Tiro, a grande cidade comercial da Fenícia, e diz que eventualmente Tiro se transformará em rocha [26, 4.14]. As palavras "Tiro" e "pedra" são muito próximas em hebraico — elas formam um trocadilho — e a rocha será, novamente, afundada no mar. Assim, a imagem do reino afundado debaixo d'água, que é, evidentemente, o que aconteceu com toda a Terra no tempo do dilúvio de Noé, é uma imagem da água demoníaca da morte.

Lembremos que o pensamento metafórico não é o pensamento lógico. Ao pensar em metáforas, não é com um mundo de blocos sólidos ou obstáculos que se lida, nem com um mundo de substantivos que podem ser movidos por verbos; é com um mundo de metáforas, e as imagens metafóricas constituem um mundo de forças e energias que muitas vezes se modulam umas nas outras. Assim, antes da queda, a árvore da vida no Jardim do Éden pode ser pensada como uma árvore em um jardim, como todas as árvores no jardim ou como o corpo do próprio Adão não caído. E essa imagem do homem divino — ou o homem com o destino divino que é metaforicamente idêntico à árvore da vida — percorre toda a Bíblia e é responsável por uma expressão metafórica muito central: a palavra hebraica "Messias", cujo equivalente grego é "Cristo". Essa palavra significa "o ungido", a pessoa que foi confirmada como uma figura real por uma cerimônia de unção que simbólica e metaforicamente o identifica com a árvore da vida. Isto, naturalmente, supondo que algo como azeite de oliva, ou um óleo vegetal, de algum tipo de árvore, fosse usado na cerimônia de unção, já que provavelmente eles não usariam petróleo em tal situação.

A identificação do Messias com a árvore da vida permanece bastante constante em todo o Novo Testamento; e digo isso sobre o Novo Testamento, porque no Antigo Testamento a palavra "Messias" significa simplesmente um governante legítimo, cujo direito de governar foi confirmado por alguma cerimônia de unção, real ou presumida. O Rei Saul, que foi rejeitado, continua sendo chamado de ungido do Senhor, de Messias. Há uma ocasião em que uma pessoa totalmente fora da comunidade israelita, o Rei Ciro da Pérsia, foi chamado de ungido do Senhor, por Isaías [45, 1]. Mas na época de Jesus, com a vitória dos Macabeus ainda fresca na mente judaica, havia muita especulação sobre uma figura chamada *o* Messias, e essa figura é do tipo que os teólogos chamam de escatológica; isto é, uma figura relacionada ao fim da história e à evolução do homem fora do tempo para algum tipo de existência completamente diferente.

Ocorreu-me então a pergunta: quem é *o* Messias? Naturalmente, essa ainda é a questão que divide o judaísmo e o cristianismo. Contudo, não é essa questão que me preocupa no momento, mas antes a identificação metafórica com uma árvore da vida.

Na história do Êxodo, a água da morte tem dois aspectos. Em primeiro lugar, é a água que afoga os egípcios; em segundo lugar, é a água de onde os israelitas escapam, tornando-se uma nação. Da mesma forma, o dilúvio de Noé é um evento em que todos se afogam, exceto a família de Noé, que escapa flutuando por cima das águas do dilúvio, na arca. Tudo isso é herdado pelo simbolismo cristão do batismo, no qual novamente ocorre a mesma imagem ambígua: simbólica e metaforicamente, a pessoa que é batizada morre em um mundo e renasce em outro.

Se aplicarmos tal princípio às imagens das árvores, a árvore da morte seria representada por algo como a figueira estéril em que mais tarde Jesus seria crucificado, no momento da Paixão [Mt 21, 19–21]. A árvore do conhecimento do bem e do mal é claramente sinistra, no que diz respeito às consequências de se comer dela, e tem evidentemente algo a ver com a descoberta do sexo como o conhecemos. Assim que comeram da árvore do conhecimento, Adão e Eva souberam que estavam nus. Isso levou-os a sentir vergonha, o que significa que a experiência atual e bastante frustrante que conhecemos como sexualidade veio ao mundo quando o homem decaiu para um estado inferior de ser. Portanto, se Adão antes de sua queda era metaforicamente uma árvore da vida, então ele, depois de sua queda, metaforicamente tornou-se uma árvore da morte, ou de conhecimento moral ou sexual.

Encontramos como uma das leis escritas no Livro do Deuteronômio, por exemplo, em Deuteronômio 21, 22[–23]: "Quando um homem tiver cometido um crime que deve ser punido com a morte, e, condenado à morte, for pendurado no patíbulo, o seu cadáver não ficará no lenho, mas será sepultado no mesmo dia, porque é maldito de Deus aquele que está pendente do lenho". E novamente, o símbolo da árvore da morte, que está sob a maldição de Deus, como a figueira estéril amaldiçoada por Jesus, é aqui associado a um criminoso enforcado.

Pois bem, o que vale para a palavra "mar", que é tanto um símbolo de morte quanto de vida renovada (dependendo do ponto de vista pelo qual é visto, isto é, egípcio ou israelita), também vale para a cruz, que é uma árvore de morte na medida em que expressa a reação humana a Deus, e uma árvore de vida para os membros do cristianismo. Portanto, não surpreende descobrir que Paulo cita essa lei do Deuteronômio e a aplica à Crucificação. Em Gálatas 3, 13: "Cristo remiu-nos da lei, feito (ele mesmo) maldição por nós, porque está escrito: Maldito todo aquele que está pendurado no lenho". Tudo isso faz parte do consistente simbolismo, no Novo Testamento, da figura do Messias ou Cristo como uma figura simultaneamente de triunfo e transcendência e também uma vítima, uma figura de bode expiatório.

Como veremos mais adiante, existem no Antigo Testamento muitos protótipos (segundo a interpretação cristã) do Jesus dos Evangelhos. Um deles é o Rei Salomão, o rei que construiu o templo e era tradicionalmente o mestre da sabedoria. Salomão, no entanto, foi apenas um dos muitos filhos de Davi. Davi teve outro filho, chamado Absalão, que se rebelou contra seu pai. A forma como morre é descrita em 2Samuel 18, 9[–10]:

> Ora aconteceu que, indo Absalão montado num macho, se encontrou com a gente de Davi. Tendo entrado o macho por baixo dum frondoso e grande carvalho, enredou-se a cabeleira (de Absalão) nos ramos do carvalho; passando adiante o macho em que ia montado, ficou ele pendurado entre o céu e a terra. Vendo isto um homem, avisou Joabe, dizendo: Eu vi Absalão pendurado dum carvalho.

E então o general de Davi, Joabe, foi até onde ele estava, e feriu seu lado com dardos, matando-o enquanto ele estava pendurado na árvore. O curioso desamparo de Absalão no que parece ser uma situação relativamente fácil de resolver talvez indique um certo elemento ritual em sua morte. Tradicionalmente, ele ficou pendurado na árvore pelos seus belos cabelos dourados, o que faz lembrar certos cultos ligados ao carvalho e ao visco, em que um sacrifício humano era iniciado pelo corte do visco, o emblema dourado dos galhos de um carvalho. Mas seja como for, o simbolismo de Absalão pendurado em uma árvore e com o costado cravado de dardos é algo tão essencial para a história de Jesus quanto o aspecto do "Rei dos reis e Senhor dos senhores" [Ap 19, 16].

Descobrimos assim que Israel passou pelos três estágios que mencionei anteriormente [Capítulo 2]: o estágio pastoril, o estágio agrícola e o estágio urbano. Todas essas são imagens de uma natureza que é transformada pelo esforço e energia humanos em algo com forma e significado humanos. O que o homem realmente quer é manifestado pelo resultado de seu trabalho, sempre que ele tem a oportunidade de trabalhar, sem que precise desperdiçar sua vida na guerra ou alimentando uma classe parasita. Sempre que tem a chance de trabalhar, ele transforma o mundo animal em um mundo de rebanhos e manadas; o mundo vegetal em um mundo de colheitas, safras e vindimas; e o mundo de pedras e minerais em um mundo de cidades, edifícios e estradas.

Tomemos como exemplo o mundo pastoril. A Bíblia invariavelmente usa a ovelha como o típico animal apocalíptico ou ideal. Sugeri em um de meus livros que a razão para isso é que as sociedades de ovelhas são talvez mais parecidas com as sociedades humanas do que as de qualquer outro animal: porque a ovelha é gregária, estúpida e facilmente foge em debandada.[2] Daí ser ela o animal adequado para se usar em metáforas pastoris — palavras como "pastor" e "rebanho" ainda sobrevivem na linguagem eclesiástica. Mas, no domínio da metáfora pura, não há razão no mundo para que bois e vacas não sejam imagens tão adequadas quanto as ovelhas.

Aqui temos de considerar, na Bíblia, a importância e a influência do que se poderia chamar de ritual negativo: o fato de que os israelitas tantas vezes são proibidos de fazer as coisas obviamente porque seus vizinhos as fazem. Por exemplo, diz-se muitas vezes no Código Mosaico: não ferverás (ou seja, cozer) um cabrito (ou seja, filhote de cabra) no leite de sua mãe [Ex 23, 19; 34, 26; Dt 14, 21]. Essa é a base para a regra *kosher* do judaísmo que proíbe misturar leite e carne na culinária. Mas cozinhar um cabrito no leite de sua mãe não é algo que ocorreria a alguém sem motivo: então, ao que parece, isso devia ser algum rito de fertilidade praticado pelos cananeus vizinhos, de quem os israelitas eram obrigados a afastar-se.

Da mesma forma, o touro era uma popular imagem de fertilidade nos países vizinhos, e por isso é encarado com alguma desconfiança como um emblema apropriado para o cristão fiel e obediente. No Antigo Testamento, por exemplo, há uma história no Êxodo segundo a qual, enquanto Moisés estava ausente conversando com Deus no Monte Sinai, seu irmão Aarão, o sumo sacerdote, levou as tribos de Israel à idolatria fazendo um bezerro de ouro como ídolo [Ex 32, 1-4]. "Bezerro" aqui significa touro. Esse é um tipo que se repete posteriormente, quando o reino é dividido entre as dez tribos do norte de Israel e a tribo de Judá. Jeroboão, o Rei de Israel, estabelece santuários locais com o emblema de um bezerro de ouro — que novamente significa um touro —, indicando, assim, seu afastamento da linha religiosa ortodoxa [1Rs 12, 28-29]. E nos tempos do Novo Testamento, o grande rival do cristianismo no território do Império Romano era a religião chamada mitraísmo, em que o principal evento do ano era a celebração do nascimento do Sol em 25 de dezembro. O mitraísmo atingiu todos os cantos do Império Romano: uma bomba nazista, que caiu em Londres durante a guerra, revelou

---

2 AC, 143.

um templo de Mitra; em Roma, um lugar imperdível para todo turista é a Igreja de São Clemente, na qual há uma série de quatro ou cinco igrejas de diferentes períodos, e um templo de Mitra situado no fundo de toda a sua estrutura. O grande emblema do mitraísmo era o touro, e seu grande rito era o sacrifício do touro. Esse rito era uma repetição de um mito original da Criação e é, também, um paralelo exato do sacrifício cristão de um cordeiro que é, segundo o Livro do Apocalipse, "imolado desde a fundação do mundo" [13, 8]. É esta afinidade do touro com os reinos pagãos que o elimina como uma imagem normal de um mundo pastoril; e, com efeito, quase podemos classificá-lo como uma imagem demoníaca paródica.

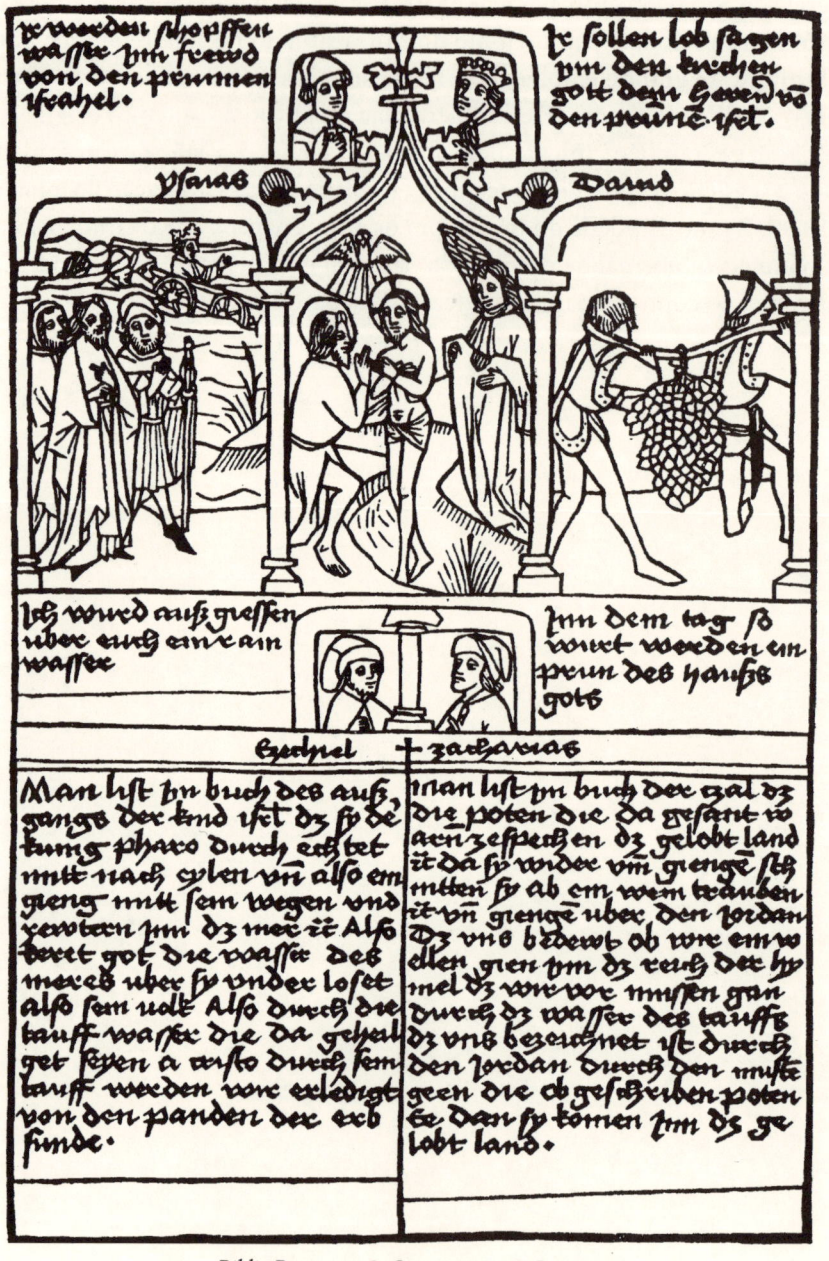

Biblia Pauperum 9: O batismo de Cristo
(Mt 3, 13–17)

Israel atravessa o Mar Vermelho
(Ex 14, 15–31)

Os espias trazem uvas do riacho de Escol
(Nm 13, 17–27)

5

Imagética sexual: a noiva e o noivo; a Grande Prostituta e a Prostituta Perdoada

Vimos várias categorias de imagens bíblicas: as paradisíacas e depois, abaixo dessas, a organização do mundo animal. As primeiras nos dão o Jardim do Éden e as segundas, o mundo pastoril, mais particularmente o aprisco. É claro que imagens pastoris e de jardim se sobrepuseram, tanto na literatura bíblica quanto na secular, ao longo da história da imaginação humana. É fácil ver em textos como o Salmo 23, "o Senhor é meu pastor", como o ideal pastoril e o ideal paradisíaco de fato se misturam e formam a mesma coisa.

Preencherei várias células deste quadro à medida que chegarmos a elas. Existe, no entanto, a categoria intermediária do mundo humano, que é muito mais complicada. Agora, se perguntarmos qual é a forma ideal para a existência humana, descobriremos que não há uma resposta simples ou única, porque nossas respostas oscilam entre um ideal social e um individual. Ou seja, o ideal humano é uma mistura paradoxal de pertencimento e fuga.

Segundo Jean-Paul Sartre, "o inferno são as outras pessoas";[1] mas não tenho certeza se Sartre queria passar toda a eternidade sozinho. Da mesma forma, Andrew Marvell pode escrever um poema, *The Garden* [O jardim], no qual sugere que a queda do homem realmente começou quando um Deus estúpido e desajeitado criou Eva para ser uma companheira de Adão. Como ele diz: "O Paraíso seria duplo/ para quem nele vivesse só" [vv. 63–64]. Mas é impossível pensar constantemente em um ideal humano apenas em sentido social ou apenas em sentido individual. Assim, parecemos estar diante dum impasse, cuja única solução está em que a vida humana, como os substantivos gregos, parece ter um (modo) dual, bem como um singular e um plural.

---

1 "Não há necessidade de brasas e tenazes. O INFERNO SÃO AS OUTRAS PESSOAS!" — é o que Garcin diz para Inez e Estelle na conclusão de *Sem saída*, de Jean-Paul Sartre.

Assim, temos a vida individual, a relação sexual-erótica entre duas pessoas e a vida social. Na Bíblia, a relação sexual recebe uma ênfase que, como tantas outras coisas na Bíblia, só é inteligível em termos metafóricos. Ela nos diz que, na relação sexual, duas pessoas são na verdade a mesma pessoa, ainda que permaneçam duas pessoas; o que não é possível, mas é, por isso mesmo, a pedra angular das imagens bíblicas. Assim, no ideal da vida humana, a relação sexual torna-se o padrão para a identificação do individual e do social.

A imagem de um casamento, da união do noivo e da noiva, é uma das imagens favoritas de Jesus para o mundo apocalíptico ou ideal. É essencial perceber que, neste caso, a noiva é, na verdade, todo o corpo de seguidores cristãos. No Livro do Apocalipse, esta noiva é identificada com Jerusalém [21, 2], ou Israel, que significa o povo de Deus.

Isso sugere, em primeiro lugar, que as imagens sexuais têm relativamente pouco a ver com as relações reais entre homens e mulheres. Assim, neste relacionamento em que Cristo é o noivo e a noiva é o povo de Cristo, segue-se que Cristo é simbolicamente o único homem. Ele também é simbolicamente o único indivíduo, a única pessoa com o direito de dizer "Eu sou". Isso significa que as almas do povo de Deus, sejam de homens ou de mulheres, simbolicamente são todas femininas e formam uma única figura de noiva.

Aqui, novamente, o pensamento metafórico não é o pensamento lógico, e temos de realizar uma série de identificações que acharíamos difícil em outros contextos. O Cântico dos Cânticos é uma série de canções nupciais em que se apresentam tanto o noivo como a noiva: ambos têm as suas canções. O verso de abertura diz: "O cântico dos cânticos, que é de Salomão". Ora, essa atribuição a Salomão é tão justificável quanto seria a atribuição à Bruxa de Endor. Mas o poema está simbolicamente associado a Salomão porque o simbolismo se expande desde canções sobre um casamento rural no qual a noiva é chamada de "irmã", o termo convencional para a pessoa amada no Oriente, até um casamento simbólico do rei com a terra que governa.

Eis por que a noiva se descreve como "negra, mas formosa" [1, 5]; ou seja, ela representa o solo fértil e negro daquela terra. Seu corpo deve ser comparado a vários aspectos da região: seu nariz, por exemplo, é "como a torre do Líbano, que olha para os lados de Damasco" [7, 4], o que pode parecer um elogio bastante duvidoso para uma noiva cujos encantos fossem menos simbólicos. Mas o casamento do rei com a terra fértil é uma imagem do que a própria palavra "testamento" indica. A palavra que traduzimos como "testamento", *berith* em hebraico e *diatheke* em grego, significa uma aliança ou um contrato, especificamente o contrato entre Deus e seu povo Israel.

Por isso Salomão e sua noiva, a mulher sulamita do Cântico dos Cânticos, expandem ainda mais o simbolismo, estendendo-o à relação entre Deus e seu povo. Assim sendo, o Cântico dos Cânticos foi interpretado na tipologia cristã como um cântico de amor de Cristo para sua noiva, seu povo. É claro que o cristianismo era uma religião urbana, que se expandiu de uma cidade para outra e, consequentemente, a imagem da terra fértil negra não é tão imediatamente acessível no cristianismo quanto era no judaísmo. Mas a mesma forma simbólica, no entanto, está lá.

Em Isaías 62, 4, podemos observar a mesma profecia sendo aplicada ao Israel restaurado: "Não serás mais chamada de Abandonada; a tua terra nunca mais será chamada de Desolada; mas tu serás chamada Hephzibah, e a tua terra Beulá; porque o Senhor se deleitará em ti, e a tua terra será desposada". "Casado" é o significado da palavra "Beulá". E a imagem da terra casada com seu rei se expande e incorpora a imagem do povo de Deus casado com seu Deus.

No mundo demoníaco, a contraparte da noiva seria a figura descrita no Livro do Apocalipse como a Grande Prostituta, e a figura masculina de quem ela é amante seria a figura que no Novo Testamento é descrita como Anticristo, a figura oposta a Cristo. Assim como a noiva é identificada com Jerusalém, a prostituta seria identificada com a cidade pagã da Babilônia.

Em Apocalipse 17, 2, ela é a figura "com a qual se contaminaram os reis da Terra. Ela inebriou os habitantes da Terra com o vinho da sua luxúria". E então no versículo 5: "Na sua fronte estava escrito um nome simbólico: 'Babilônia, a Grande, a mãe da prostituição e das abominações da Terra'". E depois, no versículo 9, ela é associada a sete montanhas que são claramente as sete colinas da Roma Cesariana, de modo que a Babilônia e a Roma dos césares perseguidores são simbolicamente a mesma cidade demoníaca, onde se estabeleceu o poder oposto ao do cristianismo.

Talvez seja importante perceber que a palavra "prostituta" na Bíblia quase sempre se refere a uma irregularidade teológica e não sexual. Uma pessoa que é associada a prostitutas no Antigo Testamento é Jezabel, a esposa de Acabe, e tal associação não se dá porque ela supostamente traiu o Rei Acabe — o narrador de Reis mal se importa com isso —, mas porque ela introduziu a adoração de Baal em Israel [1Rs 21].

Além do contraste simbólico com *noiva*, este epíteto é usado não apenas por ser abusivo, mas também por funcionar como uma referência mais específica ao costume da religião cananeia de manter prostitutas no templo, que é uma prática absolutamente interditada aos israelitas pelo Deuteronômio, mas que, por óbvio, era extremamente familiar para eles. Tamar, por exemplo, se disfarça de prostituta de culto, no Gênesis, para recuperar sua herança como esposa abandonada [38, 1-30]. A história seria ininteligível se a prática não fosse familiar a Israel, bem como às nações vizinhas.

O Anticristo, por sua vez, é o governante secular. E à medida que uma sociedade cresce, de uma comunidade tribal para uma nação e de uma nação para um império, o governante do império tende a pensar em si mesmo como o governante do mundo. A Bíblia não considera o governante mundial necessariamente uma pessoa má, mas ele governa o tipo de mundo em que, mais cedo ou mais tarde, um de seus descendentes se tornará mau. O axioma de Jesus sobre a autoridade espiritual e temporal, "Dai a César o que é de César, e a Deus o que é de Deus" [Mc 12, 17], se depara com uma dificuldade assim que César começa a reivindicar o que é devido apenas a Deus, isto é, a adoração divina. É somente quando ele faz isso que ele se torna a figura do Anticristo mencionada tanto em uma das cartas de Paulo [2Ts 2, 3-4] quanto no próprio Livro do Apocalipse.

No Livro do Apocalipse, o Anticristo é caracterizado por uma cifra, o número 666 [13, 18]. Cifras desse tipo geralmente se baseiam no fato de que as letras do alfabeto também eram usadas como números: e nunca houve uma cifra na história resolvida tantas vezes quanto essa. Ela foi resolvida em hebraico; em grego; e por Robert Graves, em latim. E a solução sempre é o nome de Nero, que é o tipo do imperador perseguidor. Ele foi o primeiro imperador a instituir uma perseguição a judeus e cristãos; segundo Tácito, a fim de ter alguém a quem culpar pelo incêndio de Roma. E embora o autor do Apocalipse provavelmente tenha vivido sob um imperador posterior, Nero ainda era o tipo. Como tipo, ele é espiritualmente, ou seja, metaforicamente, idêntico a outras figuras perseguidoras da Bíblia, como Antíoco, que é o vilão do Livro de Daniel, o Faraó do Êxodo e Nabucodonosor.

Há um quadro mais abrangente de figuras femininas na Bíblia que podemos examinar agora. Eu dividi, até então, as imagens em apocalípticas, ou ideais, e demoníacas. Essas duas categorias formam um contraste. Há também figuras intermediárias, que representam a natureza humana no sentido de que não são nem totalmente más nem totalmente ideais, mas, antes, figuras imperfeitas em processo de redenção. Podemos dividir as figuras femininas da Bíblia em dois grupos, as maternas e as conjugais, ou seja, as figuras de mãe e as figuras de noiva.

As figuras maternas ideais incluem a Virgem Maria e uma mulher misteriosa que aparece no início de Apocalipse 12, descrita como uma mulher "vestida de Sol, tendo a Lua debaixo de seus pés, e sobre a cabeça uma coroa de doze estrelas". Ela é uma Rainha do Céu, como tantas deusas maternais, mas também é descrita como a mãe do Messias, assim como a Virgem Maria. Portanto, na verdade há três relatos do nascimento do Messias no Novo Testamento: o de Mateus, que mostra os Magos e Jesus nascido em uma casa; o de Lucas, pastoril, que mostra os pastores e Jesus nascido numa manjedoura; e este relato no capítulo 12, que é tão obviamente mítico e metafórico que nunca conseguiu chegar aos nossos cartões de Natal.

Na categoria intermediária, ou analógica, temos a mãe especificamente humana, que naturalmente é Eva, "nossa mãe geral", como Milton a chama [*Paraíso perdido*, l. 4, v. 492], a representante da humanidade que passa pelo pecado e pela redenção; e também Raquel, que, embora seja apenas uma das esposas de Jacó ou Israel, é simbolicamente a mãe de Israel, e é assim que Mateus se refere a ela no episódio da Matança dos Inocentes [2, 18]. As figuras ideais de noiva incluiriam, portanto, a noiva do Cântico dos Cânticos e a noiva de Jerusalém, que aparece no final do Livro do Apocalipse, no capítulo 21, onde se diz que ela é "a cidade santa, a Nova Jerusalém", descendo à Terra "como uma noiva adornada para seu marido" [v. 2].

	Demoníaco	Analógico	Apocalíptico
Materno	[Lilith]	Eva; Raquel	Virgem Maria; Mulher de Apocalipse 12
Nupcial	Grande Prostituta (Babilônia); Jezabel	Prostituta Perdoada (Ezequiel 23; Oseias 1; João 8; Lucas 7, 37 ss.) Raab	Noiva de Cântico dos Cânticos; Jerusalém

Neste ponto, parece não haver uma figura materna demoníaca, mas nosso quadro exige uma.[2] E amiúde descobrimos que, quando a Bíblia não fornece o que é necessário para completar um esquema, lendas posteriores invariavelmente o fornecem. Assim, nas lendas posteriores foi necessário construir a figura de Lilith, que é mencionada em Isaías 34, 14. Embora a versão da King James a chame de "coruja" (e temos aqui outra manifestação do defeito recorrente da Versão Autorizada, ou seja, fazer traduções racionalizadas), nas lendas posteriores Lilith se tornou a primeira esposa de Adão. Existem dois relatos da Criação no Livro do Gênesis, e o esforço para reconciliar esses dois relatos acabou dando a Adão duas esposas, sendo a primeira Lilith e a segunda Eva. A primeira era, como nos dizem, a mãe de todos os demônios e anjos caídos.

---

2   A referência é ao quadro que o professor colocara no quadro-negro, semelhante ao de GC, 212 [A tabela referida foi inserida acima — NE].

Nesse papel, ela teve uma carreira florescente na literatura romântica: aparece no *Fausto* de Goethe, num romance de George MacDonald[3] como a heroína e em muitos outros lugares.

A figura conjugal demoníaca é, naturalmente, a Grande Prostituta do Apocalipse, identificada com a Babilônia, assim como a outra noiva é identificada com Jerusalém, e com protótipos no Antigo Testamento, como Jezabel, a introdutora do culto de Baal. Segue-se, portanto, que precisa haver uma figura conjugal intermediária, e que essa figura intermediária representaria a raça humana passando pelo processo de pecado e redenção.

Dissemos que a palavra que traduzimos como "testamento" tem o significado primário de uma aliança ou contrato entre Deus e seu povo. O contrato é representado como algo elaborado com Israel por iniciativa de Deus. Também é representado como um contrato que Deus poderia quebrar, mas não quebrará, por causa de sua natureza; e como um contrato que o homem, estritamente falando, não poderia quebrar, mas está sempre tentando quebrar. Então, simbolicamente, a figura feminina desta categoria seria a Prostituta Perdoada, a figura da noiva que é infiel ao seu Senhor, mas que, apesar disso, é perdoada e restaurada. Essa figura de prostituta aparece em várias partes do Antigo Testamento; por exemplo, em Ezequiel, capítulo 16, versículo 3: "Assim diz o Senhor Deus a Jerusalém; por tua origem e teu nascimento, és da terra de Canaã; teu pai era um amorreu, e tua mãe uma hitita" e assim por diante. Todo o capítulo continua descrevendo a infidelidade e o perdão de Jerusalém. O poeta canadense James Reaney [1926–2008] tem um poema chamado *Rachel* que é, de fato, uma muito bonita e muito eloquente paráfrase deste capítulo de Ezequiel.[4] A mesma imagem aparece mais tarde em Oseias, quando Deus ordena a Oseias que se case com duas meretrizes, uma após a outra [1, 2; 3, 1]. Estas representam a apostasia do norte e do sul de Israel.

A mesma figura aparece no Novo Testamento como a mulher geralmente identificada como Maria Madalena. Há uma mulher anônima no capítulo sétimo de Lucas descrita como uma pecadora cujos pecados foram perdoados porque "ela amou muito" [v. 47]. Maria Madalena aparece no capítulo seguinte de Lucas e é geralmente identificada com ela. Uma mulher semelhante que, sendo ou não a mesma pessoa, tem o mesmo papel simbólico, domina a abertura do oitavo capítulo de João. Ela é na verdade uma parte do folclore secundário associado a Jesus, e nos primeiros manuscritos aparece em vários lugares.

---

3   Ver *Fausto*, 1, v. 4119; George MacDonald, *Lilith* (1895).

4   *Rachel*, de Reaney, apareceu pela primeira vez em seu *One-man Masque*, escrito em 1960 e publicado em *The Killdeer and Other Plays* (Toronto: Macmillan of Canada, 1962). *Rachel* foi publicada como um único poema em *Poems: James Reaney*, ed. Germaine Warkentin (Toronto: New Press, 1972).

Os tradutores modernos da Bíblia, que se destacam muito mais pela erudição do que pelo bom senso, tentam tirá-la de João 8 e colocá-la em um apêndice, mas mesmo assim ela ainda está lá. Ela representa talvez um dos episódios mais eloquentes e comoventes do Evangelho: a mulher que, por ser prostituta, é condenada a ser apedrejada até a morte. Jesus interfere e sugere que aqueles que nunca cometeram nenhum pecado tomem a iniciativa de atirar as pedras. Assim, nas pinturas da Crucificação, costuma-se ver a cruz de Cristo ladeada por duas figuras femininas, a Virgem Maria e Maria Madalena, uma vestida de azul e a outra de vermelho.[5]

Numa mitologia politeísta, é possível a identificação entre a figura materna e a figura nupcial. Ou seja, pode haver uma figura de deusa feminina que é a mãe de um deus e, mais tarde, sua amante. Na região do Mediterrâneo, isso se encontra nos cultos associados a deuses que morrem. E há contrapartes, como as relações, digamos, da Virgem Maria e do Menino Jesus e as relações de Vênus e Cupido na mitologia clássica, onde Vênus é a mãe do Deus do Amor e também pode ser uma figura de noiva. No cristianismo, entretanto, as duas figuras, a da mãe e a da noiva, obviamente têm de ser separadas, embora ainda estejam muito próximas simbolicamente. A noiva do Cântico dos Cânticos, por exemplo, é descrita como "um jardim fechado" e "uma fonte selada" [4, 12]. Ou, como diz a Vulgata: *hortus conclusus, fons signatus*. E o "jardim fechado" e a "fonte selada" sempre foram tradicionalmente identificados com a Virgem Maria, que, de um ponto de vista simbólico, é a esposa do Espírito Santo, bem como a mãe do *Logos*. Também se diz que Cristo é o Filho de um Pai que é um Pai espiritual, e que sua morte reconcilia o homem com o Pai.

Ora, se tentássemos criar uma paródia demoníaca de tudo isso, obteríamos algo muito próximo da história de Édipo, que mata seu pai e faz de sua mãe uma esposa. Essa classificação da história de Édipo como uma espécie de paródia demoníaca da história cristã é tão marcante que o poeta Yeats construiu uma elaborada teoria da história, segundo a qual civilizações edípicas e civilizações crísticas se alternam ao longo do tempo, sendo uma delas trágica e heroica e a outra cômica e altruísta.[6] Mas talvez seja mais fácil ver a história de Édipo como uma paródia demoníaca da história cristã, como ela é em alguns aspectos, ou como uma analogia intermediária dela, como

---

5 Mais comumente a Virgem é acompanhada por São João Evangelista, a outra pessoa com quem Cristo falou da cruz, e que tradicionalmente veste vermelho, como Maria Madalena. A partir da *Crucificação* da Capela Arena de Giotto, em 1300, Maria Madalena, reconhecível por seus cabelos longos e sem véu, na maioria das vezes se ajoelha aos pés da cruz. Ver, por exemplo, ilustração 443 na *Iconography of Christian Art*, de Gertrud Schiller, trad. Janet Seligman (Greenwich, Connecticut: New York Graphic Society, 1971), vol. 2 (não a cores) e a *Crucificação de Mond* de Rafael na National Gallery, Londres (onde, não excepcionalmente, a roupa "vermelha" é rosa).

6 Ver W. B. Yeats, *A Vision*. Nova York: Collier, 1966, ed. rev.

é em outros. Na história da criação de Adão, por exemplo, naquela história mais antiga que começa no segundo capítulo de Gênesis — o assim chamado relato javista —, Adão é feito de uma fêmea, *adamah*, ou mãe-terra. E quando, após a queda, ele volta ao solo de onde foi tirado, retorna àquela mãe-terra, depois de romper com seu Pai. Assim, a lenda de Édipo não é tão afastada da própria história de Adão.

Essa narrativa do simbolismo humano na Bíblia está, é claro, intimamente ligada à narração do simbolismo da cidade, porque a cidade é o emblema do povo ou do grupo. Assim, quanto à imagem urbana, temos Jerusalém de um lado e Babilônia do outro. Somos novamente levados à questão da ambiguidade entre a imagem social e a imagem individual.

Já nos deparamos com outra dimensão dessa relação do social com o individual. Vimos que a imagem paradisíaca da Bíblia é em primeiro lugar um jardim e em segundo lugar uma árvore única, uma árvore da vida. Isso leva a um princípio geral das imagens na Bíblia, a um tipo especial de metáfora em que o indivíduo é identificado com a classe ou grupo de coisas a que pertence. Esse é o tipo de metáfora que às vezes chamo de metáfora real, porque está subjacente a uma das instituições humanas mais difundidas, a da realeza. Já vimos como o Rei Salomão inevitavelmente se interpõe na expansão simbólica do Cântico dos Cânticos. Da mesma forma, Isabel II consegue atrair multidões onde quer que apareça, não porque haja algo notável em sua aparência, mas porque dramatiza a metáfora da sociedade como um corpo único. Esta tem sido a função do rei em todas as épocas: representar, enquanto indivíduo, a unidade de sua sociedade.

A imagem corporativa ou de classe, como a cidade, também estaria, nos princípios desta metáfora régia, identificada com um único edifício. Esse edifício seria mais naturalmente a casa consagrada ao deus da cidade, ou seja, o templo. Portanto, a cidade é a noiva e o templo é o noivo.

Várias vezes os Evangelhos nos dizem que o templo deve ser identificado com o Corpo de Cristo. Nos Evangelhos, Jesus aparece dizendo: "Destruí vós este templo, e eu o reerguerei em três dias" [Jo 2, 19]. O narrador acrescenta que Ele estava falando do templo de seu corpo. O autor do Apocalipse, ao descrever a Nova Jerusalém, é muito enfático ao dizer que não havia templo nela, porque, como ele explica, o lugar do templo foi ocupado pelo Corpo de Deus [21, 22]. Há, portanto, neste simbolismo metafórico, a unidade do noivo e da noiva em que todos os edifícios da cidade são um só, a casa de muitas moradas. E a imagem demoníaca correspondente é, naturalmente, a Torre de Babel.

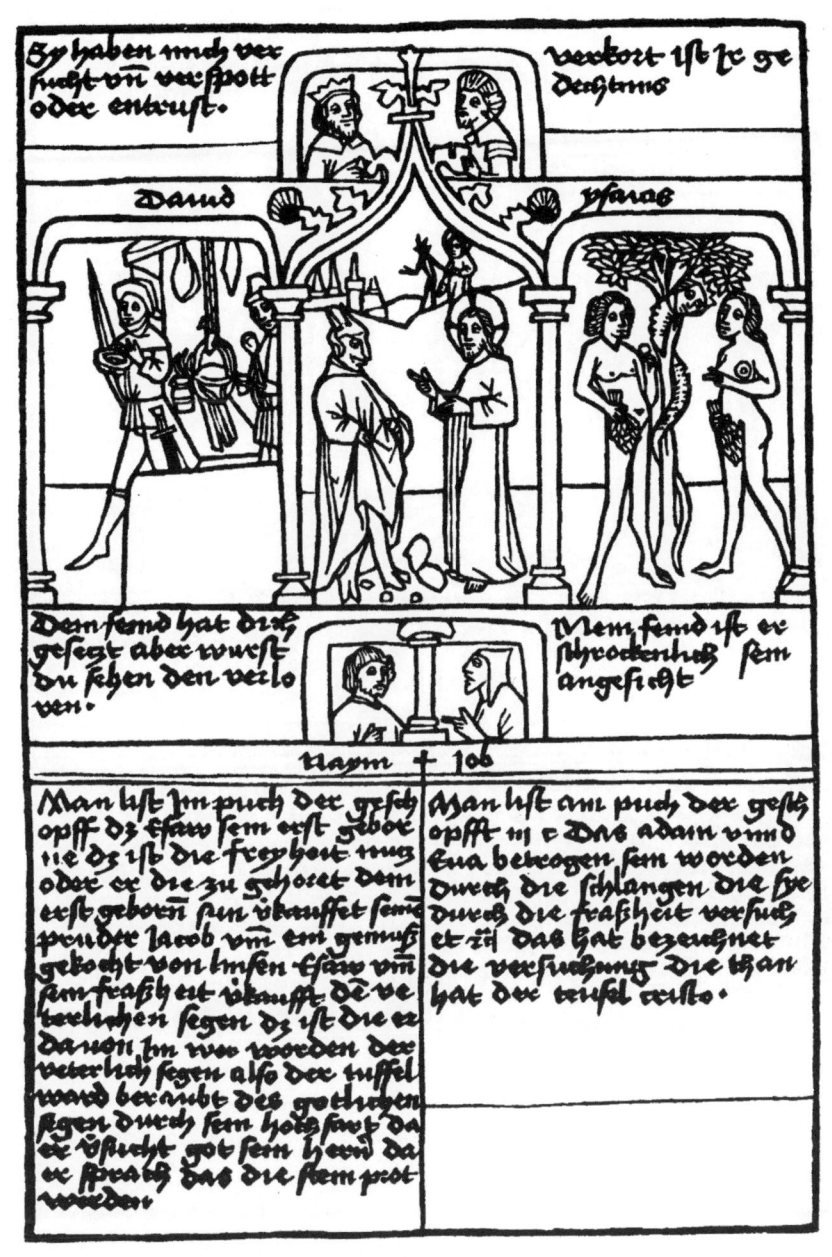

Biblia Pauperum 10: A tentação de Cristo
(Mt 4, 1–11)

Esaú vende sua primogenitura
(Gn 25, 21–34)

A queda de Adão e Eva
(Gn 3, 1–7)

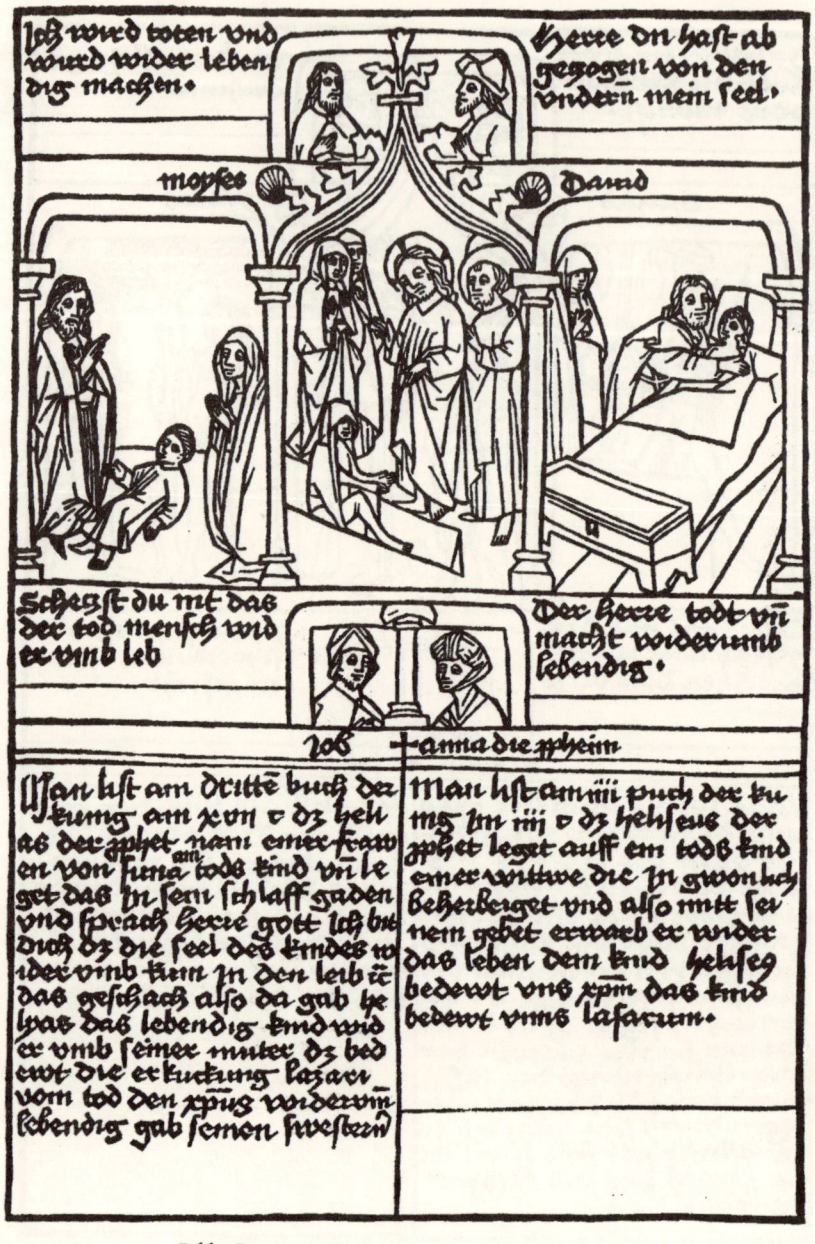

Biblia Pauperum 11: A ressurreição de Lázaro
(Jo 1)

Elias ressuscita o filho da viúva
(1Rs 17, 17–24)

Eliseu ressuscita o menino
(2Rs 4, 8–37)

6

Imagética pastoril e agrícola

Ao falar do padrão imagético na Bíblia e de suas várias categorias, particularmente da maneira como três fases da história[1] são refletidas nas imagens bíblicas, vimos que é uma característica desse tipo de imagem que a forma grupal e a forma individual se identifiquem metaforicamente uma com a outra.

A ambiguidade do simbolismo ligado ao Messias é que em cada categoria ele é considerado tanto como senhor quanto como vítima, como o pastor do rebanho e ao mesmo tempo o cordeiro do sacrifício. Da mesma forma, sua função humana é a de um rei, mas ele é um rei espiritual, e no mundo físico ele é apenas um falso rei condenado à morte. Na fase urbana vimos que a cidade é identificada com a noiva, Jerusalém, e o templo, que é a casa do deus no meio da cidade, é identificado, nos Evangelhos e no Livro do Apocalipse, com o Corpo de Cristo. Jesus diz nos Evangelhos: "Destruí vós este templo, e eu o reerguerei em três dias" [Jo 2, 19]. E o Livro do Apocalipse insiste que na Nova Jerusalém não haverá templo porque o Corpo de Cristo o substitui [21, 22].

Existem várias ramificações dessas imagens que precisamos analisar. Por um lado, os arquétipos, por assim dizer, os modelos originais dessas três fases da civilização israelita, são estabelecidos antes da época em que Israel aparece na cena histórica: isto é, antes da época de Abraão. Uma das primeiras histórias da Bíblia é a história da rivalidade entre os dois filhos de Adão, Caim e Abel. Caim é agricultor e Abel é pastor.

As disputas entre fazendeiros e pastores precedem a Bíblia em milhares de anos. Elas remontam aos tempos sumérios. Porém, nessa época, era o agricultor quem geralmente levava a melhor na discussão; algo muito natural em um país inteiramente dependente da irrigação e principalmente agrícola. Mas no Antigo Testamento, a relação pastoril original dos rebanhos errantes

---

[1] Ou seja, as fases pastoril, agrícola e urbana.

é idealizada, como a época em que Israel estava unida ao seu Deus. Essa idealização da vida pastoril se encontra no Salmo 23, na imagem do Bom Pastor ligado a Cristo, e em outros lugares.

Abel foi assassinado por Caim. Ele era um pastor, e sua oferta, diz-se, foi aceita por Deus; ao passo que Caim era agricultor, e sua oferta das primícias das colheitas não foi aceita. Não são mencionados os motivos disso, mas esse fato estabelece os tipos de um padrão litúrgico posterior. O sacrifício primário é o sacrifício do cordeiro, inicialmente estabelecido na história de Abraão e Isaque: Deus ordena a Abraão que sacrifique seu filho Isaque, mas, no último minuto, ele é impedido de fazê-lo e um carneiro surge como substituto [Gn 22, 1–14]. Essa história indica que, para Israel, o sacrifício de um cordeiro há de substituir o sacrifício de um filho ou de um ser humano.

Posteriormente, isso é confirmado pela história da Páscoa, que é o rito principal na liturgia judaica. A oferta da Páscoa é uma oferta de sangue, o que fundamentalmente explica, pelo menos na medida em que haja uma explicação, por que o sacrifício de Abel foi aceitável e o de Caim, não. Eventualmente, é claro, as oferendas de primícias do agricultor foram adicionadas, e o calendário desenvolveu três grandes festivais: a Páscoa, com suas imagens pastoris; a festa da colheita, que se transformou no Pentecostes judaico e cristão; e o festival da vindima, que se tornou a Festa das Tendas e, depois, do Ano Novo no judaísmo. Mas essa imagem da colheita e da vindima se estabelece bem mais tarde, e aparentemente a história de Noé tem algo a ver com o estabelecimento de um padrão de vida agrícola.

Após o dilúvio, Noé executa um tremendo massacre de animais em honra a Deus, e Deus, diz-se, aprova muito o cheiro: Ele diz que o odor O agrada, e por isso retirará do solo a maldição que lhe impôs pela queda de Adão. Ele promete a Noé que haverá um ciclo infalível de tempo de semeadura e colheita [Gn 8, 21–22], a base de um programa agrícola de vida. Eis por que Noé se faz agricultor.

Sua primeira realização — sendo a natureza humana o que é — é descobrir o vinho e se embriagar [Gn 9, 20–21]. No entanto, a colheita e a vindima permanecem símbolos apocalípticos, juntamente com o simbolismo do Bom Pastor e da cidade. E se examinarmos os Evangelhos, veremos com muita frequência o quanto Jesus gosta de usar essas metáforas da colheita e da vindima para a vinda do último dia, e até que ponto os elementos animais do corpo e do sangue são identificados com os correspondentes elementos vegetais, pão e vinho. Isso se associa ao padrão da Eucaristia, que Jesus estabelece na Última Ceia, quando identifica especificamente o vinho com seu sangue [Mt 26, 27–28; Mc 14, 23–24; Lc 22, 20].

Após o período pastoril dos patriarcas, Israel desce ao Egito. Lá, Deus promete a Moisés, por meio da sarça ardente, que ele conduzirá seu povo a uma terra que mana leite e mel [Ex 3, 8], que não são produtos vegetais. Mas o que eles eventualmente encontram é uma Terra Prometida na qual eles praticarão uma economia agrícola. Isso, naturalmente, significava que eles estavam expostos ao que os escritores do Antigo Testamento consideravam contaminação pelos ritos agrícolas dos povos vizinhos.

É com certa relutância que Israel entra na Terra Prometida e dá início a uma economia agrícola. Em Josué 5, 12, por exemplo, temos: "E o maná cessou (de cair) no dia seguinte àquele em que comeram os produtos da terra [*corn*]. Os israelitas não tiveram mais o maná. Naquele ano alimentaram-se da colheita da terra de Canaã". *Corn*, no inglês do século XVII, se refere a qualquer tipo de grão.[2] E o primeiro símbolo de Canaã foi um enorme cacho de uvas que os espias trouxeram da Terra Prometida [Nm 13, 23-27]. De fato, a própria palavra "Canaã" significa mais ou menos "a terra vermelha", e seu equivalente grego é *Phoenicia*. Supõe-se que seu nome deriva de outra fonte, o corante roxo do marisco múrex. De todo modo, a associação da cor vermelha com a terra e a economia agrícola é bastante consistente em toda a Bíblia.

Quanto à vida urbana, de início os israelitas são representados aparentemente como habitantes do deserto, similares aos beduínos. No entanto, seus líderes, Abraão e Moisés, são descritos como originários de cidades, um da Mesopotâmia e outro do Egito. Parece até haver alguns indícios de que a palavra "hebraico", que costumava ser um termo um tanto pejorativo quando usado por pessoas de fora, originalmente significava algo mais próximo de "proletariado" do que o nome convencional de um povo. E certamente é nesse papel que eles aparecem no Egito.

Seja como for, eles são obrigados a viver ao lado de vizinhos com ritos agrícolas. Mencionei a lei sobre não ferver um cabrito no leite de sua mãe [Capítulo 4], sugerindo tratar-se de um ritual negativo, algo que os israelitas eram proibidos de fazer porque seus vizinhos o faziam. O mesmo vale para os vários cultos agrícolas ligados ao estímulo da fertilidade do solo por meio de rituais baseados no princípio da magia imitativa. Isto é, se se deseja que chova, joga-se água no chão: esse tipo de imitação mágica e ritualística é a base do que poderia ter sido chamado de culto do deus que morre.

---

2 A necessidade de explicação surge do fato de que a principal conotação de *corn* no inglês contemporâneo é "milho" — NE.

Tomo a expressão "deus que morre" de Frazer, que investigou essa questão na década de 1890.³ Sua tese foi refutada tantas vezes que agora chegou a hora de voltar à moda novamente. Ele trata da possibilidade de que muitas religiões mediterrâneas foram fundadas sobre o culto de um deus fundamentalmente associado à fertilidade da terra e, mais particularmente, à fertilidade vegetal, embora também estivesse ligado aos animais. Ele era, via de regra, um deus masculino, embora houvesse exceções, como Perséfone na religião grega; e era representado como relacionado a um princípio feminino do qual ele é ora filho, ora amante, ora vítima. Ele tinha vários nomes em vários países. Seu nome na Babilônia era Tamuz; na Síria, Adônis; na Ásia Menor, Átis; no Egito, Osíris; na Grécia, Dioniso ou, às vezes, Jacinto.

O mito associado a esse deus geralmente fala de sua morte. Ele é vítima do princípio feminino ao qual está ligado ou de algo que representa a parte morta ou estéril do ano. Assim, Adônis é morto por um javali, que aparentemente representa o inverno. Em Ezequiel 8, 14 observamos um dos ritos centrais desses cultos de deuses que morrem. Ezequiel afirma que está na Babilônia junto com os judeus cativos e que recebe uma visão do que está acontecendo no templo de Jerusalém. A morte do deus, todos os anos, era lamentada cerimonial e ritualmente por um grupo de mulheres que representavam o princípio feminino do deus que morre; e a deusa feminina representava, por sua vez, a fertilidade contínua da terra, que permanecia adormecida durante todo o inverno ou no final do verão. Era o coro de mulheres representando esse princípio feminino — quer considerado como mãe, quer como amante — que formava uma parte central do ritual do deus que morria. No versículo 14, o anjo que mostra tudo isso a Ezequiel em uma visão "levou-me à entrada da porta da casa do Senhor, que dava para o Norte; e eis que estavam sentadas mulheres chorando por Tamuz". Ou seja, elas estavam realizando o culto do deus que morre. Esse ritual se manteve nos países vizinhos até o tempo de Cristo; e mesmo no Livro de Daniel, que é muito posterior, a perseguição aos judeus pouco antes da rebelião dos Macabeus está associada ao culto do deus amado pelas mulheres, isto é, Tamuz ou Adônis [11, 37; RSV].

Este culto era extremamente comum em todo o Mediterrâneo. É impossível passar pela literatura clássica sem vê-lo. Teócrito da Sicília escreveu um idílio sobre o festival de Adônis [Idílio 15]; e o culto de Átis, cujo princípio feminino era Cibele, foi transferido para Roma durante as Guerras Púnicas de Aníbal, em grande parte por razões políticas. Lá tomou a forma, como a maioria desses cultos, de um festival de primavera de três dias. No primeiro

---

3   Ver Sir James Frazer, *The Golden Bough*. Londres: Macmillan, 1907–1915, 12 vols., especialmente "The Dying God" (parte 3) e "Adônis, Attis, Osiris" (parte 4, vols. 1–2).

dia, uma efígie representando o deus era pendurada em uma árvore, e esta efígie deveria morrer. O segundo era o dia em que o deus estava ausente do mundo, e os sacerdotes se lançavam em um frenesi orgiástico e se castravam como parte de seu sacrifício ao seu deus; há uma ode de Catulo a respeito, um poema fortíssimo e terrível [*Carmen* 63]. E então, no terceiro dia, havia uma procissão ritual para os pântanos ou para algum lugar onde o deus, renascido, deveria ser descoberto.

Havia outros rituais do mesmo tipo geral, ligados à promoção da fertilidade do solo. Mais uma vez as mulheres tomavam a iniciativa nesses cultos, e cultivavam plantas em vasos, forçando-as a crescer ao máximo. Elas então jogavam os vasos na água, com as plantas dentro, como um encanto para a obtenção de chuva. Estes eram conhecidos como jardins de Adônis, e o arremesso das plantas na água era uma parte regular do ritual de fertilidade. Era de se esperar que os profetas hebreus tivessem uma visão muito negativa dessa prática. Observe em Isaías 17, 10–11: "Porque te esqueceste de Deus teu salvador, não te lembraste de teu poderoso defensor! Poderás fazer plantações de delícias e semear grão estrangeiro; no dia da plantação, vê-las-ás despontar; uma bela manhã a tua plantação dá flor, mas a colheita é nula no dia da desgraça, o mal é irremediável". Assim, os jardins de Adônis, obviamente, eram conhecidos pelos israelitas, e o profeta aqui está atacando a prática como algo que não tem nada a ver com a religião israelita.

Um dos grandes confrontos entre os dois cultos é aquele ocorrido, no topo do Monte Carmelo, entre Jeová e o deus da fertilidade Baal dos sírios. Há uma grande disputa entre Elias e os sacerdotes de Baal sobre qual deus é capaz de trazer chuva. O capítulo 18 do Primeiro Livro dos Reis contém uma cena maravilhosa na qual os sacerdotes de Baal, primeiro, se ferem tentando fazer com que seu deus traga chuva em um céu absolutamente límpido. E Elias zomba deles, caridosamente, no versículo 27: "Sendo já meio-dia, Elias escarnecia-os, dizendo: 'Gritai com mais força, pois (seguramente!) ele é deus; mas estará entretido em alguma conversa, ou ocupado, ou em viagem, ou estará dormindo... e isso o acordará'". "Ocupado" [*pursuing* na KJB] é um eufemismo que significa: "Talvez ele esteja urinando". Mas os sacerdotes são assim levados a esforços cada vez maiores. No versículo 28: "Eles gritavam, com efeito, em alta voz e retalhavam-se segundo o seu costume, com espadas e lanças, até se cobrirem de sangue". Trata-se outra vez de magia imitativa: se alguém se pica e o seu sangue flui, tal ação sugere que a pessoa precisa muito de chuva naquele momento.

Da mesma forma, em Oseias 7, 14 — somente aqui a Bíblia King James decepciona, porque os tradutores do Rei Jaime não sabiam muito sobre os cultos aos deuses que morrem: "Não me invocam do fundo de seus corações, mas se lamentam em seus leitos". A seguir, a Bíblia King James diz: "Eles se reúnem [*assemble*] pelo trigo e pelo vinho", mas a tradução está errada. O que Oseias está dizendo é que eles se *laceraram* pelo trigo e pelo vinho: isto é, laceraram-se até que o sangue fluísse.

A raiz de tudo isso, que se pode rastrear na Bíblia também, é que as primícias da colheita devem ser oferecidas ao deus. Supõe-se que o deus, como o Deus de Noé, vive do cheiro das oferendas; e ele tem de ser alimentado primeiro, caso contrário, haverá algum desastre. Alguns desses cultos parecem envolver um culto original em que a vítima do sacrifício era um ser humano. O ser humano pode ter sido o líder de uma sociedade, o rei divino, segundo Frazer, ou seu filho mais velho, ou mais tarde, um criminoso ou um prisioneiro capturado em batalha.

E assim encontramos uma certa sequência de vítimas sacrificiais. A vítima original seria o próprio rei divino. Ou seja, considerava-se que o rei continha dentro de si a fertilidade da terra sobre a qual reinava, de modo que fazia todo sentido matá-lo assim que suas forças começassem a falhar, uma vez que sua virilidade e a fertilidade de seu país estavam ligadas pela magia imitativa. Mas se se vai matá-lo assim que suas forças começam a falhar, não faz sentido desperdiçar toda a sua divindade. Por isso, poderia haver um banquete ritual em que seu corpo fosse comido e seu sangue bebido, de modo que a sua essência divina passasse para o corpo de seus adoradores.

É irrelevante se tal rito existiu historicamente ou não. A questão é que, simbolicamente, é o que se encaixa no início da sequência. Segue-se então o sacrifício do filho mais velho do rei, porque uma certa insegurança social — por razões que não preciso detalhar — decorre do regicídio continuado cada vez que o monarca começa a se debilitar. Essa é a etapa registrada na história da ordem dada a Abraão para sacrificar seu filho Isaque, ordem que no último momento é rescindida, sendo o sacrifício transferido para o carneiro.

Isso é incorporado ao código israelita, na lista de mandamentos dada em Êxodo 34. Este é um conjunto de mandamentos muito mais antigo do que os Dez Mandamentos mais conhecidos, listados em Êxodo 20. O versículo 19 diz: "Todo primogênito [*all that openeth the womb*; tudo que abre o útero] me pertence, assim como todo macho primogênito de teus rebanhos, tanto do gado maior como do menor".[4] E prossegue, dizendo que "o primogênito de uma jumenta resgatarás com um cordeiro; e se não o resgatares, tu hás de quebrar o pescoço dele. Todo o primogênito de teus filhos tu resgatarás" [v. 20].

---

4   Nesta citação Frye usa "útero" em lugar de "matriz", da AV.

Ou seja, todo filho primogênito é tecnicamente uma oferta a Deus. Mas o sacrifício real não deve ser realizado: ele deve ser redimido, geralmente por um cordeiro, sendo esse o padrão estabelecido na história de Abraão e Isaque e na história da Páscoa.

Podemos ver em ação aqui o princípio de que oferecer o que você mais deseja como sacrifício a Deus se torna inconveniente depois de um tempo, então várias substituições começam a ser feitas. Na verdade, este é um dos motivos da mitologia grega associada a Prometeu. O verdadeiro pecado de Prometeu foi persuadir os homens de que os deuses não queriam nada da verdadeira carne quando ofereciam um sacrifício: eles ficariam bastante satisfeitos com as vísceras e os miúdos. Mas eles não ficaram. E assim, de vez em quando surge a sensação de que a divindade quer o pagamento integral e sem trapaças.

Temos um exemplo, que é atribuído novamente a uma das nações vizinhas, em 2Reis 3, 26-27. Aqui Israel está atacando a cidade central de Moabe, um dos inimigos vizinhos — "vizinho" e "inimigo" eram praticamente a mesma palavra no mundo antigo. E diz-se que "vendo o Rei de Moabe que os inimigos prevaleciam, tomou consigo setecentos homens de guerra, para ver se desbaratavam o Rei Edom," — que era seu aliado naquela época — "mas eles não puderam. Então, pegando em seu filho primogênito, que havia de reinar depois dele, ofereceu-o em holocausto sobre a muralha. Houve uma grande indignação em Israel, e logo (os israelitas) se retiraram dali e voltaram para o seu país". Portanto, quando ele está em uma situação desesperadora, ele faz a oferta original, a de seu próprio filho mais velho, que reinaria em seu lugar. É bem nítido que a última frase é um acréscimo editorial desajeitado para esconder o fato de que, na história original, o estratagema funcionou, e os israelitas foram de fato expulsos.

O sacrifício de seres humanos nesse contexto é o que a Bíblia proíbe. Arqueólogos descobriram uma inscrição deste Rei Mesa, de Moabe, que sacrificou seu filho mais velho, e tal inscrição demonstra que sua piedade para com seu deus Quemós era tão autêntica quanto a piedade israelita para com Jeová. Mas era assim que funcionava sua mente e como, em algum contexto, a mente israelita também pode ter funcionado: também é dito que, depois que Jericó foi tomada por Josué, esta cidade foi amaldiçoada, de modo que quem a reconstruísse teria que sacrificar seu filho mais velho no início e seu filho mais novo no final da reconstrução. O que é uma terrível maldição: mas, no fim, as rotas comerciais são muito mais importantes que os filhos de alguém; e Jericó é aparentemente um dos locais habitados mais antigos do mundo. Assim, a cidade foi reconstruída, e a pessoa que a reconstruiu sacrificou seu filho mais velho para começar a operação e seu filho mais novo para terminá-la [1Rs 16, 34].

Suspeito que o banquete canibal original — original no sentido de ser simbolicamente original — talvez não tenha sido praticado por nenhuma sociedade. Acredito que os seres humanos tendem ao canibalismo apenas quando ficam sem outros suprimentos de proteína. E mesmo um banquete ritual tão solene como esse talvez não fosse realizado de modo tão literal; não sabemos. De qualquer forma, os israelitas estavam extremamente familiarizados com cultos envolvendo sacrifício humano, particularmente o sacrifício dos primogênitos. E embora isso seja condenável, eles são muito mais neutros em relação a um sacrifício para cumprir um voto ou ao sacrifício de um prisioneiro capturado na guerra. Tais sacrifícios podem ser não apenas aceitáveis a Deus, mas até mesmo exigidos por ele. Encontramos tal história no Livro de Juízes, no décimo primeiro capítulo.

Notamos que no mandamento em Êxodo 34, fêmeas, sejam animais ou humanas, são legalmente ignoradas. Mas na história de Jefté, diz-se que ele fez um voto de sacrificar a Deus a primeira coisa que visse quando voltasse para casa da batalha, se a vencesse. Observe que a base psicológica do sacrifício é muito frequentemente uma base de barganha. A fórmula é *do ut des*, "dou para que dês". É em grande parte nisso que consiste a oração em Homero, por exemplo. Consiste em lembrar aos deuses muito claramente que eles foram muito bem alimentados pelos sacrifícios do herói no passado, e se eles desejam que o suprimento continue, é melhor que façam sua parte, garantindo algumas vitórias. O caso de Jefté um conto folclórico típico de um tipo de voto precipitado, em que ele diz que sacrificará a primeira coisa que vier ao seu encontro ao retornar da batalha se for vitorioso. E, claro, a primeira coisa a vir ao seu encontro é sua única filha.

Em Juízes 11, 37[-38], sua filha diz que ele deve ir em frente com o sacrifício, visto que fez o voto. "E disse (mais) a seu pai: Concede-me somente o que te peço: Deixa-me que vá pelos montes durante dois meses, e que chore a minha virgindade com as minhas companheiras. Ele respondeu-lhe: Pois vai". Então, no final do capítulo, somos informados de que era costume anual em Israel que as filhas de Israel fossem lamentar a filha de Jefté por quatro dias no ano. Portanto, há duas coisas a serem observadas ali: uma é sua virgindade, que a torna a vítima sacrificial imaculada e, consequentemente, aceitável; e a outra é o fato de ela se tornar o centro de um culto de mulheres enlutadas. Disso concluímos que a religião original associada a esta história é claramente algo muito mais antigo que o Código Mosaico.

Vejamos o Livro de Zacarias, o penúltimo livro do Antigo Testamento, bem no final, em 12, 10[-11]:

> E derramarei sobre a casa de Davi e sobre os habitantes de Jerusalém espírito de graça e de súplicas; e olharão para mim, a quem traspassaram, e o prantearão como quem pranteia por seu filho único; e ficarão amargurados por ele, como quem chora amargamente por seu primogênito. Naquele dia haverá grande pranto em Jerusalém, como o pranto de Adadremmon, no Vale de Meguido.

Adadremmon é simplesmente outro deus da fertilidade deste tipo, cujo culto assumiu a forma de uma lamentação de sua morte por um grupo de mulheres. Uma coisa interessante sobre esta profecia em Zacarias é que a frase "olharão para mim, a quem traspassaram" [12, 10] é citada no Evangelho de João [19, 37], o que significa que os autores dos Evangelhos estavam bem familiarizados com o simbolismo dos cultos a deuses que morrem e incorporaram esse simbolismo em seus relatos da Paixão. Sabemos que Jesus é seguido até sua execução por um coro de mulheres enlutadas, a quem ele chama de "filhas de Jerusalém" [Lc 23, 28].

No Livro de Miqueias, que está no meio dos profetas menores, há outra referência que contém um versículo frequentemente considerado — penso que com bastante justificação — como um dos grandes avanços morais da história. Em 6, 6[-8], Miqueias diz:

> Com que (ofertas) me apresentarei ao Senhor (responde o povo) e me prostrarei diante do Deus excelso? Oferecer-lhe porventura holocaustos, novilhos de um ano? Porventura o Senhor receberá com agrado milhares de carneiros ou miríades de torrentes de azeite? Porventura sacrificar-lhe-ei pela minha maldade o meu filho primogênito, o fruto das minhas entranhas pelo pecado da minha alma? Já te foi mostrado, ó homem, (responde o profeta) o que te é bom, o que o Senhor requer de ti: que pratiques a justiça, que ames a bondade e que andes humildemente diante do teu Deus.

O que é fascinante nesse sétimo versículo é que a questão do retorno à exigência original do filho primogênito como vítima sacrificial ainda era familiar o suficiente para que o profeta se referisse a isso como um problema moral. Claro que o que ele estava dizendo era que todo esse sistema de barganha e sacrifício, de fazer permanentes reparações por algo que se fez de errado, é um completo absurdo e que é preciso chegar a um nível completamente novo de apreensão. Mas antes de dizê-lo, ele diz que é possível que as pessoas ao seu redor ainda se perguntem se, no caso de uma situação suficientemente difícil, não deveriam voltar ao rito original.

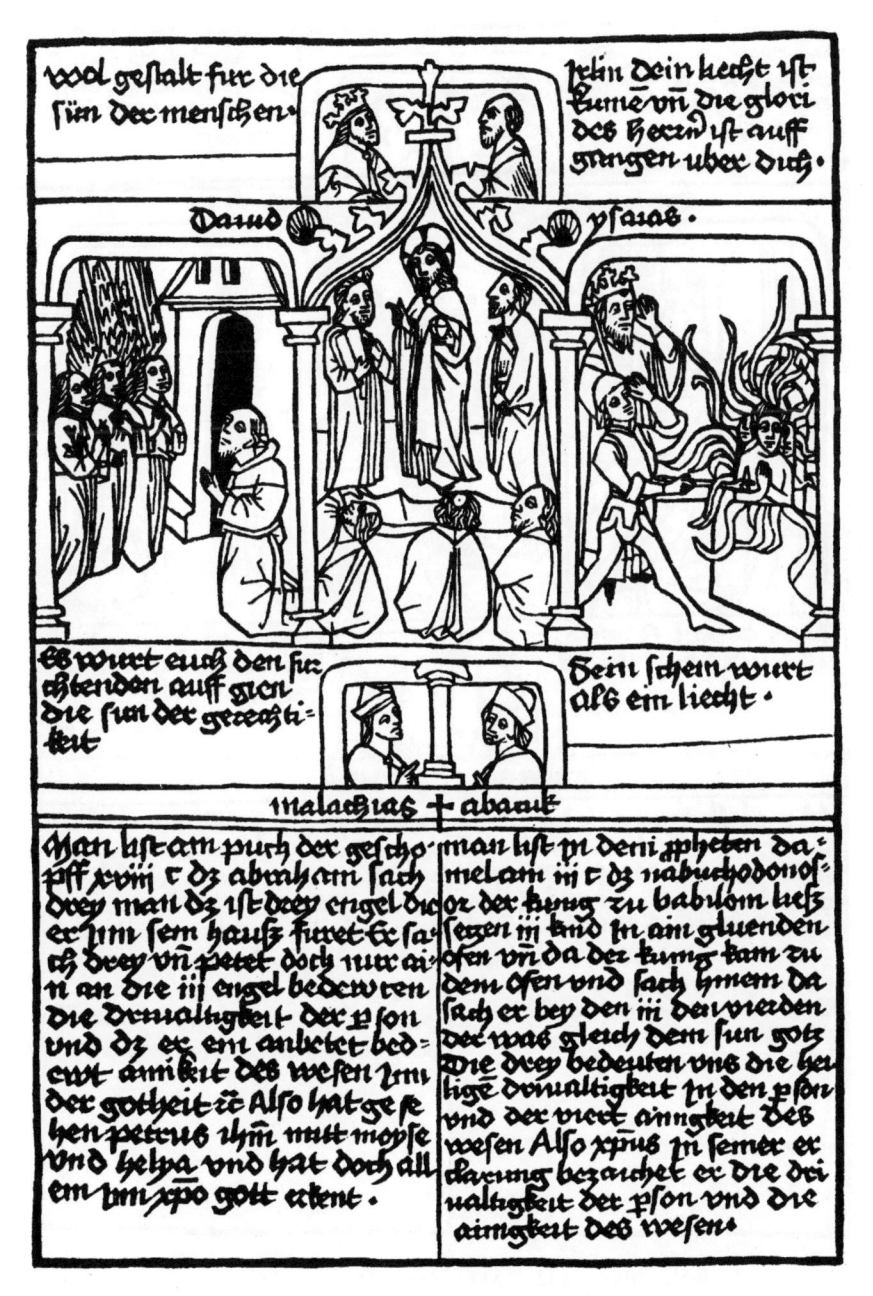

Biblia Pauperum 12: A TRANSFIGURAÇÃO
(Mt 17, 1–13)

Abraão e os três anjos
(Gn 18, 1–22)

Os três homens na fornalha
(Dn 3)

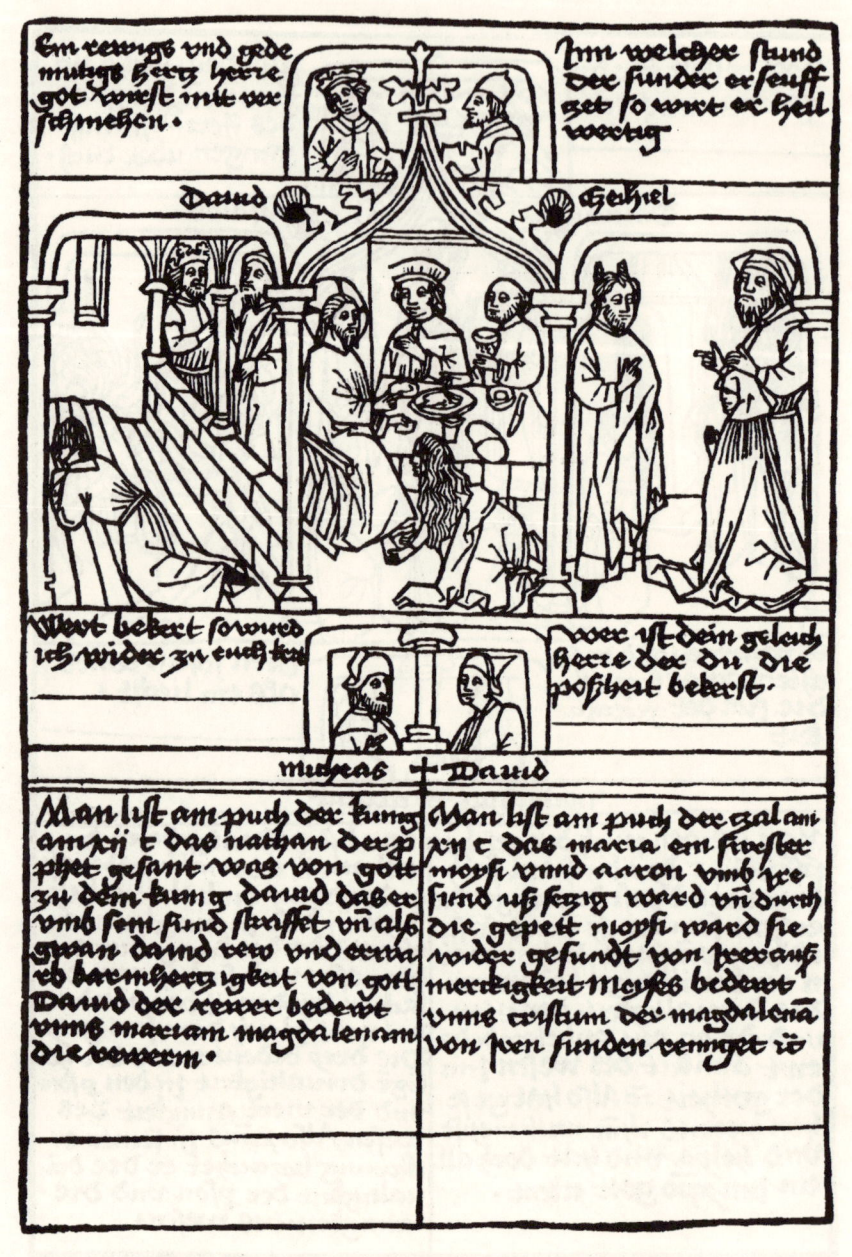

Biblia Pauperum 13: O arrependimento de Madalena
(Mt 26, 7–13, parcialmente lenda)

O arrependimento de Davi
(2Sm 12, 1–25)

O arrependimento de Miriã
(Nm 12)

84 | Simbolismo na Bíblia

7

O mundo dos anjos; Leviatã, dragões e o Anticristo

Anteriormente, expliquei algumas das imagens sacrificiais na Bíblia associadas ao seu simbolismo agrícola, que fazem parte da tabela geral de imagens com a qual estamos lidando. Dissemos que esses símbolos do lado idealizado têm uma forma de grupo e uma forma individual. Nessa tabela, todas essas categorias são metaforicamente idênticas umas às outras, e a forma do grupo e a forma individual estão unidas pelo que venho chamando de metáfora real, a metáfora que combina identidade *como* com identidade *com*. Assim, as formas individual e grupal são igualmente identificadas: o jardim e a árvore da vida são essencialmente a mesma coisa.

No Novo Testamento, ao instituir a Eucaristia, Jesus explicitamente aparece identificando o pão e o vinho da ceia eucarística com seu próprio Corpo e Sangue, como vítima humana e animal: o pastor que dá a vida pelas ovelhas, e o cordeiro sacrificial, que é o antítipo da Páscoa. Ora, as declarações no Novo Testamento são explícitas demais para que o cristianismo histórico as evite, considerando o que essas metáforas significam naquele contexto. E é claro que qualquer consideração de um princípio como esse no cristianismo histórico levará, em algum momento, à perseguição, à queima de hereges e coisas assim. Mas essas coisas apenas turvam a imagem real do que acontece. Existiram várias doutrinas: a doutrina católica romana, que é a da metáfora pura, segundo a qual o pão e o vinho da hóstia são o Corpo e o Sangue de Cristo; a teoria luterana consubstancialista, de que o pão e o vinho são o corpo e o sangue de Deus porque Deus é universal, e assim por diante. Todas estas são traduções (conceitualistas ou racionalistas) de uma metáfora para outro tipo de linguagem. Infelizmente, há um cheiro muito forte de mortalidade intelectual nessas traduções racionalizadas: mais cedo ou mais tarde elas desaparecem e temos de voltar à metáfora. A única maneira de lidar com uma metáfora é usando algo como o trevo de São Patrício para expor a doutrina da Trindade. O enunciado real é uma metáfora, e a função da metáfora é liberar a imaginação, paralisando a razão discursiva. É como o *koan* no zen-budismo. A tendência geral no cristianismo histórico é, tanto quanto possível, considerar essas outras identificações metafóricas como "apenas" metáforas. Isso está de acordo com as distorções racionalistas das imagens bíblicas, que são essencialmente uma estrutura metafórica.

A identificação das categorias entre si é bastante clara: a cidade é descrita como Jerusalém, a noiva adornada para o marido [Ap 21, 2], e, portanto, identificada com a categoria humana. E se todos os edifícios de uma cidade são um só edifício — uma casa de muitas moradas [Jo 14, 2] — segue-se que todos os edifícios são só uma pedra. Consequentemente, nas imagens bíblicas o Corpo de Cristo é identificado como *a* pedra. Há um versículo nos Salmos que diz: "A pedra que os construtores rejeitaram tornou-se a pedra angular" [118, 22]. Três ou quatro vezes esta passagem é citada no Novo Testamento [Mt 21, 42; Mc 12, 10; Lc 20, 17; At 4, 11; 1Pd 2, 7]: obviamente era um versículo muito importante para eles. Mas a pedra angular do templo é novamente parte dessa estrutura metafórica. E como este é um mundo em que nada pode estar morto, segue-se que as pedras estão tão vivas quanto tudo o mais.

No Livro do Apocalipse, as igrejas são informadas: "Ao vencedor darei [...] uma pedra branca" [2, 17]. Mas a pedra branca ali tem uma conexão metafórica com o corpo do homem. Mais adiante se diz que um anjo saiu vestido com o que a Bíblia King James chama de "linho branco" [15, 6], mas "linho", novamente, é uma tradução racionalizada, porque há evidências textuais muito mais fortes de que o texto diz *lithon*, pedra. Consequentemente, devemos supor uma dimensão de simbolismo em que os seres humanos são também, como diz a Epístola de Pedro, pedras vivas [1Pd 2, 5].

Já vimos várias identificações do Corpo de Cristo com a árvore da vida, como na palavra "ungido", e várias outras referências explícitas. Tal identificação dá uma importância especial para aquelas metáforas do Evangelho em que Jesus diz: "Eu sou a videira; vós, os ramos" [Jo 15, 5], "Eu sou a porta" [Jo 10, 9], "Eu sou o caminho" [Jo 14, 6], e assim por diante. Essas metáforas para "eu" ressaltam que, no mundo de que Jesus fala — isto é, no seu reino espiritual —, há uma identificação metafórica entre todas essas categorias de realidade.

Isso não é todo o universo, naturalmente. Há também o mundo espiritual, entre Deus e o homem. A forma grupal do mundo espiritual consiste em anjos ou mensageiros. Pois bem, a função dos anjos na Bíblia é um tópico de certo interesse e importância. Na hierarquia da existência, eles estão acima da vida humana, mas no Apocalipse todas essas categorias não são mais uma hierarquia: são todas intercambiáveis e, consequentemente, todas iguais. Portanto, há no

Novo Testamento algumas advertências agudas contra os perigos de adorar os anjos [por exemplo, Ap 19, 10; 22, 9]. Os anjos são criaturas semelhantes ao homem: sua função é a de mensageiros, e eles não devem ser considerados com os sentimentos de adoração que se reservaria a Deus.

A questão é a seguinte: de onde vem a imagética dos anjos? A resposta é óbvia: vem "lá de cima". Ou seja, as imagens deste mundo são derivadas das categorias da existência ordinária, e as categorias da existência ordinária são permeadas pelas concepções de alto e baixo. Pode-se levantar todos os tipos de objeções teológicas e científicas a uma história como a da Ascensão de Cristo no primeiro capítulo de Atos, na qual ele flutua no ar e "uma nuvem o encobriu das vistas deles" [v. 9]. Não somos de forma alguma a primeira geração a perguntar: para onde ele foi a partir daí? Ele saiu voando até o espaço sideral, ou o quê? A resposta é que este é o universo mitológico, e não há espaço sideral no universo mitológico. No universo da natureza, não há noção de para cima ou para baixo: no universo mitológico, não há nada além dela.

A tendência de pensar no Inferno como "lá embaixo" e no Céu como "lá em cima" está embutida em nossas formas mitológicas de pensar. Penso que, enquanto o corpo humano tiver um topo e uma base, é bem provável que essa forma de pensar seja projetada no simbolismo do universo mitológico em que vivemos. O templo, por exemplo, em todas as nações ao redor de Israel, o edifício sagrado, o zigurate nas cidades mesopotâmicas ou persas, era pensado como uma torre que se estendia da Terra ao Céu e, consequentemente, um ponto de conexão entre o homem e Deus. Imagino que a base dessas imagens seja o corpo humano. As dificuldades espaciais do assunto, naturalmente, dificultam a racionalização das imagens, mas enquanto elas permanecerem metafóricas, não precisam ser racionalizadas.

Consequentemente, é apenas do céu que as imagens dos anjos podem vir. Há dois níveis de céu: o nível superior, que é o nível do fogo, e o nível inferior, o do ar. O nível de fogo é derivado do Sol e das estrelas, os corpos ígneos no céu. O outro nível é o nível das nuvens, do ar e dos pássaros.

Existem dois tipos de anjos mencionados na Bíblia, os serafins e os querubins, os quais na iconografia posterior foram respectivamente associados a línguas de fogo e a pássaros no céu. Posteriormente, a iconografia veio a tornar-se muito elaborada e desenvolveu um sistema de nove ordens de anjos. Todavia, esses dois tipos se mantiveram como os espíritos do amor e da contemplação. Em imagens medievais onde aparecem anjos, os serafins aparecem na cor vermelha e os querubins, em azul.

Os serafins aparecem na visão de Isaías [Is 6, 6–7], onde mais uma vez são associados ao fogo: eles pegam uma brasa quente do altar e a colocam nos lábios do profeta para fazê-lo falar. Os querubins aparecem no início do Livro de Ezequiel, na visão que o profeta tem de um curioso veículo que tem rodas dentro de rodas e é puxado por quatro seres vivos: isto é, figuras de anjos que têm as formas de um homem, um leão, um boi e uma águia. Esses quatro seres vivos da visão de Ezequiel reaparecem no Livro do Apocalipse, onde são vistos cercando o trono de Deus [4, 6-9].

Do ponto de vista cristão, o que Ezequiel viu foi o Filho ou o Verbo de Deus. Consequentemente, essas criaturas vivas que puxavam sua carruagem poderiam ser tipologicamente identificadas com os quatro evangelistas, que levaram a mensagem do cristianismo ao redor do mundo. Eis por que, nas imagens medievais de Cristo, esses quatro seres vivos normalmente são retratados nos quatro cantos da imagem, representando os quatro Evangelhos — Mateus, o homem; Marcos, o leão (como já sabe quem foi a Veneza, que tem São Marcos como padroeiro); Lucas, o boi; e João, a águia. As palavras de abertura do Evangelho de João, "no princípio era o Verbo", são consideradas a expressão mais sagrada do cristianismo, e é em grande parte por causa disso que as igrejas ainda têm púlpitos em forma de águia.

Todo o grupo de anjos é, naturalmente, um único Espírito, mais tarde considerado o Espírito Santo, a Terceira Pessoa da Trindade. E assim também há dois aspectos nas imagens do Espírito Santo: imagens de fogo e imagens de nuvens, ar e pássaros. Ele está associado a línguas de fogo que descem do céu como relâmpagos, e também ao vento e aos pássaros, tipicamente a pomba, a ave escolhida, assim como a ovelha é o animal terrestre escolhido.

A pomba tem uma reputação de castidade, que suponho, não resistiria a uma observação cuidadosa das pombas reais. Aliás, desconfio que a razão de escolhê-las tenha sido justamente o contrário: as pombas eram as aves consagradas a Vênus, e seja amor cristão ou amor pagão, as qualificações da pomba para ser a ave típica do amor são bastante perceptíveis. Os Evangelhos Sinópticos contam que, no batismo de Cristo, o Espírito de Deus em forma de pomba foi visto descendo sobre ele. Jesus diz a Nicodemos: "O vento sopra onde quer" e continua, associando vento e espírito [Jo 3, 8].

Percebe-se que muitas coisas acontecem com os quatro elementos nas imagens apocalípticas. Já tratamos da água da vida: dissemos que a descrição do Jardim do Éden parece pressupor um mar de água doce abaixo do verdadeiro mar salgado e águas acima dos céus que são muito mais altas do que as nuvens de chuva. A sugestão, portanto, é de que o homem está entre as águas da vida, e que, em um estado superior de ser, ele poderia viver dentro da água da vida, o que tem muito a ver com as imagens de pesca ligadas ao cristianismo e à identificação de Jesus com o peixe em alguns contextos.

Da mesma forma, é um mundo onde o inanimado não existe mais, onde as pedras estão vivas, de modo que a terra se torna parte de um mundo vivo. Segue-se, portanto, que deve haver um fogo da vida tanto quanto uma água da vida e, na visão apocalíptica, pode-se considerar que todos esses elementos vivem no fogo da vida. O fogo da vida é um fogo que queima sem queimar. No início do Livro do Êxodo, Moisés vê uma sarça queimando, mas que não se consome. Isso o intriga, pelo que ele se aproxima para ver o porquê; e aquele acaba sendo o lugar da teofania, da revelação do futuro de Israel. A árvore em chamas também é simbolizada pelo castiçal, tão importante no ritual judaico — e no cristão também, em outro contexto.

Quando João de Patmos, no Livro do Apocalipse, tem uma visão da cidade de Jerusalém, ele a vê brilhando com ouro e pedras preciosas [Ap 21, 10–21]. Ele tira isso do relato da construção do templo de Salomão. O relato do templo de Salomão, pelo narrador do Livro dos Reis, diz que ninguém pensava em prata naqueles dias; só ouro era aceito [1Rs 10, 21]. Vários séculos depois, temos a mesma coisa no Livro de Crônicas, com o autor usando o Livro dos Reis como fonte [2Cr 9, 20]. Porém o que ele descreve é um passado tão distante que, naquela época, já havia se tornado uma espécie de conto de fadas romântico. O cronista diz que o templo de Salomão, embora em suas dimensões um edifício bastante modesto, na verdade foi construído com algo como vinte toneladas de ouro [2Cr 9, 13]. Da mesma forma, no Livro do Apocalipse, a Nova Jerusalém é descrita em termos de ouro e com doze portas, cada uma feita de uma pedra preciosa ou joia [Ap 21, 18–21]. Isso, por sua vez, é o antítipo do peitoral do sumo sacerdote Aarão, que continha as doze pedras preciosas representando as doze tribos de Israel [Ex 28, 15–21]. Portanto, esta cidade, resplandecente de ouro e pedras preciosas, não é assim porque os narradores são vulgares, nem para ser o antítipo de certas coisas mencionadas no Antigo Testamento. O ouro e as pedras preciosas estão ali para sugerir uma cidade queimando no fogo da vida: uma cidade que está constantemente queimando, mas não se consumindo. O fogo é uma imagem de vida, exuberância e energia, mas não de tormento ou destruição.

Se se ateia fogo em um pássaro, é claro que se obtém uma fênix — criatura que não aparece na Bíblia canônica (exceto por uma referência no Livro de Jó, que os cautelosos tradutores do Rei Jaime traduziram como "areias" [29, 18]). Mas a fênix entrou no folclore muito cedo, tanto nos livros que cercam a Bíblia, os Pseudepígrafos, quanto na mitologia clássica a partir de Heródoto, e o pássaro que queima e ressurge como uma fênix maior e melhor consequentemente se torna uma imagem da Ressurreição. A fênix aparece no brasão de armas do Victoria College, no qual deveria representar a faculdade de teologia, mas os projetistas originais foram mais cautelosos e a colocaram ali como um símbolo da medicina: pois sabiam que, ao menos *em tese*, a medicina pode ajudar alguém. Há também um poema maravilhoso de um poeta elisabetano, um jesuíta, Robert Southwell, que foi martirizado — torturado pela polícia secreta em cerca de doze ocasiões e, por fim, morto. Seu poema chamado *The Burning Babe* é um poema sobre o dia de Natal, no qual o Sol nascente é identificado com um bebê ardente, que é o Cristo recém-nascido.

No final da *Flauta mágica* de Mozart — que é construída sobre um simbolismo que dizem ser derivado da Maçonaria —, o herói passa pela prova final, que é a provação da água e do fogo. E evidentemente supõe-se que ele adquire, simbolicamente pelo menos, o poder de viver em todos os quatro elementos e não apenas na terra e no ar.

Venho construindo uma tabela de imagens em que em cada categoria há um lado idealizado ou apocalíptico e um lado demoníaco. Há as imagens paradisíacas de árvores e água, e no lado demoníaco as imagens do deserto de árvores mortas e água morta. Há anjos, com suas imagens derivadas do mundo de fogo dos corpos celestes e do mundo aéreo dos pássaros, e no lado demoníaco há demônios ígneos, lanternas de Halloween, fogos-fátuos sobre os pântanos, e espíritos de raios e tempestades.

De um lado temos Cristo, que é a figura unificadora do mundo apocalíptico, e, em oposição a Ele, o Anticristo, o governante mundial que exige adoração divina. Este último é uma figura pré-cristã, que também aparece no Antigo Testamento. Seus tipos são o Faraó do Êxodo, Nabucodonosor, que destruiu Jerusalém, e Antíoco Epifânio, o perseguidor dos judeus pouco antes da rebelião dos Macabeus. E as imagens continuam no período do Novo Testamento, onde o tipo de perseguidor é Nero, embora Calígula, um de seus antecessores, também tenha expressado um forte desejo de colocar sua estátua no Santo dos Santos. Na categoria animal, há o aprisco, sendo a ovelha e o cordeiro os animais típicos do mundo apocalíptico, como no Salmo 23 e alhures; e em oposição a esses há a besta de rapina, o animal sinistro, do qual talvez o melhor exemplo seja o dragão. O dragão é um animal demoníaco particularmente útil não apenas por seus hábitos antissociais de cuspir fogo e comer virgens, mas também porque não existe e, consequentemente, é um animal perfeito para ilustrar o paradoxo do mal, que é agora uma força moral muito poderosa na vida humana como a conhecemos, mas no mundo apocalíptico se tornará simplesmente nada, simplesmente não poderá existir. E talvez seja por isso que o autor do Apocalipse fala do dragão como a besta que "era, e não é, e ainda é" [17, 8]. Esse último "é" corresponde em grego ao termo *parestai*, que significa "continuar por enquanto".

Existe um mito em que a Criação toma a forma de uma matança de dragões. Os hebreus estavam bastante familiarizados com a história: eles a empregavam constantemente, e nem sempre em um contexto demoníaco. Eles a usavam simplesmente como imagética poética, ou seja, não como um mito que acreditavam ser factual, mas simplesmente como decorativo. O dragão do caos tem vários nomes na Bíblia, mas o mais comum é o nome Leviatã e, às vezes, Raabe.

E o leviatã novamente é retratado como uma imagem do caos, do ainda incriado que sobrevive no mundo humano encarnado nos reinos pagãos do Egito, Babilônia e Roma.[1] Em Ezequiel 29, 3-5:

> Assim diz o Senhor Deus; eis que estou contra ti, Faraó, Rei do Egito, o grande dragão que jaz no meio dos teus rios, que diz: Meu rio é meu, e eu o fiz para mim. Mas porei anzóis nas tuas queixadas, e farei que os peixes dos teus rios grudem nas tuas escamas, e te farei subir do meio dos teus rios, e todos os peixes dos teus rios se grudarão nas tuas escamas. E deixar-te-ei lançado no deserto, a ti e a todos os peixes dos teus rios; cairás sobre os campos abertos; não serás ajuntado nem recolhido; dou-te por alimento aos animais do campo e às aves do céu.

Aqui, o profeta está profetizando ao Faraó do Egito, a quem ele identifica com o dragão que também é o Rio Nilo — "meu rio é meu". Convém lembrar que, segundo os princípios metafóricos, um monstro no mar *é* o mar. E qualquer que seja a origem desse dragão — um crocodilo ou o que você quiser — ainda assim, um crocodilo no Nilo, metaforicamente, *é* o Nilo. De modo que o profeta diz que o dragão será fisgado, puxado e lançado em campos abertos, o que é metaforicamente a mesma coisa que João diz no Livro do Apocalipse quando afirma que no último dia "não havia mais mar" [21, 1]. Porque fisgar e pescar um monstro marinho, metaforicamente, é trazer à tona o mar também.

Em Isaías 27[, 1]: "Naquele dia, o Senhor ferirá, com sua espada pesada, grande e forte, Leviatã, o dragão fugaz, Leviatã, o dragão tortuoso; e matará o monstro que está no mar". O versículo seguinte parece não ter conexão lógica com o precedente: "Naquele dia, se dirá: 'Cantai a bela vinha!'". Mas a lógica é mais forte do que parece, porque a fisgada e o pouso do Leviatã seria

---

1 Embora a distinção nem sempre seja clara, como regra geral usamos maiúsculas quando "Leviatã" se refere ao nome de uma determinada besta e minúsculas mais artigo — "o leviatã" — para se referir à besta genericamente. Uma exceção a esta regra ocorre nas citações da AV, onde são utilizadas letras minúsculas; no entanto, a RSV, NRSV (Nova Versão Padrão Revisada), NIV (Nova Versão Internacional) e NEB (Nova Bíblia em Inglês) usam letras maiúsculas nas mesmas passagens.

também a destruição do estéril e do caótico no mundo e, consequentemente, uma grande explosão de fertilidade se seguiria. Chegamos muito mais perto do centro desse tipo de imagem se nos voltarmos para Isaías 51[, 9-10]:

> Desperta, braço do Senhor, desperta, recobra teu vigor! Levanta-te como nos dias do passado, como nos tempos de outrora. Não foste tu que esmagaste Raabe e fendeste de alto a baixo o dragão? Não foste tu que secaste o mar e estancaste as águas do grande abismo? Tu que abriste no fundo do mar um caminho, para por aí passarem os resgatados?

Aqui o profeta adota, como imagem poética, o relato da matança do dragão na Criação. Mais adiante chegaremos aos versículos dos Salmos que louvam a Deus por ter trazido a Criação à existência ao destruir o dragão do caos.

Ele diz então que Deus conquistou duas vezes essa vitória sobre o dragão. A segunda vitória foi na travessia do Mar Vermelho, em que o dragão era o Egito. Agora, ele está clamando a Deus para fazer uma terceira exibição de seu poder. Esta terceira exibição é o Dia do Senhor, como a King James a chama, a que os profetas constantemente se referem como aquele tempo no futuro em que Israel será restaurado e aqueles que ouviram os profetas serão felizes, mas a grande maioria das pessoas será tudo, menos feliz. A profecia do Dia do Senhor aparece em praticamente todos os profetas. Neste caso, ela está conectada, por meio de imagens, às duas grandes vitórias sobre o caos e o mal: a vitória na Criação original, e a vitória na criação da nação de Israel.

A mais eloquente de todas essas profecias do Dia do Senhor está na profecia de Sofonias, que inspirou o hino medieval *Dies Irae*. É um poema louco e magnífico, e foi incorporado à Missa de Réquiem, mas sua origem está nestas profecias do Dia do Senhor.

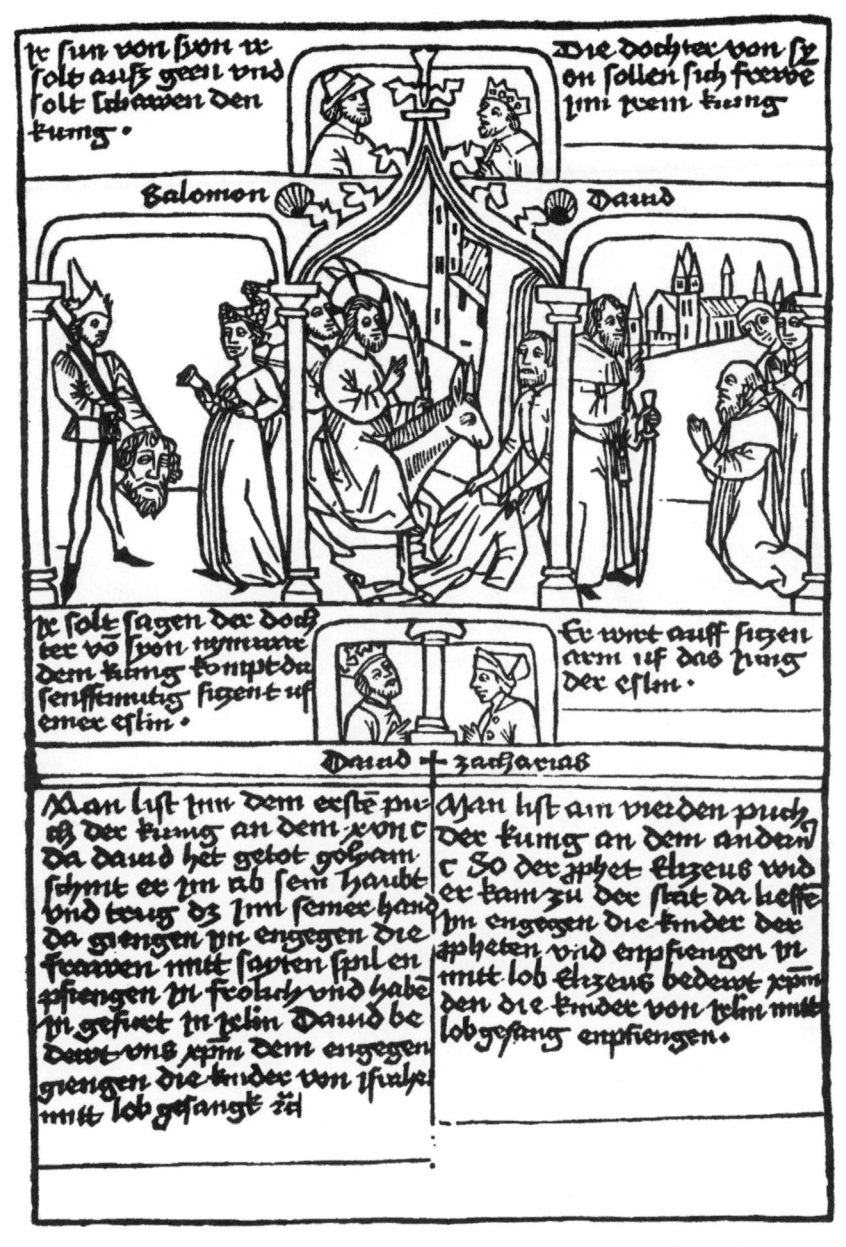

Biblia Pauperum 14: Entrada em Jerusalém
(Mt 21, 1–11)

As mulheres de Israel saúdam Davi
(1Sm 18, 6–9)

Os filhos dos profetas honram Eliseu
(2Rs 2, 1–15)

8

Paródias demoníacas e o herói de além-mar

Estou construindo uma tabela de imagens em que cada categoria tem um lado idealizado ou apocalíptico, e um outro lado demoníaco. Nesta tabela, acima da categoria paradisíaca está o mundo espiritual, cujas duas ordens angélicas são derivadas dos dois níveis das regiões superiores dos céus. A imagem dos espíritos do fogo é derivada do Sol e das estrelas; a dos espíritos do ar, das nuvens, do vento e dos pássaros, do céu inferior. Posteriormente, essa distinção foi refletida na iconografia dos serafins e dos querubins, que são pintados de vermelho e azul, e aos quais se ligam as imagens de línguas de fogo e de vento e pássaros.

Na paródia demoníaca dessa situação, os espíritos voltariam a provir das diferentes regiões do céu. Tradicionalmente, os espíritos demoníacos vivem em uma espécie de prisão de calor sem luz. A imagem do Inferno como um lugar de fogo, que se origina no Novo Testamento, em grande parte tem também o mesmo tipo de origem. E os espíritos do ar, por sua vez, são os demônios da tempestade e da tormenta.

Ariel e Puck em Shakespeare são derivados de uma concepção de espíritos elementais, não da concepção de espíritos que habitam uma região superior. Havia quatro tipos de espíritos elementais: os espíritos do fogo são as salamandras, os espíritos do ar são as sílfides, os espíritos da água são as ondinas e os espíritos da terra, os gnomos, são os *kobolds*. Shakespeare pega a velha palavra "puck" e a aplica a um personagem de *Sonho de uma noite de verão*, Robin Goodfellow, o Puck. Um *puck*, na época de Shakespeare, era o tipo de espírito do fogo chamado de *ignis fatuus*, ou seja, a luz fosforescente sobre os pântanos, que as pessoas perdidas no escuro confundiam com casas. Ariel, como seu nome indica, é um espírito do ar ou sílfide, embora na magia e em lendas anteriores a palavra "ariel", que significa "leão de Deus", seja geralmente um espírito da terra. Puck é uma mistura de espírito do fogo e do ar, e Ariel é um espírito do ar, mas ambos não são demônios. Eles pertencem a um mundo de fadas intermediário que não é nem demoníaco nem apocalíptico. Talvez seja significativo que esses dois personagens de Shakespeare atuem sob ordens de uma pessoa mais velha e mais responsável. Eles são travessos, mas não maus.

Como eu já disse, os espíritos malignos também habitam os ares superiores. Na especulação astrológica, existem planetas malignos, configurações malignas, e posicionamentos malignos de planetas e signos. São Paulo, em Efésios 2, 2, fala do Diabo como o príncipe do poder do ar. Todas essas imagens demoníacas, de espíritos do fogo e espíritos do ar, as luzes fosforescentes, os *ignis fatuus* e os demônios da tempestade e da tormenta, agora sobrevivem apenas no simbolismo lúdico do Halloween — claro que tempos houve em que tal simbolismo nada tinha de lúdico. A imagem popular da bruxa também é derivada de tais fontes.

Nas imagens pastorais, há o aprisco, e na paródia, a categoria demoníaca, a besta de rapina. No demoníaco manifesto, há mais particularmente o dragão, e o dragão na forma do leviatã que é uma serpente marinha ou um monstro marinho, às vezes chamado de Raabe. No mundo humano, temos o Anticristo e as figuras da prostituta, que se opõem às figuras do Cristo e da noiva; e assim como a noiva se chama Jerusalém, a prostituta se chama Babilônia. Pelo princípio da metáfora, as categorias demoníacas são todas idênticas, de modo que a cidade da Babilônia, a Prostituta da Babilônia e Nabucodonosor devem ser identificados com animais sinistros como o dragão e o leviatã, ou com esses demônios do fogo ou da tempestade.

A razão pela qual elas são tão facilmente identificáveis é que, embora todas as imagens do lado ideal possam ser identificadas nas imagens cristãs com o Corpo de Cristo, não pode haver uma divindade demoníaca. Nenhum princípio demoníaco pode existir no nível divino: alguém pode se chamar de deus, pode ser adorado como um deus, mas não pode ser um deus. Consequentemente, essas figuras cosmológicas sinistras, esses monstros marinhos e dragões, podem ser identificados com os governantes dos reinos pagãos, e também com os deuses que os pagãos adoram. Mas sua raiz é uma raiz política, porque a divindade real não pode estar presente no lado demoníaco.

Assim, o simbolismo bíblico afirma, sobre os reinos pagãos, o que muitas pessoas hoje afirmam ser verdade quanto a ambos os lados: que a realidade é política e que o religioso é a projeção. Os deuses do Egito são metaforicamente idênticos ao Faraó do Egito, mas o Faraó é a realidade, embora, obviamente, ele de fato fosse a realidade segundo a religião egípcia, porque *era* um deus encarnado.

Já sugeri que, neste mundo de animais sinistros, à medida que avançamos no demoníaco manifesto, em direção às ruínas desertas e às terras agrestes, começamos a nos aproximar de um mundo onde é difícil determinar quais seres ainda são animais sinistros e quais já são espíritos malignos. Em Isaías 13, por exemplo, diz-se que a Babilônia, como Sodoma e Gomorra, se tornará uma ruína ou um deserto. No versículo 21: "Mas as feras do deserto jazerão ali; e suas casas estarão cheias de criaturas tristes; e corujas habitarão ali; e os sátiros dançarão ali". Versículo 22: "E as feras das ilhas clamarão nas suas casas assoladas, e os dragões nos seus palácios aprazíveis; o seu tempo está próximo, e os seus dias não serão prolongados".

Ora, os tradutores da King James fizeram uma obra de coragem na escolha dessas palavras, muitas das quais não ocorrem em nenhum outro lugar do Antigo Testamento. Por isso, suas escolhas às vezes são pouco mais que suposições. Pois não podemos dizer onde a lista de animais para e onde começa a de espíritos malignos. As criaturas tristes são os *tziim*, os moradores dos *tziyya*, os lugares secos. Em uma parábola de Jesus, um espírito imundo passa por lugares áridos procurando descanso sem encontrar [Mt 12, 43; Lc 11, 24]. As duas épocas mortas do ano, dependendo do clima envolvido, são o inverno ou o final do verão após as colheitas, quando não há mais chuva: é particularmente essa época do ano que se considerava presidida pelo deus da morte — o tempo dos lugares sem água.

Eu disse anteriormente [Capítulo 3] que em muitas mitologias mais antigas que a bíblica, o mito da Criação toma a forma da morte de um dragão ou um monstro, como no hino da Criação dos babilônios, que começa com as palavras *Enuma Elish* — "quando nas alturas". Este hino conta como o deus Marduk matou o monstro do caos Tiamat e a dividiu em duas, e de uma metade dela fez o Céu e de outra metade fez a Terra. Eu já disse que essa concepção do ato da Criação como a matança de um dragão era conhecida pelos escritores do Antigo Testamento, que a usavam como uma imagem poética, embora não como uma história canônica. E apontei, em Isaías e Ezequiel, várias referências ao Leviatã ou a Raabe em que esses monstros são identificados com o poder do Egito e da Babilônia.

Nos Evangelhos, a capacidade de Jesus de comandar a fúria das ondas e as tempestades do mar é mencionada logo no início do Evangelho de Marcos [4, 37–41]. Nisso se repete o ato original da Criação, que é o de trazer vida, ordem e estabilidade onde havia o caos. No Salmo 89, 9,[1] este processo é

---

[1] Cumpre observar que, conforme a fonte da tradução da Bíblia (hebraico ou texto grego e latino), o número do salmo pode variar de um — NE.

apresentado na forma da morte de um dragão chamado Raabe: "Tu dominas a fúria do mar; quando se levantam as suas ondas, tu as acalmas". Versículo 10: "Despedaçaste Raabe, deixaste-o como morto; dispersaste os teus inimigos com o teu braço forte". E atrás, no Salmo 74, 13: "Tu dividiste o mar com a tua força; quebraste as cabeças dos dragões nas águas". Versículo 14: "Tu despedaçaste as cabeças do leviatã, e o deste por alimento ao povo que habitava no deserto".

Novamente aparece a concepção que vimos em Ezequiel 29, em que o dragão é identificado com o Rio Nilo, a fonte da fertilidade do Egito. Está profetizado que no último dia Jeová fisgará e trará o Leviatã para a terra, e o lançará no deserto. Como o Leviatã, na forma do Rio Nilo, é a fonte da fertilidade do Egito e, portanto, a fonte de alimento do Egito, segue-se que o corpo do Leviatã lançado no deserto se torna alimento para a nação de Israel, que está habitando o deserto. E assim surge a lenda, ainda conhecida no judaísmo, de que, no dia do Messias, Israel comerá a carne do Leviatã.

Uma das histórias mais antigas do mundo é a história de um rei idoso e impotente que governa uma terra devastada. Esse rei já existia há centenas de milhares de anos antes de haver qualquer escrita. Ele ainda está lá no *Parsifal* de Wagner, e continuará até o fim dos tempos. Ele já representa uma série de identificações metafóricas: ou seja, ele remonta à identidade da virilidade do rei com a fertilidade da terra sobre a qual governa; e é porque ele é velho e impotente que sua terra está devastada. O lugar é devastado por um monstro marinho, que é outro símbolo de esterilidade, desperdício e impotência. O monstro marinho exige vítimas humanas para seu jantar, e as vítimas são escolhidas por sorteio. Por um tempo, tudo vai relativamente bem: as pessoas não se importam muito que um de seus conterrâneos desapareça todos os dias; mas, quando a filha do rei é sorteada, as coisas começam a ficar sérias. Ainda assim, ela deve ser amarrada a uma pedra e abandonada no lugar onde aguardará a chegada do monstro. Nesse ponto, o jovem herói chega do mar, mata o dragão, liberta a jovem, casa-se com ela — sua mão lhe é dada em casamento pelo pai agradecido — e, assim, torna-se herdeiro do trono. Essa história é tão antiga que remonta ao costume do direito materno, em que a herança se dá pela linha feminina. Essa era a prática no Egito, e era um grande incentivo ao incesto, porque obviamente o que o Faraó tinha de fazer para legitimar seu poder era se casar com a própria irmã.

De qualquer forma, esta é a história por trás das lendas de São Jorge e de Perseu, na mitologia grega. É fácil ver as conotações de um mito de renovação das estações: o velho rei, o deserto e o monstro marinho são imagens da esterilidade, do inverno e da cessação de toda a vida; enquanto o jovem herói que vem de além-mar, mata o dragão e se casa com a filha do rei identifica-se com os poderes renovadores da primavera. Esta história era dramatizada como uma peça popular na Inglaterra. A própria escolha de São Jorge como o santo padroeiro da Inglaterra vem das Cruzadas, mas o simbolismo de São Jorge e do dragão já estava muito bem estabelecido: Spenser, no primeiro livro de *A rainha das fadas,* já identificava a história de São Jorge e do dragão com padrões semelhantes na Bíblia.

Deixando de lado o Novo Testamento e examinando a história de Cristo conforme registrada na arte e lenda cristãs posteriores, percebe-se que nelas se fazem certas alterações, ou melhor, acréscimos à história do Novo Testamento. A sequência geral dos eventos pelos quais Cristo passa na Bíblia é a seguinte: antes de tudo, ele está no Céu; cria então o mundo, porque no Livro de Gênesis, Deus disse: "Haja luz", e luz houve; em outras palavras, o agente criador é a Palavra que fala. Depois, vem a Encarnação ou a entrada da carne no mundo, seguida da morte de Cristo na cruz. Ele desce ao mundo inferior e se dá então a "descida aos infernos". Retorna à superfície da Terra na Ressurreição e, passados quarenta dias, ascende de volta ao Céu.

Note-se que há uma considerável compactação do tempo nesta sequência: um infinito entre a vida no Céu e a Criação, algo como 4.000 anos entre a Criação e a Encarnação, cerca de trinta anos entre seu nascimento e sua morte neste mundo, e três dias e três noites (ou melhor, pela nossa contagem, duas noites e um dia) entre sua morte e sua ressurreição, quarenta dias até a Ascensão e então, de volta à eternidade.

Percebemos também que desses oito estágios, há dois que não estão, de fato, no Novo Testamento. Existem certas alusões vagas a uma descida ao Inferno, mas no Novo Testamento os indícios desse tema são muito fracos [Ef 4, 9–10]. A "descida aos infernos" não aparece na Bíblia: ele foi acrescentado à lenda cristã por uma obra apócrifa chamada Atos de Pilatos, ou Evangelho de Nicodemos, que durante a Idade Média foi aceito como pelo menos semicanônico. Segundo o Evangelho de Nicodemos, Jesus, após sua morte na cruz, desceu ao Inferno no sábado entre a Sexta-feira Santa e a Páscoa; e do Inferno, ele extraiu todas as almas que estavam destinadas a serem salvas, desde Adão e Eva até João Batista.

O que é interessante, de nossa perspectiva atual da jornada de Cristo, é a imagética com a qual ela é apresentada pelos pintores. Nas imagens da descida de Cristo ao Inferno, o Inferno é frequentemente apresentado como a boca aberta de um monstro: Jesus atravessa a boca aberta desse monstro, cujo corpo é o corpo do Inferno, e depois volta com os remidos atrás de si. Pelo bem do decoro geral, supõe-se que ele tenha retornado pelo mesmo caminho pelo qual entrou. Mas é claro que outras rotas são possíveis, e uma delas é fortemente sugerida — na verdade, muito mais do que sugerida — no final do *Inferno* de Dante.

Em todo caso, esta iconografia incorpora o simbolismo de São Jorge e do dragão na lenda cristã, dando a Jesus o papel de São Jorge, ao Inferno, o de dragão, enquanto a recriação do mundo corresponde ao ato de redimir a humanidade da morte no Inferno, que é metaforicamente idêntico ao dragão. Da mesma forma, a heroína da história, a filha do rei que é resgatada, é a noiva de Cristo, a Igreja Cristã, correspondendo a Andrômeda na história clássica. Segue-se, portanto, que o rei idoso e impotente que é seu pai é o primeiro Adão, isto é, a natureza humana em sua forma caída e impotente. Tal estrutura é a base do poema *The Waste Land*, de T. S. Eliot, no qual uma figura dos romances do Graal chamada Rei Pescador, um rei idoso e impotente que está sentado à beira-mar "pescando, com a planície árida atrás de mim" [v. 425], é identificado como o primeiro Adão.

Pois bem, se começarmos a pensar sobre essa história mítica e metaforicamente, em vez de logicamente, o princípio da metáfora nos levará muito longe. Quando o monstro marinho que sai do mar é esterilidade, morte e caos, segue-se que ele deve ser o mundo inteiro, toda a cena dessa história, seu cenário no estado de morte. Em outras palavras, se continuarmos pensando metaforicamente, podemos ver que Andrômeda ou a heroína já deve ter sido engolida pelo monstro; e para salvá-la, o herói teria que descer pela garganta aberta do monstro, assim como Cristo é representado nas pinturas da "descida aos infernos".

Lendo o Livro de Jonas, observamos que Jonas é um profeta ordenado por Deus a ir a Nínive, um dos reinos pagãos, para profetizar e dizer ao seu povo que, se não corrigirem a sua conduta, hão de sofrer. É bem conveniente para Isaías e Ezequiel fazerem esse tipo de coisa estando seguros em Israel; mas Jonas, obrigado a ir para Nínive, provavelmente terá muitos problemas. Jonas não tem vontade de ser martirizado e, consequentemente, pega um navio na direção oposta, para o Mar Mediterrâneo. É uma regra inviolável do romance que, se alguém navega no Mediterrâneo, o seu navio acaba naufragando: assim, não demora para que o navio de Jonas seja submetido a uma tremenda tempestade. Os marinheiros tiram a sorte para ver quem é o responsável. Aparentemente, este é Jonas, de modo que eles o jogam ao mar. E o Senhor "preparou um grande peixe para engolir Jonas" [1, 17]. Ele fica dentro do peixe três dias e três noites — novamente, são duas noites e um dia pela nosso modo de contar — e, então, é tossido e retorna à terra firme. Agora, com todo o treinamento em metáfora que oferecemos neste curso, não deve ser difícil perceber que o mar, a tempestade, o monstro e o país estrangeiro para o qual Jonas vai são todos metaforicamente a mesma coisa — e o mesmo lugar. E o que esta mesma coisa e mesmo lugar são está explicitamente declarado no próprio Livro de Jonas. Em 2, 1[–2]: "Em minha aflição, invoquei o Senhor, e ele ouviu-me. Do meio da morada dos mortos, clamei a vós, e ouvistes minha voz. Em minha aflição, invoquei o Senhor, e ele ouviu-me. Do meio da morada dos mortos, clamei a vós, e ouvistes minha voz".[2] A palavra aqui traduzida como "morada dos mortos" é *sheol*, a sepultura: Jonas está onde diz que está, no mundo da morte.

Cristo descendo ao ventre de um monstro por três dias e três noites após sua morte na cruz é o antítipo do qual a história de Jonas é o tipo; e Jesus nos Evangelhos aceita a história de Jonas como um tipo de sua própria Paixão quando diz: "Do mesmo modo que Jonas esteve três dias e três noites no ventre do peixe, assim o Filho do Homem ficará três dias e três noites no seio da terra" [Mt 12, 40]. Não há heroína na história de Jonas. Mas o Salmo 87, 4[3] diz: "Ajuntarei Raabe e Babilônia aos que me honram; eis a Filisteia e Tiro com a Etiópia, lá todos nasceram". Podemos ver as implicações deste versículo se lembrarmos que, durante a maior parte do período do Antigo Testamento, o povo de Israel vivia no meio de um poder pagão. Às vezes era babilônico, às vezes assírio, às vezes persa, às vezes grego, às vezes romano, mas eles estavam sempre no meio de um poder pagão metaforicamente idêntico ao corpo de Raabe ou Leviatã. Então, se nos perguntarmos o que corresponde à Andrômeda já engolida, é a noiva, o povo que o herói vai resgatar, descendo para dentro do monstro. Se perguntarmos onde estamos em relação ao Leviatã, a resposta é claramente que estamos dentro dele: todos fomos engolidos por ele. Na imagética do Antigo Testamento, a identificação primária do Leviatã é com os reinos pagãos: mas todos os reinos são mais ou menos pagãos. E, novamente, esses monstros se expandem até se tornarem essencialmente o mundo inteiro no qual todos vivemos e do qual queremos ser libertados.

Começamos a entender agora por que há tantas menções à pesca nos Evangelhos, e por que Jesus é tão persistentemente associado a um peixe ou a um golfinho, que tem a reputação de salvar as pessoas da água. Ser salvo das águas é um elemento na história de Pedro no Lago da Galileia, novamente com os mesmos tons gerais. O mundo em que vivemos é mitologicamente um mundo subterrâneo ou um mundo submarino, dependendo do elemento que escolhermos. Assim, de um certo ponto de vista, as águas do dilúvio de

---

2   Em Ave-Maria e Padre Matos, Jn 2, 2–3 — NE.
3   Sl 86, 4 na Ave Maria — NE.

Noé nunca baixaram. Há um velho enigma sobre o que aconteceu com os peixes na época do dilúvio. Uma das respostas mais simples e diretas é que *nós* somos os peixes. Não nos afogamos, mas tivemos nosso suprimento de oxigênio severamente reduzido.

Vou esperar para tratar do Livro de Jó mais adiante, mas agora há uma coisa que devemos observar: um longo discurso de Deus a Jó, que termina com dois poemas líricos em louvor ao Leviatã e, segundo a tradição, a outra besta enorme, o Beemot. Digo "de acordo com a tradição" porque *beemot* é o plural hebraico intensivo de uma palavra para "besta". Por causa disso, os tradutores da Nova Bíblia Inglesa pensam que há apenas um animal envolvido. Mas tradicionalmente sempre houve dois animais, um animal terrestre e um animal marinho. Da mesma forma, existem dois dragões, um da terra e outro do mar, que aparecem no Livro do Apocalipse. Beemot e Leviatã também são mencionados nos Apócrifos, no Livro de Esdras [2Esd 6, 49]. Esses dois animais correspondem ao mundo demoníaco pensado como subterrâneo ou submarino, embora um não exclua o outro.

No capítulo 40 do Livro de Jó, há o poema sobre Beemot como tradicionalmente traduzido; no capítulo 41, o poeta se volta para o Leviatã. O fato de esses monstros poderem ser indicados para Jó significa que, ao final do poema, ele está fora deles e é capaz de contemplá-los. As consequências dessa afirmativa precisarão de algum tempo para serem alcançadas, mas eu gostaria de encerrar meramente com a sugestão de que esses dois monstros têm dimensões cosmológicas e políticas, nas quais representam o mundo como a prisão temporal e espacial que nos encerra.

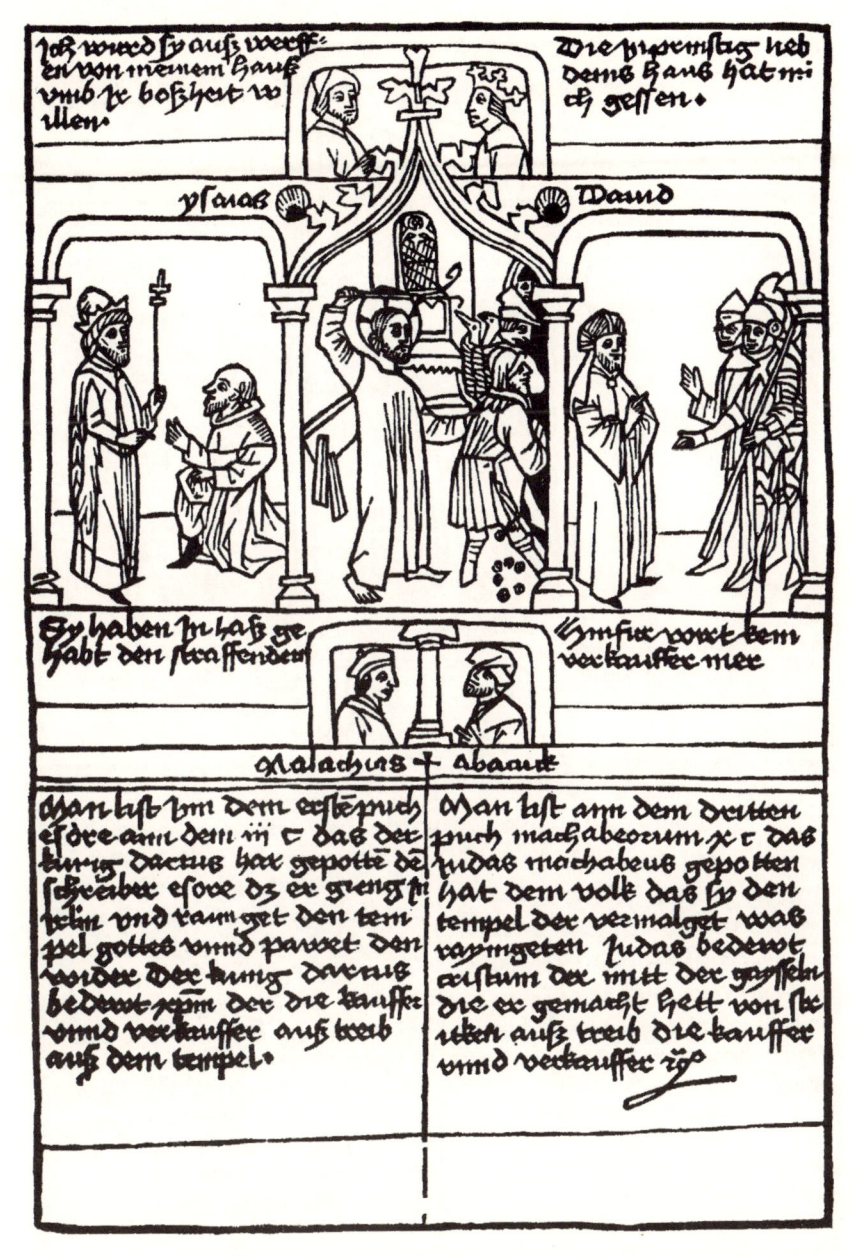

Biblia Pauperum 15: A purificação do templo
(Mt 21, 12–13)

Dario aprova a reconstrução do templo
(Esd 5–6)

Judas Macabeu purifica o templo
(1Mc 4, 36–59)

Biblia Pauperum 16: A MAQUINAÇÃO CONTRA JESUS
(Mt 26, 1–5)

Os irmãos de José enganam Jacó
(Gn 37, 12–35)

Absalão conspira contra Davi
(2Sm 15, 1–12)

9
O espelho duplo: o Êxodo e o Evangelho

Estou estabelecendo um padrão imagético na Bíblia que, ao esboçá-lo, é necessariamente um tanto estático. Contudo, a Bíblia naturalmente é uma narrativa tanto quanto é uma estrutura de imagens: coisas acontecem. A meu ver, chegamos ao ponto em que precisamos examinar também algumas das estruturas narrativas da Bíblia.

Lembre-se de que, quase na primeira palestra [Capítulo 2], sugerimos que a história de Israel no Antigo Testamento apresenta uma série de quedas e ascensões em que Israel se volta para a apostasia e se mete em problemas, é invadido ou conquistado por outro país e, então, quando os israelitas mudam de ideia, lhes é enviado um libertador, com o que Israel é trazido de volta a algo próximo ao seu estado anterior. Isso pode ser representado como uma forma de U, de queda e ascensão. Essa forma de U é encontrada em toda a Bíblia, não apenas nas partes históricas, mas em partes como o Livro de Jó e a parábola de Jesus sobre o filho pródigo.

Vimos que houve uma série desses movimentos narrativos, e que a primeira narrativa histórica, ou seja, a que se seguiu à "queda" do Jardim do Éden, é a descida ao Egito e a subsequente libertação de Israel. Essa sequência é o modelo para todas as outras. O cativeiro e o retorno da Babilônia são considerados simplesmente como uma repetição da libertação do Egito. Repetidamente, nos Salmos e em outros lugares, Jeová diz: "Eu sou o Senhor teu Deus, que te tirei da terra do Egito".

Jeová chegou mesmo a ser descrito como o "Deus que tira do Egito" por um erudito alemão — bem o tipo de coisa que os alemães costumam fazer. A libertação do Egito, portanto, é o modelo para tudo o mais que acontece. Parte do motivo é que, embora geralmente a descida seja um erro ou um pecado — isto é, uma apostasia — por parte de Israel, isso não se aplica ao relato do Êxodo. Entrando no Egito, os israelitas parecem não ter feito nada de errado, até onde sabemos. Mas assim que chegaram lá, o Faraó transformou-se daquele que tinha em José um conselheiro naquele que tinha no genocídio sua preferência.

Mais uma vez, o relato bíblico é uma estória [story], não uma história,[1] e não é o Egito histórico a "fornalha de ferro" [Dt 4, 20] da qual Israel é libertado, mas o Egito espiritual. A libertação do Egito, que é onde começa a história de Israel propriamente dita, é o tema do Livro do Êxodo. Agora, em certo sentido, a descida — seja ela causada por apostasia ou não — não é realmente um evento. Se for causado por infidelidade a Deus, é um pseudoevento; é não agir. A libertação, consequentemente, é a única coisa que acontece. Como o Êxodo é o modelo para toda libertação no Antigo Testamento, podemos dizer que, metaforicamente, o Êxodo é a única coisa que realmente acontece no Antigo Testamento. Assim, na Bíblia cristã, o Êxodo seria, mais do que qualquer outro evento do Antigo Testamento, o tipo do antítipo mais importante do cristianismo, isto é, a Ressurreição de Cristo.

Tentei mostrar que a progressão dos eventos no Antigo Testamento, embora trate de material histórico, não é o que chamaríamos de história. Da mesma forma, a vida de Cristo, conforme retratada nos Evangelhos, ainda que seja a vida de uma pessoa real, não é apresentada sob uma forma perceptivelmente biográfica. A vida de Cristo é apresentada como o antítipo, como a forma real, o significado real, da história do Êxodo.

Começamos com a história do nascimento do herói num ambiente perigoso para a vida. Essa é uma história muito mais antiga que a Bíblia: contava-se o mesmo sobre um rei da Mesopotâmia, Sargão, séculos antes da época do Êxodo. A história de Moisés inclui seu nascimento sob ameaça: o Faraó do Egito quis que todos os meninos hebreus que nascessem fossem mortos, o que corresponde à Matança dos Inocentes no Novo Testamento, os dois personagens envolvidos sendo o Faraó do Êxodo e Herodes.

É verdade que vários massacres de crianças foram ordenados por Herodes, e um de seus próprios filhos foi morto em um deles. O Imperador Augusto, quando soube da notícia, comentando que Herodes, embora não fosse judeu, ainda assim observava as leis alimentares judaicas, disse que obviamente era muito mais seguro ser um porco de Herodes do que um filho de Herodes. Mas, de qualquer forma, uma dessas matanças de inocentes é identificada com uma matança específica da qual Jesus escapa, assim como Moisés escapa no relato anterior.

---

1 Ver nota 1, p. 33 — NE.

É notável a semelhança entre Moisés ser escondido no que é chamado de arca, um *kibotos*, e Jesus nascer na manjedoura. Além disso, no relato do Evangelho, Jesus é levado ao Egito por José e Maria. No relato anterior, Moisés cresce no Egito, e os nomes "José" e "Maria" lembram o "José" que conduziu os israelitas ao Egito em primeiro lugar e a "Miriã" que era a irmã mais velha de Moisés. De fato, há uma sura do Alcorão que identifica a "Miriã" da história do Êxodo com "Maria" dos Evangelhos [19, 28]. Naturalmente, os comentaristas cristãos do Alcorão dizem que isso é ridículo: mas devemos lembrar que o Alcorão fala de um ponto de vista totalmente tipológico, a-histórico; e desse ponto de vista, a identificação faz sentido.

Segundo Mateus, Jesus foi levado ao Egito não só para tirá-lo das vistas de Herodes, mas também para cumprir a profecia de Oseias: "Do Egito chamei meu filho" [11, 1]. É bastante claro que Oseias está falando de Israel, de modo que novamente se estabelece o fato de que a vida de Jesus está sendo apresentada como uma forma individualizada do Êxodo.

Moisés organiza as doze tribos de Israel e Jesus reúne doze discípulos. O evento crucial do Êxodo é a travessia do Mar Vermelho, onde o exército egípcio é afogado. É nesse evento em que nasce a nação de Israel, de modo que a história de Israel começa simbolicamente com a passagem pelo Mar Vermelho. O evento correspondente na vida de Jesus é o batismo no Jordão, quando se reconhece, abertamente e em voz alta, que ele é o Filho de Deus. É no batismo que começam os dois Evangelhos mais antigos, Marcos e João: as histórias da infância em Mateus e Lucas são materiais posteriores. Não quero dizer que o Evangelho de João, em sua forma atual, seja o mais antigo, mas que seu núcleo é de fato mais antigo.

Seguem-se os quarenta anos de peregrinação no deserto, assim como, logo após o batismo, Jesus perambula quarenta dias no deserto, período que é comemorado na Quaresma e durante o qual, segundo os Evangelhos Sinópticos, ocorreu a Tentação. Ao resistir à Tentação, Jesus cumpre a lei, que foi também a razão dos quarenta anos no deserto para os israelitas.

A lei é recebida do alto de uma montanha. Assim, em Mateus, temos o Sermão da Montanha, que contém o cerne de grande parte do Evangelho. E se examinarmos atentamente o Sermão da Montanha, perceberemos que grande parte dele consiste em um comentário sobre os Dez Mandamentos. Há também a provisão milagrosa de alimentos, semelhante aos banquetes milagrosos oferecidos por Cristo durante o seu ministério.

Os tipos de Judas do Antigo Testamento são Coré, Datã e Abirão, três homens que são engolidos pela terra porque lideraram rebeliões [Nm 26,

9-10]. Já o tipo da história de Judas se encontra mais na profecia de Zacarias do que no Êxodo. Em 11, 12[-13], Deus é representado rompendo seu contrato com seu povo:

> Eu disse-lhes: Se vos parece bem, dai-me o salário que me é devido (já que não me quereis por pastor); se não, guardai-o. Então pagaram-me pelo meu salário trinta moedas de prata. O Senhor disse-me: Arroja ao oleiro esse dinheiro, essa bela soma pela qual me apreciaram. Tomei as trinta moedas de prata e lancei-as na casa do Senhor para o oleiro.

Esses dois temas, o campo do oleiro e as trinta moedas de prata, estão ligados nesta profecia de Zacarias, na qual Deus aparece sendo traído por seu povo e vendido por trinta moedas de prata, que segundo o Livro do Êxodo é o preço simbólico de um escravo [21, 32].

Em Números 21[, 6], há um relato de uma rebelião dos israelitas contra sua liderança. E o Senhor, que está sempre do lado do poder estabelecido, "enviou contra o povo serpentes ardentes, que feriram e mataram muitos". Versículo[s] 8[-9]: "E o Senhor disse-lhe: 'Faze uma serpente de bronze, e põe-na por sinal: aquele que, sendo ferido, olhar para ela, viverá'. Moisés fez, pois, uma serpente de bronze, e pô-la por sinal: os feridos que olhavam para ela, saravam". No Evangelho de João [3, 14], Jesus se refere a este levantamento de uma serpente no deserto como um tipo de sua própria Paixão. Em outras palavras, a serpente de bronze na haste é um tipo da Crucificação no Antigo Testamento, e é aceita por Jesus como tal. O corpo morto de Cristo na cruz é simbolicamente o corpo da serpente da morte e do Inferno que Cristo deixa para trás. Ou como Miguel explica a Adão em *Paraíso perdido*:

> *But to the cross he nails thy enemies,*
> *The law that is against thee, and the sins*
> *Of all mankind*

> [Mas ele prende à cruz teus inimigos, a lei que a ti acusa,
> e os pecados de toda a humanidade].[2]

Assim, o corpo natural morre na cruz e ressuscita corpo espiritual: a analogia é a serpente que troca de pele.

---

2   L. 12, vv. 415-417. Tradução livre.

É dito então que Moisés morre no deserto. Ele sobe uma montanha de onde pode ver a Terra Prometida, mas já lhe foi dito que não pode entrar nela, pelo fato de ter realizado um de seus milagres em um ataque de mau humor [Dt 32, 48-52; 34, 1-6], então seu sucessor Josué é aquele que invade e conquista Canaã. Aqui, o elo oculto na tipologia é que Josué e Jesus são a mesma palavra: "Jesus" é simplesmente a forma grega de "Josué". Consequentemente, a conquista da Terra Prometida é a mesma coisa que a abertura da Terra Prometida espiritual por Jesus em sua vitória sobre a morte e o Inferno. Do ponto de vista da tipologia cristã, o fato de Moisés morrer no deserto significa, entre outras coisas, que a mera lei, que Moisés personifica, não pode redimir a humanidade. Por isso, no início do Evangelho de Mateus, quando o anjo Gabriel manda à Virgem Maria que chame a seu filho Jesus, ou Josué, o significado tipológico é que o reinado da lei acabou: começa agora a invasão à Terra Prometida.

Esta é a versão longa. Há também uma versão curta, e a versão curta é ainda mais importante tipologicamente. Numa aula anterior, eu apresentei uma versão da jornada de Cristo na Bíblia em que ele desce metaforicamente do Céu até a superfície desta Terra na Encarnação; depois, veio sua morte na cruz, a descida ao Inferno, o retorno à superfície desta Terra, e a Ressurreição e a Ascensão de volta ao Céu. Podemos dividir em dois esse esquema e ver que estamos lidando, em grande parte, com um paralelo entre a história do Êxodo e a vida de Cristo no mundo aéreo superior, ou seja, sua descida ao Egito deste mundo, seu ministério, sua morte e sua ressurreição. Mas depois há toda essa sequência do submundo que leva os três dias e duas noites do fim de semana da Páscoa. Essa sequência corresponde ao ponto crucial do relato do Êxodo, que consiste em três eventos principais. Um é a Páscoa; o segundo é a passagem pelo Mar Vermelho; e o terceiro é a chegada ao outro lado. Estes correspondem no relato do Evangelho à Crucificação e morte; à descida ao Inferno (que geralmente aparece em imagens subterrâneas em vez de submarinas, mas ainda é a mesma imagem); e à Ressurreição ao terceiro dia.

Um hino pascal de Santo Ambrósio, que data do século IV a.C., diz:

> Pois estas são as nossas solenidades pascais, nas quais o próprio Cordeiro é morto, por cujo sangue as soleiras dos fiéis são santificadas. Esta é a noite em que tu, Senhor, primeiro tiraste nossos pais, os filhos de Israel, do Egito e os fizeste atravessar o Mar Vermelho a pé enxuto. Esta é a noite em que Cristo rompeu os laços da morte e ressuscitou como vencedor do Inferno.

Há outro hino do século VI: "Protegidos do anjo destruidor na véspera da Páscoa, fomos arrebatados do severo governo do Faraó. Agora Cristo é a nossa Páscoa, o cordeiro que foi sacrificado. Cristo ressuscitou da sepultura, voltando vitorioso do Inferno".[3] A tipologia em que se baseiam esses hinos é esse paralelismo entre a matança do cordeiro como vítima sacrificial, que salva a vida dos filhos dos hebreus; a descida ao Inferno, em que os primogênitos egípcios são todos mortos, e depois o exército egípcio é afogado no Mar Vermelho; e, então, a passagem pelo mar, o livramento da morte na água e a passagem para o outro lado.

Os Evangelhos insistem fortemente no paralelismo temporal entre a festa da Páscoa e a Crucificação de Cristo. Ele é explicitado em todos os relatos da Paixão, em todos os Evangelhos, e contrasta bastante com a indeterminação da data do nascimento de Jesus. Não há no Novo Testamento nenhum indício da época do ano em que Jesus nasceu e, ao que parece, a Igreja se contentou em tomar o festival do solstício de inverno de outras religiões. O grande rival do cristianismo nos primeiros tempos era o mitraísmo, que era uma religião do deus-sol. No mitraísmo, o evento mais importante do calendário era o solstício de inverno, o aniversário do Sol, que era celebrado no dia 25 de dezembro. Há muitas razões pelas quais a data do solstício de inverno também é muito boa para o Natal. Todavia, o fato de não haver nada no Evangelho que o autorize talvez explique por que o cristianismo nunca obteve mais que um direito de usucapião sobre o Natal. Desde o início, o Natal é uma festa pagã.

Estou tentando sair do dilema que força uma escolha entre isso ou aquilo, na qual não acredito. Parece-me totalmente claro que os escritores dos Evangelhos estão tentando nos dizer algo: eles não estão tentando nos impedir de saber outra coisa. Mas o que eles estão tentando nos dizer é o que, do ponto de vista deles, realmente aconteceu. Pois bem, um historiador tenta transportar o leitor para o lugar do evento. Se ele está falando sobre o assassinato de César, ele tenta fazer com que você veja o que teria visto se estivesse presente no assassinato de César. Mas se você estivesse presente na Crucificação de Cristo, talvez não visse o que os Evangelhos retratam, porque o que você veria não teria nada a ver com o sentido do que realmente estava acontecendo. Você e

---

[3] Os versos do primeiro hino são uma tradução dos versos iniciais do *Exsultet*: *Haec sunt enim festa paschalia, / in quibus verus ille Agnus occiditur, / cuius sanguine posts fidelium / consagratur. / Haec nox est, / in qua primum patres nostros, filios Israel / eductos de Aegypto, Mare Rubrum sicco vestigio transire fecisti*. Para o segundo hino Frye deu uma tradução em prosa da terceira estrofe de *Ad cenam Agni providi*: *Protecti paschae vespero / a devastante angelo, / de Pharaonis aspero / sumus erepti imperio* (Na véspera pascal, o braço de Deus se revelou, / o anjo devastador nos poupou: / pela força da sua mão nossas hostes se libertaram / da tirania implacável do Faraó). O primeiro hino não é de Santo Ambrósio, embora expresse algumas das mesmas idéias em sua Epístola 23, e temas semelhantes são encontrados em dois hinos de Pseudo-Ambrósio (ver Migne, *Patrologia Latina*, 16, 1179 f., e 1203 f.). O segundo hino também é de Pseudo-Ambrósio.

eu veríamos apenas um agitador político com distúrbios mentais recebendo um castigo merecido.

Não acho que os Evangelhos estejam muito interessados em testemunhas confiáveis. As únicas testemunhas que importam são o recém-formado grupo de cristãos primitivos que se formaram em torno da Ressurreição. Eles desconsideram o tipo normal de evidência histórica, relatos de viajantes que passam e esse tipo de coisa. Isso é o que um biógrafo escolheria, mas os escritores dos Evangelhos não são biógrafos. Em geral, as pessoas que, como Tomé, queriam provas eram instruídas a ler as Escrituras, isto é, o Antigo Testamento. A Tomé, é verdade, o desejo de provas visíveis e tangíveis da Ressurreição foi atendido [Jo 20, 24–29]. Mas Tomé também foi informado de que se ele não tivesse exigido provas, poderia ter entendido a Ressurreição com mais clareza. Parece-me que isso não significa que uma atitude acrítica esteja mais próxima da verdade do que uma atitude crítica; mas que, quanto mais confiáveis as evidências, mais enganosas elas são.

O ponto ao qual quero retornar, quando chegarmos ao Livro de Jó, é que nenhuma religião séria tenta responder às perguntas de ninguém, porque em todo assunto sério ou existencial o progresso na compreensão se baseia na formulação de perguntas cada vez melhores. Uma resposta dogmática bloqueia todo o progresso, todo o avanço. A resposta consolida os pressupostos da pergunta e leva o processo a um impasse. É isso que quero dizer quando digo que quanto mais confiáveis as evidências, mais enganosas elas são. A noção de evidência confiável implica um tipo de autoridade que impede que se façam mais perguntas.

Biblia Pauperum 17: Os príncipes dos sacerdotes pagam a Judas
(Mt 26, 14–16)

José vendido aos ismaelitas José vendido a Potifar
(Gn 37, 23–28) (Gn 37, 36)

10

A metáfora da realeza

Acabamos de falar sobre o paralelo entre os eventos do Êxodo e os eventos do Evangelho. E eu dizia que, nos Evangelhos, a vida de Jesus é evidentemente apresentada como um progresso do Israel espiritual na forma de um indivíduo. Naturalmente, isso significa que, em termos de tipo e antítipo, a história de Israel no Antigo Testamento, a história de uma sociedade, é um tipo que tem como antítipo a história de um indivíduo no Novo Testamento.

Somos, assim, levados à forma de metáfora em que o indivíduo é identificado com o grupo. Eu sugeri anteriormente que existem duas formas de identificação [Capítulo 7]. Há, em primeiro lugar, a identidade *com*, o tipo de identificação que se encontra na metáfora comum. Na profecia de Jacó sobre as doze tribos de Israel em Gênesis 49, encontram-se uma série de metáforas desse tipo: "Isto é aquilo". A saber: "José é um rebento de árvore fértil", "Neftali é uma corsa veloz", "Issacar é um jumento robusto", e assim por diante [vv. 22, 21, 14]. Nessa forma, a forma isto-é-aquilo, em que se diz que duas coisas são a mesma coisa e, ainda assim, permanecem coisas diferentes, temos a metáfora poética comum, que é, como disse antes, não simplesmente ilógica, mas antilógica, porque duas coisas nunca poderiam ser a mesma coisa e continuar sendo duas coisas.

Há também a identidade *como*, que é a base de todo pensamento categórico comum, em que se identifica um indivíduo colocando-o dentro de uma classe. Se alguém que acabou de chegar de Marte entrar no meu escritório e disser: "O que é aquela coisa marrom e verde do lado de fora da sua janela?", e eu disser: "Aquilo é uma árvore", estarei identificando o objeto individual para o qual ele está apontando com a classe à qual ele pertence. Ou seja, estarei identificando-o como uma árvore.

Há um terceiro tipo de metáfora que une a identidade antilógica *com* e a identidade categórica *como*; e esse é o tipo de metáfora que temos quando identificamos todas as árvores do Éden com a árvore da vida, e todas as cidades do mundo com Jerusalém ou com a Babilônia. A metáfora da realeza pertence a esse tipo de metáfora peculiarmente poderosa e sutil, que consiste em identificar uma coisa *como* ela mesma e também *com* sua classe. Eis por que a realeza é uma das instituições humanas mais difundidas.

A sociedade que foi mais longe na identificação do todo da sociedade com e como o rei foi o Antigo Egito. Por exemplo, se você contemplar a coleção de Tutancâmon em um museu vai pensar em como é absolutamente incrível que todo esse trabalho e despesa se destinou à construção da tumba de um faraó. Nós nunca acreditaríamos nisso sem as evidências diretas. No entanto, quando entendemos como eram onipresentes as metáforas reais no Egito — o Faraó não era apenas um rei, mas um deus encarnado, idêntico ao deus Hórus antes de sua morte e ao deus Osíris depois dela, e ele era chamado "o pastor do seu povo" — tudo se torna mais concebível. E, ao contrário da prática hebraica, ele era sumo sacerdote e também rei. Portanto, é possível que o egípcio comum encontrasse para si mesmo, dentro do corpo místico do Faraó, uma identidade de um tipo que nossos processos mentais simplesmente não podem recapturar.

Há algo desse sentimento na figura típica do rei do Antigo Testamento, que, em geral, é identificado com Davi ou Salomão e de quem não se fala como um deus encarnado, mas como alguém sob a proteção especial de Deus e em um relacionamento especial com Ele. No Salmo 2, por exemplo, temos, associada ao rei, uma imagem que é mais comum entre os povos semitas da Ásia Ocidental. No versículo 7: "Promulgarei o decreto do Senhor: O Senhor disse-me: 'Tu és meu filho, eu hoje te gerei'". Isso, é claro, é tomado em um sentido muito mais preciso no cristianismo [cf. At 13, 33; Hb 1, 5], mas, neste contexto, o rei está sendo considerado como escolhido de Deus e, portanto, o filho de Deus. Ele é, rigorosamente falando, o filho adotivo de Deus, mas a cerimônia de adoção é simbolizada pelo termo físico "gerar": "Hoje te gerei". Isso dá ao rei uma conexão especial com a divindade por um lado e com seu povo, por outro; porque pelos princípios da metáfora, o rei não representa seu povo, ele é o povo na forma de um único corpo, razão pela qual o conceito da linhagem de Davi é tão central no imaginário messiânico da Bíblia.

Este Salmo 2 é um dos dois salmos — o outro é o 110 — que foram de maior importância para os escritores do Novo Testamento ao definir sua concepção da realeza de Jesus. Eles usaram o termo "gerado" para significar que Cristo é o Filho de Deus, procede do Pai e é o único elemento ou aspecto da experiência que não é uma criatura. Tudo o mais foi criado, mas Cristo não foi criado; ele foi gerado. Essa é a leitura cristã, que aponta para uma identificação ainda mais intensa do que, a meu ver, o Salmo 2 pretendia.

Como apresentado anteriormente, a estrutura narrativa típica na Bíblia tem a forma de U. No Antigo Testamento, a sociedade de Israel geralmente começa em uma posição de relativa paz ou prosperidade, faz algo errado ou encontra um governante hostil como no Egito, e mergulha em um estado de escravidão ou servidão do qual é libertado. Pois bem, se o rei é seu povo de forma individual, segue-se que os lendários reis da glória, Davi e Salomão, não esgotam as imagens metafóricas do rei. O rei também é o povo em sua vergonha e humilhação.

O Livro das Lamentações trata do saque de Jerusalém por Nabucodonosor da Babilônia e o rapto do povo de Israel para o cativeiro. Sabemos que o azarado último rei de Judá, cujo nome era Sedecias, teve seus olhos vazados por Nabucodonosor. Em 4, 20: "O sopro das nossas narinas, o ungido do Senhor, foi apanhado nas suas armadilhas, esse de quem dizíamos: 'À sua sombra viveremos entre as nações'". Essa frase "sopro de nossas narinas" dificilmente poderia ser mais explícita ao dizer que o rei não é um representante de seu povo, mas é o próprio povo sob uma forma individual.

Israel passou a maior parte de seu tempo durante o período do Antigo Testamento em um estado de humilhação e domínio estrangeiro. Consequentemente, a figura do rei tem muito desse tipo de imagem ligada a si. Eu já mencionei os povos semitas da Ásia Ocidental, que tinham atitudes um tanto semelhantes em relação à realeza. Mesmo quando esses reis eram fortes e bem-sucedidos, tinham que passar por certas cerimônias rituais nas quais assumiam o papel oposto. Diz-se que na Babilônia, na época da festa do Ano Novo, o rei, como Nabucodonosor, passava por uma cerimônia de humilhação ritual, era esbofeteado no rosto pelo sacerdote e coisas do tipo, e então seu título era renovado por mais um ano. Nabucodonosor era um monarca forte e bem-sucedido: mas uma eventual omissão desta cerimônia poderia irritar sua divindade tutelar.

Portanto, não ficamos surpresos ao descobrir que imagens bastante semelhantes às vezes são associadas até mesmo aos reis glorificados de Israel. No capítulo 6 do Segundo Livro de Samuel, descreve-se não apenas um episódio do reinado muito bem-sucedido e glorioso do Rei Davi, mas também o episódio particular que, do ponto de vista do escritor bíblico, foi o maior momento da vida de Davi: o momento em que a Arca da Aliança, que havia atravessado o deserto com os israelitas, foi trazida para Jerusalém — porque o maior feito militar do reinado de Davi foi a captura de Jerusalém e a transformação dessa cidade na capital de Israel. No versículo 17: *"And they brought in the ark of the Lord, and set it in his place"* [E trouxeram a Arca do Senhor, e a puseram-na no seu lugar]. Temos que atentar para as locuções do século XVII na Bíblia

King James: "*his*" [seu] aí é o caso genitivo de "*it*" [isso]. Em outras palavras, a forma "*its*" [seu/dela] não existia na língua inglesa quando os tradutores da King James estavam trabalhando; ou era, no máximo, um neologismo recém-surgido, que nenhuma pessoa respeitável como um erudito bíblico usaria. Daí por que as traduções às vezes precisam se contorcer para evitar a palavra *its*, como no Salmo 19[, 6]: "*There is nothing hid from the heat thereof*" [Não há nada escondido do seu calor] em vez de dizer "*There is nothing hid from its heat*". Então aqui, *thereof* significa "seu/dele/dela".

"E trouxeram a Arca do Senhor, e a puseram no seu lugar, no meio do tabernáculo que Davi lhe tinha armado". Davi mostrou seu senso da importância da ocasião, em primeiro lugar, realizando uma refeição comunal — no versículo 19, ele deu a todos em Israel uma torta de pão, um pedaço de carne e um jarro de vinho — e também dançando na frente da Arca com toda a sua energia. Sua esposa, Mical, que é filha de Saul, zombou dele por ter se mostrado um tolo exibicionista na frente dos servos [v. 20]. A resposta de Davi é muito interessante do nosso ponto de vista atual: ele diz, no versículo 22: "Mas também me farei mais vil do que me tenho feito, e mais humilde aos meus olhos; quanto às servas de que falaste, por elas eu serei honrado". Ele está falando da necessidade de sua própria humilhação, mesmo aos seus próprios olhos, como parte de sua responsabilidade real. Isso explica como foi que Davi se tornou o autor tradicional dos Salmos. Nos Salmos você encontra frases como "Louvarei ao Senhor", onde o "Eu" é o autor do hino, mas também todos os cantores do hino. Ou seja, o indivíduo e o grupo não estão ligados em nenhuma relação lógica: eles estão (são) identificados. E a identificação se torna muito mais vívida e intensa se o "eu" que fala como autor do hino for, de fato, o rei. Isso certamente explicaria o número de Salmos que são atribuídos a Davi, ainda que sejam Salmos confessionais expressando a necessidade de perdão, ou a necessidade de libertação, ou a necessidade de auxílio contra as calúnias dos inimigos, e assim por diante. Tudo isso são experiências vividas pelo rei, enquanto povo individualizado.

Parece-me que esse tipo de metáfora pode ser encontrada onde quer que exista a realeza e a instituição da monarquia, ou pelo menos o equivalente à realeza. Lembro-me de ver, há cerca de quarenta anos, um filme a respeito de um grupo de emigrantes da Rússia revolucionária: eles estavam discutindo com um comunista do governo revolucionário russo, e um deles disse: "Você jamais entenderá o que era o Czar. Ele *era* a Rússia". Esse é um exemplo da metáfora da realeza em todo o seu peso. Depois, na Rússia, houve até hinos a Stalin, aplicando-se-lhe a mesma imagem, porque é evidente que qualquer coisa que possa ser aplicada em um contexto religioso pode também ser aplicada em um contexto anticrístico. A única marca de distinção genuína em Hitler era a seriedade com que ele assumia seu papel de Anticristo, identificando-se como o indivíduo que era a Alemanha. A metáfora da realeza, como qualquer outra imagem, pode ser encontrada em um contexto apocalíptico ou demoníaco, assim como em qualquer sociedade que tenha aceitado tal visão de realeza, liderança, ditadura ou o que quer que seja, de modo explicitamente religioso ou não.

É claro que a teoria da democracia, na medida em que, de fato, existe, é de um tipo um pouco diferente. A metáfora da realeza pode ser muito atraente em certos contextos, e extremamente regressiva e sinistra em outros contextos. Se a Rainha Isabel II cruzasse a Charles Street,[1] todos correriam para a janela; não porque haja algo incomum na aparência dela, mas porque ela possibilita que os britânicos se vejam coletivamente, na forma de um indivíduo. Há uma intensidade particular ou mesmo um *pathos* em uma figura que adquiriu esse *status* puramente por acidente, como resultado de nascimento, e que não tem nenhum poder executivo. Essa é a metáfora da realeza como um ícone atraente. Mas existem naturalmente muitos outros contextos em que a metáfora da realeza é um ídolo muito perigoso, e foi por causa desses perigos que a democracia substituiu a humilhação ritual do rei pela eleição anual em que, segundo a teoria, a soma das imbecilidades individuais resulta numa sabedoria coletiva.

Pode haver outras metáforas da individualidade. A pessoa é a forma mais direta e mais intensa de metáfora, porque uma pessoa pertence à mesma categoria que o povo. Quando nos identificamos com uma bandeira ou com algo que, no fundo, é uma metáfora para uma pessoa, usamos uma metáfora secundária. Legalmente, existe uma entidade chamada Coroa, mas se um Zé Ninguém andasse pela Charles Street com uma coroa sobre a cabeça, o interesse despertado por isso não seria mais do que casual. Essa é uma metáfora secundária. A metáfora primária é aquela que pertence à mesma categoria que nós mesmos.

A passagem mais eloquente da Bíblia que contém essa identificação do rei com seu povo nos momentos de humilhação vem do que é chamado de Segundo Isaías. Isaías 40–55, por estar escrevendo muitos séculos depois do Isaías que aparece no início do livro, de fato representa-se escrevendo durante o cativeiro babilônico. As profecias do Segundo Isaías giram em torno do conceito que os estudiosos chamam de "servo sofredor", e o pronome sugere que ele está falando de uma pessoa individual.

---

1   Uma rua no lado norte do *campus* da Victoria University, que seria visível das janelas da sala de aula no terceiro andar do prédio Old Vic, onde Frye dava estas aulas.

Em 53, 3: "Era desprezado, o último dos homens, homem de dores, experimentado nos sofrimentos; como aqueles, diante dos quais se tapa o rosto, era lançado ao desprezo, nenhum caso fazíamos dele". A distinção é claramente traçada entre o "ele" e o "nós". Ou seja, o servo sofredor é entendido como um indivíduo, e o "nós" como a sociedade que o rejeitou. Mas a questão é que, mesmo no ato da rejeição, o indivíduo *é* a identidade da sociedade que o rejeitou.

Essa identificação provavelmente remonta ao ritual descrito em *Golden Bough*, de Frazer. Não importa se realmente existiu um ritual assim no início da sociedade humana ou se Frazer estava escrevendo ficção científica. Mas no rito original como ele o descreve, a figura central da comunidade é considerada divina e humana. E porque ela o é, a ela se liga o sucesso da tribo. Consequentemente, um homem-deus não pode ser malsucedido ou humilhado, ou a tribo se perderia. Então, quando ele mostra sinais de perder seu domínio, matam-no, comem seu corpo e bebem seu sangue; e assim ele passa para os corpos de seus adoradores e faz deles um só corpo. Seu sucessor é imediatamente nomeado, e é fortalecido para o desempenho de seu cargo pela unção com o sangue de seu antecessor. No entanto, como digo, não sei até que ponto isso é mais do que uma reconstrução. O pano de fundo é essa identificação metafórica de grupo e indivíduo, sociedade e rei, e o fato de que a morte ou humilhação da figura do rei é algo que atrai nossa própria identidade.

No paralelo Êxodo-Evangelho, o Josué que triunfa sobre a Terra Prometida é o tipo de Jesus, que tem o mesmo nome, e que triunfa sobre a morte e o Inferno. Josué, em sua conquista de Canaã, luta contra certos reis inimigos, e depois de vencer a batalha e capturar esses reis, ele os enforca em árvores, os enterra e rola grandes pedras sobre seus túmulos. Da mesma forma, somos informados de que o sucessor do glorioso Davi, que capturou Jerusalém, foi o igualmente glorioso Salomão, que construiu o templo: mas Davi também teve um filho chamado Absalão que se rebelou contra seu pai, e que ao fugir dos exércitos de Davi ficou preso em uma árvore pelos cabelos, até que o general de Davi apareceu e perfurou seu lado com dardos [2Sm 18, 9–15]. Ao contar a história da Paixão de Cristo nos Evangelhos, os narradores do Evangelho precisavam das imagens dos reis de Canaã e de Absalão derrotados, tanto quanto precisavam das figuras opostas de Josué, o Conquistador, e de Salomão, saudado pelos sábios como o rei da sabedoria.

Ora, este processo de humilhação do rei, no fundo da curva em U, é algo que pode ser expresso simbolicamente e ritualisticamente. Como observei anteriormente, haveria instabilidade política se o rito descrito por Frazer em sua forma original não fosse abandonado. Quando o homem é obrigado por contrato religioso a dar a Deus tudo o que ele mais deseja, é uma tendência natural — e na maioria dos contextos uma tendência extremamente saudável — que o homem diga: "Chega dessa palhaçada" e oferte um substituto. Da mesma forma, na Lei Mosaica há uma concepção muito clara do povo de Israel celebrando em seu Ano Novo o mesmo tipo de humilhação ritual que Nabucodonosor teria sofrido na Babilônia. Mas aqui não há uma associação a uma figura real; é puramente uma questão de ritual e de vítimas sacrificiais escolhidas.

Mencionei há pouco que o "servo sofredor" em Isaías é descrito como "desprezado". Ou seja, ele não é simplesmente uma pessoa que carrega nossas dores, mas também uma pessoa expulsa da comunidade: "Nenhum caso fazíamos dele" [53, 3]. E eu acredito já ter sugerido o significado, para o cristianismo, do fato de que Cristo era o tipo de profeta que nenhuma sociedade poderia tolerar. Portanto, há estes dois aspectos da Paixão: um é o de ser a vítima pura condenada à morte; a outra é a de ser um exilado enviado ao deserto.

Em Levítico 14, há um ritual a ser observado pelo sacerdote se houver suspeita de surto de lepra. O sacerdote deve pegar duas aves e, no versículo 50: "Imolará uma das aves sobre um vaso de terra contendo água de nascente". E o outro pássaro, no versículo 53, deve ser solto "fora da cidade, no campo". Assim, evita-se uma praga de lepra escolhendo duas vítimas sacrificiais, das quais uma deve ser morta, a outra aspergida com seu sangue e expulsa ou exilada.

O simbolismo subjacente a este ritual torna-se mais claro no capítulo 16 da cerimônia do Dia da Expiação. Vimos que na Babilônia, na festa do Ano Novo, o rei passava por um rito de humilhação. Este é o rito correspondente para o povo de Israel, e aqui novamente há vítimas de sacrifício, na forma de dois bodes. E novamente, um dos bodes é morto, e o outro deve ser expulso do povo, simbolicamente levando para o deserto todos os pecados da comunidade sobre sua cabeça. Os tradutores da King James cometeram aqui um dos erros de tradução mais engenhosos e inspirados da história e disseram que esse bode deve ser enviado como um *"scapegoat into the wilderness"* [bode expiatório mandado para o deserto] [Lv 16, 10], dando assim à língua inglesa uma palavra essencial (*scapegoat*) [bode expiatório]. Não é o que o texto diz. O texto diz que o bode deve ser expulso "para Azazel", que é o demônio do deserto. O bode é enviado ao Diabo; ou, mais precisamente, para Azazel, o diabo do deserto. E obviamente, este é um desenvolvimento de um rito no qual, originalmente, o bode teria sido oferecido *a* Azazel. Há uma passagem em Levítico, num capítulo adiante, que indica isso [17, 7]. Eis outra correspondência aos elementos da Paixão, onde Jesus é morto na cruz e, imediatamente depois, desce ao reino dos demônios.

Mas há outro aspecto da mesma imagem. É dito que na época da Paixão havia de fato dois presos, Jesus e um ladrão chamado Barrabás, cujo nome é bastante interessante porque significa "filho do pai". E Pilatos disse à multidão: "É seu costume soltar uma vítima na festa da Páscoa. Escolham um desses";[2] e eles escolheram Barrabás para ser solto. Mas, como eu disse, é simbolicamente claro que Jesus tem os dois papéis.

O tema da rejeição também entra no contexto do escárnio. Muito se fala do fato de que, embora Jesus fosse um rei genuíno, mesmo sendo um rei do reino espiritual, ele recebeu, de seus perseguidores, atributos da realeza, em um contexto de escárnio: daí a coroa de espinhos, e a cana colocada em suas mãos, e a inscrição sobre a cruz: ESTE É O REI DOS JUDEUS [Lc 23, 38].

---

2 Paráfrase de Lucas 23, 17 por Frye.

Biblia Pauperum 18: A Última Ceia
(Mt 26, 17–30)

Melquisedeque sai ao encontro de Abraão
(Gn 14, 17)

Maná desce do céu
(Ex 16)

A metáfora da realeza | 121

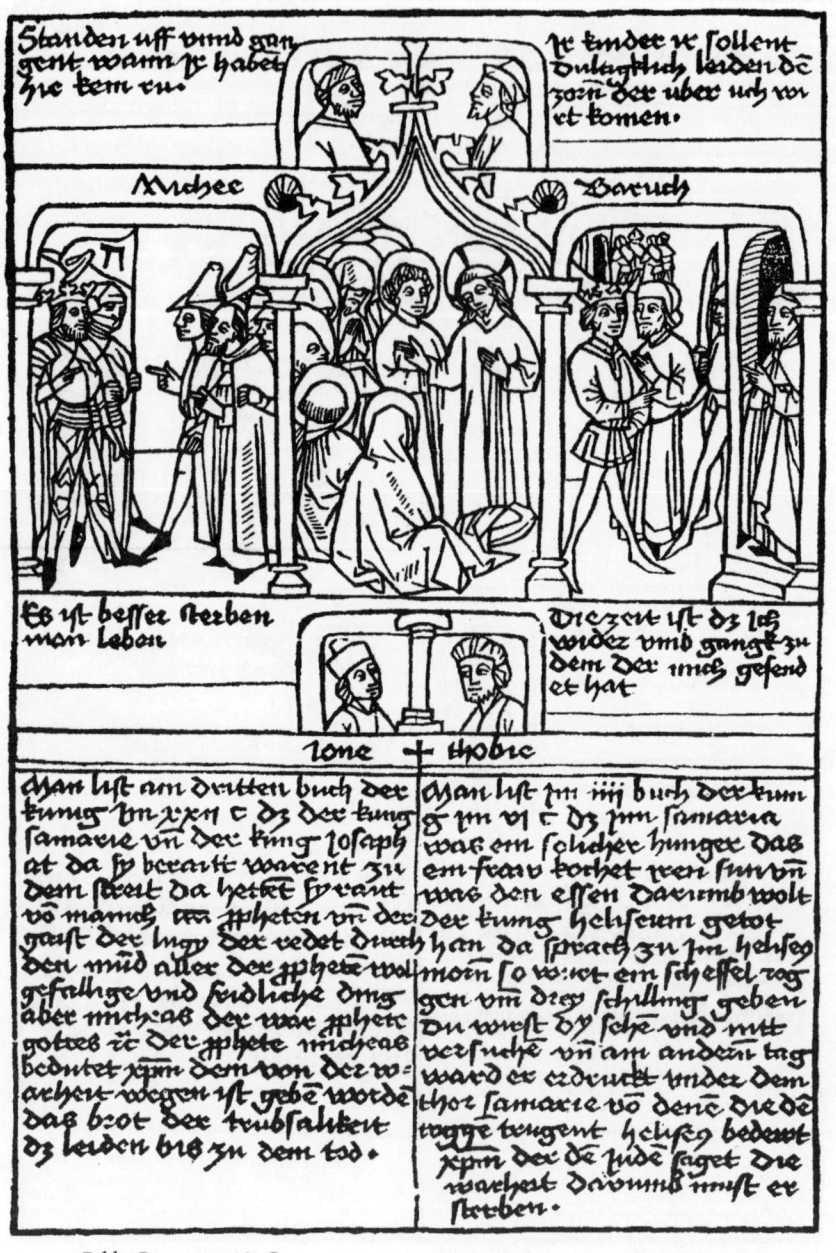

Biblia Pauperum 19: Cristo se afasta dos discípulos no Getsêmane
(Mt 26, 35)

Acabe condena Miqueias à prisão　　　　　Eliseu sofre zombaria por sua profecia
(1Rs 22, 1–38)　　　　　　　　　　　　　　(2Rs 6, 24–7, 20)

11

Rei, sacerdote e profeta

Ao falar da relação entre a história do Êxodo no Antigo Testamento e a forma como a vida de Cristo é apresentada nos Evangelhos, eu disse que o relato de Jesus nos Evangelhos não é uma biografia e não é concebido como tal, mas é antes uma apresentação da vida de uma pessoa que é o Israel espiritual em uma forma individual. Uma característica bastante impressionante da sociedade hebraica nos tempos do Antigo Testamento é o reconhecimento muito claro da diferença entre autoridade espiritual e temporal. Esse reconhecimento é bastante tardio, e originalmente o rei deve ter tido muitas funções sacerdotais, bem como suas funções reais: a associação dos Salmos com Davi se explica dessa forma. Também observamos, a partir de coisas como a oração de Salomão na dedicação do templo, que o rei originalmente era entendido como alguém com importantes funções sacerdotais. Mas, de modo geral, a autoridade sacerdotal e a autoridade real eram distintas. Os israelitas embarcaram na monarquia com muitas dúvidas. Mas o papel do sacerdócio é estabelecido nas instruções dadas a Aarão, o arquétipo do sacerdote no Código Mosaico.

Em outros países, como o Egito, o rei sempre era também o sumo sacerdote, mas isso não era verdade no período do Antigo Testamento. E esta divisão de autoridade entre sacerdote e rei é acompanhada por uma certa autoridade autônoma dada à figura do profeta. Os três elementos de autoridade — os do profeta, do sacerdote e do rei — são, no entanto, todos associados à figura de Jesus de várias maneiras simbólicas.

Falei ainda do papel de Jesus como rei, o que significa que ele é tanto o rei da glória, à maneira de Salomão no templo, como o rei do exílio e humilhação, ao modo de Sedecias e do simbolismo do "servo sofredor" de Isaías. Na leitura cristã, a Rainha de Sabá que vem ouvir a sabedoria de Salomão é, no Antigo Testamento, o tipo dos Magos que vêm ao Menino Jesus: o elo de ligação é a profecia em Isaías 60, 6: "Serás invadida por uma multidão de camelos, pelos dromedários de Madiã e de Efá; virão todos de Sabá, trazendo ouro e incenso, e publicando os louvores do Senhor". Mas, é claro, a figura messiânica de Jesus está associada a todos esses três aspectos da autoridade; e há certas figuras na Bíblia que têm uma importância simbólica por esse motivo.

Em Gênesis 14, 18, por exemplo, observamos que Abraão, ao voltar de uma incursão bem-sucedida, foi saudado por uma figura chamada Melquisedeque, que se diz ser o sacerdote de El-Elion, em Salém. "Salém" é provavelmente Jerusalém. "El-Elion" significa, mais ou menos, "o Deus Altíssimo". E "Melquisedeque" significa "o rei da justiça" ou "o rei justo"; e aqui se diz que ele é o sacerdote de El-Elion. Ele cumprimenta Abraão, pronuncia uma bênção sobre ele e traz pão e vinho. Se Salém é Jerusalém, então esta figura, que é o sacerdote de um deus facilmente identificável com o Jeová bíblico, El-Elion, o Deus Altíssimo, parece ser introduzida para estabelecer a reivindicação à cidade de Jerusalém de Israel, que não veio a conquistá-la até o tempo de Davi.

O Salmo 110 sempre foi considerado pela tipologia cristã como um salmo extremamente importante por estabelecer as funções reais do rei: "Disse o Senhor ao meu Senhor: Senta-te à minha direita, até que eu ponha os teus inimigos por escabelo de teus pés" [v. 1]. E no quarto versículo: "Jurou o Senhor e não se arrependerá: Tu és sacerdote para sempre, segundo a ordem de Melquisedeque". Então aqui temos o sacerdote, Melquisedeque, identificado com a figura real, Davi. No final do período do Antigo Testamento, a rebelião dos Macabeus foi liderada por um sacerdote chamado Matatias, que era de uma família sacerdotal da tribo de Levi e que teve vários filhos que chegaram ao poder um após o outro, primeiro Judas Macabeu, depois Jônatas, e depois Simão. Por terem vindo de uma família sacerdotal, todos esses irmãos, ao assumirem a liderança, foram consagrados sumos sacerdotes. Simão, o terceiro, também foi feito sumo sacerdote, mas também assumiu muitos dos atributos da realeza, porque conquistou a independência de Judá, e seus sucessores formaram uma dinastia em que os reis eram sacerdotes. Assim, por um tempo muito breve, pouco mais de meio século, antes do tempo de Cristo, as funções régias e sacerdotais foram unificadas. Por essa razão, muitos estudiosos pensam que o Salmo 110 originalmente se referia a Simão Macabeu. Um estudioso propôs a existência de um acróstico com o nome de Simão no texto,[1] mas meu conhecimento em hebraico é insuficiente para saber se ele está certo ou não. Posso apenas dizer que a maioria dos estudiosos pensa que não está.

---

1 Este argumento é feito por Marco Treves em "Two Acrostic Psalms", *Vetus Testamentum* 15, nº 86, 1965.

A figura de Melquisedeque torna-se proeminentemente associada a Jesus, e no sétimo capítulo da Epístola aos Hebreus [v. 2] o autor da carta etimologiza seu nome da mesma forma que fiz alguns minutos atrás, como "rei da justiça na cidade da paz", conectando "Salém" com a palavra "shalom". Ele o torna, novamente, um protótipo de Cristo, unindo as funções de rei e sacerdote em uma figura de autoridade espiritual e temporal.

A função de um profeta parece ser peculiar às nações semíticas ocidentais na Ásia e representa uma autoridade extremamente difícil de acatar para qualquer sociedade. Ninguém quer um profeta por perto. Reis e sacerdotes são aceitáveis, porque representam uma autoridade estabelecida. A maioria dos profetas do Antigo Testamento eram funcionários muito bem instalados na corte ou no templo. Aqueles que não eram tiveram um longo histórico de perseguição e martírio.

No tempo de Jesus, as Escrituras, isto é, o que chamamos de Antigo Testamento, não estavam em sua forma completa: o *status* de alguns livros ainda era indeterminado. Mas, em geral, a Torá, os primeiros cinco livros da Lei Mosaica, era considerada sacrossanta, assim como a maioria dos livros históricos e proféticos, ou o que são chamados de Antigos Profetas e Últimos Profetas no arranjo hebraico: de modo que, nos dias de Jesus, as Escrituras eram constituídas pela lei e os profetas. Os nomes simbólicos ligados a esses dois elementos da Bíblia eram Moisés, representando a lei, e Elias, representando os profetas. Ao mesmo tempo, embora Moisés seja o secretário da lei, ele é explicitamente descrito em Deuteronômio [34, 10] como um profeta, e suas funções são claramente discriminadas das do seu irmão, o sacerdote Aarão.

Ainda assim, Moisés e Elias tornam-se as figuras simbólicas do Antigo Testamento. E, no arranjo dos livros do Antigo Testamento da Septuaginta, excetuados os Apócrifos, o Livro de Malaquias vem por último, como na Bíblia King James. Nos últimos dois ou três versículos de Malaquias, vemos que Malaquias encerra o Antigo Testamento deste ponto de vista com uma exortação à recordação de Moisés e à espera pelo renascimento de Elias antes da vinda do Messias. Versículo 4: "Lembrai-vos da Lei de Moisés, meu servo, que lhe dei em Horebe, para todo o Israel". Versículo 5: "Eis que vos enviarei o profeta Elias, antes que venha o grande e terrível Dia do Senhor". Moisés e Elias são assim considerados como os pilares permanentes das Escrituras. No início do Novo Testamento, encontramos a figura de João Batista. De acordo com a própria declaração de Jesus, a profecia de Malaquias de que Elias voltaria foi cumprida com a vinda de João Batista [Mt 11, 14].

Ao mesmo tempo, quando perguntam a João Batista se ele é Elias, ele responde que não. Pois bem, não há dificuldade aí, a menos que queiramos nos complicar propondo uma noção de sentido literal absolutamente impossível: a reencarnação literal, em que alguém realmente nasce de novo, não é uma doutrina operante na Bíblia. Ao mesmo tempo, metaforicamente — palavra que encerra um dos significados de "espiritualmente" no Novo Testamento o —, João Batista é um Elias renascido, assim como Nero é um Nabucodonosor ou Ramsés II renascido. Portanto, não é de surpreender que a grande cena da Transfiguração nos Evangelhos mostre Jesus ladeado por Moisés de um lado e Elias do outro — isto é, a Palavra de Deus com a lei e os profetas apoiando-o. Novamente, isso tem sua paródia demoníaca na figura do Cristo crucificado entre dois ladrões.

No Livro do Apocalipse, capítulo 11, encontramos uma ordem dada ao autor de medir o templo de Deus. Então ele fala de duas testemunhas no versículo 3[-4]: "E darei às minhas duas testemunhas o poder de profetizar, revestidos de saco, durante mil duzentos e sessenta dias: são as duas oliveiras e os dois candeeiros, postos diante do Senhor da terra". A referência ali é ao Livro de Zacarias, que tem uma visão de uma figura messiânica ladeada por duas oliveiras e dois castiçais [4, 1–3]. Então, aqui novamente o autor do Apocalipse introduziu a figura messiânica ladeada por duas testemunhas, como ele as chama; "testemunha" é um dos significados da palavra "mártir".

Então ele continua nos dizendo que essas duas testemunhas são martirizadas nos últimos dias, e é bastante claro em sua descrição que elas novamente representam Moisés e Elias. No versículo 6: "Eles têm poder de fechar o céu, para que não chova nos dias da sua profecia" — é isso que disse Elias, quando encerrou a seca no Monte Carmelo [1Rs 17, 1] — "e têm poder sobre as águas, para as converter em sangue, e de ferir a terra com todo o gênero de pragas". Eis Moisés atacando o Egito com pragas. Então eles serão mortos — versículo 8: "Os seus cadáveres ficam estendidos nas praças da grande cidade, que se chama espiritualmente Sodoma e Egito, onde também o Senhor deles foi crucificado". Metaforicamente, a cidade demoníaca é Sodoma e Egito, ambas afundadas no mar, e também a Jerusalém terrena, que havia sido saqueada pelo Imperador Tito, provavelmente pouco antes de este livro ser escrito.

Há uma certa confusão no Novo Testamento e em outros lugares entre Moisés e a figura que aparece em Gênesis, o bisavô de Noé, que se chamava Enoque e que se diz não ter morrido. Como Elias subiu para o Céu em uma carruagem, ele e Enoque são, tradicionalmente, as duas pessoas que não morreram. Enoque tem algum papel a desempenhar aqui, embora obviamente tenha sido substituído por Moisés. A questão é que, em Deuteronômio, há claramente uma certa ambiguidade em relação à morte de Moisés. Há uma sugestão no final de que Moisés também não morreu, pelo menos não como os outros homens. Em Deuteronômio 34, 5: "E Moisés, o servo do Senhor, morreu ali na terra de Moabe, como o Senhor decidira". Versículo 6: "E ele o enterrou no vale da terra de Moabe, defronte de Bet-Fegor, e ninguém jamais soube o lugar do seu sepulcro". Não temos certeza de quais são os antecedentes desses pronomes, mas parece que o próprio Deus enterrou Moisés. Mais tarde, tornou-se um teste de fé para as pessoas acreditar que Moisés foi o autor do relato de sua própria morte, escrevendo com uma mão e cavando com a outra, mas não sei se isso tem importância para nós.

No entanto, surgiu a lenda — já assentada nos tempos do Novo Testamento — de que Moisés foi, no termo técnico, *levado*; isto é, ele na verdade não teria morrido. Aquela curiosa pequena Epístola de Judas, quase escondida logo antes do Livro do Apocalipse, fala de uma disputa entre Miguel e Satanás sobre o corpo de Moisés [v. 9]. Então, evidentemente, o ponto do autor de Apocalipse é que qualquer um de quem se diga que não morreu precisará voltar e morrer antes do fim de toda a morte.

Para Paulo, o sacramento do batismo era um símbolo de duas coisas: um símbolo do fato de que todos, sem exceção, morrem e um símbolo do fato de que ninguém precisa morrer. Quer dizer: cada parte de nós que é passível de morrer está melhor morta. E a parte de nós que não morre é a parte que atravessa o Mar Vermelho até a terra seca do outro lado. Paulo, sem dúvidas, enfatiza que é possível participar de coisas como a ressurreição antes da morte física. Mas, novamente, é uma questão de o que é mortal e o que não é. Que eu saiba, aliás, no Novo Testamento não há nenhuma doutrina como a de Platão, que diz que a alma é imortal por natureza. Acho que a atitude bíblica é que a imortalidade é algo que é criado pelo poder de Deus, mas não é inata no homem por sua natureza humana.

Naturalmente, a ideia platônica também acompanha a noção de alma, que é pensada em termos da metáfora "dentro". A consciência humana sente que está dentro de um corpo do qual não conhece quase nada, e por isso adota figuras como as de um pássaro em uma gaiola ou um prisioneiro em uma cela para expressar essa noção. Então, na morte, a alma se separa do corpo: mas embora a doutrina da alma certamente tenha influenciado a teologia cristã de forma considerável, não acho que seja uma doutrina bíblica; é uma doutrina grega. Até onde entendo, o centro do cristianismo não é a salvação da alma, mas a ressurreição do corpo.

Todas as linguagens relevantes para a Bíblia têm palavras para distinguir entre a alma e o espírito. Em hebraico, geralmente são *nephesh* e *ruach*; em grego, são *psyche* e *pneuma*; em latim, são *anima* e *spiritus*; e há distinções semelhantes em línguas modernas, como em inglês entre *soul* [alma] e *spirit* [espírito], correspondente em alemão a *Seele* e *Geist*, e assim por diante.

Paulo, falando sobre como ler a Bíblia, em 1Coríntios 2, 14-15, diz: "O homem natural não percebe aquelas coisas que são do Espírito de Deus, porque, para ele, são uma estultícia, e não as pode entender, pois elas ponderam-se espiritualmente". Versículo 15: "Porém o homem espiritual julga todas as coisas, e não é julgado por ninguém". Ele está discriminando entre o homem espiritual, o corpo espiritual, o *pneumatikos* e o que a versão King James traduz como o "homem natural". Mas a King James está lutando com o fato de que não há em inglês um adjetivo correspondente a "espiritual" quando se trata da "alma". O que Paulo diz para "homem natural" é *soma psychikos*, o homem com alma; em outras palavras, Paulo não está discernindo entre o corpo físico e a alma, mas entre a alma e o espírito. E o *soma psychikos*, o complexo alma-corpo, parece ser uma parte do que ele quer dizer em outro lugar por "carne e sangue", distintos de "espírito", que obviamente é uma metáfora do "sopro" e expressa o sentido de uma vida que inclui a vida corporal.

Como ele o chama de natural, suponho que ele queira dizer que pensa na alma como parte de todo o complexo mortal na constituição humana. Em outro lugar, acho que em Tessalonicenses, ele diz ao seu correspondente que ora por seu corpo, alma e espírito [1Ts 5, 23], então, evidentemente, sua concepção é tripartite. Com "alma", ele parece querer dizer algo como a consciência, que os seres humanos têm em virtude do fato de serem seres humanos. Um homem a tem por natureza.

É uma questão de nossas categorias habituais de expressão. Pensamos, por exemplo, na vida após a morte. Aqui, a palavra "depois" é uma metáfora, que indica que ainda estamos apegados às nossas concepções comuns de tempo; ou dizemos "há algo além": essa é uma metáfora de espaço, significando que ainda dependemos das nossas metáforas espaciais. A noção de algo como o ego sobrevivendo indefinidamente em algo como o tempo, em algo como um lugar, é, eu acho, uma noção um pouco mais nebulosa do que o que o Novo Testamento expõe.

O ensino de Jesus centra-se em sua concepção do reino espiritual. Experimentamos o tempo de tal maneira que tudo é passado ou futuro. Mas quando Jesus diz algo como "antes que Abraão existisse, EU SOU" [Jo 8, 58], o tempo simplesmente desaparece e temos de pensar em termos de um presente puro, que não está de acordo com nossas categorias mentais normais. E se isso é verdade quanto ao passado, também deve ser verdade para o futuro. Embora muitos dos primeiros cristãos sem dúvida pensassem na Segunda

Vinda simplesmente como um evento futuro que ocorreria para o benefício dos fiéis, talvez na terça-feira que vem, acho que uma concepção de tempo muito mais sutil do que essa está envolvida tanto no ensino de Jesus quanto na mente do autor do Apocalipse.

Para Paulo, a individualidade real é o espírito, e o espírito é Cristo no homem. Em outras palavras, Cristo é a individualidade genuína de cada indivíduo. Sem essa individualidade, o homem ainda é primariamente genérico, um mero membro de uma espécie. A vida espiritual, se for um corpo espiritual, naturalmente inclui a alma, assim como o corpo. Mais além ele distingue, em Coríntios, entre o corpo espiritual da ressurreição e o corpo natural [1Cor 15, 44]. Assim, o corpo natural aparentemente inclui a alma, ou a consciência, ou o que quer que entrasse na concepção de alma.

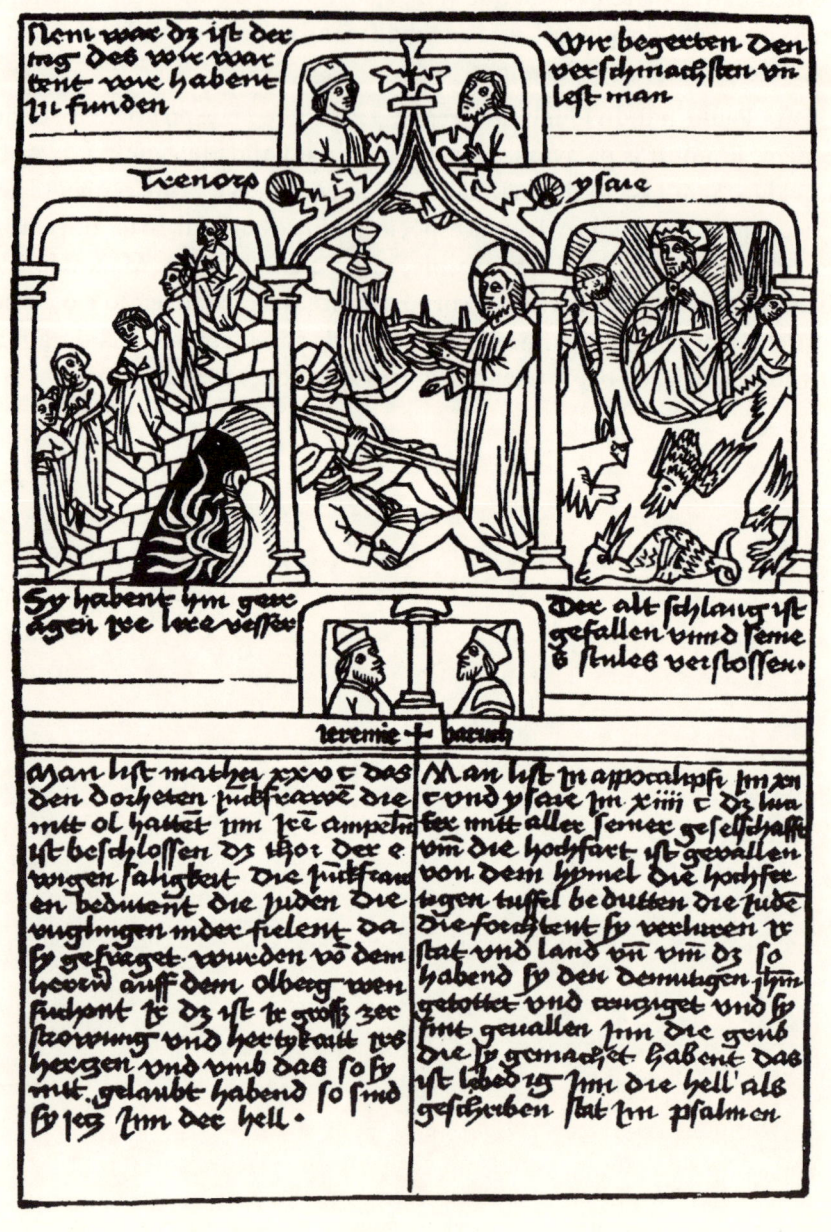

Biblia Pauperum 20: Cristo volta aos discípulos
(Mt 26, 37–45)

As virgens imprudentes
(Mt 25, 1–13)

A queda dos anjos rebeldes
(Is 14, 10–15; Lc 10, 18; Ap 12, 9)

12

A questão da primogenitura

Existem na Bíblia padrões através dos quais a figura messiânica, que na Bíblia cristã é Jesus, absorveu os tipos de autoridade do Antigo Testamento, incluindo o profeta, o sacerdote e o rei. E, no entanto, como vimos, esses atributos de autoridade são acompanhados por outros atributos, os de uma vítima sofredora, e ambos parecem ser essenciais para o acabamento da figura.

Há um padrão que se repete com tanta frequência que obviamente deve estar profundamente conectado com a narrativa e a imagética da Bíblia. Na vida de Israel, como também nas nações vizinhas, a regra geral era a da primogenitura. Ou seja, o filho mais velho geralmente herdava o título, se houvesse um título, a propriedade ou os direitos gerais de sucessão. É claro que esse costume percorre toda a história humana, e as nações que o observavam geralmente foram mais bem-sucedidas do que as nações que não o faziam. Na França, havia a tendência de as famílias aristocráticas dividirem suas propriedades entre seus vários filhos, enquanto na Inglaterra era o filho mais velho que ficava com tudo, de modo que o filho mais novo tinha de se dedicar a uma atividade e, eventualmente, construir uma família burguesa e ganhar tanto dinheiro a ponto de poder comprar os descendentes de seu irmão mais velho. Esse talvez seja um aspecto do padrão que também não está totalmente ausente da Bíblia. Mas notamos quantas vezes o filho primogênito é explicitamente preterido em favor de um irmão mais novo.

O primeiro homem nascido, segundo a história bíblica, foi Caim, que representa a economia agrícola, que os hebreus idealizavam muito menos do que a pastoril. Assim, o primogênito de Adão, Caim, torna-se o primeiro assassino, matando Abel. Ele também se torna um exilado, é expulso e funda cidades. Acho que já mencionei que as histórias de Caim vêm de uma variedade de fontes, então ninguém precisa perguntar onde Caim encontrou as pessoas para colocar em sua cidade. Mas o que importa é a deserdação do filho mais velho, e o fato de a linha sucessória passar pelo terceiro filho, Set.

Depois temos a história de Noé, que amaldiçoa um de seus filhos: não se diz que ele é o filho mais velho, mas o mesmo padrão claramente se repete. A história termina com a transferência da maldição do filho de Noé, Cam, para Canaã, uma história que racionaliza o tratamento dos cananeus pelos israelitas. Abraão tem um filho Ismael, e Ismael é enviado em exílio para o deserto. Sara, esposa de Abraão, é informada de que terá outro filho. Como já passou da menopausa, ela julga o fato impossível e cai na gargalhada. Embora tenha ficado um pouco ofendido com essa atitude, Deus decidiu levar a situação na esportiva. Assim, Isaque nasceu de pais em uma idade incrivelmente avançada e foi chamado por um nome que significa "riso". Isaque é o único, então, que não é privado de sua herança. Isaque tem dois filhos, o caçador Esaú e o fazendeiro Jacó. Jacó, cujo nome seria mais tarde mudado para Israel, é outro filho mais novo por quem a linha sucessória vem a passar. Esaú é enganado por algumas manobras extremamente questionáveis por parte de Jacó, muitas delas contando com a cumplicidade de sua mãe, e por isso sai da linha sucessória. Jacó tem doze filhos, sendo o mais velho Rúben. Mas o patrimônio é negado a Rúben, porque ele cometeu o pior crime que se pode cometer em uma sociedade patriarcal: o de se aproximar de uma das mulheres de seu pai. Não era sua própria mãe, embora haja um tema edipiano ao fundo; de qualquer forma, ele é privado da herança, que passa para o quarto filho, Judá, e o décimo primeiro filho, José. Dos dois filhos de José, Efraim e Manassés, novamente Manassés, o filho mais velho, é preterido; a preferência é dada a Efraim.

Em todos esses casos, a lei da primogenitura é posta de lado, e a herança passa para um filho mais novo. Se alguém perguntar por que esse tema precisa ser tão enfaticamente repetido nos primeiros livros da Bíblia, a resposta parece ter algo a ver com o fato de tanta ansiedade humana estar ligada à linha reta de sucessão, de preferência através do filho mais velho. Nas peças históricas de Shakespeare, por exemplo, podemos observar como a ansiedade da continuidade está profundamente entranhada na sociedade, e como a preservação da linha sucessória legítima parecia, para as pessoas da época de Shakespeare, uma parte da ordem necessária das coisas. Consequentemente, a substituição do herdeiro natural por um mais jovem simboliza o oposto, a intervenção direta da divindade nos acontecimentos humanos.

Em todos esses casos, temos a situação da natural primogenitura do filho mais velho transferida para o filho mais novo. Mas o padrão pode ser estendido para outras formas onde ele se torna ainda mais sugestivo. Por exemplo, os israelitas abraçaram a monarquia, como observei anteriormente, com muitas dúvidas. O primeiro rei escolhido foi o Rei Saul, e embora se diga que ele foi escolhido por Deus, o juiz Samuel demonstrou muita má vontade ao renunciar à autoridade que a escolha de um rei tirava de suas mãos. Ele nunca gostou de Saul e estava disposto a acabar com ele desde o início. Ainda assim, há também uma sugestão de que Saul foi a escolha popular e que, consequentemente, a vontade popular teve um peso excessivo na escolha do rei. De qualquer forma, Saul é rejeitado e posto de lado. Ele e seu filho Jônatas são mortos em uma grande vitória dos filisteus, e a linha sucessória passa de Saul para Davi, uma pessoa de ascendência bastante obscura que, no entanto, é explicitamente apontada por Deus a Samuel como representante da linhagem que Ele quer estabelecer. A partir desse momento, a lei da primogenitura segue sem variação a partir de Davi.

O filho e sucessor de Davi foi Salomão; o de Salomão, Roboão. Como observei anteriormente [Capítulo 2], a grande figura lendária da sabedoria, Salomão, era na verdade um rei tão fraco, tão tolo e tão extravagante que, quando seu filho Roboão propôs continuar suas políticas, instantaneamente perdeu cinco sextos do reino, quando as dez tribos do Norte se revoltaram e estabeleceram seu próprio rei. Parece aos narradores deuteronômicos do Livro dos Reis que de alguma forma era errado perturbar a linhagem de Davi. Isso se deve, em parte, ao fato de Jeroboão, o rei dos israelitas do Norte, ter se recusado a aceitar a alegação judaica de que todo culto deveria ser centrado em Jerusalém. Ele percebeu que isso simplesmente tornaria seu reino um reino vassalo de Judá, e assim, de acordo com os historiadores, estabeleceu um culto local de bezerros de ouro ou touros, que foi considerado idólatra.

Mas a linha segue diretamente de Davi até a destruição de Jerusalém por Nabucodonosor, e depois ainda continua podendo ser traçada. É uma suposição inquestionável nos tempos messiânicos, isto é, no pós-Antigo Testamento e no início do Novo Testamento, que o Messias nasceria da linhagem de Davi, e que ele de fato nasceria no local de nascimento de Davi, em Belém.

Também encontramos em outros lugares esse mesmo padrão de uma pessoa ou geração mais velha deixadas de lado em favor de uma geração mais jovem. Por exemplo, a própria redenção de Israel no Êxodo é partilhada entre Moisés e Josué: Moisés morre no deserto, e é seu sucessor Josué que alcança a conquista da Terra Prometida. Essa transferência da obra da redenção de uma figura para outra se encaixa nesse mesmo padrão, onde Moisés, embora o maior profeta de Israel, como é chamado, é, no entanto, excluído do ato crucial. Da mesma forma, até mesmo Davi, a figura mais gloriosa do Antigo Testamento, é excluído no que diz respeito à construção do templo, e é informado de que essa tarefa está reservada ao seu sucessor.

Podemos encontrar diferentes traços desse padrão na peregrinação no deserto, que levou quarenta anos. A razão pela qual quarenta anos foram necessários para percorrer um espaço relativamente pequeno foi que a primeira geração, segundo nos dizem, era de coração duro e desobediente, de modo que Deus resolveu que toda a geração que havia vindo ao deserto do Egito teria que morrer no deserto, e que somente uma nova geração teria permissão para entrar na Terra Prometida. Assim, Moisés, até certo ponto, representa toda a geração de Israel que ele levou ao deserto, todos os quais tiveram que morrer antes que uma nova geração entrasse na Terra Prometida. No Salmo 95 há o versículo: "Por isso jurei na minha ira: não entrarão no meu repouso" [v. 11], que é citado pelo autor de Hebreus [3, 11] por motivos próprios, aos quais chegaremos em breve.

Após o cativeiro babilônico, o mesmo padrão é retomado por Jeremias, que diz que a velha geração e seu contrato com Deus foram destruídos e revogados. Um novo contrato será feito com a nova geração, um contrato interior ou espiritual que será a nova aliança ou, como também podemos traduzir, o novo testamento [31, 31–33]. Naturalmente, o cristianismo rapidamente aproveitou esta profecia de Jeremias como uma referência aos seus próprios ensinamentos. Além disso, o autor de Hebreus cita Jeremias sobre essa concepção de uma nova aliança ou um novo testamento [8, 8–10].

Há muitos exemplos, portanto, desse padrão de deixar de lado o filho mais velho ou a geração mais velha e torná-los ou exilados ou figuras de vítimas. Em Êxodo 4, 22, Deus é representado dizendo: "Israel é meu filho, meu filho primogênito". Qualquer pessoa pertencente a Israel que tenha lido toda a Bíblia pode sentir um calafrio em seu coração com essas palavras, porque é a bênção mais ambígua, de acordo com o destino geral dos filhos primogênitos na Bíblia.

Aqui, novamente, deve-se levar em conta a lei — já mencionada anteriormente — que trata das doutrinas do sacrifício do Antigo Testamento [Capítulo 6]. Segundo essa lei, todo primogênito do sexo masculino deve ser, teoricamente, sacrificado a Deus e deve ser redimido com um cordeiro. Eis o texto em Êxodo 34, 19[–20]: "Tudo o que abre o ventre é meu; e todo primogênito do teu gado, seja boi ou ovelha, que for macho [...] todo primogênito de teus filhos resgatarás".

Já vimos a prática de sacrificar o filho mais velho como uma tentativa particularmente desesperada de atrair a atenção de um deus, como no caso de Mesa de Moabe, que ofereceu seu filho como holocausto no muro, quando estava cercado por Israel [2Rs 3, 27]. Mas no contexto geral do simbolismo ligado aos filhos primogênitos, seria de esperar que Israel fosse preterido e se tornasse uma figura exilada ou uma figura de vítima. E, de fato, essa é precisamente a inferência a que Paulo chega, na que é provavelmente a primeira de suas cartas, a Epístola aos Gálatas. Em Gálatas 4, 21-24, temos: "Dizei-me: vós, que quereis estar debaixo da lei, não entendeis a lei? Com efeito, está escrito que Abraão teve dois filhos: um da escrava e outro da (mulher) livre. Mas o da escrava nasceu segundo a carne, e o da livre, (nasceu) em virtude da promessa; tais coisas foram ditas por alegoria". A palavra grega é *allegoria*, e é muito importante, a meu ver, que Paulo diga explicitamente que lê o Antigo Testamento alegoricamente. "Porque estas duas mulheres são as duas alianças. Uma, a do Monte Sinai, que gera para a escravidão; esta é Agar" [Gl 4, 24]. Agar é a mãe de Ismael e a primeira esposa de Abraão.[1] "Porque esta Agar é Monte Sinai da Arábia, o qual corresponde à Jerusalém atual, a qual é escrava com seus filhos. Mas aquela Jerusalém, que é de cima, é livre e é nossa mãe" [4, 25-26].

Do ponto de vista do judaísmo, a interpretação de Paulo da história de Abraão dificilmente poderia ser mais absurda. Ele está dizendo que o judaísmo pertence a Ismael, que representa as tribos beduínas errantes fora de Israel. Isaque representa o Novo Testamento, a nova aliança do cristianismo. Mas o autor de Hebreus faz a mesma afirmação, que o cristianismo é de fato a herança prometida a Israel.[2] Tanto em Paulo quanto no autor de Hebreus, há algo de polêmico na identificação do legalismo, que o cristianismo viera transcender, com o judaísmo. A meu ver, isso não faz parte do ensino de Jesus, mas certamente é parte do Novo Testamento.

Pois bem, nascer da carne e nascer da promessa significa que o filho mais velho, Ismael, representa a sucessão normal e natural por primogenitura, em que o direito passa do pai para o filho mais velho; e que Isaque, tendo nascido da promessa, é o resultado de uma intervenção divina deliberada nos assuntos humanos. No Novo Testamento, nos relatos da Natividade em Lucas, descobrimos que o antítipo do nascimento de Isaque — ou a sua contraparte no Novo Testamento — está associado a João Batista, que também nasceu numa quadra incrivelmente tardia da vida de sua mãe. Seu pai não acredita que isso possa acontecer e, portanto, fica mudo até que a criança nasça [Lc 1, 5-25, 57-79].

Claro que Jesus é o filho primogênito de sua família. O Novo Testamento diz explicitamente que ele tinha irmãos [Mt 13, 55], mas não há dúvida no

---

1 Agar era na verdade uma serva. Sara, que era estéril, ofereceu-a a Abraão para que eles pudessem ter um filho (Gn 16, 1-3).

2 Ver especialmente Hebreus 11.

relato do Evangelho de que ele é o primogênito de sua família. E esse é um dos motivos por que ele é uma vítima sacrificial consagrada.

Na abertura do Evangelho de Mateus, vemos novamente essa curiosa relação paradoxal da linha de descendência com a intervenção divina que a desloca. As duas coisas não podem acontecer simultaneamente, exceto no Evangelho de Mateus. Temos a mesma coisa em Lucas de uma forma diferente, mas Mateus começa com uma genealogia de Jesus de Abraão até José, marido de Maria, de quem nasceu Jesus, chamado Cristo. O propósito dessa genealogia é mostrar que Jesus, por nascer da linhagem de Davi, se conforma ao padrão de figura messiânica. Mateus termina sua genealogia no versículo 17 e conta quatorze gerações. Então ele começa o versículo 18, "Eis como nasceu Jesus Cristo", e conta a história do nascimento virginal, segundo o qual José não é o pai de Jesus e, portanto, toda a genealogia de Abraão não tem nada a ver com o assunto.

O caminho para superar essas aparentes dificuldades e contradições nas histórias sagradas foi fornecido pela descoberta da prosa contínua. Em prosa contínua, qualquer afirmação pode ser conciliada com qualquer outra afirmação, bastando para isso que se escreva uma quantidade suficiente de frases. Só é preciso colocar frases intermediárias suficientes, e elas eventualmente conectarão A com Z. Portanto, não surpreende descobrir que muitas centenas de volumes foram escritas resolvendo a dificuldade oriunda desses dois relatos do nascimento de Cristo em Mateus; e como levaria uma vida inteira para ler todos esses livros, é muito mais simples supor que a dificuldade, de alguma maneira, foi resolvida. Mas se voltamos ao Evangelho de Mateus, vemos que ele deixa um paradoxo escancarado e gritante; e o paradoxo é, de fato, parte da sua concepção de Cristo, que nasceu segundo a carne, assim como Ismael, mas também segundo a promessa, assim como Isaque. De modo que seu nascimento na linhagem de Davi — ele é chamado de Filho de Davi nos Evangelhos — cumpre a lei da primogenitura, mas seu nascimento real representa uma intervenção divina na história. Temos, assim, além da linha horizontal da sucessão hereditária, a linha vertical da intervenção divina no padrão da vida humana.

Há outra história de um nascimento muito tardio, que começa em 1Samuel e descreve o nascimento de Samuel. Diz-se que sua mãe Ana orou por um filho durante muito tempo, até que ficou razoavelmente claro que, no curso normal dos eventos, ela não seria mãe. Ela havia feito um voto, que está de acordo com todo o padrão simbólico da Bíblia, de que, se tivesse um filho, ela o dedicaria como vítima sacrificial ao serviço do Senhor. Isso, é claro, significava colocá-lo no templo como sacerdote, em vez de realizar o ritual de sacrifício original [1Sm 1].

Samuel nasce, e Ana canta uma canção de triunfo que é muito interessante, porque uma das coisas que ela enfatiza é que esse nascimento tardio é um símbolo da sempre revolucionária participação de Deus nos assuntos humanos, da intervenção de Deus com atos especiais que perturbam todos os padrões normais de procedimento e hierarquia.

O Cântico de Ana está no capítulo 2[, 1–10], e o tema da reversão das fortunas sociais, em 1Samuel 2, 6[–8]: "O Senhor é quem tira a vida e a dá, leva à habitação dos mortos e tira dela. O Senhor é quem empobrece e enriquece, quem humilha e exalta. Levanta o pobre do pó, e do esterco eleva o indigente, para que se sente com os príncipes, e ocupe um trono de glória". Esta atividade revolucionária de Deus, que implica uma completa reviravolta dos padrões sociais, em que os pobres são exaltados para se tornarem ricos e poderosos, é algo simbolizado pelo nascimento de Samuel naquela tardia altura da vida de sua mãe.

No Novo Testamento, no início do Evangelho de Lucas, encontramos novamente a história a que me referi sobre o nascimento de João Batista, que retoma e repete o tema do nascimento tardio. O nascimento de Jesus não é narrado como um nascimento tardio do mesmo tipo, mas novamente um triunfante hino de ação de graças é atribuído à Virgem Maria à época do nascimento de Cristo, o hino que conhecemos como *Magnificat* [1, 46–55]. O *Magnificat* foi obviamente influenciado, se não modelado, pelo Cântico de Ana, e repete esse tema de reviravolta social.

Em Lucas 1, 46: "Então Maria disse: A minha alma glorifica o Senhor". Versículos 51–53: "Manifestou o poder do seu braço, dispersou os homens de coração soberbo. Depôs do trono os poderosos, e elevou os humildes. Encheu de bens os famintos, e despediu vazios os ricos". Essa reviravolta social, que se repete em algumas das parábolas de Jesus, como a parábola do homem rico, e Lázaro [Lc 16, 19–31], indica mais uma vez esse movimento vertical que desce à sociedade humana e, então, ascende, invertendo seus valores.

A Bíblia é apresentada na forma de uma narrativa que, como observei tantas vezes, se assemelha à estrutura geral da comédia, na medida em que passa por eventos trágicos, mas finalmente os deixa para trás numa libertação final. Segue-se, portanto, que não procuramos os padrões da grande tragédia na cultura bíblica. A visão bíblica do homem não acomoda aquela concepção do herói semidivino que dá tão tremendo poder à tragédia grega. Portanto, não se encontram tragédias na Bíblia. O Livro de Jó é muitas vezes classificado como uma tragédia, mas não o é, pelo menos não de acordo com o padrão grego.

O que percebemos é que certos, digamos, recursos da forma trágica se abatem sobre aquelas figuras rejeitadas e preteridas, que muitas vezes foram exiladas ou vitimadas por alguma falta que desconhecem. Há, por exemplo, a perplexidade de Caim pelo fato de que sua oferta não foi aceita, enquanto a de seu irmão Abel foi; e ele não fica muito convencido pela resposta um tanto desajeitada que recebe de Deus [Gn 4, 5–7], resposta que, de qualquer forma, deve ter passado por várias expurgações editoriais. Assim, o estado de espírito que o leva a assassinar Abel é no mínimo compreensível. Mas o foco bíblico em tais cenas é irônico e não trágico. É somente parando e olhando nas entrelinhas por um momento que podemos notar certos padrões trágicos tomando forma.

Algo similar ocorre quando Ismael é expulso para o deserto para morrer de fome com sua mãe [Gn 16, 5–8] e o sentimento de arrependimento (arrependimento ainda é uma palavra muito branda) de Abraão o faz exclamar a Deus: "Oxalá que Ismael viva em tua presença!" [Gn 17, 18]. É um golpe terrível para ele perder um filho em uma época e cultura em que a preservação da linha sucessória significava infinitamente mais do que agora.

Um dos propósitos da história de Isaque, além de sua conexão com a Páscoa e a redenção do filho humano mais velho por um cordeiro, é indicar que Isaque está sendo adotado na linha de sucessão por ser — ao menos potencialmente — uma vítima sacrificial de seu pai. A história de Abraão e Isaque é o tema de algumas das mais poderosas e eloquentes peças de mistério medievais, e deve seu *pathos* e sua eloquência em parte à percepção do público de que esta história de Abraão e Isaque está sendo ambientada em uma estrutura mais ampla, em que o Deus que ordena o sacrifício realmente tem de sacrificar seu próprio filho e executar a tarefa sem qualquer adiamento. O mesmo ocorre com o clamor de Esaú quando ele descobre como o trataram insensivelmente, que perdeu a herança e a bênção foi passada para o irmão mais novo: "Dá-me também a mim a bênção, meu pai" [Gn 27, 34]; naquele momento ele se torna uma figura potencialmente trágica.

Na história de Saul, que é outra pessoa escolhida e depois rejeitada, temos o que mais se aproxima, suponho, de ser a única grande tragédia da Bíblia. Porque Saul, em primeiro lugar, é um homem de estatura e proporções heroicas — diz-se que ele é mais alto que todos os outros homens em Israel; ele é um rei capaz e parece ser decente e humano. Mas ele está sob algum tipo de maldição que o impede de agir corretamente. Podemos ver que sua incapacidade de fazer qualquer coisa certa tem muito a ver com a inveja de Samuel; Samuel esse que parece ter ao seu lado um Deus notavelmente desagradável. Quando o Rei Agague é feito prisioneiro na guerra, Saul, em sua bondade humana comum, poupa Agague: ele está amarrado, indefeso e prisioneiro. Samuel diz que essa é uma ofensa mortal a Deus, que exigira Agague como vítima sacrificial; e, portanto, Samuel corta Agague em pedaços diante do altar de Deus. Ele diz que Deus nunca perdoará Saul por isso, porque Deus não é um homem, para mudar de ideia. É a única vez na Bíblia em que Deus é mencionado como implacável [1Sm 15]. E assim, neste ponto, o narrador, por pura persistência e descuido, acrescentou à história de Saul o único elemento que o torna uma tragédia genuína: isto é, a sugestão de uma malícia inerente à natureza divina. Normalmente, não há espaço para isso na Bíblia. Na cultura grega, em que a religião é politeísta, pode-se ter qualquer malta de deuses de má índole e mau humor. Eles são tirados da natureza e refletem as qualidades irracionais e amorais da natureza. Mas raramente se encontra tal coisa na Bíblia: talvez esta passagem seja a única.

Absalão também apresenta os ingredientes básicos de um herói trágico [2Sm 18]. Sua beleza é enfatizada na narrativa, e certamente o luto de Davi por Absalão corresponde ao tom típico da tragédia. Todavia, observa-se novamente que é tão forte a inclinação moral, a ênfase moral da narrativa, que a sensação da queda de um herói semidivino, como a queda de um grande carvalho — encontrada nas grandes tragédias de Ájax ou Prometeu — é bastante abafada e silenciada. É uma das inevitáveis ironias da sucessão real que Absalão por fim representa. Mas ele é certamente um exemplo da substituição de um pelo outro nas linhagens.

Talvez isso pareça uma digressão, mas é bastante curioso como na época do movimento romântico, no século XIX, todas essas figuras exiladas voltam como heróis trágicos. Byron escreve uma tragédia sobre Caim, *Moby Dick* começa com a frase: "Chame-me de Ismael", e Saul, Esaú e outros são os favoritos dos românticos. Isso está ligado, a meu ver, com a nostalgia de uma aristocracia abandonada, a sensação de ser um herdeiro legítimo que foi expulso para o deserto.

Podemos levar o padrão dos dois irmãos mais longe do que a própria Bíblia permite se, por exemplo, pensarmos em Satanás como o filho primogênito original de Deus que é excluído por causa do filho mais novo, Cristo. Com efeito, no quinto livro do *Paraíso perdido*, encontramos exatamente essa cena: o ciúme do irmão mais velho por ser suplantado por esse irmão mais novo arrivista, que, por razões totalmente incompreensíveis pelo mais velho, é o preferido. Byron, que escreveu um poema sobre a tragédia de Caim, também escreveu um poema chamado *A visão do julgamento*, no qual Lúcifer volta a olhar para o Céu construído pelo Filho mais novo; e não ficamos surpresos ao descobrir que Lúcifer no poema de Byron é um aristocrata gelidamente polido, e que, embora seu irmão messiânico não apareça diretamente, ele está claramente administrando um estabelecimento muito mais burguês, onde pessoas como o Rei George III podem se sentir em casa.

A ênfase na história de Judas é mais irônica do que estritamente trágica. Ele se enforca e tem o mesmo tipo de fim que um herói trágico, mas a ênfase é tão forte no sentimento de que ele recebeu o que merecia, que a noção de queda do herói não se faz tão presente. O trágico combina o heroico e o irônico, e na história de Judas, a meu ver, temos somente o irônico.

A expulsão de Adão do Paraíso é outro exemplo de Deus excluindo o filho mais velho — esse é um ponto que Paulo novamente aborda. O primeiro Adão é o Adão rejeitado, e o segundo Adão, em Cristo, é o libertador; mas é claro que neste caso o primeiro Adão e o segundo Adão são a mesma pessoa por causa da Encarnação (1Cor 15, 45–49). Consequentemente, a tragédia da expulsão de Adão do Paraíso é um exemplo da passagem da Bíblia por um episódio trágico a caminho de uma conclusão cômica. O mesmo ocorre na Crucificação de Cristo, que certamente é uma tragédia, mas é seguida imediatamente pela Ressurreição. A anulação de uma linha de sucessão por uma nova escolha e uma nova ação é novamente um dos elementos que conferem à narrativa bíblica aquela curiosa qualidade revolucionária que faz parte de nossa própria herança cultural.

Biblia Pauperum 21: A traição ao Cristo
(Mt 26, 45–52)

Joabe mata Abner
(2Sm 3, 22–30)

A traição de Trifão
(1Mc 12, 39–52)

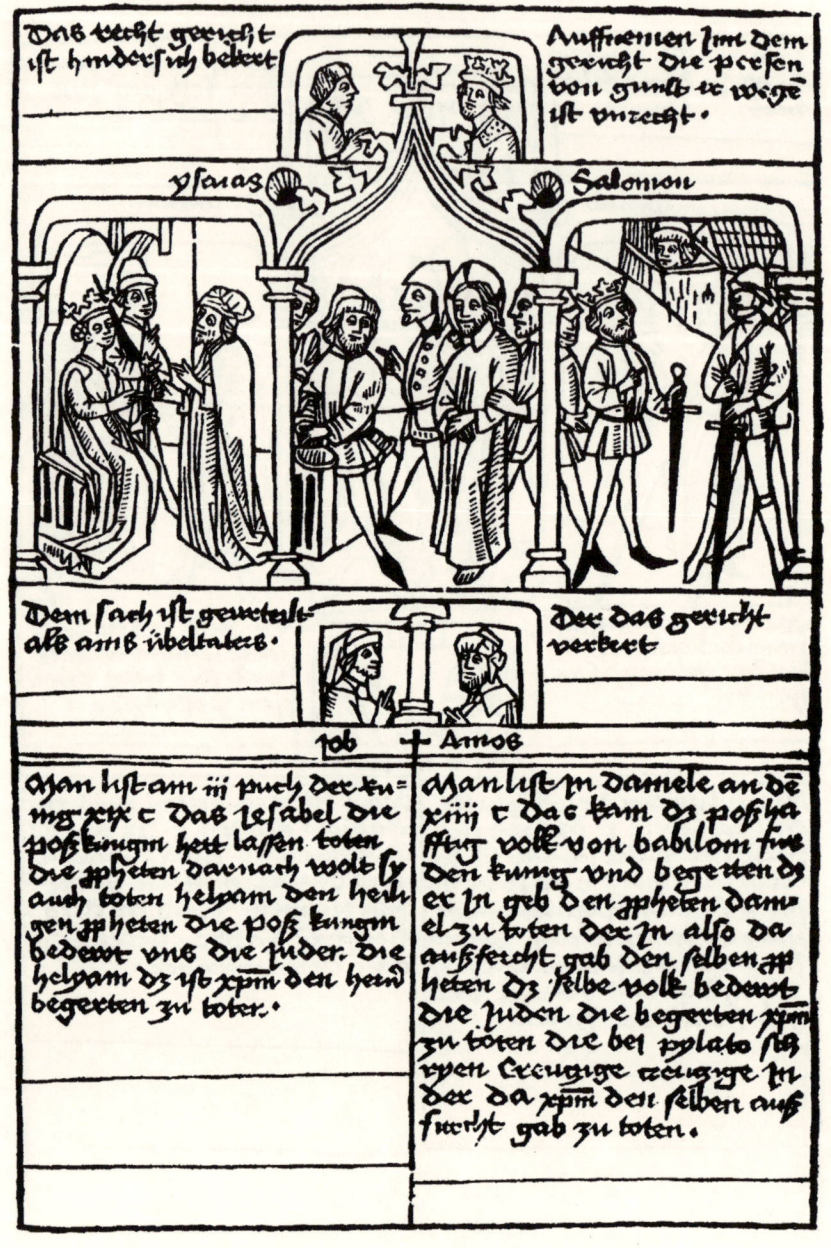

Biblia Pauperum 22: A CONDENAÇÃO DE CRISTO
(Mt 27, 24)

Jezabel ameaça Elias
(1Rs 19, 1–3)

Daniel acusado
(Dn 6)

Biblia Pauperum 23: Cristo exposto ao escárnio
(Mt 27–31)

Cã zomba da nudez de Noé
(Gn 9, 20–27)

Crianças zombam de Eliseu
(2Rs 2, 23–24)

Biblia Pauperum 24: Cristo carregando a cruz
(Jo 19, 17)

Isaque carrega a madeira para o sacrifício
(Gn 22, 3–9)

A viúva de Sarepta
(1Rs 17, 1–16)

Biblia Pauperum 25: A Crucificação
(Mt 27, 33–54)

O sacrifício de Isaque
(Gn 22, 1–14)

A serpente de bronze
(Nm 21, 4–9; Jo 3, 14–15)

13

Gênesis: no princípio

Dado que, anteriormente, eu estava preocupado em construir uma imagem unificada da narrativa e das imagens da Bíblia, a ênfase, consequentemente, recaiu sobre a sua unidade imaginativa, a unidade revelada pelos mitos e metáforas que formam sua estrutura. Mas o descaso da Bíblia pela unidade é tão impressionante quanto a sua atenção a ela: é igualmente possível vê-la como um grande amontoado de textos mal estabelecidos. Tudo o que pode dar errado com um livro aconteceu com a Bíblia em algum estágio ou outro de sua história. A Bíblia é, portanto, uma unidade que vai além da unidade. Não é uma questão de não ter conseguido alcançá-la, mas de ter passado por algo que a inclui.

Há dois sentidos, em outras palavras, em que podemos usar a palavra "imperfeito". Podemos pensá-la como uma qualidade limitada ou inadequada que fica aquém da perfeição, ou podemos pensá-la, como sugerem os tempos verbais da língua hebraica, como a diferença entre o perfeito, que está acabado e completo, e o que é ainda contínuo e vivo. A Bíblia tentou apresentar sua mensagem total, unificada, dessa maneira deliberadamente imperfeita: tentarei mostrar algo disso no final do Livro do Apocalipse, que, como eu disse, é um final notavelmente aberto para um livro desse tamanho.

O que quero fazer nesta seção é examinar uma série de aparentes fases no que a Bíblia tem a dizer, fases do que é tradicionalmente chamado de revelação. É uma tarefa bastante complicada tentar entender o que a Bíblia quer dizer com revelação, porque, no decorrer dos séculos, eventualmente percebemos que sua revelação não é a comunicação de um conhecimento histórico ou científico e natural. Ao mesmo tempo, a revelação parece implicar a comunicação de algum tipo de conhecimento, e a verdadeira natureza desse conhecimento é o que quero examinar.

Parece-me que há na Bíblia uma sequência progressiva de estágios, não tanto da revelação em si, mas da compreensão dela. Primeiro, a Criação; depois a revolução, que é o Êxodo do Egito; então a lei, que vem depois do Êxodo; depois a sabedoria, ou a individualização da lei; então a profecia: todos esses cinco estágios têm seu centro de gravidade no Antigo Testamento. Há dois outros com seu centro de gravidade no Novo Testamento: o Evangelho e a Segunda Vinda ou Apocalipse. Esse será o nosso esboço geral neste capítulo, o que significa, naturalmente, que temos de começar com a concepção da Criação na Bíblia, conforme estabelecida no início de Gênesis e referida em outros lugares.

Há certas perguntas que obviamente vêm à mente quando se está lendo o relato bíblico de Gênesis. Uma é: por que há tanta insistência nos dias da semana, e por que a Bíblia fala sobre o primeiro, o segundo e o terceiro dia antes de o Sol ser criado para medir o tempo? Outra é: por que o relato da Criação na Bíblia é tão intoleravelmente patriarcal? Supõe-se que o Deus Criador na Bíblia seja masculino, o que obviamente deve ser uma metáfora, porque ele é o Criador tanto do masculino quanto do feminino. Também é dito que no início das coisas, o corpo da primeira mulher foi criado a partir do corpo do primeiro homem, numa violenta inversão de tudo o que aconteceu desde então. Para perguntas como essa, sempre há respostas imediatas: a ênfase nos sete dias foi colocada para racionalizar a lei do sábado, e a ênfase na masculinidade do agente criador foi colocada para racionalizar as doutrinas da supremacia masculina na sociedade antiga. Ora, eu não duvido de que essas respostas são verdadeiras na medida de suas pretensões. Elas não vão longe o suficiente para serem interessantes, então vou ignorar suas verdades e tentar ir um pouco além.

Em primeiro lugar, no princípio — o hebraico simplesmente diz "no princípio", *beresheth* — Deus criou o Céu e a Terra. Agora, uma das primeiras perguntas que provavelmente vêm à mente de uma criança é: O que acontecia antes disso? Ou, mais precisamente, o que Deus estava fazendo todo esse tempo antes de criar o mundo? Santo Agostinho dizia que, antes da Criação, o que Deus estava preparando era um inferno para aqueles que faziam perguntas desse tipo:[1] o que talvez diga mais sobre Santo Agostinho do que sobre Deus. A proibição de uma pergunta, naturalmente, apenas aumenta sua importância em qualquer mente sadia.

---

1 Na verdade, como o próprio NF observa em outros lugares (ver CR, 34, ou NFR, 55–56 e GC, 71), Agostinho diz exatamente o contrário, atribuindo a observação a algum outro: "Veja, àquele que pergunta: 'O que Deus fazia antes de fazer o Céu e a Terra?', eu não respondo, como se diz que alguém já respondeu comicamente (para escapar da pressão da pergunta), que 'Ele estava preparando um inferno, (dizia esse tal) para os que se intrometem nos mistérios'. [...] Digo com vigor que 'antes de Deus fazer o Céu e a Terra, Ele não fez nada' (*Confissões*, [l. 11, cap. 12])."

Então, o que aconteceu antes da Criação? Em primeiro lugar, essa questão sofre de uma confusão sobre a categoria do tempo, porque a percepção do tempo é a maneira fundamental pela qual apreendemos a realidade. Considerando que a categoria do tempo é dividida em três dimensões, o passado, o presente e o futuro, e que nenhuma dessas dimensões existe de fato, porque o passado não existe mais, o futuro ainda não existe e o presente nunca existe, esta parece uma maneira engraçada de apreender a realidade. Mas é assim que a apreendemos: sob uma categoria que é totalmente inexistente.

Além disso, você verá, se tentar, que é totalmente impossível pensar no início dos tempos. Você pode falar sobre um início dos tempos, viver falando sobre isso, mas você não pode realmente pensar nesta noção. Um começo dos tempos é impensável. Consequentemente, todas as noções de eterno na religião que significam tempo sem fim são noções da categoria de tempo que não ficaram claras. O cristianismo popular nos diz que após a morte vivemos no Céu ou no Inferno para sempre, ou seja, por um tempo sem fim. Mas ao dizer "eterno" quando você quer dizer "tempo sem fim", você não está deixando de lado a categoria de tempo. Jesus usa o termo *aionios*, que a Bíblia King James traduz como *everlasting*; e se avaliarmos cuidadosamente essa palavra *everlasting* como uma tradução para *aionios*, perceberemos que ela é uma pequena obra-prima de petição de princípio. *Everlasting* é aquilo que persiste indefinidamente no tempo.

No entanto, o cristianismo primitivo descobriu que a religião seria muito mais vendável se suas boas novas fossem pervertidas em más e, em particular, se colocassem no centro de seu ensino a doutrina de que após a morte, a menos que você faça o que lhe foi ordenado agora, você sofrerá torturas por toda a eternidade, ou seja, infinitamente no tempo. Todos os sistemas de sacerdócio organizado tiveram alguma doutrina desse tipo, e a única coisa a ser dita a favor dela é que ela torna o pecado criativo: isto é, devemos muito mais às pessoas que, apesar da ameaça, continuaram pecando do que às pessoas que tentaram restringir o pecado, fazendo ameaças. Mas isso é apenas um exemplo do dito de John Bunyan, de que a boca do Inferno está aberta no portão do Céu,[2] e que transformar Deus no Diabo é um dos erros teológicos mais comuns. Então, o que quer que a palavra "eterno" signifique, tente pensar nisso como algo que transcende completamente a categoria de tempo, e então você chegará um pouco mais perto do que a Bíblia está falando.

---

2   "Então eu vi que havia um caminho para o Céu, tanto dos portões do Céu como da Cidade da Destruição" (John Bunyan, *The Pilgrim's Progress*. Harmondsworth, Inglaterra: Penguin, 1987, ed. rev., p. 217).

Então, negativamente, isso nos leva a uma resposta parcial e provisória à pergunta: por que a Bíblia insiste em um começo absoluto? Claramente, ela está tentando afirmar que a categoria de tempo não é a categoria definitiva, e que a atividade de Deus como a Bíblia a entende em Gênesis não pode ser colocada no mesmo nível que essa escada rolante de passado, presente e futuro que experimentamos como tempo. A doutrina de um começo absoluto, que é algo que não se pode pensar enquanto se está falando sobre a própria categoria do tempo, está aí para indicar que a Criação vem de um mundo que está acima do tempo.

No século XVII, a era de Galileu e Newton, estudiosos bíblicos, incluindo o próprio Newton, explicavam uns aos outros, solenemente, que a Criação provavelmente ocorreu em 4004 a.C., provavelmente no equinócio da primavera, provavelmente por volta das dez da manhã. Assim, as descobertas em geologia do século XIX, que eventualmente empurraram a idade da Terra de volta para cerca de dois bilhões de anos, se não três — mas, como logo dirão os governantes, um bilhão nem é tanto assim —, tiveram um impacto que era desproporcional à sua relevância. Mas os cientistas, como todo mundo, descobrem que não podem viver sem mitos de criação. Por isso temos um mito de criação do Big Bang, que diz que o mundo nasceu numa explosão, digamos quinze bilhões de anos atrás ou por aí, e vem se espalhando em todas as direções desde então.

Pois bem, o que acontecia antes disso? E imediatamente nos deparamos com o fato de que, enquanto estivermos pensando na ordem da natureza, as concepções de começo e fim não se aplicam. Mas começamos e terminamos, e por causa do que Thomas Pynchon chama de paranoia criativa na consciência humana,[3] insistimos que, porque nós começamos e terminamos, começos e fins devem ser coisas profundamente incorporadas no esquema do mundo. E assim começamos o mito bíblico da Criação com um começo absoluto, associado ao final, no Apocalipse, com um fim absoluto.

Os primeiros fenômenos da Criação foram luz e som. Em um dos poemas de Chaucer, uma águia pega o poeta e o leva em um voo para a Casa da Fama, e fica falando o tempo todo, o que deixa Chaucer muito nervoso porque ele está dentro da boca da águia, e ele gostaria muito de não cair. A águia profere um longo discurso sobre a natureza do som e das palavras, e ele diz, entre outras coisas: "O som não é nada além de ar quebrado" [*The House of Fame*, v. 765], isto é, as palavras são ar. É uma associação bastante tradicional.

---

3 Ver NB 11e, n. 36. Para o desenvolvimento do ponto sobre Pynchon, ver "Culture as Interpenetration", em DG, 17–18, e DV, 25–26 ou NFR, 185–186.

Meu ponto aqui é que o Credo fala que Deus fez todas as coisas visíveis e invisíveis, e existem sistemas de pensamento, incluindo alguns cristãos, que assumem que existem duas ordens de existência, uma invisível e outra visível, e que o mundo invisível é uma ordem superior da realidade. Essa não parece ser a maneira como a Bíblia pensa sobre as coisas. Assim que começamos a tentar pensar em coisas que não podemos ver, mas sabemos que existem, a primeira coisa que vem à mente é o ar. Não conseguimos ver o ar; se pudéssemos, não veríamos mais nada. Viveríamos em uma densa neblina; neblina que é, de fato, uma metáfora extremamente importante na Bíblia, como veremos quando chegarmos ao Livro de Eclesiastes. Ela é a base da palavra que é traduzida nesse livro como "vaidade". E em certo sentido, por mais paradoxal que pareça, também não vemos a luz, a pura luz que não é um objeto luminífero ou refletor. O que vemos é simbolicamente e metaforicamente o fogo, a fonte da luz, e não a própria luz. Assim, a Bíblia não pensa no mundo invisível como uma ordem superior, mas como aquilo por cuja ação o mundo se torna visível: isto é, o mundo invisível é o meio do mundo visível. É o vazio que permite que as coisas existam. O filósofo do século xx, Heidegger, diz que a primeira pergunta da filosofia é: Por que existem coisas em vez de nada?[4] E ele conclui por fim que, se não houvesse um nada, não haveria coisas.

Deus é invisível pela mesma razão que o ar é invisível. Se ele fosse diretamente visível, então ele teria uma configuração metafísica totalmente diferente. Todavia, quando Isaías diz que viu o Senhor alto e elevado [6, 1], ou quando Ezequiel tem a visão da carruagem [1, 15–21], eles querem dizer que veem uma fonte de visibilidade, assim como quando olhamos para o Sol vemos a fonte de visibilidade. É isso que significa a doutrina do invisível na Bíblia: o invisível é o meio pelo qual o mundo se torna visível. Se Deus não fosse invisível, o mundo não seria visível; isto é, Deus não seria, então, um Criador.

Eu disse que o mito e a metáfora, ao invés do histórico e doutrinário, são a base do significado literal na Bíblia. Então surge a pergunta: qual é o núcleo metafórico, digamos, dessa concepção de começo? Pode ser, como sugeri alguns momentos atrás, o núcleo metafórico do nascimento: começamos quando nos juntamos a uma série contínua de criaturas vivas e terminamos quando a deixamos. Mas, na verdade, uma base metafórica muito mais clara é a da experiência de acordar de manhã, quando deixamos um mundo escuro, caótico e confuso. Simplesmente abolimos esse mundo e, com a ajuda do despertador, entramos

---

4   Martin Heidegger, *An Introduction to Metaphysics*, trad. Ralph Manheim. New Haven, Connecticut: Yale University Press, 1959, cap. 1. Ver também "The Origin of a Work of Art", em *Existence and Being*, ed. Werner Brock. Chicago: Regnery, 1949, pp. 21–26.

em um mundo que, para fins práticos, consideramos mais real, embora qualquer filósofo possa encher-nos de dúvidas a respeito da realidade deste mundo. Ainda assim, no que nos diz respeito, este é o mundo real, e nos levantamos e nos vestimos. Este núcleo metafórico de abolir um mundo de caos e encontrar um mundo que, para todos os fins práticos, é o mundo real à nossa frente, é o mais próximo que chegamos da experiência de um começo real.

Eu disse anteriormente que muitos mitos de criação começam com um deus-herói matando um dragão, que representa o caos do mundo antes da Criação, e citei o poema babilônico *Enuma Elish*, em que Marduk, o deus-herói da Babilônia, mata o monstro marinho Tiamat, corta-a em dois, faz o Céu com metade dela e a Terra com a outra metade. Sugerimos que essa luta de dragões, que é mencionada muitas vezes no Antigo Testamento, está intimamente ligada ao relato da Criação em Gênesis. Uma razão pela qual ela não é mencionada ali é que o dragão, a esta altura, é concebido em termos negativos, como pura inércia. Ou seja, não é preciso matar o dragão: o dragão é a morte, e matar a morte é trazer à vida.

Suspeito que é essa conexão imediata com a experiência do despertar que explica em parte a metáfora dos dias na Criação. Claro, há razões históricas e culturais. Há a própria lei do sábado, que provavelmente deriva de um culto lunar original; e, em certo sentido, a Lua simbólica ou metafórica é mais antiga que o Sol. Uma tribo de andarilhos do deserto veria o Sol como um assassino e a Lua como um guia amigável em suas jornadas noturnas e, portanto, eles provavelmente fariam da Lua uma divindade amigável. Há muitos vestígios de um antiquíssimo culto lunar entre os hebreus, em tempos pré-bíblicos, e um desses vestígios é a ênfase na unidade numérica dos sete dias da semana, que marca a fase da Lua. No Evangelho de João, a Palavra de Deus é descrita como uma luz brilhando nas trevas [1, 5], e é claro que uma luz brilhando nas trevas sugere a Lua, ou uma estrela brilhante como a estrela de Belém, em vez do Sol. Assim, a Lua é, nesse grau, um símbolo mais eloquente do começo do que o Sol. Há indícios de que palavras como "aleluia", usadas no louvor a Deus, estavam relacionadas, em tempos pré-bíblicos, com festivais de Lua Nova e com a saudação da Lua Nova no céu. O ritmo de três dias da Lua Velha, a noite escura e a Lua Nova se entrelaçaram muito intrincadamente no simbolismo da Paixão cristã.

E assim, como digo, acho que é a conexão metafórica entre a ideia de um começo e a experiência de acordar que explica a ênfase no dia, que começa, como se nota, com a noite: "Sobreveio a tarde e depois a manhã: foi o terceiro dia" [Gn 1, 13], e assim por diante, embora o equipamento para regular os dias não tenha aparecido até o quarto dia.

Até agora tenho falado sobre o relato da Criação no primeiro capítulo de Gênesis. É essa que os estudiosos chamam de narrativa sacerdotal, que é o mais recente dos principais documentos que compõem os cinco primeiros livros da Bíblia. Um segundo relato da Criação, muito mais antigo, começa em Gênesis 2, 4: "Estas são as gerações dos Céus e da Terra, quando foram criados, no dia em que o Senhor Deus fez a Terra e os Céus". O que vem primeiro é o relato posterior, mais filosófico, onde a Criação é pensada metaforicamente como a criação da terra seca a partir das águas: ou seja, o caos é metaforicamente identificado com as águas ou a face do abismo, e praticamente o primeiro ato da Criação é a separação entre a terra seca e o mar. No relato mais antigo, começa-se com uma seca universal, e o ato criativo começa com o que a Bíblia King James chama de "névoa" no versículo 6, mas que na Septuaginta é *pege*, "fonte", o que faz muito mais sentido.

Nos mitos de criação em todo o mundo, existem certos tipos recorrentes que parecem formar grupos. Um tipo muito comum de mito de criação é o mito de criação sexual, que diz essencialmente que o mundo surgiu da mesma forma que ainda hoje surge na primavera, quando os cordeiros nascem das ovelhas e as novas sementes brotam da terra. Nesse tipo de mito, tem-se basicamente um mito que explica a origem da vida, o início das coisas que vivem, animais e plantas. Eles começaram a existir da mesma maneira que ainda hoje começam. No mundo que conhecemos, tudo o que vive nasceu de um corpo feminino. Assim, na mitologia o mito de criação sexual é frequente e naturalmente associado a algum tipo de mãe-terra. Essa mãe-terra tem um aspecto acalentador, e um outro sinistro: acalentador, porque tudo nasce de seu corpo, e sinistro, porque tudo que morre volta a seu corpo. Ela é o útero e o túmulo de todas as formas de vida, a mãe da vida e a mãe da morte. Na mitologia, não há regra sem muitas exceções, mas esse é um tipo muito comum de mito de criação.

Percebemos também que esse mito de criação inclui a noção subjacente de um ciclo que roda eternamente. A vida nova surge na primavera. O que havia antes? O inverno. O que havia antes do inverno? A primavera anterior, e assim por diante. É um mito que se conforma com os fatos da natureza na medida em que não tenta responder à pergunta relativa a um começo absoluto. Os mitos de criação sexual giram em torno da questão irrespondível: o que veio primeiro, o ovo ou a galinha? Retorna-se simplesmente a um ciclo temporal interminável.

Tentei mostrar, em minha análise de suas imagens e narrativas, que a Bíblia resiste fortemente a essa concepção de fatalidade cíclica. Ela fala mais sobre começos absolutos e fins absolutos, e essa tendência remonta ao tipo particular de mito de criação que ela possui. Na Bíblia, o mito da Criação é artificial. Ou seja, na sua origem, o mundo é algo feito. Em uma peça de Bernard Shaw, alguém cita a frase de Horácio de que os poetas são nascidos, não feitos. Alguém diz que essa é uma afirmação tola, porque todo mundo nasce, e não é feito. Mas não de acordo com o Livro do Gênesis: no início, tudo, incluindo o primeiro homem e mulher, foi feito, e o ciclo de nascimento foi instituído mais tarde. Assim como é natural associar um mito de criação sexual a uma mãe-terra, também é natural associar esse mito de criação artificial a um pai-céu. É fácil pensar em Deus como um pai, porque ele é um ser misterioso, que vai trabalhar em algum escritório aonde você não pode ir, e não cuida com carinho de seus filhos. Falei da resistência bíblica à ideia de fatalidade cíclica, e é com a mãe que temos de "romper" para nascer. O mito de criação da Bíblia associa esta concepção de ruptura com a mãe, neste caso a mãe-terra, com aquele ciclo que gira e gira para sempre, sem nunca parar.

Eu também disse que o mito da criação sexual era um mito sobre coisas vivas, ao passo que, se colocássemos algum tipo de Robinson Crusoé mitógrafo sozinho em um cenário natural e tirássemos dele todo seu condicionamento social — não é possível fazer isso, mas podemos pensar experimentalmente — e lhe disséssemos: produza, agora, um mito de criação; o tipo de mito de criação que ele produziria dependeria da direção do seu olhar no ponto em que o deixamos, quer fosse para cima ou para baixo. Se ele estivesse olhando para baixo, veria o ciclo de animais e plantas saindo do solo na primavera, a seiva movendo-se nas árvores, os novos cordeiros nascendo e assim por diante. Isso o condicionaria na direção de uma mãe-terra, um mito de criação sexual. Mas se ele olhasse para cima, veria o Sol cruzando o céu e, na manhã seguinte, veria o mesmo Sol inconfundível voltando. Assim, se ele se voltasse para o ciclo de animais e plantas, veria o que Platão chamaria de ciclo do diferente, porque a nova vida nunca é igual à antiga vida. As flores que florescem na primavera nunca são as mesmas flores que floresceram na primavera anterior. Mas, lá no céu, há o Sol com sua recorrência diária, a Lua com sua recorrência mais lenta e, por fim, os planetas com as deles. Isso sugere algo mais ligado a um planejamento e uma inteligência. Assim, o mito artificial tende a associar-se ao ciclo superior, o ciclo do mesmo e não o do diferente.

O ciclo do mesmo sugere um senso de planejamento, inteligência e ordenação. Ou seja, esse mito da criação sexual sugere o que Spinoza chamaria de *natura naturans*, a natureza como organismo vivo; ao passo que o que se observa nos movimentos do Sol e da Lua no céu ilustra o sentido de *natura naturata*, da natureza como uma estrutura ou sistema, onde todas as coisas retornam às suas fontes.⁵ Este depende, naturalmente, da organização social a que o homem pertence. Diz-se que a noção de um criador do céu é extremamente antiga, mas nas sociedades primitivas, esse criador do céu não faz nada. Ele deixa o governo do mundo nas mãos de seres inferiores, um padrão que reflete uma espécie de organização tribal da sociedade. Mas quando chegamos a sociedades mais desenvolvidas, como o Império Romano tardio, descobrimos que todos os deuses efetivos se retiraram para o Céu, e que, então, aparece uma conexão entre o senso de uma ordem natural e o senso de uma ordem moral.

Se você está em um ciclo que gira sem parar, então você é, em certo sentido, um embrião: há um útero maior do qual você nunca escapa; além disso, esse ciclo de giro sem fim é, quando se o analisa de perto, um símbolo mecânico. A palavra hebraica para embrião é *golem*, e na lenda judaica o *golem* torna-se um monstro mecânico, como o de Frankenstein. Isso significa que a ênfase de Jesus no Pai tem muito a ver com esse sentido de uma ordem superior à do tempo e com o sentido da urgência de despertar para essa ordem acima do tempo e acima do terreno da mãe natureza. Isso é o que o cristianismo chama de Ressurreição.

---

5   Frye usa essa distinção familiar para se referir à diferença entre a natureza como um processo de crescimento e a natureza como estrutura, ordem ou sistema. Os dois termos têm raízes medievais, mas seu uso moderno em Schelling, Coleridge e outros descende de Spinoza.

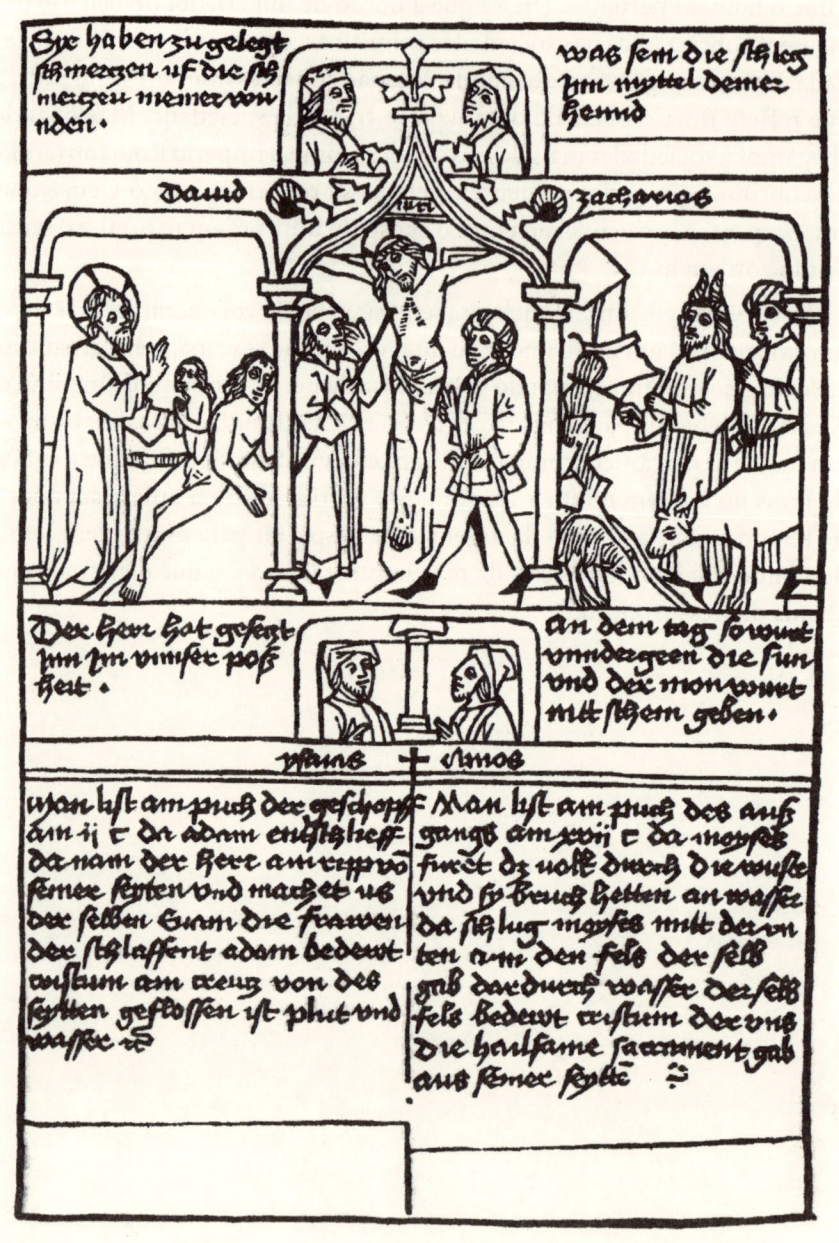

Biblia Pauperum 26: O LADO DE CRISTO PERFURADO
(Jo 19, 34–37)

A criação de Eva
(Gn 2, 20–25)

Moisés tira água da rocha
(Ex 17, 1–7)

14

Gênesis: a criação dos sexos; Êxodo: uma herança revolucionária

Eu sugeri que, embora haja uma grande variedade de mitos de criação, se observamos os mitos de criação dos países mediterrâneos na órbita cultural geral da Bíblia, percebemos que certas formas típicas se destacam. Uma delas descrevemos como o mito sexual de criação, que simplesmente presume que a Criação foi o início do ciclo natural. Embora existam muitas exceções na mitologia, é bastante natural que esse tipo de mito se concentre em uma figura da mãe-terra. Esse é, ao que parece, o tipo comum de mito de criação nos países do leste do Mediterrâneo, pelo menos em tempos pré-bíblicos.

O que encontramos no primeiro capítulo de Gênesis é um mito de criação artificial, em que o mundo é feito, em vez de simplesmente vir a existir, e cujo foco é um pai-céu, em vez de uma mãe-terra. Sugeri que um elemento significativo nesse contraste é que um mito da mãe-terra ou da criação sexual é simplesmente uma extensão do ciclo da natureza e das estações, mas que na Bíblia há uma crença em um processo histórico, uma noção de que o tempo tem um destino e um sentido, o que envolve uma revolta contra todas as concepções cíclicas da realidade.

Uma concepção cíclica da realidade é essencialmente a deificação de uma espécie de máquina: isto é, ela ilustra a tendência inextirpável da mente humana de inventar algo e depois se curvar diante do que criou. Assim que a mente humana inventa a roda, começa a inventar projeções de uma roda do destino ou uma roda da fortuna, de algo inelutável, misterioso e mais forte do que o próprio homem. Parece irônico que essas imagens projetadas sejam quase invariavelmente tiradas das próprias invenções do homem.

De qualquer forma, o primeiro capítulo do Gênesis, o relato posterior ou sacerdotal da Criação, parece pensar em termos de um cosmos emergindo do caos e associado a um despertar da consciência — simbolizado, aparentemente, pela ênfase na metáfora dos dias da semana. O segundo relato, ou relato javista, que começa no segundo capítulo, é muito mais antigo, e a antiga mitologia sexual não foi inteiramente eliminada dele. O segundo relato começa com a rega de um jardim, e já vimos no Cântico dos Cânticos e em outros lugares a comparação do jardim com o corpo da noiva. É neste relato mais antigo que Adão é feito do pó da terra, *adamah*, que é um trocadilho em hebraico, *adamah* sendo um substantivo feminino. Portanto, há um sentido em que Adão tinha uma mãe, além de um pai divino.

No momento, o que é mais importante neste contraste é o seguinte: um mito de criação sexual focado em uma mãe-terra não tem nenhum problema com a concepção de morte, porque é um mito que diz respeito, em grande parte, a seres vivos, animais e plantas, todos os quais morrem. A morte está inserida em um mito sexual da Criação. Ela não é apenas uma parte inevitável do mito; é, em alguns aspectos, o único elemento que lhe dá sentido. Mas sugerimos que o mito artificial pensa mais em termos de metáforas do céu, do Sol que se põe à noite e surge novamente como o mesmo Sol na manhã seguinte. Os corpos celestes — o Sol, a Lua, os planetas — embora possam ser deificados, não são seres vivos como os animais e as plantas, e sugerem também um senso de planejamento e inteligência, um controle das instâncias em que os próprios fenômenos recorrentes se repetem.

Portanto, fica claro a partir disso e também de muitas outras considerações, que no relato bíblico da Criação, Deus poderia ter criado apenas um mundo perfeito e modelar, no qual não poderia haver morte, pecado, miséria ou dor. Essa é a razão pela qual se diz, naquele relato no primeiro capítulo de Gênesis, que depois que Deus fazia algo, via que era bom. Como Bernard Shaw diz em um de seus ensaios: "O que ele poderia dizer?".[1] A resposta é que ele diria, de acordo com a interpretação cristã tradicional: "Este não é o mundo que eu fiz. Este é o mundo em que você caiu, e é tudo culpa sua, e nem um pouco culpa minha".[2]

Obviamente, só podemos chegar a essa interpretação fazendo uma certa violência ao relato bíblico. Por um lado, é tradicional a noção — encontrada em *Paraíso perdido*, assim como em outros lugares — de que tudo o que achamos inconveniente na natureza, de mosquitos a terremotos, seja o resultado de uma queda na natureza que acompanhou ou fez parte da queda original do homem. Mas isso é, claro, pura reconstrução: não há nada relativo a uma queda da natureza em Gênesis. Diz-se que Deus amaldiçoou o solo, mas ele removeu a maldição depois do dilúvio, então isso também não conta.

---

1 Bernard Shaw, *Maxims for Revolutionists*, 1903, nº 152.
2 Cf. *Paraíso perdido*, livros 1 a 12.

O essencial é que, no judaísmo e no cristianismo, é uma questão de crença que o mundo original criado por Deus deve ter sido um mundo perfeito: consequentemente, um mito de criação artificial exige um mito de alienação, como o da queda do homem, para explicar a diferença entre o mundo tal como Deus deve tê-lo feito e o mundo real em que estamos vivendo agora.

Claro, isso implica que o mundo perfeito ou modelar foi feito principalmente para o benefício do homem: essa é uma crença que tem ligações psicológicas óbvias com a paranoia. Mas, como observa Thomas Pynchon em seu notável romance *O arco-íris da gravidade*, o homem não pode viver exceto em um estado paranoico. Ele só tem a escolha entre a paranoia criativa e a destrutiva. Assim, o fato de que o mundo foi criado para o homem não é a dificuldade, mas apenas que um mito de criação artificial, que supõe um Deus inteligente e planejador, exige, para completá-lo, o mito da queda do homem.

A queda do homem é descrita de um modo bastante enigmático no Livro do Gênesis. Há duas árvores, uma árvore da vida e uma árvore do conhecimento; de acordo com o princípio da metáfora, elas são claramente a mesma árvore. Uma serpente, rastejando suavemente, se afasta da árvore proibida; e como a serpente é muito frequentemente um símbolo sexual ou fálico, seria de esperar que a árvore da vida, em uma versão original da história, tivesse uma serpente ereta subindo por seus galhos, como ainda tem em certos sistemas, como os do *yoga kundalini*, na Índia. Em outros lugares, também, a serpente é o símbolo da sabedoria, portanto, o conhecimento que o homem adquiriu pela queda, através da serpente sutil e enganadora, deve ter sido, em alguns aspectos, um conhecimento ilusório.

É, naturalmente, também um conhecimento ligado à descoberta do sexo tal como o conhecemos, porque assim que o conhecimento foi adquirido, Adão e Eva souberam que estavam nus e procuraram roupas. Assim, nosso estado original, não decaído, aparentemente é concebido como um ideal sexual de um tipo a que desde então perdemos o acesso. O psicólogo freudiano Jacques Lacan diz que o "mito do falo perdido" é uma das concepções humanas mais difundidas,[3] e ele certamente parece estar envolvido também no relato do Gênesis.

Estou deixando de lado, pelo menos por enquanto, a história do dilúvio, que de certa forma completa o relato da queda do homem, e gostaria de passar para a próxima fase da revelação bíblica, conhecida como Êxodo, ou a fase revolucionária.

---

3 Ver Jacques Lacan, *Écrits: A Selection*. Nova York: Norton, 1977, 281 ss., e *GC*, 147–148. A expressão "falo perdido" vem do artigo de Freud "Fetichismo" (1927): Lacan a tornou familiar, como nota NF em *GC*, 242. Para Lacan, o falo é o significante universal do desejo, e sua perda ou ausência é experimentada por ambos os sexos.

No primeiro capítulo do Êxodo, diz-se que os hebreus entraram no Egito sob o patrocínio não apenas de José, conselheiro do Faraó, mas também do próprio Faraó. Isso é consistente com o que encontramos em toda a Bíblia: o governante mundial não necessariamente é visto como um homem mau ou perverso, mas simplesmente como alguém que governa o tipo de mundo no qual, mais cedo ou mais tarde, um sucessor seu será mau. O Faraó que acolheu a família de Jacó no Egito era um Faraó benevolente, mas, com o passar do tempo, houve um Faraó que "não conhecera José" [1, 8] e tentou se livrar dos hebreus por genocídio. Os primeiros monarcas persas, Ciro e Dario, são mencionados com grande respeito, mas em pouco tempo temos Assuero em Ester, que tenta fazer outro *pogrom* de proporções genocidas. Na época do Império Romano, Paulo insiste que "os poderes são constituídos por Deus" [Rm 13, 1], mas em pouco tempo estamos diante de Nero e dos outros césares perseguidores; e embora Alexandre, o Grande, segundo Josefo, tenha sido recebido em Jerusalém pelo sumo sacerdote [*Antiguidades dos judeus*, 11.8.4], com o passar do tempo, o Império Sírio-Selêucida produziu Antíoco Epifânio.

Em muitos aspectos, o relato na Bíblia poderia ter sido mais simples se tivesse começado onde a história de Israel de fato começa, com Deus aparecendo em uma sarça ardente para Moisés. Moisés, tendo escapado do massacre original dos hebreus e tendo sido criado como egípcio, olha para a paisagem e vê uma sarça queimando, mas sem se consumir. A ênfase está no ouvido e não no olho: o fato de a sarça arder sem se consumir serve apenas para atrair a atenção de Moisés; é a voz que fala de dentro dela que importa.

Se começássemos a história por aí, eliminaríamos de imediato todo aquele sombrio jogo de xadrez tradicionalmente conhecido como teodiceia. Isto é, como reconciliar a existência de um Deus perfeitamente bom com um mundo terrivelmente ruim, e ainda sem envolver causalmente o bom Deus com o mundo mau? É um problema em que as brancas precisam ganhar sem mover nenhuma peça; um problema bobo, eu acho, e inventado. A cena que inicia a história do Êxodo é muito mais inteligível. Aqui, há uma situação de tirania e exploração começando: o primeiro dado é a injustiça, a tirania e a exploração. Deus então anuncia seu novo nome e seu novo papel ativista; ele vai entrar na história ao lado das classes oprimidas. Não importa como se chegou a essa situação: o modo como se sairá dela é o que importa.

Assim, Moisés cresce e reúne Israel ao seu redor, e ocorre a história das pragas, o endurecimento do coração do Faraó e depois a travessia do Mar Vermelho, o evento que separou Israel do Egito. Por todo o resto da Bíblia, essa separação de Israel do Egito é uma das principais nuances, um tema várias vezes recorrente. E é uma questão da mais alta importância para nossa compreensão de nossas próprias tradições culturais que a tradição que herdamos da Bíblia, através do judaísmo e do cristianismo, tenha esse fator revolucionário que a história do Êxodo lhe confere. Todas as características da mente revolucionária são esboçadas ali mesmo, e a maioria delas se encontra repetida no marxismo atual.

Uma dessas características é a crença em um evento histórico específico como ponto de partida. Ou seja, a história de Israel começa com Moisés e o Êxodo, e a história do cristianismo começa com o nascimento de Cristo. Não começa com os essênios ou qualquer outra coisa que possa ter parecido vagamente semelhante. A história do comunismo começa com Marx e Engels e não com Fourier, Owen, St. Simon ou qualquer outro socialista utópico. O Islã começa com Maomé e a fuga de Meca para Medina.

Essa consciência histórica é algo que já enfatizei, porque ela nos dá a forma tipológica de ler a Bíblia em que tenho me concentrado neste curso. Como tentei explicar, a tipologia não é uma forma de interpretação alegórica: é uma teoria da história, ou mais precisamente do processo histórico, que diz que, apesar de todo o caos e confusão nos eventos humanos, esses eventos estão indo a algum lugar e significam algo, e que em algum momento acontecerá algo que indicará qual é o significado deles. Isso é o que distingue a tradição bíblica e é o que essa tradição legou a essas teorias modernas da história, tanto progressistas quanto revolucionárias. É algo que, tanto quanto sei, está confinado a essa tradição. Não a encontro no Oriente ou nos clássicos.

Outra característica da tradição revolucionária é o hábito mental dialético, em que tudo o que não está a nosso favor está contra nós, de modo que todo o meio-termo é progressivamente eliminado. Como é costume na natureza humana, a grande contribuição dos hebreus às nossas tradições culturais se deu por meio de sua característica menos amável. Não foi sua crença de que seu Deus era verdadeiro que se tornou influente: foi sua crença de que todos os outros deuses eram falsos. Essa concepção de falsos deuses é algo que teria sido quase ininteligível para, digamos, um grego ou romano educado. Um mercador grego em viagem à Babilônia naturalmente se recomendaria aos deuses babilônicos antes de ir dormir. E podemos ver vários vestígios no Antigo Testamento de uma crença original, atribuída a outros povos como os sírios, de que os deuses de outros povos não eram inexistentes.

Acho que já mencionei uma passagem do Livro dos Reis em que os sírios dizem entre si quando vão guerrear com Israel: "Ora, Israel é um país montanhoso; por isso, Jeová deve ser um Deus muito bom em batalhas nas montanhas. Se conseguirmos apenas tirar o exército israelita das colinas e levá-lo para a planície, então vamos derrotá-los".[4] E é claro que isso resulta em desastre, porque Jeová, sensível como de costume, se ofendeu com a noção de que ele não era igualmente bom em vales. Da mesma forma, na Guerra de Troia, vemos que, quando os troianos são derrotados, os deuses troianos são derrotados com eles e precisam ser levados por Eneias para a Itália para serem recauchutados antes de outro período de poder. Tudo isso está extremamente distante de algo como a disputa entre Elias e os sacerdotes de Baal no Monte Carmelo [1Rs 18, 17–40], onde o objetivo não é provar que Jeová é mais forte que Baal, mas que Baal não existe. Ele não é realmente um deus, mas uma invenção da imaginação humana. Essa separação dialética entre o Deus e os não-deuses é algo que parece ter vindo com os ensinamentos dos profetas, e que, repito, é quase ininteligível para uma mente politeísta.

Acho que mencionei anteriormente que, em uma organização tribal da sociedade, os deuses são deuses epifânicos locais. Como as ninfas, os sátiros e os faunos da mitologia posterior, eles são divindades diretamente ligadas a árvores, pedras e montanhas. Quando as tribos se organizam como nações, os deuses se tornam uma aristocracia e geralmente se instalam no topo das montanhas. Quando as nações evoluem para impérios mundiais, cujo governante pensa em si mesmo como o governante do mundo, então surge uma espécie de monoteísmo em que todos os deuses efetivos se retiram para as estrelas, exceto geralmente um deus supremo. Ao longo da história, esse tipo de monoteísmo está associado aos governantes mundiais, como Akhenaton, um antigo faraó do Egito, que praticamente destruiu seu império em sua luta por um único deus, e os primeiros governantes da Pérsia, Ciro e Dario, que eram monoteístas muito fervorosos e devotos. Mas esse tipo de monoteísmo imperial é totalmente diferente do monoteísmo revolucionário da Bíblia.

O monoteísmo imperial é uma religião muito eclética que tende a identificar os ritos locais com o culto do deus supremo, pois são todos o mesmo deus. Uma pessoa de mentalidade liberal no final do Império Romano, por exemplo, poderia até chegar ao ponto de colecionar deuses, e não teria nenhuma objeção a ter estátuas de Jeová e Jesus em seu panteão. Ou seja, pensava-se que a verdade do deus único poderia ser alcançada por meio de inúmeros deuses, sem distinção. Essa é uma atitude mental totalmente oposta ao tipo de monoteísmo encontrado na Bíblia, em que Deus tem um nome próprio e um papel específico na história, e não é simplesmente um deus no qual qualquer outra concepção de divindade pode ser absorvida.

---

4   Paráfrase de Frye de 1Rs 20, 23. Na verdade, ele não havia mencionado essa passagem no início do curso ["O seu deus é um deus dos montes; por isso, foram mais fortes do que nós. Se os atacarmos na planície, veremos se não somos os mais fortes" (1Rs 20, 23). Tradução da Ave-Maria — NE].

Outra característica da mesma mentalidade revolucionária, penso eu, é a tendência de fazer exatamente o que os israelitas fizeram, isto é, construir um livro sagrado e distingui-lo claramente de outros livros que são apócrifos ou seculares ou, em algum outro aspecto, periféricos. A concepção de um cânone sagrado é algo que parece ter crescido exclusivamente com a tradição israelita. Há uma cena na Bíblia que possivelmente captura o momento de seu nascimento. Em 2Reis 22, temos um dos últimos reis de Judá, e um dos poucos reis que o narrador aprova. Uma das primeiras coisas que ele faz é reformar o templo, e no decorrer dos trabalhos, um documento é encontrado, o Livro da Lei. No versículo 8: "O pontífice Helcias disse ao secretário Safan: 'Eu achei o Livro da Lei na casa do Senhor'. Helcias deu este livro a Safan, que também o leu". Então eles relatam este fato ao rei, versículo 11: "E o rei ao ouvir as palavras do Livro da Lei do Senhor, rasgou as suas vestes". E então ele disse, versículo 13: "Ide e consultai o Senhor acerca de mim, e do povo, e de todo o Judá, sobre as palavras deste livro que se achou, porque a ira do Senhor se acendeu grandemente contra nós, porque os nossos pais não ouviram as palavras deste livro, nem puseram em execução tudo o que nos fora prescrito". Pois bem, o que tem um significado especial nesta passagem é a convicção do rei de que era uma questão da mais alta importância para o povo como um todo conhecer o conteúdo de um documento escrito. Estamos muito longe da democracia aqui, mas a democracia é fundada com base no acesso público aos documentos, portanto, nessa passagem, podemos observar uma decisiva virada histórica. Tal livro deveria ser, em primeiro lugar, um livro de leis, porque são as leis que quase sempre são consideradas coisas sagradas, de origem divina e de conhecimento universalmente necessário.

Há praticamente só uma tese nos estudos bíblicos que goza de um quase consenso entre os estudiosos: a noção de que este Livro da Lei então descoberto era (ou estava intimamente relacionado com) o Livro do Deuteronômio. Isso significa, portanto, que o Livro do Deuteronômio foi o germe, o núcleo, do qual todo o cânone se desenvolveu. Provavelmente foi mais tarde que os sacerdotes começaram a combinar os relatos mais antigos que eles já tinham nos registros do templo e que sobrevivem em coisas como o relato anterior da Criação e as histórias do Gênesis. Os autores de Samuel e Reis são conhecidos como historiadores deuteronômicos porque seguem a dialética geral do Deuteronômio em suas atitudes históricas.

O próprio Livro do Deuteronômio parece ter sido influenciado pelos escritos e ensinamentos dos profetas que vieram antes dele, ou pelo menos antes da época de sua descoberta. Isso parece nos deixar com a conclusão de que pessoas como Davi e Salomão nunca ouviram falar de Moisés, que a noção do contrato no Monte Sinai que deu aos israelitas a lei é uma ideia pós-deuteronômica, que cresceu algum tempo depois dessa descoberta do livro por Josias no século VII a.C.

A noção de um cânone, de livros que parecem formar uns com os outros uma ligação especialmente sacrossanta, parece estar tomando forma. Não sabemos muito sobre o seu funcionamento, mas sua existência parece inegável. Há um curioso contraste simbólico entre o fato de que os impérios prósperos e bem-sucedidos do Egito, Babilônia e Assíria produziram os grandes templos, enquanto os israelitas, que nunca tiveram sorte na corrida imperialista, produziram um livro. Para as pessoas que queriam o tipo de sucesso que a Assíria, a Pérsia e a Babilônia tiveram, a produção de um livro deve ter parecido um prêmio de consolação. Mas se pensarmos na durabilidade relativa de um livro e de um monumento, veremos que os fatos são muito diferentes.

Há uma cena maravilhosa no Livro de Jeremias que mostra o secretário do profeta lendo uma profecia de Jeremias para aquele que foi praticamente o último rei de Judá [Sedecias]. Essa profecia consistia em grande parte de denúncias da muito tola e obstinada política de resistência à Babilônia promovida pelo rei. Diz-se que era um dia frio e que havia uma fogueira acesa na sala do palácio. De vez em quando, o rei enfurecido cortava um pedaço do rolo com sua faca e o jogava no fogo [36, 20-32]. Desta passagem podemos entender que era um rolo de papiro, porque, se fosse pergaminho, não só teria levado o profeta à falência, mas também seria suficientemente resistente para estragar o gesto dramático do rei. Surge-nos o contraste entre a profecia de Jeremias, confiada ao material mais frágil e combustível que o mundo antigo produziu, e o palácio do rei, construído, presumivelmente, com as pedras do palácio de Salomão, que havia levado treze anos para ser construído. Depois de 2.500 anos, não resta o menor vestígio do palácio do rei, enquanto o Livro de Jeremias permanece razoavelmente preservado.

Talvez o contraste entre produzir um livro, que pode ser apagado por um mero acidente, e os grandes monumentos de pedra, que existem para durar para sempre mas na verdade desmoronam em poucos anos, seja como a diferença entre a vida e a morte, porque qualquer forma de vida também pode ser extinta muito rapidamente.

O item final desta lista de características revolucionárias de que estou tratando é a tendência de considerar seu vizinho próximo, que está separado de você apenas por uma heresia muito leve, como um oponente muito mais mortal e detestável do que o inimigo jurado. O cristianismo primitivo, por exemplo, não atacava tanto os pagãos quanto os gnósticos ou os arianos, a quem *chamavam* de pagãos. Na luta pelo poder entre os grupos marxistas de hoje, os atacados não são os capitalistas reacionários: são os trotskistas ou partidários da Gangue dos Quatro que são chamados de agentes da contrarrevolução burguesa. E no judaísmo, da mesma forma, há uma amargura muito maior contra o Reino do Norte por sua secessão, e mais tarde contra os samaritanos que ocuparam o mesmo lugar, do que contra, digamos, os persas.

A palavra "cânone" é interessante. Na profecia de Ezequiel, o profeta é instruído a pegar uma cana e medir o templo de Deus [cap. 40–42]. A palavra para cana é *qaneh*, e é dessa palavra, em última análise, por meio de intermediárias gregas, que obtemos nossa palavra "cânone". Então, ao menos simbolicamente, parece haver alguma conexão entre este símbolo da medição do templo e a construção de um cânone verbal. O capítulo onze de Apocalipse começa com o anjo dando ao narrador uma vara de cana e dizendo-lhe para medir o templo de Deus. Imediatamente a seguir vem o relato do martírio das duas testemunhas que, como vimos, estão ligadas a Moisés e Elias, os dois pilares da Escritura, a lei simbólica e os profetas.

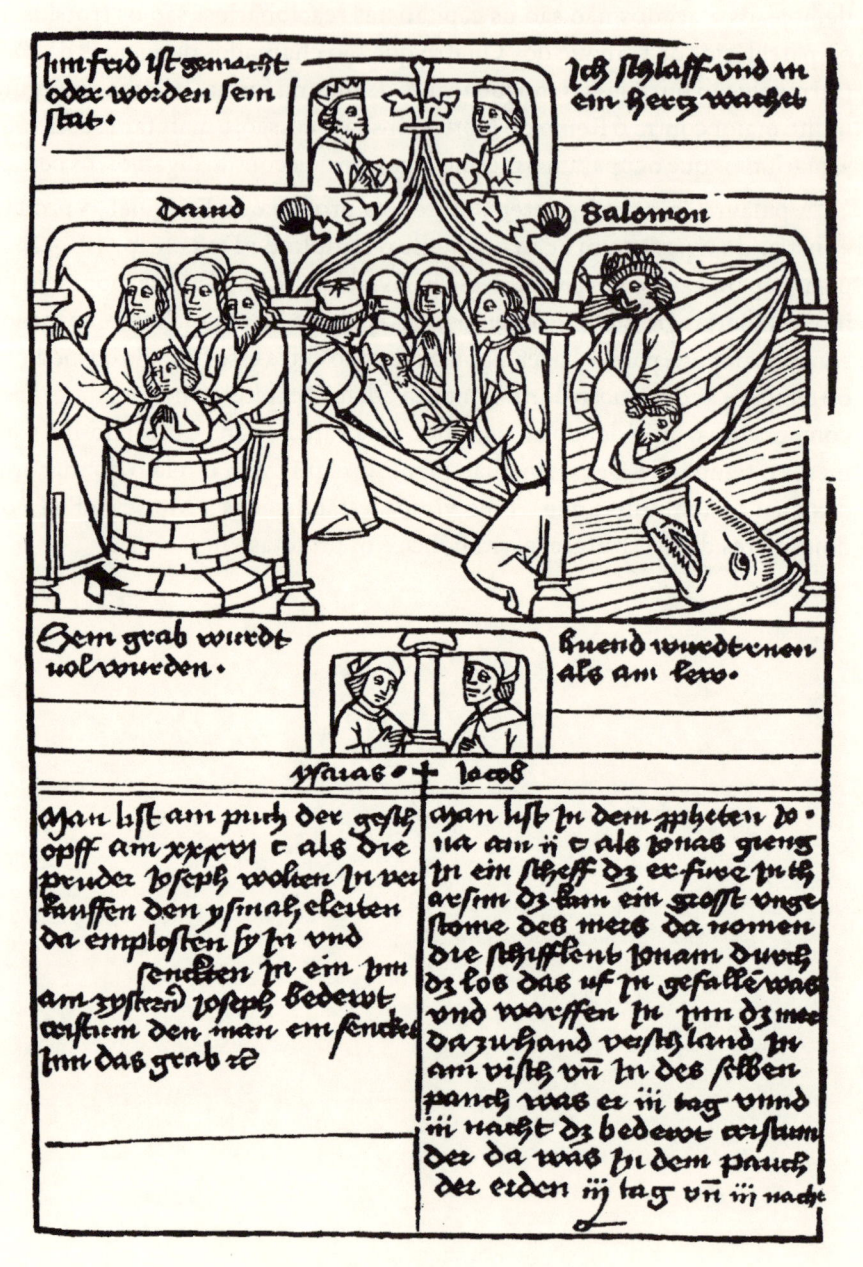

Biblia Pauperum 27: Sepultamento
(Mt 27, 57–61)

José lançado ao poço
(Gn 37, 18–24)

Jonas lançado ao mar
(Jn 1)

15

Lei: a instalação da ordem em uma sociedade

Tenho tratado de duas fases da revelação bíblica: em primeiro lugar, da Criação e das concepções de queda e dilúvio que fazem parte desse complexo; depois, do espírito revolucionário que se cristaliza em torno de Israel no Egito, e durante o Êxodo do Egito. O que se segue é o terceiro estágio, o estágio da lei, que para o judaísmo se tornou o principal. Os primeiros cinco livros da Bíblia no judaísmo são chamados de Torá, uma palavra frequentemente traduzida como "lei", embora seu significado seja algo muito mais amplo do que esse.

A forma do Novo Testamento gira em torno de sua concepção de si mesmo como uma reformulação da noção de lei no Antigo Testamento. O que se encontra em Paulo e na Epístola aos Hebreus, particularmente, é a concepção de que o Evangelho libertou o homem da lei. O material legal no Antigo Testamento é geralmente dividido em três grupos: o judicial, o cerimonial e o moral; e uma das primeiras controvérsias na Igreja Cristã consistiu em decidir se a primeira geração de cristãos, todos judeus, estaria ou não sujeita à lei cerimonial. Podemos ler sobre isso no Livro de Atos, no qual Paulo é o principal porta-voz da visão de que o Evangelho rompe com todos os três aspectos da lei. É claro que o cristianismo imediatamente estabeleceu uma lei cerimonial própria. E embora Paulo diga duas vezes que a circuncisão não é nada [1Cor 7, 19; Gl 5, 6; 6, 15], a Igreja em seus dias afirmava algo muito mais próximo de "o batismo é praticamente tudo" — e o próprio Paulo apoia essa visão. Da mesma forma, o dia de descanso simplesmente muda de sábado para domingo. Não se trata de se livrar de um código cerimonial, mas de adotar um novo.

Havia muita controvérsia na teologia cristã sobre o quanto alguém podia se libertar dessa lei; e havia opiniões de que, embora a parte judicial — práticas como os jubileus [Lv 25, 8–12] — e o código cerimonial não fossem vinculantes para o cristão, a lei moral estabelecida nos Dez Mandamentos ainda o era. Lutero estabelece como princípio cardeal de seu ensino a noção de que o Evangelho cristão rompe com todos os três; mas é preciso entender o que isso significa. O que ele quer dizer com isso é que a lei se internaliza e, consequentemente, se torna algo além do alcance de um código jurídico. Dizer que o Evangelho liberta da lei não significa infringir a lei. Dizer isso não autoriza a ação criminosa, porque infringir a lei não liberta ninguém, pelo contrário, o infrator se corrompe mais do que nunca. Para se libertar da lei deve-se transformá-la em um princípio interno. Portanto, os princípios do ensino de Jesus estão mais preocupados com o estado de espírito interior do que com as consequências sociais da ação. E assim, em seu comentário sobre os Dez Mandamentos incluído no Sermão da Montanha, a formulação negativa "não mate" torna-se um entusiasmo positivo pela vida humana; e "não cometa adultério" torna-se um respeito habitual pela dignidade da mulher; e "não roube" torna-se um entusiasmo por partilhar. Nenhum código legal poderia ser formulado para mandar nada disso. Na Idade Média, estabeleceram-se sete pecados capitais — orgulho, ira, preguiça, inveja, avareza, gula e luxúria —, esses eram considerados os pecados mortais, os pecados capitais que destruíam a alma; mas nenhum deles necessariamente termina ou resulta em atos criminosos ou antissociais.

Ou seja, no ensino de Jesus, a concepção de pecado é totalmente ininteligível fora de um contexto religioso. O pecado não é um comportamento antissocial, nem algo que se possa regular pela lei. Assim, a transmutação da lei em um estado interior da alma leva a uma moralidade muito mais rigorosa e intensa: quem tentasse tornar lei os ensinamentos de Jesus construiria a mais terrível tirania, porque as coisas que ofendem a própria interioridade exigem um critério de análise refinado demais para serem incluídas em qualquer tipo de código legal.

Há alguns aspectos desta questão de direito que são de certo interesse. Por um lado, a concepção do direito é, em geral, moral. A moral é a categoria que inclui até certo ponto o judicial e o cerimonial. Relaciona-se com as observâncias de que Deus prescreve para Israel, sobre uma rede de obrigações sociais, costumes e penalidades, e assim por diante. Há também a concepção de lei natural. Ambos os princípios são chamados de "lei", mas na verdade não têm nada a ver um com o outro. No entanto, toda a tradição bíblica e a cultura ocidental em geral têm girado em torno de um trocadilho forçado e ilegítimo com a palavra "lei": em primeiro lugar, "lei" significa a moralidade da ação humana e, em segundo lugar, os fenômenos observados na natureza.

Na esfera moral, há uma personalidade dominante — Deus — e aqueles que têm a opção de obedecer ou desobedecer. Se isso é lei, então o que chamamos de lei natural não tem nada a ver com lei, porque as leis dos fenômenos da natureza não podem ser infringidas. Não se infringe uma lei da natureza, apenas se a manifesta. Se você está na beira de um precipício e pula, você não quebra a lei da gravidade. Você meramente manifesta a lei da gravidade, e a lei da gravidade quebra você. Sentir que se pode escolher entre obedecer ou não a uma lei natural é algo impensável; e com o passar do tempo, passamos a sentir cada vez mais que a natureza é uma ordem impessoal.

Pois bem, associação ilegítima da lei tanto com o comportamento moral humano quanto com os fenômenos da natureza deriva de uma espécie de conspiração entre os aspectos bíblicos e gregos de nossa tradição cultural. Na religião politeísta grega, os deuses tinham personalidades separadas e, consequentemente, podiam discutir e discordar. O exemplo mais óbvio é a Guerra de Troia, onde, para dar-lhes seus nomes romanos, Juno, Minerva e Vênus apareceram todas juntas na frente de Páris com uma maçã de ouro e disseram: "Queremos que você dê este fruto à mais bela de nós três". Então ele teve de escolher uma das três; e as outras duas disseram: "Ora, você que se dane", e assumiram o lado dos gregos na Guerra de Troia; ao passo que a pobre Vênus ou Afrodite, que, sendo o que era, não tinha talento algum para lutar, ficou sozinha ao lado dos troianos.

Ela, de acordo com a *Ilíada*, tentou entrar no corpo a corpo em uma ocasião, e um dos guerreiros gregos, Diomedes, deu-lhe uma pancada no punho, o que o machucou. Ela voltou aos gritos para o Olimpo e disse a seu pai Zeus: "Veja o que aquele homem horrível fez comigo: você tem de fazer algo com ele". E Zeus respondeu: "Ora, você conseguiu exatamente o que merecia: você não tem nada a fazer em um campo de batalha. Deixe essas coisas para Atena, que sabe usar armadura" [Canto 5, vv. 334–430].

Em uma religião politeísta, obviamente é necessário algo que se sobreponha a esses confrontos entre vontades divinas; e há sugestões de que a vontade de Zeus é o que se manifesta, não importando como os deuses e as deusas pensem. Mas nem isso é consistente, porque em certa ocasião, quando parece que os troianos estão prestes a vencer os gregos, Hera, ou Juno, que está do lado grego, seduz Zeus levando-o para a cama, e assim o retira da ação bélica. Zeus consegue sair da cama a tempo de ajudar os troianos, a quem prefere. Mas é claro que, embora Homero diga de vez em quando que a vontade de Zeus está sendo cumprida, ele também está dizendo que há outra força que já determinou o que vai acontecer, uma força que é superior em poder à vontade de Zeus e a que Zeus deve obedecer. Essa força é o conceito que muitas vezes traduzimos muito imprecisamente como "destino". É um conceito derivado do sentido da regularidade e invariabilidade da lei natural. Assim, recebemos a maior parte de nossa tradição científica dos gregos porque eles tinham uma religião politeísta. O poder de anular os confrontos das vontades divinas, de fato, tornou-se o germe da ideia de lei natural. E, como os homens existem para servir aos deuses e se comportar mais ou menos como os deuses querem, a lei moral e natural tornam-se associadas já na tradição grega.

Essa associação é feita com particular eloquência e poder na última das três peças de Ésquilo sobre o assassinato de Agamenon e a vingança que Orestes, seu filho, realiza contra a própria mãe. Na terceira dessas peças de Ésquilo, *As Eumênides*, há dois níveis de equilíbrio ou ordem. Há, primeiro, o nível puramente mecânico, representado pelas Fúrias, que perseguem Orestes para vingar o assassinato de sua mãe. Na verdade, foi bom que Orestes matasse a mãe: ela merecia morrer. Mas isso é de todo irrelevante para as Fúrias, que receberam ordens de se vingar automaticamente quando esse tipo de coisa acontecesse.

A coisa toda chega a um tribunal dos deuses; e eventualmente a deusa da sabedoria, Atena, explica que é preciso considerar certos aspectos de equidade na situação. Isso introduz um princípio moral superior. Mas também faz parte de uma concepção de uma ordem na qual os homens, os deuses e a natureza estão todos envolvidos. Os deuses, em última análise, precisam ratificar a ordem da natureza: caso contrário, eles perderão sua divindade e se tornarão outra coisa. Portanto, na tradição grega, a lei moral e natural se unificam neste ponto.

Na tradição bíblica, acontece a mesma coisa, mas por razões bem diferentes. Há também um contrato envolvido; mas na versão bíblica, a natureza não é um dos seus signatários. Portanto, não há ordem da natureza que represente ou manifeste um aspecto do direito. Na tradição bíblica, o mesmo Deus controla tanto a ordem moral quanto a natural. Isso significa, com efeito, que não há lei natural como a entendemos, exceto como o funcionamento da natureza sob a permissão de Deus. A lei da gravitação funciona porque Deus quer, mas, rigorosamente falando, na tradição bíblica não há como distinguir um evento natural de um milagroso, exceto pela raridade do milagre.

Se o mesmo Deus controla ambas, e se sua vontade se manifesta tanto na ordem moral quanto na natural, então, tanto na ordem moral quanto na natural, há uma personalidade dominante e um agente a obedecer ou desobedecer. No século XIX, Nietzsche fez sua famosa afirmação de que Deus está morto. Essa afirmação, apesar de toda a atenção que despertou, até mesmo na teologia, ainda está subordinada ao objetivo principal de Nietzsche, que era demonstrar que não há personalidade responsável pela natureza, que a natureza, consequentemente, não tem opção de obedecer ou desobedecer, e que todas essas noções são pura superstição.

As Eumênides termina quase como se fosse uma comédia. Ou seja, as Fúrias assumem o nome de Eumênides, que significa "espíritos bondosos", porque são absorvidas por uma concepção mais elevada e justa do direito, que considera o fator da equidade; Orestes é absolvido e toda a peça termina num clima de serenidade. Todavia, não creio que essa conclusão calma e serena, quando colocada em todo o contexto do pensamento grego e da forma dramática de Ésquilo, transforme, de fato, a trilogia de Agamenon em uma comédia. O que ela faz é apresentar uma visão de uma ordem interligada na qual o homem, os deuses e a natureza estão todos envolvidos; é esse sentido de ordem interligada que está por trás da tragédia grega. Tal sentido não está por trás da Bíblia, e essa é uma das razões pelas quais a tragédia cristã é uma forma difícil — quando aparece, é algo como um *tour de force* — e muitas vezes seu sucesso, em Shakespeare, por exemplo, é o resultado de artifícios como o uso de um cenário pré-cristão, em *Rei Lear*.

A concepção de tragédia na literatura grega repousa na noção de *hubris*, ou *hybris*. Essa palavra é muitas vezes escrita com "u", mas isso é apenas analfabetismo.[1] Este ato de *hybris* é um ato de agressão que perturba o equilíbrio na ordem da natureza, que os deuses existem para ratificar. Consequentemente, porque ela perturba o equilíbrio, é necessário estabelecer um contrapeso, que é o que se chama de nêmesis. A ação de agressão e contrapeso é simbolizada pela balança, emblema da justiça, e é o que torna a conclusão trágica não apenas moralmente inteligível, mas quase fisicamente inteligível. De fato, um dos primeiros e mais profundos filósofos gregos, Anaximandro, disse que nascer era um ato de *hybris*, e a morte era sua *nemesis*, o restabelecimento do equilíbrio no esquema das coisas.[2]

Uma das palavras do drama grego que traduzimos como "destino" é *moira*. Como eu disse, essa é uma tradução muito grosseira e aproximada: a palavra significa mais do que isso. Na abertura da *Odisseia*, Zeus aparece dizendo: "É uma pena que os homens estejam tão dispostos a culpar os deuses por seus próprios desastres, porque na maioria das vezes eles atraem seus próprios

---

[1] O "U" em palavras gregas que passaram pelo latim para as línguas modernas torna-se regularmente "y" (como em "dynamic", "hyper", "tyrant"). Embora muitos escritores letrados prefiram *hubris* — recentemente trazido, como *hybris* um pouco mais tarde, diretamente do grego — o Oxford English Dictionary (2ª ed.) o define, ao contrário de *hybris*, como "não naturalizado, estrangeiro".

[2] *The Presocratics*, ed. Philip Wheelwright. Nova York: Odyssey Press, 1966, p. 54.

desastres". O exemplo que ele dá é o do homem que assassinou Agamenon, Egisto: ele, diz Zeus, foi *hyper moron*, além do destino [Canto 1, vv. 5-49]. E porque ele foi além do destino, o destino teve de alcançá-lo: teve de realizar o movimento de contrapeso que destruiu Egisto.

Acho que a tragédia surgiu na literatura grega em um determinado período, em grande parte ligada à noção de justiça ou *dike*, como é chamada, quando os poetas estavam preocupados com essa interação grega entre deuses, homens e a ordem da natureza. E assim a tragédia, que dramatizava essa interação, realmente se encaixou no período do século V na cultura ateniense. Mas como ela manifesta um fato muito fundamental sobre a situação humana, é consequentemente uma estrutura que pode funcionar em qualquer cultura, embora seja mais difícil se os pressupostos forem cristãos. Como dissemos, Shakespeare às vezes adota artifícios especiais: como *Rei Lear* é pré-cristã, os personagens continuam jurando por Apolo, Júpiter e outros deuses que o público sabia que não existiam. Mesmo um estudante de Shakespeare tão atento quanto Samuel Johnson diz que as tragédias de Shakespeare são façanhas quase milagrosamente inteligentes, quase *tours de force*, e que sua inclinação instintiva e temperamental era para a comédia.[3] Se isso é verdade ou não, o fato é que a maioria das religiões tende a algum tipo de objetivo para o qual o modelo literário é a comédia. A religião grega era uma das poucas exceções que conheço.

Há outro subproduto disso que talvez valha a pena examinar. Na forma da história bíblica, observamos o que temos apontado esse tempo todo: o homem é pensado como alguém que vive em dois níveis, o de homem e o de criatura de Deus. Há o nível ocupado por Adão no Jardim do Éden, antes da queda do homem; e há o nível inferior, representado pela queda e por toda a história humana desde então. O nível superior se manifesta em coisas como a Ressurreição e o Apocalipse.

Segue-se, então, que na era cristã havia dois níveis da ordem da natureza. O nível inferior era o nível ao qual o homem caiu, o nível da natureza física, um nível ao qual os animais e as plantas parecem estar razoavelmente bem ajustados. Mas o homem antes da queda, no Jardim do Éden, estava no estado em que Deus pretendia que ele vivesse. Esse é um nível superior à natureza, o verdadeiro nível da natureza humana. Ao dar aulas sobre o *Paraíso perdido* de Milton, muitas vezes tive ocasião de notar como a descrição da vida de Adão e Eva no Jardim do Éden os faz parecer um casal de suburbanos nus,

---

3 Samuel Johnson, "Preface to Shakespeare", em *Selected Writings*, ed. Patrick Cruttwell. Harmondsworth, Inglaterra: Penguin, 1986, pp. 268-269.

preocupados com suas próprias relações sexuais e com detalhes domésticos de limpeza e jardinagem. Adão olha para o céu e diz: "Olha, um anjo lá em cima"; e Eva diz: "Que legal, talvez ele fique para almoçar", e ele de fato o faz. Ele não pode comer nada no Paraíso, exceto uma salada de frutas, mas ele gosta de saladas de frutas. Ele explica como, sendo um anjo, pode comer sem o incômodo da excreção, que seus poros da pele realizam [l. 5, vv. 308–505]. Tudo isso, naturalmente, provocou hilaridade entre alguns dos leitores de Milton. Mas a questão é que Milton pensava na vida de Adão no Jardim do Éden como o estado em que Deus pretendia que o homem vivesse; portanto, o estado original do homem era civilizado. Não há selvagens nobres para Milton antes da queda de Adão. Adão se transforma em um nobre selvagem *após* sua queda; mas antes disso, ele estava no nível da natureza humana.

Assim, existem dois níveis de natureza, um apropriado ao homem, o outro aos seres sem consciência. Segue-se que muitas coisas que são naturais ao homem não são naturais aos animais, e muitas coisas que são naturais aos animais não o são ao homem. É natural que o homem use roupas, participe de uma organização social, tenha graus de hierarquia, e assim por diante. E assim, como Edmund Burke ainda insistia no início do século XIX, no nível humano, natureza e arte são, de fato, a mesma coisa.[4] É natural ao homem estar em estado de arte.

Em *Comus* de Milton, Comus é um espírito maligno que captura uma senhora virtuosa, imobiliza-a em uma cadeira e, então, tenta seduzi-la. Seu argumento para a sedução repousa na analogia com a natureza física. "Os animais", diz ele, "não mostram a menor autoconsciência ou senso de pecado a respeito da relação sexual: o que constrange você?". E a senhora responde, com efeito, que em seu nível de natureza é a castidade que lhe é natural.

Com base nisso, a pergunta: "O que é natural para o homem?" tem uma resposta completamente circular. O que é natural para o homem é natural no nível da natureza humana, e o nível da natureza humana é o que o costume e a autoridade decidiram ser o nível da natureza humana. A homossexualidade, por exemplo, muitas vezes foi condenada porque não é natural: os animais não a praticam. Ou seja, afirmaram que os animais não praticam a homossexualidade, sem examinar os animais de perto, para ver se isso era verdade ou não. Mas o argumento não funciona neste nível superior. Lá, o que não é natural é o que a voz do costume e da autoridade decretaram como não natural. Não há nada que se possa definir como inerentemente antinatural.

---

[4] "A arte é a natureza do homem", em "An Appeal from the New to the Old Whigs", em *The Writings and Speeches of Edmund Burke*, com introdução de W. G. Falconbridge. Toronto: Morang, 1901, edição Beaconsfield, 12 vols., 4:176.

Na Reforma, muitos protestantes assumiram a posição de que nada estava errado a menos que a Bíblia o proibisse. E a Bíblia, prestativamente, traz condenações da maioria dos vícios, mas se esquece da poligamia. Ela nunca condena a poligamia ou sugere que há algo de errado com esse estado de organização social. Como a voz do costume e da autoridade estava determinada a conservar a sociedade monogâmica para manter o instinto sexual devidamente regulado, foi necessário recorrer a uma concepção de lei natural para essa questão específica. Mas, como eu já disse, o argumento é totalmente circular. Não sabemos o que é natural ao homem enquanto trabalhamos nesses dois níveis da natureza. O que herdamos desde o século XVIII, vindo em grande parte de questões levantadas por Rousseau, é a pergunta: Esse nível superior de costume e autoridade representa a realidade da natureza humana, ou é apenas a fachada que uma estrutura de poder erigiu? Ainda estamos tentando descobrir a resposta; quanto a mim, aonde estou tentando chegar é na sua origem: é a forma do mito bíblico que parece implicar que existem dois níveis do natural.

Desde a queda de Adão, o homem nasce neste mundo intermediário, o mundo da natureza física, o mundo ao qual animais e plantas estão ajustados, mas ele não. Ele é então confrontado, desde o nascimento, com uma dialética moral. Ou ele se aproxima o máximo possível do estado que lhe compete, ou desce ao nível do pecado, que é uma baixeza inacessível aos animais. Tudo o que é bom para o homem — lei, moral, educação e virtude — todas essas coisas são agentes que tendem a elevar o homem do nível físico em que ele nasceu para o nível humano para o qual ele foi feito. Milton define a educação, explicitamente, como a tentativa de corrigir a queda de nossos pais primordiais, referindo-se tanto à educação secular quanto à educação religiosa.

Outra inferência da história bíblica que a cultura ocidental adotou é a concepção do que é chamado de "pecado original". O pecado original surge do fato de o homem ter nascido em um mundo que lhe é estranho; na verdade, ele surge do fato de que o homem vai morrer. Sua consciência é, antes de tudo, uma consciência de morte. E assim, no homem, ao nascer neste mundo estranho, há uma força de inércia puxando-o para baixo. Foi dessa visão geral (não da doutrina específica, que é muito mais tardia) que Jeremias disse que o coração é desesperadamente perverso [17, 9].

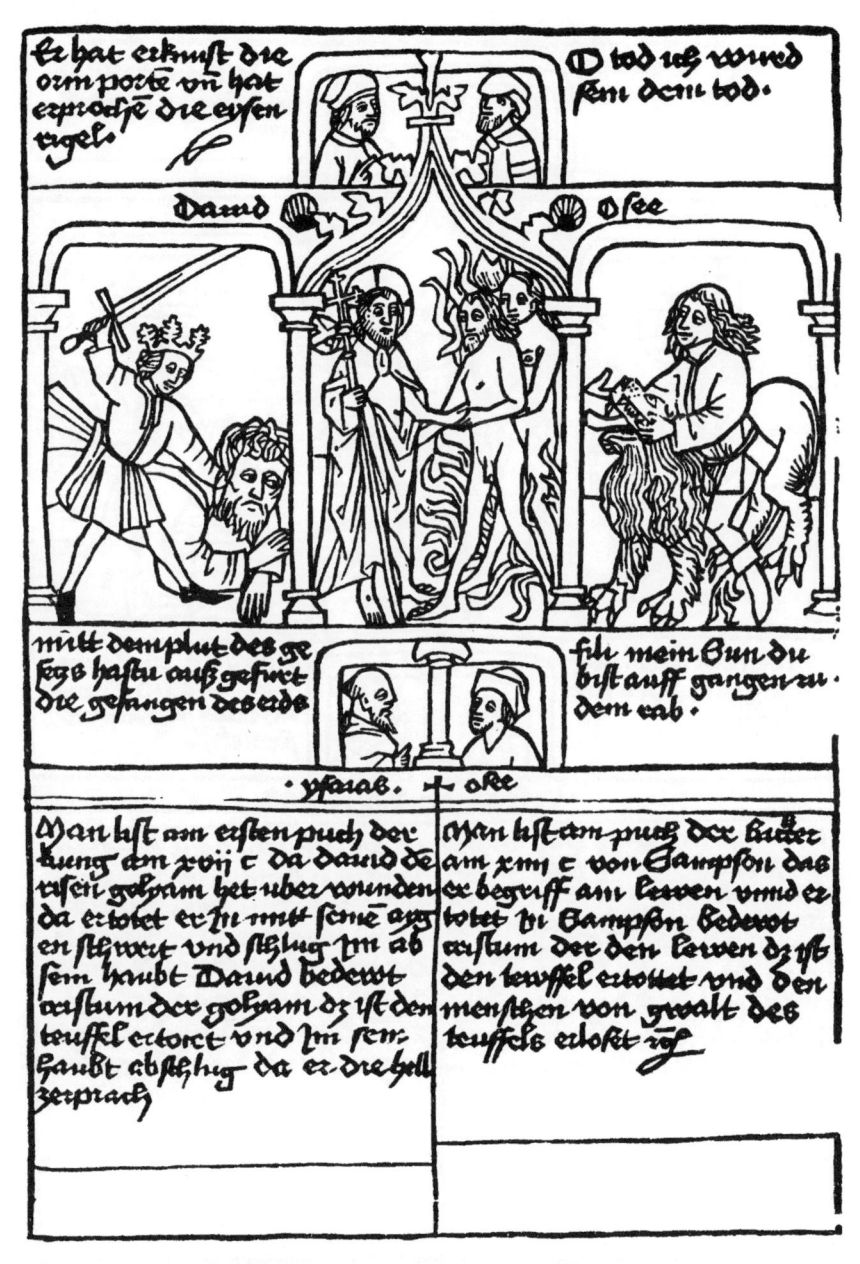

Biblia Pauperum 28: A descida aos infernos
(Apócrifo, mas cf. Sl 107, 8–16; Os 13, 14; Ef 4, 9–10; 1Pd 3, 18–19)

Davi mata Golias
(1Sm 17)

Sansão mata o leão
(Jz 14, 5–6)

Lei: a instalação da ordem em uma sociedade | 175

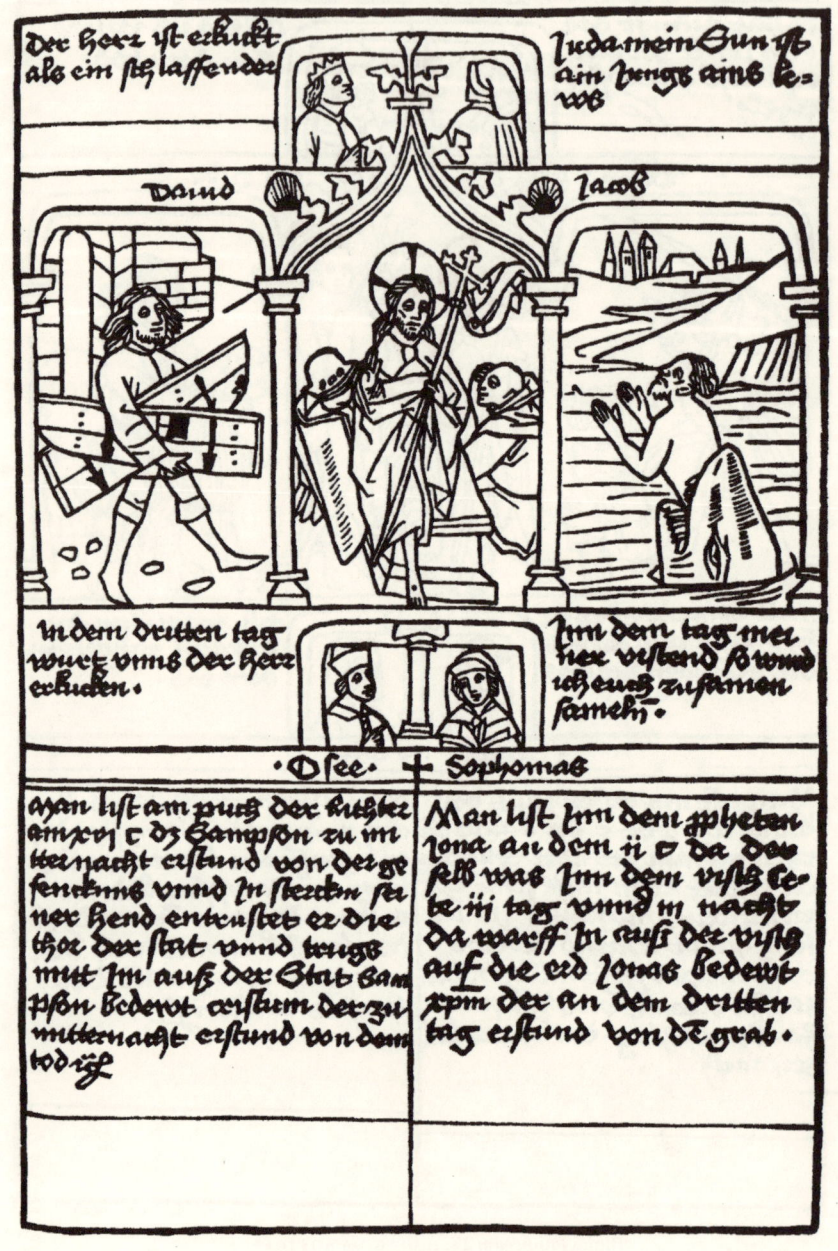

Biblia Pauperum 29: Ressurreição
(Mt 28, 1–10)

Sansão com os portões de Gaza
(Jz 16, 1–3)

Jonas libertado da baleia
(Jn 2)

16

Lei e revolução;
Sabedoria: o provérbio

Eu estava falando do estágio da lei e de uma herança peculiar que ele legou à civilização ocidental, pela qual acreditamos que as operações observadas da natureza e as obrigações contraídas na sociedade humana são ambas formas de lei, embora na verdade representem coisas totalmente diferentes. Em quase todas as sociedades, as leis são acompanhadas de mitos, que explicam a sua origem divina. No épico *Enuma Elish*, por exemplo, a história é a da criação do mundo. Depois que Marduk matou o dragão do caos e formou o Céu e a Terra de seu corpo, o poema passa a tratar da fundação da Babilônia e do estabelecimento das suas leis. Ele vai diretamente do mito da Criação ao mito da origem do direito, porque o direito é naturalmente conservador, e um mito sobre sua origem estaria naturalmente preocupado com o estabelecimento da ordem a partir de um caos original. Na *Oresteia*, que mencionei na aula anterior, a origem do tribunal de justiça de Atenas, o Areópago, está ligada à resolução da disputa na casa de Atreu, que culminou com o assassinato de sua mãe por Orestes em vingança pelo assassinato de seu pai por sua mãe.

Na Bíblia, porém, a lei vem imediatamente depois de uma fase revolucionária. Os israelitas se rebelam contra a autoridade egípcia. Eles por fim escapam do Egito e se tornam uma nação separada no deserto, e é no deserto que recebem a lei. O fato de que, no mito bíblico, o estágio da lei suceda o estágio da revolução tem um significado digno de consideração.

Muitas vezes, em uma nação que passou pela experiência de uma revolução, o senso participativo do povo é muito forte. E assim, verifica-se uma curiosa ambiguidade nos fatos. Se tomarmos, por exemplo, a Revolução Americana, quando Tocqueville foi para a América no século XIX e a estudou, uma das coisas que mais o impressionou foi o senso de participação popular e envolvimento com a ordem social, e com o que desde então tem sido chamado de *the American way of life* [estilo de vida americano]. Isso não significa, é claro, que haja uma conexão estreita entre a experiência revolucionária e o reino da lei como tal, porque a moral de uma revolução bem-sucedida é: "A violência compensa". Assim, uma grande quantidade de violação da lei e de violência pode ser uma consequência bastante normal da experiência revolucionária.

O que Tocqueville sentiu, no entanto, foi que esse senso de participação e envolvimento com o experimento nacional americano poderia, eventualmente, produzir outro tipo de tirania, um tipo de tirania que não seria imposta de cima, mas cresceria por dentro. Seria de um tipo que, com o conhecimento que ganhamos no século seguinte, chamaríamos de totalitário.

Seja verdade ou não, acho que podemos comprovar, ao acompanhar a narrativa do Êxodo, que a progressão da revolução contra o Egito até a imposição da lei incluiu um forte sentido desta participação e envolvimento totais da comunidade de Israel na nova experiência nacional.

Em primeiro lugar, uma revolução bem-sucedida, tão logo estabelece sua autoridade, frequentemente se torna fortemente repressiva sobre quaisquer outras revoluções. As treze colônias se revoltaram no século XVIII, mas travaram uma guerra civil um século depois, em que disputaram para decidir se haveria mais revoluções ou separações. Na história do Êxodo, diz-se que houve muitas rebeliões dentro da comunidade israelita no deserto. Eles estavam cansados de viver no deserto; cansados dessa massa insossa que Deus fazia chover do céu para alimentá-los; e muitos deles queriam simplesmente voltar ao Egito. A comunidade de Israel no deserto é apresentada como uma ditadura teocrática sob o olhar direto de Deus. É claro que Deus é o contrarrevolucionário perfeito, porque sempre sabe quando há uma conspiração contra ele. E assim lemos no Livro dos Números sobre a rebelião de Coré e seus companheiros conspiradores, Datã e Abirão, que foram engolidos pela terra [Nm 16, 1–35]. Lemos sobre murmurações entre os filhos de Israel, e sobre Deus soltando serpentes ardentes entre eles para morder todos os que reclamavam [Nm 21, 4–6].

Moisés nesta situação tem o papel de um comandante de campo com acesso ao quartel-general do Evangelho: ele se reporta ao seu oficial superior e emite as ordens do dia sobre o moral de seu povo, e às vezes assume a responsabilidade pelo que Israel faz de errado. Tenho um amigo que voltou da campanha italiana na Segunda Guerra Mundial dizendo que a descrição mais perfeita desse tipo de campanha já registrada foi a história de Moisés no deserto. Ele vivia muito preocupado com o moral de seu povo, em constante contato com seu comandante supremo, dando ordens sobre o próximo movimento e o próximo acampamento, e o tempo todo ele não tinha a menor noção de onde diabos estava, como chegara lá, ou para onde estava indo, e nem por que ele estava lá, afinal. Essa sensação de uma organização total, juntamente com o tipo de confusão a que apenas uma atmosfera militar pode induzir, é algo que permeia todos os primeiros livros da Bíblia.

Quando chegamos ao Livro de Josué, encontramos outra modulação do mesmo tipo de coisa. No sétimo capítulo de Josué, os israelitas capturam uma fortaleza cananeia conhecida como Ai; e a regra de Deus é que tudo o que eles tirarem de uma cidade invadida e saqueada seja dedicado a Ele como sacrifício. Mas há uma pessoa entre os israelitas que decide guardar algo para si: seu nome é Acã. O resultado é que da próxima vez que os israelitas atacam uma fortaleza cananeia, eles levam a pior. Josué diz a Deus: "O que é isso? Supostamente, devíamos vencer esta guerra". E Deus diz: "Sim, eu sei, mas vocês roubaram algo de mim em Ai, e devem cuidar disso antes de mais nada". Então eles tiram a sorte, e a sorte cai sobre Acã. No versículos 24–25:

> Então Josué, em presença de todo o Israel, pegando em Acã, filho de Zara, com a prata, o manto, a barra de ouro, os filhos e as filhas de Acã, seus bois, seus jumentos, suas ovelhas, sua tenda e tudo o que lhe pertencia, levou-os ao Vale de Acor. Chegando ali, Josué disse: "Por que nos confundiste? O Senhor te confunda hoje!". Todos os israelitas o apedrejaram. E foram queimados no fogo depois de terem sido apedrejados.

Em outras palavras, toda a família de Acã foi exterminada com ele. A linha de pensamento é que uma pessoa como Acã representa um câncer na comunidade, e o câncer deve ser eliminado.

Este é um vislumbre do terrorismo de uma sociedade incorruptível e do fato de que uma sociedade assim constituída é algo que a humanidade pode suportar apenas por muito pouco tempo. A corrupção é um aspecto essencial para a vida social, porque as pessoas que se aproveitam da corrupção não são invariavelmente os criminosos, mas também aqueles que acham um pouco difícil se submeter a esse tipo de pureza onisciente.

Naturalmente, espera-se que o mesmo tipo de coisa se repetiria na comunidade cristã primitiva; e a contraparte do Novo Testamento para a história de Acã está no Livro de Atos, no quinto capítulo:

> Um homem, porém, chamado Ananias, de combinação com sua mulher Safira, vendeu uma propriedade, e, com a cumplicidade de sua mulher, reteve parte do preço, e, levando uma parte, a pôs aos pés dos apóstolos. Pedro disse: "Ananias, como é que Satanás

se apossou de teu coração, para que mentisses ao Espírito Santo e retivesses parte do preço do campo?" [v. 1–3].

E Ananias e Safira são fulminados por seus hábitos atavicamente burgueses e por contrariarem o comunismo perfeito da sociedade cristã primitiva.

A fase da lei, quando sucede uma revolução, é muitas vezes acompanhada de expurgos. A história de Acã é um excelente exemplo de expurgo, porque toda a família de Acã é exterminada com ele. Mas, eventualmente, Deus decide que o expurgo, para ser eficaz, tem de ser total. E assim ele estabelece que todos os revolucionários da velha linha, isto é, todas as pessoas envolvidas no Êxodo do Egito, teriam que morrer no deserto, e que uma nova geração teria que crescer antes de poder entrar na Terra Prometida. Isso está no próprio Pentateuco, mas também é mencionado mais tarde no Salmo 95, 11. Refiro-me a isso porque a Epístola aos Hebreus o cita [3, 11], tornando-se um importante argumento cristão também: "A quem jurei na minha ira que não entrariam no meu descanso". Naturalmente, os cristãos elaboraram esse argumento de modo simbólico e disseram que a primeira geração que saiu do Egito, que teve de morrer, representava o judaísmo, e que a próxima geração, que teve permissão para entrar na Terra Prometida, simbolizava o cristianismo.

Após o retorno da Babilônia, o mesmo tema simbólico é repetido por Jeremias, em Jeremias 31, 31–33:

> Estão a chegar os dias, diz o Senhor, em que farei nova aliança com a casa de Israel e com a casa de Judá, diferente da aliança que fiz com seus pais no dia em que os tomei pela mão, para os tirar da terra do Egito, aliança que eles violaram. (Por isso) fiz sentir sobre eles o meu poder, diz o Senhor. Eis a aliança que farei com a casa de Israel, depois daqueles dias, diz o Senhor: Imprimirei a minha lei no seu íntimo, escrevê-la-ei nos seus corações; serei o seu Deus, e eles serão o meu povo.

Assim, Jeremias aplica ao retorno da Babilônia, que ele está profetizando, o mesmo princípio, segundo o qual a antiga aliança (ou antigo testamento) deve ser abolida e substituída por uma nova aliança, ou um novo testamento, cujo foco será interior. E o cristianismo, é claro, prontamente aplicou essa profecia aos seus próprios ensinamentos, e chamou seu próprio Evangelho de Novo Testamento.

O estágio posterior à lei, se o momento permite que eu faça essa transição, é o estágio da sabedoria. A raiz da sabedoria, como é apresentada na Bíblia, é a absorção individual da lei, a permeação da lei na vida individual, e a transferência do senso de consistência lógica da lei da comunidade para o indivíduo pela obediência a certos princípios e pela continuidade em observá-los. Isso aparece em alguns dos Salmos, por exemplo, no longo Salmo 119, cuja extensão se explica pelo fato de ser um poema acróstico, em que cada seção começa com uma letra sucessiva do alfabeto hebraico. O tema geral desse Salmo é a confissão do indivíduo de que ama a lei e que a lei se tornou um eixo motivador de sua própria natureza. Daí avançamos para a concepção mais primitiva de sabedoria, a do sentido prático. Podemos ver vislumbres dessa concepção de sabedoria no sentido prático se observarmos, por exemplo, a *Odisseia*. Ulisses é o homem astuto de muitos artifícios e, quando volta a Ítaca, passa quase um livro inteiro contando uma história completamente fictícia a um velho servo seu muito fiel, o porqueiro, no qual se apresenta como cretense e conta uma história sobre si mesmo em completo desacordo com tudo o mais na *Odisseia* [l. 14]. Em certo trecho, ele fica encurralado e, de acordo com Homero, então ele diz a verdade, não porque amasse a verdade — na realidade, ter de dizer a verdade doía-lhe demais — mas porque não havia nenhuma outra saída para ele. Não havia mais nada que ele pudesse fazer.[1]

Pois foram recursos assim que o tiraram de situações difíceis, como quando ele disse ao ciclope Polifemo, que perguntou seu nome, que seu nome era *outis*, "ninguém" [l. 9, vv. 380–384]. Ele é guiado em todos os seus labores pela única deusa que é sempre amigável com ele, Atena, a deusa da sabedoria. Em uma ocasião ela aparece para Ulisses e diz: "Sabe, tenho muito respeito e carinho por você: você é tão desonesto. Você é um mentiroso maravilhoso, e é muito parecido comigo, porque entre todos os deuses e deusas, eu sou a mais dotada de artifícios sutis" [l. 13, vv. 350–366, 387–389]. E assim vemos que até a deusa da sabedoria remonta a uma das categorias mais antigas de deuses, o deus trapaceiro. E é Atena quem o leva de volta a Ítaca por meio de uma série de enganos e de falsas aparências.

Esse tipo de senso prático é, no fundo, uma busca por maneiras de preservar o equilíbrio, a sanidade e o bem-estar no cotidiano. Intimamente ligado a isso está o gênero literário do provérbio. O provérbio é muito antigo, e quase todos os antigos reinos do Oriente Próximo, Egito, Suméria e Babilônia, cultivaram-no muito extensivamente.

Existem dois tipos gerais de provérbios, dependendo de seu contexto social. Há o provérbio dirigido às pessoas que não têm grandes vantagens

---

[1] No livro 7 da *Odisseia*, depois que Ulisses conta ao Rei Alcino sobre seu interlúdio de sete anos com Calipso, ele então declara que disse a verdade, mas que fazê-lo foi doloroso.

de nascimento ou riqueza. Esses provérbios são conselhos de prudência. Eles dizem como se dar bem sem contrariar seus superiores: é preciso ser educado com eles, estudar seus humores e certificar-se de tratar com eles quando estiverem de bom humor. Mas quando se trata de seus inferiores, não seja insolente ou arrogante com eles porque nunca se sabe: eles podem se tornar seus superiores algum dia. Essa é uma forma de provérbio que sempre foi popular: ainda ocorre na boca de um Benjamin Franklin na América do século XVIII; ainda tem força em Sam Slick na Nova Escócia[2] do século XIX. Sempre que Haliburton, no final de seus desenhos, escreve um provérbio que considera particularmente sábio e astuto, ele o imprime em itálico. Isso é mais um sinal da literatura popular, e o provérbio, junto com a fábula, que está intimamente ligada a ele, são os dois gêneros literários que mais se aproximam do que poderíamos chamar de democrático. Os mais célebres colecionadores de fábulas, Esopo e Fedro, eram ambos escravos.

Há outro tipo de provérbio, que é muito semelhante no que diz respeito ao conteúdo, mas consiste numa série de máximas transmitidas por um rei a seu filho para enfatizar a continuidade dos princípios de ordem na sociedade. Esse tipo é encontrado no Egito antigo, e alguns desses materiais proverbiais egípcios reaparecem muitos séculos depois no Livro de Provérbios do Antigo Testamento. O contexto em que aparece é diferente, mas é reconhecidamente o mesmo conjunto de provérbios. Esse padrão de o pai transmitir a sabedoria acumulada de seus anos ao filho é algo que perdura por toda a literatura. Encontramo-lo em *Hamlet*, quando Laertes está prestes a partir para Paris e Polônio abre seu arquivo mental e retira de lá as pílulas de sabedoria de que Laertes deve se lembrar quando estiver na cidade.

O gênero ainda sobrevivia no século XVIII, quando Lord Chesterfield escreveu uma série de cartas para seu filho. Lord Chesterfield era um modelo de elegância, polidez e cortesia; mas seu filho era um grosseiro. Lord Chesterfield sentiu que, se escrevesse cartas suficientes para ele, poderia melhorar seu comportamento, e por isso temos as cartas de Chesterfield para seu filho, que, segundo Samuel Johnson, combinavam a moral de uma prostituta com os modos de um mestre da dança.[3] Mas isso talvez não seja muito incomum nesse gênero.

Isso nos leva a outro aspecto da sabedoria, que é este: a sabedoria tradicionalmente é algo que depende da experiência acumulada de uma comunidade

---

2 As referências são aos conhecidos provérbios de Franklin em *Poor Richard's Almanack* (1732–1758) e às máximas menos conhecidas dos *Sam Slick Papers*, de Thomas Chandler Haliburton, observações de um astuto relojoeiro itinerante que acabaram por ser reunidas em oito volumes (1835–1860).

3 James Boswell, *Life of Johnson*. Nova York: Dell, 1960, p. 78.

e, portanto, pertence sobretudo aos mais velhos e experientes. Por isso, a virtude da sabedoria acompanha o respeito pela autoridade dos mais velhos e pela transmissão mais fiel possível de seus princípios.

No Livro de Provérbios, atribuído ao Rei Salomão, há um versículo sobre "castigar teu filho", que provavelmente foi causador de mais dor física do que qualquer outra frase já escrita.[4] Mas ele é coerente com toda essa concepção de sabedoria. A sabedoria é conhecimento dos mais velhos: os jovens devem ser moldados (ainda que dolorosamente) a ela. Os anciãos são mais sábios porque têm mais experiência nessa sabedoria da prudência que mantém sua estabilidade dia a dia.

Assim, a sabedoria é inteiramente dominada pela ansiedade da continuidade, o sentimento de que as mesmas coisas devem persistir em um padrão tão imutável quanto possível. É o que tanto sacraliza nossas instituições contínuas, como os tribunais e as igrejas: o sentimento de que a continuidade da instituição representa algo superior ao indivíduo, que entra e sai da vida. E esse talvez seja o nível de funcionamento normal da maioria das sociedades, onde a lei suprema é a lei da tradição e do costume, de fazer as coisas da maneira como elas sempre foram feitas. Em alguns ensinamentos, como os de Confúcio na China, esses preceitos de sabedoria são levados a extremos. Há uma história muito popular no Oriente Próximo que se chama *The Story of Ahikar* [A história de Aicar]. Neste nome, a letra "h" representa um tipo de gargarejo do Oriente Próximo sobre o qual não sei nada. Não é bem "Aicar", mas fica assim. Aicar, de acordo com a história, é conselheiro de um rei de Nínive na Assíria e, portanto, naturalmente, um homem idoso. Ele é um conselheiro muito sábio e confiável; mas não tem nenhum filho e, por isso, adota um sobrinho. O sobrinho acaba por ser um canalha que trama contra o pai e o denuncia ao Rei de Nínive como traidor. O Rei de Nínive ordena sua execução, e Aicar é levado pelo carrasco para ser morto.

Mas o carrasco, como acontece em tantos romances, não se sente capaz de ir adiante, e o deixa fugir. Aicar foge para o Egito e ali se torna um conselheiro de confiança do Faraó do Egito. Enquanto isso, o Rei de Nínive encontra-se em dificuldades sem seu conselheiro e, em uma reunião, diz em voz alta que gostaria de ter seu Aicar de volta. Nesse ponto, o carrasco se manifesta e diz: "Acontece que eu o deixei ir: ele está no Egito e agora é um conselheiro lá". Então o Rei de Nínive diz: "Ofereça-lhe qualquer coisa, mas traga-o de volta para cá".

---

4   "Aquele que poupa a vara, quer mal ao seu filho; o que o ama, corrige-o sem demora" (Pr 13, 24).

Assim, Aicar volta para Nínive, para seu antigo posto. Ele então trata de se vingar da forma mais terrível de seu sobrinho e filho adotivo. Ele o manda se sentar e começa a recitar para ele um provérbio atrás do outro, grande parte deles, naturalmente, versando sobre a inconveniência da ingratidão. Depois de várias centenas desses provérbios, o sobrinho diz: "Acho que entendi a questão agora: você não poderia me poupar dos demais que faltam?". Mas Aicar continua recitando provérbios placidamente, até que, como o texto nos informa com aparente seriedade, o sobrinho explode em pedaços.[5]

É claro que numa história assim não falta nada. Temos a autoridade dos anciãos; o risco de confiar em alguém com menos de trinta anos; as centenas e centenas de provérbios para enriquecer a mente do leitor que consulta a história. E, portanto, não nos surpreende descobrir que a história de Aicar se incorporou em todas as literaturas do Oriente Próximo. É citada no Antigo Testamento, e o Livro de Tobias, nos Apócrifos,[6] diz respeito a um homem que diz ser sobrinho de Aicar [1, 21], estabelecendo assim uma ligação com outro conto popular. Diz-se que esta ligação é ecoada no Novo Testamento, embora alguns estudiosos discordem disso. Aicar ocupou um espaço na literatura grega, sob o nome de Esopo; e há até uma sura no Alcorão que leva seu nome, ou pelo menos outra versão de seu nome, embora, de modo geral, o Alcorão se interesse ainda menos pela literatura secular do que o Novo Testamento, o que diz muito.

Eis aí, talvez, a atitude social típica que acompanha as formas mais primitivas de sabedoria: a prudência de confiar na experiência, a aceitação de uma visão curta e a ideia de avanços seguros. Mesmo alguns dos aforismos do Sermão da Montanha parecem brotar da mesma raiz cultural. Quando Jesus diz: "Não vos preocupe o amanhã" [Mt 6, 34], ele quer dizer muitas outras coisas, mas uma delas é: aceite a visão curta e faça, na prática, aquilo que você sabe que manterá seu equilíbrio por enquanto. É um conselho pragmático, que depois se torna a base da atitude mais contemplativa e desinteressada que consideramos típica do sábio.

Os provérbios são uma forma extremamente popular e amplamente lida. Parece haver algo no provérbio que desperta o instinto do colecionador; e há muitos livros, incluindo dois ou três livros da Bíblia, que são essencialmente coleções de provérbios. Diz-se que o Livro do Eclesiástico nos Apócrifos é uma coleção de provérbios feita pelo avô do editor, que ele herdou e completou.

---

5   Para a história de Aicar, ver *Ancient Near Eastern Texts Relating to the Old Testament*, ed. J. B. Pritchard. Princeton, NJ: Princeton University Press, 1969, 3ª ed.

6   O Livro de Tobias é considerado apócrifo pelos protestantes e canônico pelos católicos — NE.

Essa coleta de provérbios também ocorre na literatura não bíblica. Em *Anatomia da melancolia*, por exemplo, Burton diz que, entre as curas para a melancolia, que ele trata como doença, há certos provérbios consoladores, ou o que ele chama de remédios contra o descontentamento. É verdade, diz ele, que ninguém nunca foi ajudado minimamente por nenhum desses provérbios, mas mesmo assim fiz minha coleção, então receba-a. E temos, pelas próximas sessenta páginas, os remédios de Burton contra o descontentamento na forma de sua coleção de provérbios [pt. 2, sec. 3].

O provérbio é popular em parte porque se acredita ser uma máxima válida de conduta. Neste ponto podemos ver o começo do estabelecimento da distinção entre sabedoria e conhecimento. O conhecimento diz respeito ao real: a sabedoria é, antes, um sentido do potencial, um sentido do *tipo* de coisa que se deve saber. O sábio não é necessariamente o homem que sabe a resposta, mas o tipo de pessoa que conhece situações potenciais, que sabe como lidar com o tipo de coisa que pode acontecer.

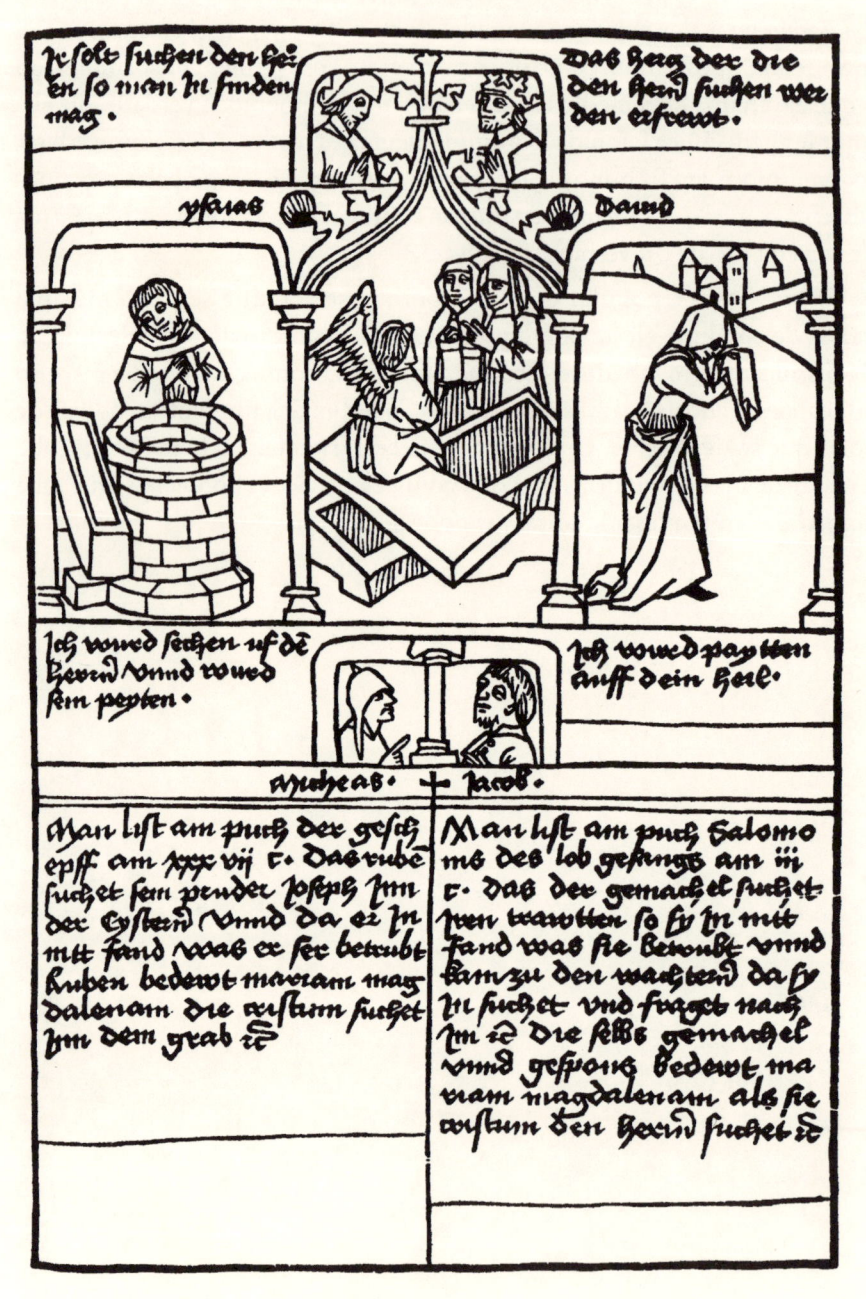

Biblia Pauperum 30: As mulheres no sepulcro
(Mc 16, 1–8)

Rúben procura José
(Gn 37, 29)

A noiva procura o amado
(Ct 5, 2–8)

17

Sabedoria: brincar diante de Deus; Eclesiastes: vaidade das vaidades

Falar, como fizemos, do desenvolvimento da concepção de sabedoria na Bíblia, e de como ela é, essencialmente, a individualização da lei que aparece no Salmo 119 e vários outros Salmos que abordam o amor da lei e sua absorção na vida individual, leva-nos a uma percepção de que a sabedoria se fundamenta em um senso de continuidade social e, particularmente, de que está incorporada nas instituições. A continuidade e a dignidade da instituição são maiores que as do indivíduo; e grande parte de nosso senso de sabedoria ainda está ligado a um senso de continuidade incorporado nas instituições da nação, universidade, igreja e tribunais.

A sabedoria como continuidade das instituições remonta ao fato de um contrato social, ao fato de pertencermos a algo por pelo menos nove meses antes de sermos qualquer coisa. Consequentemente, noventa e cinco por cento do que nossas vidas serão já está predestinado no instante da concepção: estávamos todos predestinados a ser canadenses de classe média do século XX antes de nascermos. Esse senso de continuidade também está incorporado em muitas concepções de educação. Eu já falei do caráter curiosamente penal que a educação tem tido até o nosso século, um caráter não exatamente baseado no sadismo, mas na noção de que a tradição ou os costumes existentes são aquilo a que o indivíduo deve ser assimilado, e se o indivíduo não consegue acomodar-se, então tanto pior para ele.

Com base nisso, a sabedoria se distingue do conhecimento. O conhecimento é o conhecimento das particularidades; e a maioria das particularidades deriva da natureza, do mundo objetivo, da sociedade humana ou de qualquer outra coisa que seja objetiva para a pessoa que está sendo educada. Sabedoria é, antes, um senso de potencial, um senso de habilidade para lidar com o tipo de situação que pode surgir, e disso emerge uma concepção mais sutil de sabedoria. A base primitiva da sabedoria é a aceitação das continuidades permanentes da sociedade. Mas a sociedade não é permanente nem contínua; coisas acontecem, o que enseja a pergunta: qual é a qualidade da mente que lida com mudanças na sociedade ou com circunstâncias imprevistas?

Se concebermos a sabedoria como uma coisa dominada pelo anseio de preservar a continuidade, de fazer as coisas como elas já têm sido feitas, veremos que, em muitas sociedades, como a China confucionista, esse pode ser um fundamento ético muito poderoso. E, no entanto, quando estudamos a história de Israel, com aquele gráfico maníaco-depressivo de altos e baixos que traçamos no início de nossos estudos, observamos que esse é um tipo completamente diferente de sequência. Para alguém viver nessa sociedade, precisa de algo além de um senso de preservação da tradição e do costume; porque, em um momento, você pode estar em um país relativamente independente e próspero; no momento seguinte, você pode estar em um país ocupado por um inimigo, onde suas circunstâncias sociais e *status* são totalmente diferentes.

E assim você se encontrará vivendo em um mundo muito inseguro, e descobrirá que precisa superar essa fixação na continuidade com o passado e perceber que o que vem depois do passado é muito mais flexível. Essa é a diferença, a diferença exata, entre religião e superstição. Superstição é persistir em uma coisa por hábito, sem investigar se tal persistência vale a pena ou não. Há a continuidade na sabedoria, e há a consistência no comportamento, uma das fontes da dignidade humana genuína; mas é claro que há sempre uma consistência inorgânica, uma persistência nas coisas originada, de fato, num automatismo nos hábitos.

No Livro de Provérbios, particularmente no sétimo e oitavo capítulos, encontramos as concepções de sabedoria e insensatez simbolizadas por duas mulheres. A sabedoria é representada por uma mulher sábia e a insensatez, por uma prostituta. A sabedoria fala no início do capítulo 8 de Provérbios:

> Porventura a sabedoria não está repetidas vezes clamando, e a prudência não faz ouvir a sua voz? No mais alto e elevado das eminências, ao longo do caminho, nas encruzilhadas ela está de pé, junto às portas da cidade, na mesma entrada ela fala, dizendo: A vós, ó homens, é que eu estou continuamente clamando, e aos filhos dos homens é que se dirige a minha voz [vv. 1–4].

No versículo 12: "Eu, a sabedoria, tenho comigo o (bom) conselho, possuo a ciência e a reflexão". Aqui, a sabedoria significa o poder do qual o conhecimento emerge, ela é como uma atitude mental que leva a pessoa a buscar o conhecimento, embora saiba que o conhecimento em si não é o que busca.

Versículo[s] 14[–15]: "Meu é o conselho e a equidade, minha é a inteligência, minha a fortaleza. Por mim reinam os reis, e por mim decretam os legisladores o que é justo". Assim, a sabedoria está associada também à permanência da autoridade, quando a autoridade é incorporada na justiça. E à medida que ela fala, fica claro que a sabedoria é essencialmente a preservação da comunidade; e que a característica distintiva da insensatez é sua tendência a virar as costas para a comunidade, ser egoísta, considerar o ego como a base de todos os interesses.

No capítulo 9[, 1–5], temos:

> A sabedoria edificou para si uma casa, levantou sete colunas. Imolou as suas vítimas, preparou o vinho, pôs a sua mesa. Enviou as suas criadas a fazer o convite dos pontos mais altos da cidade: "Todo o que é simples, venha a mim". Aos insensatos disse: "Vinde, comei o pão que eu vos dou, bebei o vinho que vos preparei".

Assim, a sabedoria chama as pessoas a participar de uma refeição comunitária de pão e vinho, novamente simbolizando a ação de uma comunidade; porque a base do indivíduo sábio, a longo prazo, é a comunidade sábia. É esse aspecto da sabedoria, do qual o social e o individual não podem ser separados, que a sabedoria genuína está abordando. A seguir, no versículo 13, há a figura contrastante, a mulher tola que representa a tolice. Seu discurso começa com a mesma fórmula da mulher sábia. Versículos 16[–17]: "'O que é simples venha cá'. E ao insensato disse: 'As águas furtivas são mais doces, e o pão tomado às escondidas é mais gostoso'". Esse é o sentido do conhecimento egocêntrico, da posse que ninguém mais deve ter, o conhecimento secreto que na Bíblia é associado com a tolice.

Na última parte do capítulo 8 de Provérbios, a sabedoria, ainda personificada como mulher, remonta ao início da Criação, quando ela era presumivelmente uma criança, e diz nos versículos 22[–24]: "O Senhor me possuiu no princípio de seus caminhos, desde o princípio, antes que criasse coisa alguma. Desde a eternidade fui constituída, desde o princípio, antes que a Terra fosse criada. Ainda não havia os abismos, e eu estava já concebida, ainda as fontes das águas não tinham brotado". Então ela passa a descrever o processo de Criação, e ela mesma como parte do processo de Criação; porque na teoria bíblica, a sabedoria é uma parte essencial do ato criativo. Nela, a sabedoria é novamente mencionada como feminina, como filha de Deus, presente no momento da Criação.

No versículo 31, ela diz: "Alegrando-me na parte habitável da Terra, e as minhas delícias estavam com os filhos dos homens". Essa é a tradução direta do que aparece na King James, mas o texto na King James é uma variação extremamente fraca da tremenda frase da Vulgata que assombra a imaginação da Europa Ocidental há séculos. A Vulgata não diz "alegrando-me", mas se aproxima muito mais do sentido no hebraico ao dizer "brincar"; a sabedoria é descrita *ludens in orbe terrarum*, brincando por toda a Terra. Parece-me que essa noção da sabedoria brincando diante de Deus no momento da Criação lança uma luz inteiramente nova sobre as formas mais sutis de sabedoria que são ensinadas na Bíblia.[1]

Se tentarmos diferenciar o trabalho do lazer,[2] provavelmente concluiremos que o trabalho é a energia despendida para atingir um objetivo posterior; ao passo que o jogo é a expressão da energia por si mesma, ou a manifestação do fim que se tem em vista. Um jogador de tênis ou de xadrez pode se esforçar muito para vencer uma partida ou melhorar seu jogo, mas o que ele está fazendo quando entra em contato com o xadrez ou com o tênis é jogar. Como tentei mostrar ao lidar com imagens bíblicas, as imagens do mundo revelado na Bíblia são as imagens do trabalho humano: a cidade, o jardim, o curral, a fazenda e assim por diante. Mas a palavra "brincar", quando associada à sabedoria, significa viver de uma maneira que manifesta essas formas quando elas são completadas. Sempre que uma coisa existe como um fim em si mesma, e não como um meio para um fim ulterior, ela é associável ao jogo e não ao trabalho. É por isso que mesmo obras tão terríveis e horripilantes como *Rei Lear* e *Macbeth* ainda podem ser chamadas de "peças": porque elas manifestam o modo como a vida humana é o que é, e não são apresentadas a nós com nenhum outro objetivo além desse.

A sabedoria que brinca diante de Deus na Criação sugere novamente uma menina; de modo que, enquanto a deusa grega da sabedoria é uma mulher com armadura, com uma cabeça de górgona petrificante em seu escudo, a concepção bíblica de sabedoria é algo muito mais parecido com uma garotinha com uma corda de pular. E me parece válido discutir se o gasto de energia como fim em si mesmo não é uma imagem muito mais convincente da sabedoria genuína. Certamente essa imagem está mais próxima da visão de Mateus, em que o Menino Jesus é o ponto de chegada da jornada dos Reis Magos (ou Sábios).

---

1 Embora o conceito *"play / brincar"* não apareça na AV ou na RSV, aparece explicitamente na Bíblia de Douay-Rheims: "Eu estava com Ele quando dava forma às coisas; e me alegrava o dia inteiro, brincando diante dele o tempo todo, brincando no mundo; e as minhas delícias eram com os filhos dos homens" (Pr 8, 30–31). Em um contexto ligeiramente diferente, Johan Huizinga aponta para essa tradução em *Homo Ludens: A Study of the Play Element in Culture*. Boston: Beacon Press, 1955, p. 212.

2 Para melhor compreender o parágrafo, cabe notar a multiplicidade de sentidos do substantivo (e do verbo) *play* na língua inglesa: jogo/jogar, brincadeira/brincar, peça teatral/atuar, entre outros — NT.

Embora a sabedoria não seja alcançada, não se segue que aquilo que não é alcançado seja essencialmente inalcançável. Certamente é verdade que a história de Israel registrada no Antigo Testamento não é uma história de sabedoria contínua. Mas é possível alcançá-la, ainda que apenas por breves momentos de cada vez. A Bíblia insiste o tempo todo que a sabedoria não é algo que se obtém ou algo que se tem: é algo que se é; e, consequentemente, sua base tem de ser uma base existencial. O hino à sabedoria do capítulo 28 de Jó, por exemplo, diz no versículo 14: "O abismo diz: Ela não está em mim; e o mar publica: Ela não está comigo". Isso é, a sabedoria não é algo que se pode encontrar, não é algo que está "lá", em algum lugar. Ela começa em uma consciência "aqui", e a sabedoria genuína é definida no final pelo temor do Senhor e pelo afastamento do mal. Como digo, a base é uma base existencial, e esse tipo de vida não é apresentado em nenhum lugar como inatingível, por mais difícil que seja alcançá-lo.

A concepção primitiva de sabedoria é a permeação da vida individual pela tradição e prudência comunais. Mas isso é absorvido em diferentes graus; e a absorção completa ocorre no ponto da espontaneidade completa. É por isso que eu disse que a figura da sabedoria na Bíblia sugere a menina com a corda de pular, e por isso que Jesus coloca uma criança no meio de seus discípulos, não como símbolo de inteligência acrítica, mas como símbolo de sabedoria genuína, onde a absorção chegou ao ponto da espontaneidade completa. Existem muitas religiões orientais, como o taoísmo na China e alguns aspectos do zen-budismo, que também enfatizam a recuperação da espontaneidade da criança — essa integridade completa do ritmo do pensar e do fazer — como objetivo dos seus ensinamentos. Em praticamente toda a nossa vida cotidiana, a ação vem primeiro, e pensar sobre a ação vem um ou dois segundos depois, como em *Os homens ocos*, de T. S. Eliot, em que a sombra tomba entre a ideia e a resposta [pt. 5, vv. 5–23]. Essa fração de segundo entre agir e pensar sobre a ação é parte do que se entende, pelo menos no cristianismo, por queda. É a sombra lançada sobre a vida que está amarrada ao passar do tempo, e que torna tão difícil para nós a vida puramente espontânea exortada pelo Sermão da Montanha, onde se faz uma comparação com os lírios do campo [Mt 6, 28].

No argumento de Paulo, creio eu, trabalha-se por um fim posterior, mas este não é o núcleo do seu discurso, porque, nesse caso, o fim se torna uma cenoura pendurada na frente de um burro. Persegue-se um objetivo que sempre se afasta e, por fim, descobre-se que os meios não levam ao fim porque o substituem e, eventualmente, perde-se o fim de vista. Certamente algumas das coisas que o Novo Testamento entende por fé correspondem ao que o Livro de Provérbios entende por sabedoria: é a mesma integridade de ação e reflexão sobre a ação, o abandono do processo esquizofrênico em prol da atividade consciente. Eis por que o Livro de Provérbios diz: *"I wisdom dwell with prudence, and find out knowledge of witty inventions"* [Eu, a sabedoria, habito junto à prudência, e descubro o conhecimento das invenções sábias (8, 12)]. Acho que a sonoridade dessa passagem em inglês é boa: não sei quão próxima está do hebraico. Mas o senso de criatividade está, penso eu, incluído em toda a concepção de sabedoria.

Se nos voltarmos para o Livro de Eclesiastes, chegamos um pouco mais perto de um tratamento mais completo da concepção de sabedoria. A palavra *Ekklesiastes* é uma tentativa de traduzir em grego a palavra hebraica que significa pregador, *koheleth*, e o Pregador, que se identifica com o lendário Salomão, na verdade viveu muitos séculos depois do verdadeiro Rei Salomão. Ele também é, como tantos sábios, um colecionador de provérbios; mas ele tem uma espécie de pedra de toque, uma frase que é traduzida na Bíblia King James como "vaidade das vaidades; tudo é vaidade", que aplica a todos os provérbios que ele coleta e cita, e que significa: de qualquer forma, tudo isso é bobagem na prática, não é preciso levá-lo muito a sério.

A frase "vaidade das vaidades" deriva da forma hebraica de formar o superlativo, como em "Santo dos Santos", ou "Cântico dos Cânticos". A palavra "vaidade" tem um núcleo metafórico que significa "névoa" ou "neblina"; daí ela desenvolveu um sentido derivado de "vazio", e é do sentido de "vazio" que a Vulgata tira a palavra *vanitas*, que é a fonte da *"vanity"* [vaidade] na King James. De modo que, para expressar a posição essencial do Eclesiastes na forma de seu paradoxo central, dir-se-ia que todas as coisas estão cheias de vazio.

Acho que não há livro na Bíblia mais maltratado por seus tradutores do que o Livro de Eclesiastes, e a Bíblia King James é particularmente enganosa. Qualquer tradução tende a ser, e quase tem de ser, no caso das traduções da Bíblia, muito mais homogênea do que o original. A Bíblia King James é extremamente boa quando se trata da eloquência solene e um tanto sombria que se encontra em tantos dos profetas e nas partes jurídicas do Pentateuco. Mas quanto mais a Bíblia expressa um tom distintamente humano, mais a King James se desvia, não tanto em sua interpretação do sentido, mas em seu ritmo e sonoridade. Quando chegamos a Paulo, por exemplo, com seu estilo de conversação muito animado e sua abundância de metáforas inspiradas no comércio e nos negócios, muitas vezes descobrimos que as traduções modernas estão realmente mais próximas do humor de Paulo do que a King James, simplesmente porque são modernas — porque o tipo de inglês que falamos agora está mais próximo do tipo de grego que Paulo falava.

Eclesiastes é um escritor muito tardio e, portanto, seu estilo é, em geral, muito menos oracular do que as partes mais antigas do Antigo Testamento. Por exemplo, no capítulo 2, versículo 3, a Bíblia King James diz: "*I sought in mine heart to give myself unto wine, yet acquainting mine heart with wisdom*" [Desejei, em meu coração, dar-me ao vinho e não obstante aproximar-me da sabedoria]. Pois bem, o que isso significa é que o Pregador passou por um estágio em que tentou ser um epicurista sensato. Ou seja, ele quis ter o prazer sem a ressaca, então treinou o beber sem ficar bêbado. Mas quando essa ideia é apresentada em uma linguagem que soa como um elogio fúnebre de Bossuet,[3] o leitor fica sem entender nada, não tanto pela incompreensibilidade do sentido quanto pela inadequação do tom.

Por isso, quando você ler comentários dizendo que o autor de Eclesiastes é um homem velho, pessimista e cansado da vida, (a) jogue o livro no lixo, e (b) leia o Livro de Eclesiastes de novo, porque você foi completamente enganado sobre a verdadeira atitude emocional de um escritor astuto, bem-humorado e obstinado. Cansado da vida é um estado em que ele não está de jeito nenhum; de fato, estar cansado da vida é a única doença para a qual ele não tem um remédio a sugerir. Na verdade, ao ler esse livro deveríamos ter a impressão de ouvir alguém determinado a rasgar todos os véus de ilusão e superstição que continuam reprimindo nossos processos mentais. Muitas vezes falamos de "desilusão" como de algo que nos entristece. Mas é claro que não devemos sentir-nos tristes quando ficamos desiludidos: devemos sentir-nos como se tivéssemos saído da prisão, pois ilusões são uma prisão.

Houve um tempo em que íamos à escola para aprender os três "R".[4] Mas agora vamos à escola para aprender os três "A": ansiedade, absurdo e alienação. Essa é a cartilha do homem do século XX: se uma pessoa conhece o significado dessas três palavras, conhece toda a sabedoria que o século XX pode lhe proporcionar, ou seja, como Deus sabe, muito pouca. De qualquer forma, o autor de Eclesiastes está ciente desses três "A" e nos ensina a superá-los. O principal consiste simplesmente em ignorá-los; mas há outras coisas para fazer também.

Já disse antes, ao comentar as imagens da Bíblia, que na Bíblia, como em outras obras, encontramos uma divisão do mundo entre a realidade visível e a invisível. Há muitos pensadores para quem o mundo invisível forma uma ordem de realidade superior à do mundo visível. Ao comentar sobre a Criação,

---

3 Ou seja, como os panegíricos fúnebres do teólogo e orador do século XVII Jacques-Benigne Bossuet, conhecido por sua retórica equilibrada, formal e digna.

4 As três habilidades fundamentais a serem obtidas pela educação escolar: *reading, writing* e *arithmetic* [leitura, escrita e aritmética] — NE.

sugeri que, embora a Bíblia reconheça um mundo invisível, não o considera uma ordem superior de realidade, mas antes como o meio pelo qual o mundo se torna visível. Isto é, quando tentamos pensar em coisas que sabemos que existem mas que não podemos ver, a primeira coisa que nos vem à mente é o ar. Não conseguimos ver o ar porque se conseguíssemos, não veríamos mais nada. Se pudéssemos ver o ar, viveríamos em uma densa neblina ou névoa; que é, justamente, um dos significados metafóricos da palavra "vaidade". Não conseguimos ver o ar porque é a sua invisibilidade que torna visíveis as outras coisas. No relato da Criação no início do Gênesis, as primeiras coisas criadas são a luz e o firmamento, ou seja, a base da visão e do som. Porque, em certo sentido, também não enxergamos a luz, mas antes uma fonte ou reflexo de luz.

Assim, quando o autor de Eclesiastes fala de vaidade, ele tem em mente uma concepção bastante parecida com a de algumas religiões orientais quando estão falando do vazio — acho que o termo budista é *shunyata*. Ou seja, tudo existe, mas é no nada que tudo existe. O mundo objetivo não existe nem não existe. É antes uma floresta na qual o homem se perdeu, e seu esquema de comportamento está ligado à busca por uma saída. Se ele for oprimido pela objetividade, pela existência da floresta, ele se verá andando em círculos, que é o símbolo inevitável da direção perdida. Se, por outro lado, ele pressupor que a floresta não existe, não vai poder andar sem esbarrar nas árvores. Então, para encontrar a saída, você tem de seguir um caminho intermediário. Há algo na floresta que existe e algo que não existe. Quando encontramos uma brecha entre essas duas coisas, começamos a encontrar a saída.

Isso, penso eu, é a parte principal do que o autor de Eclesiastes quer dizer com a palavra "vaidade". Significa que ele está abandonando todas as coisas que comparei com as cenouras diante do burro: por um lado, o juízo de valor que diz que a sabedoria é melhor que a tolice. Ele diz que decidiu que a sabedoria era melhor que a tolice; e que depois descobriu que *isso* também era vaidade, porque tanto o sábio como o tolo morrem, então não há vantagem na sabedoria. "Então disse a mim mesmo, isso também é vaidade" [2, 15]. Isto é, uma vez que descartamos a noção de que não existe diferença entre sabedoria e tolice, ficamos tão confusos quanto quando pressupomos que *existe* uma diferença. Para dar um exemplo do que se quer dizer aqui, suponhamos que há, numa pequena comunidade, o santo da aldeia e o pecador da aldeia. Pode-se dizer que o santo é um homem melhor que o pecador e que todos os nossos padrões morais desmoronariam se não considerássemos que o santo é um homem melhor que o pecador. Além disso, se ambos estivessem correndo risco de vida, seria mais importante salvar o santo do que o pecador. Faz sentido, porém o próprio santo provavelmente não aceitaria tal visão, e sem dúvida em uma crise ele antes tentaria salvar o pecador do que a si mesmo. Portanto, o axioma de seu comportamento não é que a santidade é melhor do que o pecado: ele chegou a uma posição em que "isto" e "isto não" são igualmente sem sentido. Essa é a base da ética do Livro de Eclesiastes, que é muito próxima à do Sermão da Montanha.

Deixou, então, Satanás a presença do Senhor
(William Blake, *Ilustrações do Livro de Jó*, 5)

18

Jó: uma provação

Agora, eu gostaria de abordar o Livro de Jó como um trabalho que pertence às categorias de sabedoria e profecia. Na sequência de livros do Antigo Testamento na ordem da King James, ou seja, de Gênesis a Malaquias, com os Apócrifos em uma seção separada, encontramos uma ordem que é derivada da tradução da Septuaginta — a ordem hebraica é muito mais esquemática — e parece ser por pura sorte que essa ordem, realmente, faz algum sentido próprio.

Os livros de Gênesis a Ester tratam de três temas: lei, história e ritual; a de encerramento, Ester, é uma história que explica o último dos rituais hebreus a serem estabelecidos, a Festa de Purim. A segunda metade do Antigo Testamento, de Jó a Malaquias, trata também de três temas diferentes: poesia, profecia e sabedoria. Nessa ordem — que, como digo, pode ser puro acidente, mas ainda é uma ordem —, Jó ocuparia o lugar de um Gênesis poético e profético. Ele lida com o tema de como o homem foi mergulhado em sua atual situação alienante, mas lida com isso em termos de poesia, profecia e sabedoria, e não de lei, história e ritual.

Quando Milton, depois de militar pela causa da Revolução Inglesa do século XVII durante quatro de seus estágios, foi finalmente posto completamente em xeque pela restauração da monarquia, conformou-se com se perguntar por que a tentativa de liberdade entre o povo inglês havia chegado a um fracasso tão inglório, e por que o grande Êxodo que havia sido realizado em 1640 havia terminado, em sua frase, com "um capitão para o retorno ao Egito".[1] Foi por isso que ele contou a história da queda do homem, que se baseia na concepção cristã do pecado original, a noção de que o homem, nascendo em estado de mortalidade, é condicionado desde o nascimento por uma espécie de inércia que torna para ele impossível alcançar, sem ajuda divina, o bem a que almeja. O homem diz que quer a liberdade e — ainda parafraseando Milton — pensa que quer a liberdade, mas na verdade, ele não quer liberdade; e se a alcança, é só porque Deus determinou que ele tivesse liberdade.[2]

---

1 "The Ready and Easy Way to Establish a Free Commonwealth", em John Milton, *Complete Poems and Major Prose*, ed. Merritt Y. Hughes. Nova York: Odyssey, 1957, pp. 898–899.

2 Ibid., pp. 895–896.

A história da queda de Adão é uma história de quebra de contrato, o que sempre a fez uma favorita dos juristas teológicos, porque lhes fornece algo que aparenta ser uma explicação da situação humana. Por que vivemos em um mundo onde todos morremos e sofremos vários inconvenientes, desde terremotos a picadas de mosquito? A resposta no Livro de Gênesis é: "Foi assim: muitos anos atrás, uma jovem faminta, muito depois da hora do almoço, pegou uma maçã da árvore errada e, como resultado, tudo isso aconteceu". Esta resposta é insana e psicótica, mas a maior parte da teologia também o é; e seja como for, é uma resposta. A vantagem de estudar o Livro de Jó é que ele trata da mesma questão: como o homem chegou a esta situação alienante? Mas não há contrato; não há nenhuma explicação alegada. Não há nenhum elemento semi-histórico ou pseudo-histórico nele. Ele simplesmente é narrado em termos puramente imaginativos.

Quando eu estava tratando da sabedoria, disse que a sabedoria é concebida na Bíblia existencialmente mais como uma atitude mental do que como qualquer coisa ligada ao conhecimento, porque o conhecimento é específico: é o conhecimento disto ou daquilo; enquanto a sabedoria lida mais com o potencial. Pensamos, por exemplo, em Jesus como um homem sábio, mas não necessariamente como alguém que sabia coisas; isso não interessa no que diz respeito a ele. A sabedoria, dissemos, era a concepção do direito de forma individualizada, a forma como o direito permeia a sociedade.

A profecia, descobrimos, era uma individualização do espírito revolucionário que parece ser peculiar à tradição bíblica. O profeta é tipicamente uma figura isolada por causa da impopularidade da mensagem que traz, e que muito frequentemente é perseguida. Ele é uma figura com cuja autoridade nenhuma sociedade sabe lidar, porque a sociedade por si só não tem padrões para distinguir entre uma autoridade acima da lei e uma autoridade abaixo dela. Ou seja, é impossível diferenciar o profeta que denuncia a sociedade do encrenqueiro ou do subversivo, e não apenas na tradição hebraica, mas também na cultura grega. Como a figura de Sócrates nos lembra, a maioria das sociedades tem dificuldade em identificar a autoridade da profecia.

Consequentemente, surgiu muito cedo, tanto no judaísmo quanto no cristianismo, a suposição de que a era dos profetas havia terminado; e essa suposição foi aceita com grande alívio. Na Europa medieval, por exemplo, havia um sumo rei e um sumo sacerdote, um papa e um imperador. Mas não havia lugar para autoridade profética como tal; e os destinos de pessoas como Joana d'Arc e Savonarola indicam a mesma dificuldade que a sociedade sempre teve. A liberdade de profetizar era uma das coisas que a Reforma Protestante supostamente buscava, mas não se pode dizer honestamente que o protestantismo tenha conseguido estabelecer uma autoridade profética. Ou seja, seus profetas nunca se afastaram muito dos púlpitos: eles nunca se tornaram uma classe realmente distinta da do sacerdócio. No entanto, essa posição do profeta como uma figura isolada ou estranha, que tem uma autoridade muito difícil de assimilar para a sua própria sociedade, entra na estrutura de toda a Bíblia.

Tradicionalmente, presume-se que o significado moral da vida de Jesus foi sua perfeita conformidade com um código moral, como o único homem que não pecou. Mas talvez igualmente significativo seja sua importância como uma figura que nenhuma sociedade organizada ou estabelecida poderia ter tolerado. Isto é, o ensinamento cristão sobre quem crucificou Cristo não diz que foram os romanos ou os judeus ou qualquer outra pessoa que estivesse lá, mas que você e eu o fizemos, e que todas as sociedades humanas, sem exceção, estão envolvidas na crucificação de Cristo. Essa noção de uma figura que estava negativa e positivamente fora da história é algo a se considerar quando se quer compreender qual é a importância da profecia. A sociedade, para se preservar, tem de assumir a primazia de seus interesses sobre os de qualquer indivíduo; e o que o sumo sacerdote Caifás diz no Evangelho de João, "convém que um homem morra pelo povo" [18, 14], é uma declaração que foi ecoada por todo ser humano, sem exceção, em algum ponto ou outro. Eu pretendo abordar Jó principalmente como um exemplo de um livro de sabedoria que não pode ser satisfatoriamente entendido sem alguma referência também a essa concepção de profecia.

O Livro de Jó é relativamente tardio entre os livros do Antigo Testamento, suponho que tenha sido escrito por volta de 300 a.C. Ele é de um feitio aparentemente dramático: há nele elementos que nos relembram das grandes tragédias, como a figura do mensageiro que anuncia a catástrofe, embora seja extremamente improvável que o autor de Jó estivesse pensando em qualquer tipo de apresentação teatral. Na verdade, é improvável que ele tenha visto um teatro ou soubesse o que era um teatro. É mais provável que a linguagem particular em que Jó é escrito seja, na medida em que é dramática, um pouco acidental, porque a forma dramática de que mais se aproxima não é tanto a das peças encenadas, sejam tragédias ou comédias, mas a forma dramática platônica do simpósio, a discussão em que certos temas são abordados de diferentes pontos de vista.

A história é um antigo conto popular; e este antigo conto popular, que está em prosa, aparece no início e no final do Livro de Jó em sua forma atual. Mas o autor de Jó simplesmente dividiu a história em duas partes com uma tesoura — se é que a tesoura já tinha sido inventada naquela época; sou um estudioso muito desleixado em certos detalhes — e inseriu, entre a primeira e a segunda metades, a enorme elaboração do tema que forma o livro que conhecemos.

De acordo com a história, começamos com Satanás na corte de Deus, e isso, logo no início, é único. Não se trata apenas de um tremendo ato de originalidade poética que tem assombrado a imaginação de todos os grandes poetas desde então, até o *Fausto* de Goethe e além. Essa cena é única também porque ilustra algo que mencionei antes: no relato da Criação, no início do Gênesis, Deus separou a luz das trevas e o firmamento do caos, das profundezas. Por isso, podemos conceber a escuridão e o caos como se estivessem fora da Criação e, portanto, como inimigos de Deus. Mas, na verdade, a Criação incorporou a escuridão como uma alternativa à luz, e incorporou o caos na forma do mar, distinto da terra. Consequentemente, também podemos pensar no caos e na escuridão como seres incorporados dialeticamente na Criação, como criaturas de Deus e não seus inimigos. Na maioria dos profetas, as forças do caos e das trevas são consideradas inimigas de Deus, como certamente Satanás o é. Mas no Livro de Jó, e somente nele, tanto Satanás quanto os poderes das trevas são tratados principalmente como criaturas de Deus, como coisas que Ele tolera dentro de sua Criação.

Já vimos que uma metáfora legal percorre toda a Bíblia, e que é apropriado, portanto, falarmos do fim de todas as coisas como um Juízo Final, como um julgamento em que Deus é concebido como o juiz, e em que há um réu e um promotor. O papel do promotor é tradicionalmente atribuído a Satanás. Esta palavra significa "adversário", e sua função primária é a de acusador da humanidade. A palavra grega *diabolos*, que é a origem da nossa palavra "diabo", originalmente significava ou incluía o significado da contraparte em uma ação judicial.

Assim, por todo o Livro de Jó, essa metáfora de um julgamento e um juiz está pairando no segundo plano. Se você fosse morto em uma briga, a pessoa com o dever de vingar sua morte seria chamada de *go'el* ou vingador, e a mesma palavra poderia ser aplicada a alguém que pagaria fiança por você se você fosse acusado, ou a alguém que, em geral, assumiria as necessidades da pessoa acusada. No Livro de Jó, Jó expressa sua própria confiança de que tem tal defensor. Em Jó 19, 25, ele diz: "Eu sei que meu *go'el* vive". A palavra na King James é "redentor", o que talvez seja uma tradução excessivamente cristianizada: mas o senso geral é de que ele tem certeza de que há alguém do lado dele naquele processo. Portanto, a questão é: quem é seu acusador, e muito mais importante do que isso, do que ele está sendo acusado? Porque se há algo particularmente assustador em uma tirania ou em um governo de terror é a possibilidade de ser preso e detido sem que lhe digam qual é a acusação. Essa é uma situação que se encontra no romance de Kafka *O processo*, e quase todos os escritos de Kafka formam um extenso comentário sobre o Livro de Jó.

E então Jó diz: "Por que meu adversário não escreveu um livro? Por que ele não declarou o caso contra mim?" [cf. 31, 35]. Essa é, naturalmente, a principal questão sobre a qual versa o poema. Em primeiro lugar, sobrevém um desastre que destrói sua família, seus bens e suas posses — tudo, exceto sua mulher, que também se volta contra ele. A seguir, sobrevém outro desastre, sob a forma de furúnculos. Somos informados na cena de abertura que Satanás assume seu papel usual de promotor, e diz a Deus que, de acordo com o código do Livro do Deuteronômio e em outros lugares, Deus na verdade estabeleceu as coisas de tal maneira que lhe é impossível perder. Se é do interesse do homem obedecer à lei e seguir os preceitos de Deus, então o homem é um tremendo tolo se não o fizer. E se é verdade que o homem bom é sempre recompensado, e que apenas o homem mau é punido, então Deus, na verdade, criou uma raça de autômatos que não são seres livres. Deus diz: "Talvez seja verdade: mas há um homem chamado Jó, e acho que ele ficaria comigo, não importa o que acontecesse" [cf. 1, 18]. E Satanás diz: "Tudo bem, vamos provar". E assim o desastre começa.

Nesse ponto, os três amigos de Jó vêm vê-lo. Os três amigos tornaram-se proverbiais como pessoas estúpidas e sem imaginação. Essa impressão é em parte causada pelas palavras do próprio Jó, que diz: "Todos vós sois uns consoladores aflitivos" [16, 2]; e assim tendemos a pensar neles simplesmente como réplicas de Satanás no mundo inferior, continuadores do processo e da acusação. Por outro lado, o que quer que se pense deles, certamente não se pode dizer que sejam do tipo de amigo que foge durante a angústia. Eles não têm nada a ganhar vindo ver Jó em sua completa miséria. No capítulo 2, o último versículo termina: "Sentaram-se com ele por terra durante sete dias e sete noites" — esse é o período ritual de luto — "e nenhum lhe dizia palavra, porque viam quão veemente era a sua dor" [v. 13]. E assim, se somos tentados a pensar nos três amigos como estúpidos e sem imaginação, também não devemos esquecer aqueles sete dias de compaixão silenciosa.

Ao mesmo tempo, os três homens, embora sejam homens devotos, piedosos e eloquentes — todos eles são bons poetas — ainda são muito condicionados por sua própria compreensão da lei e da maneira como ela opera: a de que quem obedecer ao código deuteronômico será feliz e próspero, e quem não o fizer será miserável. Jó é claramente infeliz e miserável; logo, ele deve ter feito algo que infringia a lei. Eles começam a sugerir isso com cada vez mais malícia à medida que o tempo passa; há até uma sugestão de que Jó possa ter feito algo inconscientemente, como Édipo no drama grego. Mas também é dito que Jó compensou quaisquer ofensas não intencionais pelos sacrifícios que fez antes de chegar a essa situação. Quando Jó finalmente começa a entender o que eles estão dizendo, se sente indignado, não por causa das imputações da justiça divina, mas porque, no fundo, o que ele está dizendo é que não há nenhuma ligação razoável entre suas tribulações atuais e seus atos passados. Se a punição é devida a uma irregularidade, a situação é totalmente insana e levanta mais questões do que resolve.

Os três amigos e Jó permanecem homens devotos e piedosos. Consequentemente, a única explicação que nunca lhes ocorre, e nunca lhes poderia ocorrer, é a que já foi dada ao leitor: a saber, que Jó não está sendo punido de forma alguma, mas, antes, está sendo testado sob algum critério. A razão pela qual isso jamais lhes ocorreria é que a aposta com Satanás sugere que Deus também tem algo em jogo nessa história. Isso simplesmente não entra em nenhum lugar da sua concepção do universo. Mas, de fato, nos foi dito que Deus está realmente arriscando algo, e arriscando pela fidelidade de Jó. Na visão de Deus que tanto Jó quanto os amigos têm, Ele nunca poderia ser tão vulnerável assim em seus relacionamentos com os seres humanos.

A discussão chega a um impasse, e se diz que esses três homens deixaram de responder a Jó porque ele era justo aos seus próprios olhos [32, 1]. Esse é um comentário extremamente injusto sobre Jó, e talvez seja expresso apenas do ponto de vista deles. Então entra Eliú. Eliú é um acréscimo de um escritor posterior, que provavelmente viveu dois ou três séculos depois. Ele diz que é um jovem e, consequentemente, está seguindo o costume que manda deixar que os velhos tolos falem até que sua senilidade seja totalmente exposta, para então ele mesmo entrar na discussão. No entanto, embora seja um poeta fino e eloquente, ele não acrescenta muito ao argumento: ele apenas resume tudo de novo. Jó parece ouvir sem interpor qualquer comentário, em parte porque este trecho é uma adição posterior. Em seguida, o próprio Deus entra na discussão e fala com Jó do meio do redemoinho.

Pois bem, a princípio, ficamos profundamente desapontados com o que Deus diz. Ele também é um hábil poeta: não tão bom quanto Eliú, mas capaz de começar dizendo: "Quem é este que obscurece assim a Providência, com discursos insipientes?" [38, 2]. Se é a Eliú que Ele se refere, mostra-se um tanto ingrato, porque grande parte de seu discurso é copiado do de Eliú. Mas, de qualquer forma, seu discurso parece consistir em uma série de perguntas retóricas, todas as quais, como dizem as gramáticas latinas, devem ser respondidas com "não". As perguntas são todas no mesmo sentido:

Você estava por perto quando eu fiz o mundo? Você sabe como ele foi feito? Não? Então por que você está questionando a justiça dos meus caminhos? E Jó diz: "Sim, Senhor, eu não sei nada, e tu sabes tudo". Então Deus diz: "Bem, assim é melhor", e começa a devolver para Jó tudo o que ele tinha antes.

Enfim, se é isso que o Livro de Jó realmente significa, então só podemos concluir que algum poeta desajeitado e aterrorizado assumiu a conclusão e estragou o que originalmente era um dos grandes dramas visionários da história do mundo. Essa é a visão que Bernard Shaw tem quando fala da ignóbil e irrelevante réplica de Deus no final do livro.[3] Bernard Shaw também tem uma história chamada *Aventuras de uma negrinha que procurava Deus*, onde uma jovem africana sai em busca de Deus, armada de um belo porrete. O primeiro deus que ela conhece é o Deus do dilúvio de Noé, que fala com ela pelo trovão, então ela o golpeia na cabeça com seu taco e Ele desaparece. Depois, ela conhece um deus que lhe diz: "Eu adoro quando minhas criaturas discutem comigo, para que eu possa dizer a elas o quanto sou mais sábio do que elas. Você tem alguma pergunta?". Ela não faz nenhuma pergunta, apenas bate na cabeça dele e ele desaparece. Ora, trata-se de uma visão concebível do Livro de Jó. Eu não acho que seja a correta: mas se a Bíblia King James está certa quando coloca em seus títulos marginais no topo da página que "Deus convence Jó da ignorância", então parece ser quase a única moral que podemos tirar da história. De todo modo, talvez seja melhor voltar alguns passos para trás.

Nesse discurso de Deus, há a série de perguntas retóricas que mencionei, seguidas de dois poemas líricos no final: eu, ao menos, vou supor que são dois. Eles são sobre dois seres fabulosos que já conhecemos nas imagens da Bíblia: um monstro terrestre chamado Beemot e um monstro marinho chamado Leviatã. A Nova Bíblia Inglesa observa que Beemot é simplesmente o plural intensivo da palavra para "besta" em hebraico e, consequentemente, os reduz a um, apenas ao Leviatã, mas vou ignorar isso. Tradicionalmente, sempre houve dois, um monstro terrestre e um monstro marinho: encontramo-los mencionados já nos Apócrifos, em 2Esdras [6, 49].

Deus diz no começo dos dois grandes hinos em 40, 15: "Olhai o Beemot, que fiz junto contigo", e então passa a falar sobre o Leviatã no capítulo 41. Os dois animais parecem ter se desenvolvido a partir dos arquétipos do hipopótamo e do crocodilo. Ou seja, ambos são animais egípcios. Além disso,

---

[3] "O prazer que obtemos da retórica do Livro de Jó e de sua imagem trágica de uma alma desnorteada não pode disfarçar a ignóbil irrelevância da réplica de Deus com que o livro termina, ou suprir a necessidade de revelações modernas como o *Prometeu* de Shelley ou o *Anel dos Nibelungos* de Richard Wagner" (G. B. Shaw, "The Bible", em *A Treatise on Parents and Children*, 1914, parte 1).

talvez seja significativo que Jó, embora observe a lei israelita, seja um cidadão de Uz, no reino de Edom, e, portanto, esteja na verdade fora da jurisdição dos países bíblicos.

Mas, como lembramos, o relato da Criação no início de Gênesis, em que Deus cria a luz a partir das trevas e o firmamento a partir do caos, é um desenvolvimento posterior do que era originalmente um mito da matança de um dragão. Esse mito é citado muitas vezes no Antigo Testamento, embora sempre como um mito poético e não como um item de crença. E vemos que dessas duas criaturas, Satanás e Leviatã, uma aparece no início do poema, e a outra no final; e que em todos os outros lugares da Bíblia, Satanás é o inimigo de Deus, ao passo que Leviatã é o dragão que deverá ser fisgado e trazido à terra no último dia. Mas aqui, Satanás é um convidado tolerado na corte de Deus. Imagino que Goethe resuma o sentimento de Jó com bastante precisão em seu prólogo do *Fausto*, em que Mefistófeles sai do Céu dizendo para si mesmo: "Gosto de conversar com o velho de vez em quando, e é realmente muito decente da parte dele falar comigo" [vv. 350–353]. Da mesma forma, Beemot e Leviatã não são mencionados aqui como inimigos de Deus, ou como se estivessem fora da ordem divina. Deus aponta para eles com algo da admiração nervosa de um artista, dizendo: "Veja, Jó, eles não são esplêndidos, não são maravilhosos? Fui eu que os fiz, sabia? Você gosta deles?". Se pensamos neles nesse contexto, percebemos que não é realmente um problema que não ouvimos mais sobre Satanás no poema, e que no final, Deus não faz referência ao acordo original que fez com Satanás. De acordo com nossa tabela de símbolos demoníacos que elaboramos anteriormente, Satanás e o Leviatã são metaforicamente a mesma coisa, mas aqui eles apenas são vistos de diferentes pontos de vista. Ao apontar esses dois monstros para Jó, Deus está insinuando, ou pelo menos o autor do poema está insinuando, que Jó está fora deles. Ele *só pode estar* fora deles, do contrário, não poderia vê-los. Como já mencionei antes, mitologicamente, todos nós nascemos dentro do ventre do leviatã, e toda a imagética pesqueira dos Evangelhos está ligada a esse fato.

Portanto, é possível que Jó esteja recebendo uma iluminação genuína e não apenas ouvindo um "cala a boca". Além disso, se a interpretação convencional de Jó estava correta ao supor que a agressividade de Deus o forçara a se calar, então seus três amigos estavam certos sobre Deus o tempo todo; porque o ponto de vista deles sempre foi o de que Deus recompensa os justos e pune os desobedientes. E se não for esse o caso, então tudo o que podemos dizer é que os caminhos de Deus são misteriosos e elevados demais para nosso entendimento. Como eu já disse, se esse é o significado do poema como um todo, então a concepção de Deus dos amigos é justificada. Mas Deus diz explicitamente que os amigos estão errados quanto ao que disseram sobre Ele. O que eles disseram é perdoável — eles são recebidos na comunidade no final — mas está errado. Outra coisa que parece clara é que se Jó tivesse sofrido em silêncio durante todo o poema, não haveria revelação para ele ou para qualquer outra pessoa no final. É só porque Jó grita uma denúncia que existe um Livro de Jó. Os protestos de Jó, suas ruidosas exigências de saber por que tudo aquilo lhe acontecera, são o tipo de coisa que comprova a sua integridade, que, desde o início, Deus insistiu que ele tinha.

Morra o dia em que eu nasci
(William Blake, *Ilustrações do Livro de Jó*, 8)

19

Jó e o tema da tragédia

Ao analisar o Livro de Jó, sugeri que, visto que a sua forma dramática está mais próxima do simpósio platônico do que da tragédia ou comédia típica, muitas vezes tendemos a supor que o Livro de Jó é um problema; e, obviamente, um problema é algo que exige uma solução. Creio que há muitas coisas erradas em olhar para Jó como um problema, embora esse seja o ponto de vista do próprio Jó e das quatro pessoas que conversam com ele.

Sugeri que, em primeiro lugar, Jó não está sendo punido por nada, mas testado a respeito de alguma coisa; e que o próprio Deus parece ter algum tipo de interesse no assunto, como parece indicar seu colóquio com Satanás no início. Embora sem dúvida seja verdade, *a priori*, que Deus soubesse o resultado de antemão, não devemos nos agarrar demais às concepções comuns de tempo. Se Deus sabe de antemão o fim de uma ação, então tudo é uma marmelada. Há algo nisso que não é muito verdadeiro, e até Milton em *Paraíso perdido* se deparou com essa dificuldade. Mas certamente o Livro de Jó não fica marcado em nosso espírito como uma marmelada, como uma disputa cujo resultado foi fixado antecipadamente.

Um dos princípios envolvidos tem a ver com a relação entre pergunta e resposta. Quando respondemos a uma pergunta, aceitamos as suposições implícitas nela, de modo que a resposta, se for uma satisfatória, consolidará o nível mental em que a pergunta foi feita. Se for a resposta correta, ela também aniquilará a pergunta. Se você me perguntar onde fica o telefone mais próximo, posso aceitar as suposições da pergunta e respondê-la, se souber onde fica o telefone mais próximo, e consequentemente aniquilar ou abolir aquele problema particular que a pergunta simbolizava. Mas, se você me perguntar: "Onde está Deus?", poderei dizer apenas que os sentidos da palavra "onde" não se aplicam a Deus, e que a única maneira de responder a tal pergunta é recusar-se a respondê-la. Eu não posso responder à pergunta porque não posso aceitar as suposições da pergunta. É uma daquelas perguntas como: "Você parou de bater na sua mulher?", nas quais a principal questão é justamente a aceitação das coisas que a pergunta pressupõe.

Ora, é por essa razão que nenhuma religião séria tenta responder perguntas. Porque a seriedade, seja na religião, na arte ou na ciência, é uma questão de avançar firmemente em direção a questões melhores e mais adequadas. Na religião, as perguntas levantadas não são respondidas, exceto da maneira mais superficial, porque, quando paramos para pensar, percebemos que responder a uma pergunta como: "Por que pessoas inocentes sofrem?", ou: "Por que há mal em um mundo criado por um Deus bom?", na verdade nos tira o direito de fazer a pergunta e impede que avancemos mais. Isso nos impede de reformular a pergunta partindo de suposições bem melhores e, assim, proceder da mesma forma que a mente humana procede ao lidar com temas grandiosos e sérios, isto é, tentando tornar cada vez mais adequadas as suposições implícitas nas perguntas que faz.

Há uma história muito tocante sobre Gertrude Stein que conta que, em seu leito de morte, sentindo que estava partindo, chamou sua amiga de longa data Alice B. Toklas e disse: "Alice, qual é a resposta?". E Alice disse: "Gertrude, infelizmente eu acho que não sabemos". Gertrude Stein refletiu sobre isso e disse: "Pois bem, qual é a pergunta?".[1] Creio que isso também é parte do argumento de Jó. Toda vez que procuramos uma resposta para uma pergunta ou uma solução para um problema, deparamo-nos com este dilema, com este infeliz jogo de xadrez: estaria Deus fazendo a coisa certa? Isto, claro, leva o superego a gritar que sim, com certeza Ele está e nós é que somos blasfemadores perversos por questioná-lo. Enquanto isso, outra parte da nossa mente fica quieta e calada, mas não se convence.

Outro aspecto desse problema é que, ainda que haja uma resposta, nunca se sai do mundo da pergunta. A resposta de Deus no final do Livro de Jó, como eu disse anteriormente, foi muito criticada como uma espécie de resposta violenta e intimidadora. Mas vamos supor que houvesse uma explicação que remetesse ao início, à cena inicial com Satanás no Céu. Nesse caso, veríamos Deus dizendo: "Veja bem, Jó, foi isso que aconteceu". Todavia, um Deus cheio de explicações simplistas para os acontecimentos seria ainda mais desprezível que um Deus violento ou intimidador. Se há uma coisa com a qual o Livro de Jó não poderia terminar, é com Deus tirando de um chapéu várias explicações satisfatórias para os problemas que preocupam o leitor. Jó não tem problemas, ele tem tragédia, miséria e furúnculos. Problemas intelectuais ou perguntas com respostas não chegam nem perto da sua situação.

---

1   O incidente é relatado, em palavras ligeiramente diferentes, em: *Charmed Circle: Gertrude Stein and Company*, de James R. Mellow. Nova York: Praeger, 1974, p. 468.

Se um cientista está dialogando com a natureza, e a natureza não diz nada, alguém precisa preencher o silêncio. Esse alguém é obviamente o cientista, que é impelido pelo silêncio da natureza a continuar reformulando o que está investigando e observando. Ora, não é bem isso que acontece no Livro de Jó, porque nele há um diálogo. Jó está no mundo do tempo, que pode ser representado por uma linha horizontal. Quando vivemos no mundo do tempo, estamos sendo arrastados para trás ao longo dessa linha, com nossos rostos voltados para o passado e nossas costas para o futuro. E então, naturalmente, qualquer pergunta como: "Como isso aconteceu comigo?", ou: "Por que isso aconteceu comigo?", é instintivamente, de acordo com todos os nossos processos mentais normais, associada a eventos passados. Perguntamos sobre a origem ou a causa do que aconteceu. Enfim, a origem ou causa do que aconteceu com Jó só pode ter sido a origem ou causa de tudo o que já aconteceu — em outras palavras, da própria Criação. E tudo decorre desse ato original da Criação.

O que Deus parece estar dizendo a Jó é: "Você não estava presente quando fiz o mundo; portanto, você não sabe o que está em minha mente. Por isso, você não deveria estar questionando a justiça dos meus caminhos". A meu ver, o que ele de fato está dizendo seria algo assim: "Você não estava presente na época da Criação. Mas, na tentativa de entender o que lhe aconteceu, você tentou descobrir como chegar até lá. Não tente. Não há resposta lá. Eu não estou lá, ou pelo menos nenhuma parte de mim está ao seu alcance lá". Liga-se a isso, em primeiro lugar, o fato de que o modo como Jó entrou nessa confusão é muito menos importante do que a questão de como ele vai sair dela. Em segundo lugar, quando se olha ao longo da linha horizontal, de volta ao início dos tempos, tudo que se vê em termos de propósito divino é a fatalidade ou causalidade — atributos bastante frios em um Deus que, segundo sua representação no livro, tem uma preocupação e um interesse ativo na situação de Jó.

Eis por que o discurso de Deus termina com os dois poemas sobre Beemot e Leviatã, que parecem irrelevantes para os problemas dos furúnculos, misérias e filhas mortas de Jó, mas na verdade são menos irrelevantes do que parecem. Vimos em nossa análise das imagens e narrativas da Bíblia que o Leviatã, usado como imagem poética na Bíblia, se estende a todo o mundo de tempo e espaço em que vivemos, um mundo sobre o qual Satanás tem bastante controle. Todos nós nascemos dentro do ventre do leviatã, e é por isso que nos Evangelhos se fala tanto sobre Jesus como um pescador. Assim, o fato de Deus apontar esses dois monstros para Jó no final só pode significar que Jó está fora deles. E porque ele está fora deles, ele foi libertado de seu poder.

Vejamos o último capítulo, o capítulo 42, bem no final do discurso de Deus:

> Respondendo Jó ao Senhor, disse: Sei que podes tudo, e que nenhum projeto é, para ti, demasiado difícil. Quem é este que, falto de ciência, encobre o conselho (de Deus)? (Confesso que) falei nesciamente, sobre coisas que me ultrapassam e que eu ignoro. Ouve, e eu falarei, interrogar-te-ei, e responder-me-ás. Os meus ouvidos haviam escutado falar de ti, mas agora os meus próprios olhos te veem. Por isso acuso-me a mim mesmo, e faço penitência no pó e na cinza [vv. 1–6].

O tom parece ser de submissão inquestionável: sim, Senhor, tu sabes tudo; eu não sei nada; tu tens todos os trunfos em tua mão, como tiveste desde o início; e assim por diante. No entanto, creio que não devemos nos impressionar demais com essa maneira oriental de falar, porque Jó também consegue dizer algumas outras coisas além dessas. Ele diz: "Interrogar-te-ei, e responder-me-ás" [42, 4]. Ele ainda mantém o direito de falar e até mesmo discutir com seu Criador.

Então ele diz: "Os meus ouvidos haviam escutado falar de ti, mas agora os meus próprios olhos te veem" [v. 5], o que é uma tremenda afirmação, porque em toda a Bíblia, a doutrina de que Deus não pode ser visto é constante. O mais próximo que chegamos disso é Isaías dizendo que viu Deus nas alturas e exaltado no templo. Há uma lenda muito antiga de que Isaías foi colocado em um tronco oco e serrado ao meio sob a acusação de ter afirmado ter tido uma visão direta de Deus. No entanto, é isso que Jó está afirmando. Que eu saiba, há apenas uma referência ao Livro de Jó no Novo Testamento, na Epístola de Tiago, quando Tiago diz: "Ouvistes falar da constância de Jó e vistes o desígnio do Senhor" [5, 11]. Isso retoma a metáfora de Jó — "Eu ouvi, mas agora vejo". É claro que em Tiago ainda há um núcleo cristão oculto: o que os leitores de Tiago viram é a vinda de Cristo; e isso dificilmente pode estar dentro do contexto histórico do próprio Livro de Jó.

Vamos para o final do conto popular, no capítulo 42. "O Senhor, depois que falou naquela sorte de Jó, disse a Elifaz de Teman: O meu furor se acendeu contra ti e contra os teus dois amigos, porque vós não falastes de mim, retamente, como falou o meu servo Jó" [v. 7]. Por isso, ele ordena um sacrifício. E no versículo 10: "O Senhor também se deixou mover à vista da penitência de Jó, quando orava pelos seus amigos".

Deus é tradicionalmente considerado como uma trindade de poder, amor e sabedoria. O Livro de Jó trata fartamente do poder e da sabedoria de Deus, mas parece curioso que haja tão pouco sobre o amor. Várias pessoas adaptaram o Livro de Jó, incluindo William Blake na série de ilustrações que fez no final de sua vida, assim como Archibald MacLeish em sua peça *J.B.* É interessante notar que Blake e MacLeish fazem a mesma alteração na história de Jó: ambos fazem a esposa ser fiel a Jó o tempo todo, e ambos caricaturam os amigos. Em Blake, os três amigos são simplesmente encarnações da virtude moral, o que para Blake significa algo como uma turba de linchamento. E em *J.B.*, os três amigos de Jó vêm vê-lo apenas porque são vampiros espirituais atraídos pelo cheiro da miséria. Em outras palavras, a noção de um Jó separado até mesmo de sua esposa é muito dolorosa para pessoas razoavelmente gentis e humanas como MacLeish e Blake aceitarem. Da mesma forma, eles só podem admitir os amigos concebendo-os como malignos.

Embora realmente seja bastante difícil para Jó não ter nem mesmo o apoio de sua esposa durante suas provações, mais importante ainda é o fato de que este é o único lugar de onde uma imagem de amor pode emergir naturalmente. Ele rejeitou seus amigos, chamando-os de "consoladores aflitivos" [16, 2]. Todavia, mesmo assim se diz que o Senhor "também se deixou mover à vista da penitência de Jó, quando orava pelos seus amigos" [42, 10]. De modo que o amor que se baseia no amor desses três sujeitos desajeitados e cegos, mas totalmente bem-intencionados, talvez esteja mais próximo do amor genuíno do que qualquer outra imagem disponível ao poeta.

Em todo caso, a redenção de Jó é a mesma coisa que o restabelecimento de sua comunidade. Tendemos a esquecer que esse drama não ocorre na solidão. Em segundo plano, Jó é um patriarca de toda a sociedade. Essa sociedade desaparece do primeiro plano da ação durante a maior parte do livro, mas volta a existir no final.

> O Senhor também se deixou mover à vista da penitência de Jó, quando orava pelos seus amigos, e deu-lhe o duplo de tudo o que ele antes possuía. Foram ter com ele todos os seus irmãos, todas as suas irmãs e todos os que antes o tinham conhecido, comeram com ele em sua casa. Moveram sobre ele a cabeça (em sinal de terna compaixão) e consolaram-no de todas as tribulações que o Senhor lhe tinha enviado. Cada um deles deu-lhe uma peça de prata e um anel de ouro. E o Senhor abençoou Jó no seu último estado muito mais do que no primeiro. Jó chegou a ter catorze mil ovelhas, seis mil camelos, mil juntas de bois e mil jumentas. Teve também sete filhos e três filhas. À primeira pôs o nome de Jemima, à segunda o de Ketsia, e à terceira Kereu-Happouk. Não houve em

toda a Terra mulheres tão formosas como as filhas de Jó, e seu pai deu-lhes herança entre seus irmãos [42, 10–15].

Em nossa experiência do teatro, percebemos que é característico da tragédia apontar para o inevitável. E porque ela aponta para o inevitável, também aponta para o crível. Mesmo que não acreditemos que Hamlet realmente viu o fantasma de seu pai, ou que Macbeth viu o fantasma de Banquo, ainda conseguimos entender em que estado de espírito Hamlet e Macbeth estavam. A tragédia normalmente não esconde nada do público. Ou seja, sabemos quem assassinou o pai de Hamlet e Banquo, e sabemos o quanto vale a sinceridade de Iago, embora os personagens no palco não o saibam. É por isso que a tragédia está sempre associada à ironia, uma perspectiva em que o público vê mais do que está acontecendo do que os atores da peça. E assim, quando o final trágico chega, ele nos parece inevitável, e dizemos a nós mesmos: "Sim, esse é o tipo de coisa que pode acontecer e acontece". É assim que nos reconciliamos com um final trágico, pelo fato de retratar as coisas como podem acontecer e às vezes, de fato, acontecem.

Em uma comédia, o que muitas vezes temos é alguma carta na manga do escritor, algum truque que ele inventa, por meio do qual a ação é subitamente afastada das complicações e problemas que se aproximavam e avança rumo a um final feliz. O que acontece na Nova Comédia comum, que era a tradição por trás de Shakespeare, é que o rapaz quer uma moça; a moça é escrava ou, então, prostituta; e o pai do rapaz diz: "Nada a fazer". Descobre-se então que a moça foi sequestrada na infância por piratas, e, na verdade, é filha de alguém respeitável. Desse modo, o herói pode se casar com ela sem perder o prestígio e acaba ficando com a moça.

Nesta ação cômica, há um artifício produzido, ao qual uma reação normal é dizer que esse tipo de coisa não acontece na vida comum. Mas isso acontece em peças, e é muito bom quando acontece. A aceitação desse recurso, portanto, se baseia na preferência do espectador por um final feliz, mas não em seu senso de probabilidade da ordem do mundo. O destino é especialista em brincadeiras de mau gosto; ele raramente tira uma carta do baralho para ajudar alguém.

Assim, lendo o Livro de Jó, estamos lendo um drama que sempre foi listado entre as tragédias do mundo. Ainda assim, ele é tecnicamente uma comédia pelo fato de que no final tudo é restituído a Jó. Podemos entender as misérias e provações de Jó; nenhuma delas viola nosso senso de probabilidade do que acontece na vida. Mas podemos realmente aceitar sua volta repentina à prosperidade? Isso é o que julgamos incrível.

Pois bem, em primeiro lugar, há uma regra na comédia expressa pelo título de uma das peças de Shakespeare: *Bem está o que bem acaba*. Esse é o único título de Shakespeare em que há um predicado, e é uma afirmação que vale para a estrutura da comédia. Mas é um completo absurdo como uma declaração sobre a vida humana. A razão pela qual isso é verdade para a comédia é que, quando uma comédia termina bem, é tradicionalmente o começo da vida real dos jovens que se casam no final. Mas na vida real, é tolice dizer que tudo está bem quando acaba bem. Mesmo em uma sociedade tão patriarcal como a de Jó, um homem que tivesse perdido três lindas filhas não seria completamente consolado por três filhas novas, por mais que fossem bonitas ou tivessem nomes marcantes. Neste campo, não se trata de consolar uma criança por um brinquedo quebrado dando-lhe um novo brinquedo. A perda das filhas seria uma cicatriz permanente em sua existência.

Portanto, existem várias possibilidades aqui. Uma é a possibilidade de que, se tivéssemos visto Jó no meio de sua restauração à prosperidade, talvez não tivéssemos visto quatorze mil ovelhas e mil jumentas e três lindas filhas. Talvez não víssemos nada além de um mendigo em um monturo. No entanto, aquele mendigo naquele monturo teria visto algo que não vimos e saberia algo que não sabemos. De suas três novas filhas, uma delas, Kereu-Happouk, tem um nome que significa "caixa de sombra para os olhos". Ela talvez não existisse. Assim, a credibilidade da restauração de Jó teria que envolver diferentes níveis de existência.

A imagem mais comum para dois níveis de existência vem do ato de despertar pela manhã, em que nos livramos de um mundo de sonho, simplesmente abolindo-o. Algo disso pode estar acontecendo aqui: talvez Jó tenha acordado de um mundo de pesadelos, perdas e furúnculos, para descobrir que aquilo tudo era apenas um sonho. Mas se fosse apenas um sonho, então o final de Jó seria tão descontínuo em relação à ação principal do poema que esta quase não teria sentido. Portanto, essa é uma solução preguiçosa; não nos servirá.

Quando retornamos ao discurso de Jó, ficamos com a impressão de que algum tipo de olhar confidencial, quase uma piscadela, parece ter ocorrido entre Jó e Deus naquele momento, e que Jó tem, naquele instante, algum conhecimento de que somos excluídos. O que é que Jó sabe que nós não sabemos? A resposta é que, por definição, não sabemos, e isso não ajuda. No entanto, é alguma coisa que pode ser representada imageticamente pela afirmação de que ele está vendo Deus, pela restauração de todos os seus bens e pelo restabelecimento de sua família e comunidade.

Falei da forma da tragédia, e a tragédia é uma forma que as pessoas parecem constantemente querer explicar. Os primeiros críticos leram em Aristóteles a afirmação de que o herói trágico deve ter *hamartia*, e ninguém sabe bem o que isso significa. Porém esta é a palavra comum para pecado, no Novo Testamento. Por isso, frequentemente se interpretou que Aristóteles propõe uma teoria extremamente moralista da tragédia, segundo a qual o herói trágico deve ter feito algo errado, de modo que o que ele faz é moralmente inteligível. Mas se você pensar nas tragédias que conhece, verá que essa ideia não funciona. Essa coisa específica que se chama tragédia e que acontece a um herói trágico independe da condição moral do protagonista. Ele pode ser um homem tão bom quanto o Júlio César de Shakespeare ou uma mulher tão boa quanto a Joana d'Arc de Bernard Shaw ou a Desdêmona também de Shakespeare. Ou ele pode ser uma pessoa tão ruim quanto Ricardo III ou Macbeth de Shakespeare. Mas a coisa específica chamada tragédia, nas suas materializações, não leva isso em conta.

Em parte, o que Aristóteles quer dizer com *hamartia* é, a meu ver, estar em um determinado lugar especialmente perigoso ou exposto; e muitas vezes as qualidades que colocam a personagem em tal lugar são as qualidades do heroísmo excepcional. Porque, afinal, é muito mais provável que um carvalho seja atingido por um raio do que um pedaço de grama. Cordélia, em *Rei Lear*, de Shakespeare, por exemplo, não faz nada de errado para merecer seu banimento e seu eventual enforcamento. Ela simplesmente está em um determinado local, e o raio atinge esse local.

Da mesma forma, uma das questões levantadas pela história de Jó é a questão ligada à palavra "propriedade", que em Aristóteles significa aquilo que é próprio do homem, aquilo que é de fato uma extensão de si mesmo. Assim, uma das questões levantadas pelos desastres de Jó é: quanto um homem pode perder do que tem antes que isso comece a afetar a identidade do que ele é? Essa pergunta é respondida de maneira bastante brusca, talvez, pela ressalva de Deus a Satanás para que este poupe a vida de Jó. Satanás pode tirar tudo o que Jó tem, mas deve preservar o que ele é. Nessa situação, a identidade de Jó está sendo isolada, está sendo cortada de suas posses, porque permanece a questão levantada por Satanás sobre se Jó não seria, de fato, uma criatura de suas posses, de sua prosperidade e riquezas, ao invés de uma criatura de Deus. Depois que ele passa no teste, seus bens lhe são devolvidos, porque essa pergunta não significa mais nada.

O argumento de Jó e seus amigos chega ao clímax no início do capítulo 26. Parece que um editor, ou talvez até mesmo o autor original, reduziu o tamanho do diálogo aqui, porque originalmente os três amigos falavam um de cada vez. Mas nesta rodada de discursos, o segundo homem, Bildad, tem uma fala muito curta, e o terceiro homem não fala nada. Todavia,

Jó responde, e sua resposta continua até o final do capítulo 31, após o qual é dito que "por fim estes três homens cessaram de responder a Jó, porque se tinha por justo" [32, 1].

Pois bem, como já sugerimos, é apenas do ponto de vista dos consoladores que ele é justo aos seus próprios olhos. O discurso do próprio Jó é realmente o clímax de todo o livro no que diz respeito a Jó. É sua declaração como uma vítima de desastre desnorteada, mas ainda articulada, e há inserções nele que o tornam, talvez, mais longo do que o necessário, como o hino em louvor à sabedoria no capítulo 28, que provavelmente é uma interpolação posterior. De todo modo, o discurso de Jó, dos capítulos 26 a 31, me parece, em toda a literatura, a mais tremendamente nobre e impressionante declaração do que só pode ser chamado de dignidade e responsabilidade essenciais da natureza humana. Jó não alega virtude, não alega que foi tratado injustamente. Ele se recusa a esse tipo de confusão, e diz apenas que deseja saber qual é a acusação contra ele, se é que há uma acusação. E no final do capítulo 31, nos versículos finais que começam no versículo 35, ele termina:

> Quem me dera um que (desapaixonadamente) me ouvisse! Eis a minha assinatura: que o Onipotente me responda! Que o meu adversário escreva também o seu libelo de acusação! Levá-lo-ei sobre os meus ombros, e cingirei a minha fronte com ele, como com um diadema! Cada um dos meus passos contarei (a Deus, meu juiz), e apresentar-me-ia a ele, (sem receio) como um príncipe. (Finalmente) se a terra que eu possuo clama contra mim, e se os seus sulcos choram com ela, se comi seus frutos sem pagamento, se afligi o coração dos que a cultivaram, ela me produza abrolhos em lugar de trigo, e espinhos em lugar de cevada. (Findaram as palavras de Jó) [vv. 35–40].

É assim a voz de um governante responsável, como Édipo em Tebas: há fome no país; Édipo é rei; portanto, ele é responsável. Então ele precisa consultar um oráculo para descobrir o porquê da seca. No caso de Édipo, é claro, o resultado é muito diferente. Um profeta o informa que ele assassinou seu pai e dormiu com sua mãe, e que os deuses estão ofendidos. Ele diz: "Mas eu não sabia nada disso!", e o profeta diz: "Só lamento". Mas, no Livro de Jó, observamos a mesma prontidão em assumir responsabilidades, a mesma dignidade essencial que só é possível a uma natureza consciente. Jó está fazendo o que pode com os dons da consciência e da inteligência. Ao terminar nesse tom, ele deixa claro que Deus ganhou a aposta, que a integridade de Jó ainda está lá, ainda intocada. Depois disso, Satanás não é mais necessário.

O que se segue é o discurso de Eliú, que considero uma interpolação posterior. Eliú é um jovem, e seguir os três velhos representa uma espécie de ciclo social de condenação moral contínua. Mas Jó deixa passar o discurso de Eliú sem comentar o fato de que ele é extremamente prepotente. Eliú diz coisas como: "Suporta-me um pouco, e eu me explicarei contigo, porque ainda tenho que falar em defesa de Deus" [36, 2], como se Deus o tivesse contratado como advogado. Jó não comenta os argumentos de Eliú: ele já ouviu tudo aquilo antes, é tudo verdade, e tudo bobagem. Ele está esperando por uma voz de um tipo completamente diferente. E, enfim, do redemoinho, a voz surge.

Então o Senhor falou a Jó, do meio do redemoinho
(William Blake, *Ilustrações do Livro de Jó*, 13)

Eu te ouvi com meu ouvido, mas agora meus olhos te veem
(William Blake, *Ilustrações do Livro de Jó*, 17)

20

Jó e a humanidade restaurada

Na última aula, abordei o verdadeiro tom do discurso de Deus no final do Livro de Jó, e questionei se Ele é de fato um tirano espalhafatoso, como o caracterizam certos comentadores e como pode parecer numa primeira leitura. Parece haver uma qualidade intimidatória e agressiva em algumas das coisas que ele diz, como em 40, 7: "Cinge os teus rins como homem; eu te interrogarei, e me responderás. Porventura queres reduzir a nada a minha justiça, e condenar-me a mim, para te justificares a ti? Se tu tens um braço (forte) como Deus, e trovejas com voz semelhante [...]" [vv. 7–9]. Esse é o tipo de coisa que incomoda um pouco as pessoas. No entanto, se considerarmos o contexto, os amigos de Jó supõem que, numa situação como esta, Deus deve estar com a razão, porque ele é Deus e, portanto, quem deve estar errado é Jó.

Uma superstição primitiva e difícil de erradicar da mente humana perpassa a argumentação: se alguém não tem sorte, deve ser porque fez algo de errado, e o convívio com os azarados deve ser evitado, assim como com portadores de uma doença infecciosa. Na *Odisseia* de Homero, por exemplo, Éolo, o deus dos ventos, dá a Ulisses um vento favorável, mas seus traiçoeiros companheiros soltam o vento do saco e a viagem termina em desastre. Então Ulisses volta a Éolo e diz que, não por culpa sua, ele teve azar. E Éolo bate-lhe a porta na cara, diz que um homem sem sorte é odiado pelos deuses e que Ulisses não deve mais contar com ele para nada [l. 10].

Todavia, creio que uma das coisas que Deus expressa neste discurso é o fato de que não se chega a lugar nenhum simplesmente invertendo essa situação. Se simplesmente a virarmos do avesso e a transformarmos num drama em que Jó é o herói nobre e sofredor, e Deus é malicioso e maligno, obteremos uma situação dramática bastante compreensível. Ela não se encaixa muito bem nos postulados iniciais do poema, porque uma situação como essa identificaria Deus com Satanás, e isso, como já tive ocasião de apontar neste curso, é algo que os teólogos estão fazendo perpetuamente, um de seus divertimentos favoritos. Mas na abertura de Jó, Deus e Satanás são cuidadosamente distinguidos, e mesmo que Satanás saia de cena após o segundo capítulo, a distinção permanece na mente do leitor.

Na época de Cristo, havia vários filósofos chamados de gnósticos. Havia gnósticos cristãos, gnósticos judeus e gnósticos pagãos. Conhecemos principalmente os cristãos, porque eles foram refutados de modo elaborado pelos ortodoxos, que citaram grandes passagens de seus escritos para mostrar como estavam errados. Eles eram um grupo grande e influente, quase tão antigo quanto o próprio cristianismo, e são mencionados no Novo Testamento várias vezes [por exemplo, 1Tm 6, 20]. Mas a visão gnóstica cristã era que o Criador do universo e o Deus do Antigo Testamento, Jeová, só poderia ter sido um Deus maligno; e que foi desse Deus maligno que Jesus veio nos libertar. A visão gnóstica cristã, então, teria levado à completa eliminação do Antigo Testamento e do elemento judaico da herança cristã.

Esse é um elemento no gnosticismo cristão. O que me interessa ainda mais, e o que acho ainda mais significativo do ponto de vista de Jó, é a posição gnóstica pagã, que era um verdadeiro ataque à ordem da natureza. A visão gnóstica pagã era a de que a ordem da natureza era uma bagunça irreformável, que a natureza era algo totalmente estranho ao homem. Consequentemente, só poderia ser, mais uma vez, a criação de um ser maligno; e o homem teria que lutar para sair dessa natureza hostil o melhor que pudesse.

Há um ataque muito forte feito aos gnósticos pagãos pelo filósofo neoplatônico Plotino, que os atacou por sustentar o que nos parece um ponto absolutamente óbvio. Eles diziam que todos os homens são irmãos — incluindo os vis, como Plotino desdenhosamente acrescenta — mas que os homens não são irmãos das estrelas [Enéadas, 2.9.18]. Em outras palavras, o argumento de Plotino era que a ordem da natureza deve ser vista como perfeitamente criada, e que o destino do homem é encaixar-se nessa ordem, não romper com ela. Então, os gnósticos aparecem levantando uma questão muito importante, e dando-lhe muita ênfase.

Embora isso ocorra vários séculos depois de Jó, estou levantando a questão aqui porque é algo que se entrevê no fundo de toda a sua situação. A mesma situação aparece muitos séculos depois no poema de Shelley, *Prometeu desacorrentado*. Nele, Prometeu preso à rocha é uma imagem do homem sofredor e martirizado; e Júpiter, o deus do céu, é o ser cruel e malévolo que mantém o homem nesse estado de sofrimento e martírio. Um pouco antes da abertura do poema, Prometeu pronuncia um discurso em desafio a Júpiter, incluindo uma maldição sobre o deus, que é repetida logo após o início do poema. Nesse ponto, Prometeu diz: "Bem, eu sinto muito por ter feito essa maldição" — e relembra seu teor [1.303-305]. Todo mundo, incluindo a Terra, pensa que Prometeu desistiu, que cedeu ao ser malévolo, e que tudo está resolvido de vez. Mas o que aconteceu é exatamente o oposto. Prometeu percebeu que seu desafio a Júpiter, sua maldição contra ele, é de fato a única coisa que mantém Júpiter em atividade; de modo que, quando ele relembra a maldição, Júpiter simplesmente desaparece.

Pois bem, não sei se o paralelo com Jó ficará claro, mas, de todo modo, um Jó em estado de permanente afronta manteria em atividade toda a parte satânica da Criação. Portanto, a rendição de Jó no final não é uma simples rendição. Em 42, 6, ele diz: "Por isso acuso-me a mim mesmo, e faço penitência no pó e na cinza". A maioria dos leitores ocidentais desse versículo entenderia que Jó estava simplesmente dizendo que o homem é sempre mau, e que Deus é sempre bom e, consequentemente, que o melhor que o homem pode fazer é abominar a si mesmo e tentar ser tão diferente de si mesmo quanto possível. Mas alguém versado nas religiões orientais pode ler a mesma coisa de maneira muito diferente: "Eu me abomino" pode significar algo mais próximo de "não considero mais como um ego aquilo que chamo de 'eu', não reconheço sua realidade, e quero me afastar desse algo".

Há uma observação de Rimbaud que eu talvez já tenha citado. Rimbaud diz em uma de suas cartas: "*Je* est un autre": *Eu* é outra pessoa.[1] E essa pode ser a descoberta final de Jó — a de que a pessoa que ele chama de Jó, o ego de Jó, na verdade não existe; e que não é *com* os olhos que enxergamos, mas *através* deles: os olhos são apenas uma lente. Não pensamos com o cérebro, pensamos através do cérebro: o cérebro é um filtro ou um amplificador, ou algo semelhante, para a consciência. E não vivemos como o ego; é um outro tipo de consciência que vive através dele. É a uma intuição desse tipo que Jó chega no final.

A noção de sujeito como ego perceptivo é uma perspectiva com a qual nascemos; e, no entanto, existem todos os tipos de experiências que nos fazem perceber que não somos de fato o ponto de partida de nossas próprias experiências. Por um lado, somos seres sociais antes de sermos individuais: pertencemos a algo antes de sermos algo. Consequentemente, nossos egos individuais estão enraizados na sociedade a que pertencemos. Quando quer que comecemos a usar nossa consciência, descobrimos que podemos ser tão objetivos em relação a nós mesmos quanto qualquer outra coisa. O ensinamento central de quase todas as religiões superiores tem sido precisamente

---

1 Arthur Rimbaud, carta a Georges Izambard, 13 de maio de 1971, em *Rimbaud: Complete Works, Selected Letters*, trad. Wallace Fowlie. Chicago: University of Chicago Press, 1966, p. 304.

esse ponto: o homem não descobre quem ele é até que desista da noção de que ele é ele mesmo.

Assim, a consciência se encarnou em um indivíduo, mas não está confinada ao indivíduo. É para a descoberta dos reinos da consciência além do indivíduo que apontam todos os ensinamentos de salvação e iluminação em todas as religiões. O princípio de que o ego percebe apenas o que é vago, nebuloso e geral, e que o que percebe o específico e o particular é algo universal no observador, é, penso eu, uma percepção sobre a qual se concentram muitas religiões.

Na tragédia grega, muitas vezes o herói é ele mesmo um deus, como Prometeu, ou um semideus como Hércules, ou alguém de ascendência divina, ou alguém cuja natureza é meio divina e meio humana. À medida que a ação da tragédia grega se desenvolve, sua dialética tende a separá-lo de qualquer forma de destino divino. É claro que isso não pode acontecer em uma tradição bíblica. Não se pode ter, pelo menos no Antigo Testamento, um ser humano que seja em parte divino. Consequentemente, Jó não está na posição do herói trágico em uma tragédia grega. Por um lado, ele não pode fazer nenhum gesto nobre ou heroico: não é possível ser heroico enquanto se coça um furúnculo. E o fato de sua coragem ser do tipo que se expressa em paciência e resistência está ligado ao fato de que ele não tem nada do típico herói trágico grego, que pelo menos parcialmente é de natureza divina. Portanto, o objetivo é alcançar uma humanidade plenamente realizada; e uma das coisas que o Livro de Jó diz é que uma humanidade plenamente realizada é redimível.

Eu mencionei que a sombra do Criador malévolo ou maligno aparece no pano de fundo do problema de Jó; mas os próprios postulados do poema o excluem. Não há um Criador maligno ali, porque já nos foi mostrada a distinção entre Deus e Satanás. E isso, é claro, nos leva ao coração da perspectiva trágica de Jó.

Se você leu as tragédias shakespearianas com atenção, deve ter notado como muitas vezes os personagens aceitam origens e explicações da tragédia muito mais misteriosas do que qualquer outra que se possa realmente perceber. Por exemplo, em *Romeu e Julieta*, Romeu diz que sua mente desconfia que as estrelas ainda lhe reservam alguma consequência [1.4.107]. Ele fala como se uma espécie de destino trágico estivesse sendo tecido para ele nos padrões das estrelas. Quando ele ouve a falsa notícia de que Julieta está morta, ele diz: "Deveras? Pois eu as desafio, estrelas" [5.1.24], e toma sua própria decisão de se matar. Mas nós, que assistimos à peça, não sentimos necessidade de explicações astrológicas para a morte dos jovens amantes. Eles têm um motivo perfeitamente compreensível na estúpida rixa familiar dos Montecchios e dos Capuletos. Da mesma forma, Gloucester, depois de ter sido cegado, diz: "Como moscas para meninos travessos, somos nós para os deuses; eles nos matam por esporte" [4.1.38–39]. No entanto, as misérias de Gloucester foram causadas pela traição de seu filho bastardo Edmundo e pela brutalidade de Cornualha, que lhe arrancou os olhos. Mais uma vez, a fonte da tragédia de Gloucester é perfeitamente humana e compreensível, e não há necessidade de postular a existência de deuses maliciosos.

Fora de Shakespeare é a mesma coisa. Em *Tess dos D'Urbervilles*, o parágrafo final diz: "A justiça foi feita e o Presidente dos Imortais encerrou sua brincadeira com Tess". Mas isso é apenas um floreio literário que Hardy usa para mostrar como ele era letrado; porque, na verdade, nada acontece com Tess na história que não tenha uma causa localizável bastante específica na malícia, arrogância ou estupidez humana.

O princípio geral ao qual isso leva é que o único mistério está na existência do próprio mal; não há mistério sobre seus efeitos. É ao redor desse mistério da origem do mal que Jó circula; e o mais próximo a que chegamos disso, enquanto leitores, está nos discursos de Satanás na presença de Deus.

Temos aí, como tantas vezes nas tradições religiosas judaicas, cristãs e islâmicas, o sentido de Deus como responsável pela ordem da natureza, mas sem interferir nela. Há sempre um sentimento muito humano de que, se fôssemos Deus, trabalharíamos mais para merecer nosso sustento; que se estivéssemos no comando do que aconteceu, não faríamos as trapalhadas terríveis que Deus parece estar fazendo. Mas todas essas questões se concentram na questão da origem e da existência do próprio mal.

Assim, em primeiro plano, no que considero um nível relativamente superficial do argumento, temos esse suposto problema de fé e dúvida. Jó confia em Deus, e sua confiança é justificada: ao passo que, se ele duvidasse, sua confiança não seria justificada. Mas é de se perguntar se olhar para Jó como um problema solucionável realmente nos ajuda muito. De qualquer forma, o que parece óbvio é que Jó é justificado em parte porque protesta e, consequentemente, essa dúvida não é inimiga da fé. A dúvida é o oposto dialético da fé, e é uma parte essencial da fé. Uma fé que nunca duvida não é uma fé de muito valor. É na dialética da fé e da dúvida que emerge a realidade da fé. O inimigo da fé não é a dúvida, mas sim a pura insensibilidade da mente que não vê a que se refere toda a confusão.

E assim, temos que partir desse problema intelectualizado de fé e dúvida e avançar até o problema existencial mais profundo. Aqui a virtude é mais a esperança do que a fé, e o oposto da esperança não é a dúvida, mas o desespero.

Mais uma vez, o desespero não é o inimigo da esperança, mas o complemento dialético da esperança, a coisa contra a qual a esperança deve lutar para alcançar sua realidade. E assim, Jó passa pelas profundezas do desespero. É por isso que a esperança se mantém no final.

Há um poema de Emily Dickinson sobre esperança no qual ela diz: "Pudesse a esperança estudar suas bases / estaria acabada — / Seus motivos são fictícios / ou são nada" [Poema 1283, vv. 1–4]. Ou seja, a esperança é simplesmente a vontade de acreditar no impossível, e sem se basear na ficção ou ilusão, não poderia haver tal virtude. Talvez haja aí uma boa dose de verdade. Nisso consiste a questão da ilusão e da realidade. Por toda a história de Jó, há a realidade irredutível do isolamento de Jó, sua miséria, seus furúnculos, todos os desastres que se abateram sobre ele. E no fundo, a ilusão de que há algo do lado dele, embora ele não saiba bem o quê. Ao final do poema, temos a inversão dessas relações de realidade e ilusão: todas as misérias se desvanecem em ilusão, e a esperança de Jó, seja ela qual for, se torna realidade.

Talvez eu possa explicar isso por uma analogia e, assim, esclarecer o que disse antes sobre o abandono do ego como fonte de nosso conhecimento da realidade. Nós tendemos a abordar as coisas partindo da suposição de que a realidade é o que está lá fora, a coisa que nos encara quando a encaramos; e que as ilusões são as coisas subjetivas que temos dentro de nós. Mas se vamos a um teatro e assistimos a uma peça, somos imediatamente confrontados com uma ilusão objetiva. Ou seja, o que está no palco é uma ilusão, mas é tão objetivo quanto qualquer outro dado da experiência sensorial. Não há realidade por trás dessa ilusão. Poderíamos circular o resto da vida pelos camarins e bastidores sem encontrar nenhuma realidade no fundo. Se questionarmos onde está a realidade, o mais próximo que chegaremos de uma resposta é que ela é a emoção gerada na plateia pela peça. De modo que a experiência de entrar em um teatro vira do avesso a experiência comum de realidade e ilusão, apresentando-nos uma ilusão objetiva e uma realidade subjetiva.

Isso acontece no teatro porque ele faz parte do mundo criativo humano. A partir disso, começamos a perceber que uma visão séria do mundo é impossível até que se reconheça um elemento de irrealidade no que existe objetivamente, um elemento de ilusão no mundo imutável ao redor, e ao mesmo tempo que também existe um elemento de realidade nas ilusões, desejos e fantasias sobre o que poderia ou deveria existir.

É aí que começa a visão séria do mundo em que a criatividade humana pode operar. Por isso, o que é restituído a Jó no final do poema é, em grande medida, o mundo das coisas que Jó recriou por sua própria resistência.

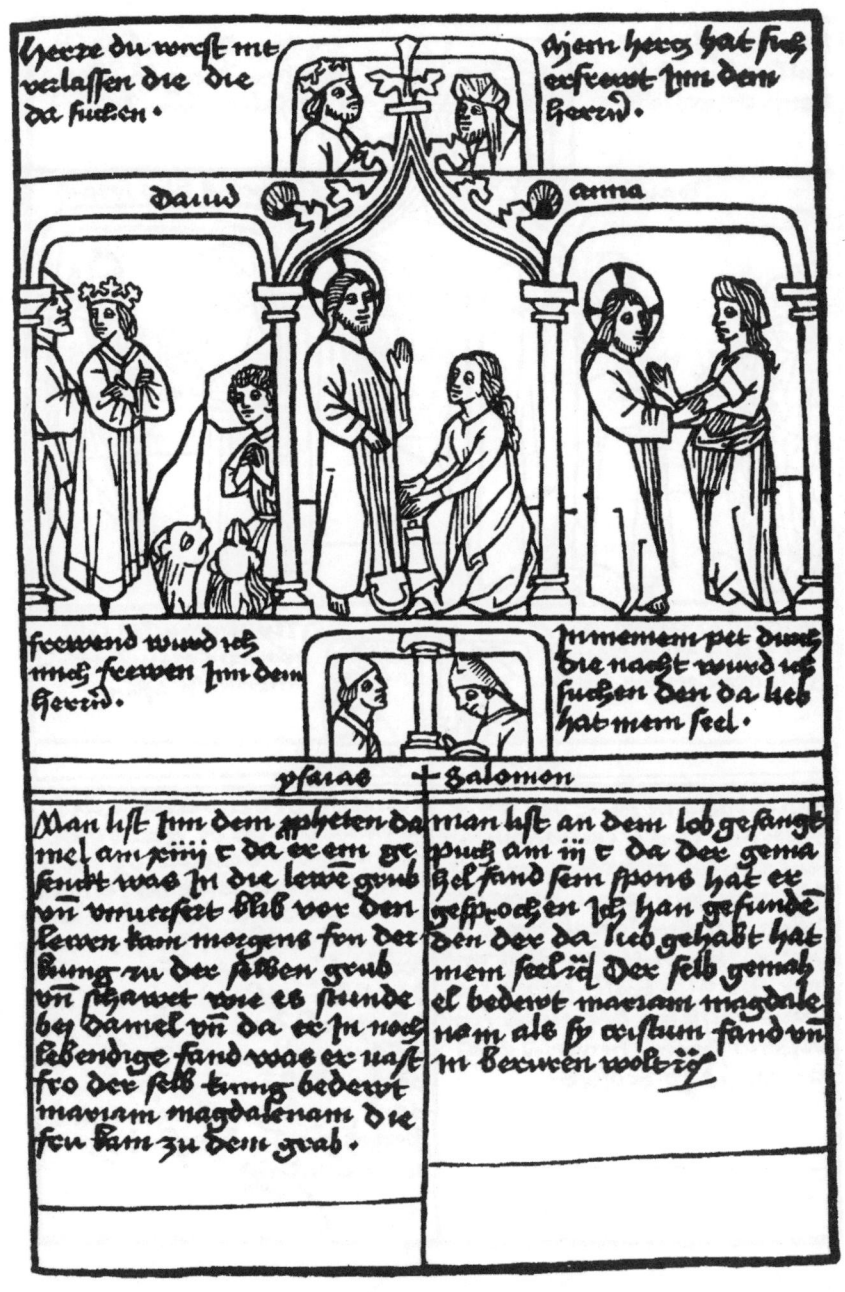

Biblia Pauperum 31: Cristo aparece a Maria Madalena
(Jo 20, 11–18)

Dario encontra Daniel vivo
(Dn 6, 18–23)

A noiva encontra o amado
(Ct 3, 1–5)

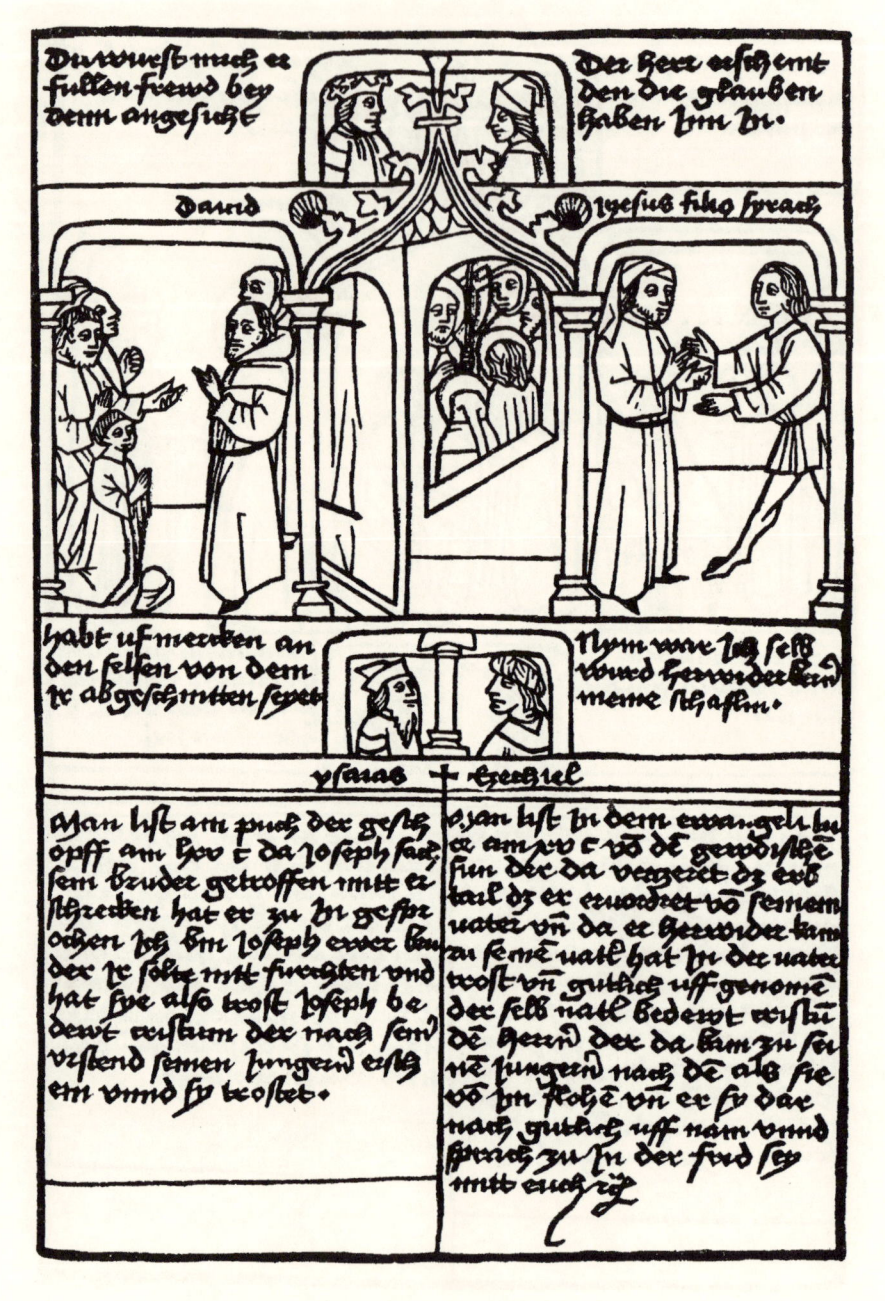

Biblia Pauperum 32: Cristo aparece aos discípulos
(Lc 24, 36–49)

José se revela aos seus irmãos
(Gn 45, 1–15)

O retorno do filho pródigo
(Lc 15, 20–24)

Biblia Pauperum 33: Tomé, o duvidoso
(Jo 20, 24–29)

Um anjo aparece para Gideão
(Jz 6, 11–24)

Jacó luta com o anjo
(Gn 32, 24–32)

Jó e a humanidade restaurada | 227

21

A linguagem da proclamação: estilo e ritmo na Bíblia; o Evangelho: reescritura dos mandamentos

Antes de abordar a parte da Bíblia que tem seu centro de gravidade no Novo Testamento, quero fazer algumas observações sobre o estilo e o ritmo da Bíblia. A tradução King James é muito elogiada por sua simplicidade, e essa simplicidade realmente é observável. Mas há dois tipos de simplicidade. Uma é a simplicidade democrática de uma pessoa que escreve para ser lida por outras pessoas, da forma mais lúcida de que é capaz, tratando de não colocar barreiras no caminho de seu leitor. Mas há outro tipo de simplicidade, uma simplicidade de autoridade que está mais claramente presente em coisas como comandos militares. As ordens do oficial em um exército devem ser tão diretas quanto possível em sua sintaxe — elas são o que os críticos literários chamam de paratáticas — e devem ser expressas pelo menor número possível de palavras, porque os soldados não vão se enroscar no arame farpado em resposta a um modo subjuntivo ou uma oração subordinada. Se houver ajustes ou explicações necessários, caberá aos subordinados tratar disso.

A simplicidade da Bíblia é aquela ligada à autoridade que provém de ser o chefe inquestionável de uma operação. Ela se manifesta nas leis, onde é a voz do próprio mandamento divino; e se manifesta na literatura sapiencial, porque o sábio fala com a autoridade da tradição por trás de si. Ela se manifesta na profecia, porque a função do profeta é dizer: "Assim diz o Senhor". Também nos discursos de Jesus nota-se que ele falava como alguém que tem autoridade [Mt 7, 29; Mc 1, 22]; com bastante frequência o que ele diz começa: "Ouvistes que vos foi dito... Mas eu vos digo...".

O estilo da Bíblia é um estilo retórico, mas de um tipo especial de retórica. Na retórica há dois aspectos. Por um lado, ela é a tentativa do orador de persuadir o público e, por outro lado, é o estudo do uso figurado da linguagem;

porque a oratória normalmente faz uso das figuras de linguagem padrão, como metáfora e antítese, e sempre lança mão de ritmos como o "do povo, pelo povo, para o povo" de Lincoln ou: "Nós lutaremos nas praias, nós lutaremos nas colinas" de Churchill. O estudo das figuras de linguagem fazia parte da formação escolar de Shakespeare e seus contemporâneos e era a melhor formação possível para poetas, bem como para pessoas que estavam entrando na igreja ou no direito e que, naturalmente, precisariam ser oradores eficazes.

Mas a retórica da Bíblia é de um tipo especial, a que os estudiosos deram o nome de *kerygma*, palavra grega que significa "proclamação". Essa proclamação é o cerne do que a Bíblia diz: isto é, ela responde à questão existencial do que se deve fazer para ser salvo. Notamos, mais uma vez, que esta proclamação tem a autoridade inquestionável de uma origem divina.

O mais antigo dos profetas que, aparentemente, registraram suas profecias foi Amós, que viveu no século VIII a.C. Amós profetizou no Reino do Norte e, como os profetas eram defensores muito fortes da adoração a Jeová, suas críticas à política real não eram muito populares. Foi então que um funcionário da corte israelita do Norte abordou-o e pediu-lhe que ele, por favor, descesse e profetizasse para Judá em vez de para Israel, porque eles eram muito mais perversos em Judá e precisavam muito mais. Além disso, lá ele não incomodaria o Rei de Israel e sua corte.

Amós diz, no capítulo 7, versículos 16–17:

> Ouve, pois, agora, (ó Amasias) a palavra do Senhor: Tu dizes-me: Não profetizes contra Israel, nem profiras oráculos contra a casa de Isaque. Por esta causa isto diz o Senhor: Tua mulher será desonrada na cidade, os teus filhos e as tuas filhas cairão à espada, e a tua terra será repartida a cordel (entre os vencedores); quanto a ti, morrerás numa terra impura (ou idólatra).

O profeta pode estar certo ou errado, e ele pode ser razoável ou irrazoável, mas uma coisa que ele não faz é abaixar a cabeça.

Esta voz de autoridade, que é ouvida constantemente através da Bíblia, ainda está presente nas epístolas paulinas, nas quais Paulo faz uma distinção nítida entre o que ele diz que sabe ser a voz de Deus e o que ele diz por si mesmo, advertindo seus leitores de que não tomem tudo com o mesmo grau de autoridade.[1]

---

1 Frye está aparentemente falando da passagem em 1Coríntios 2 onde Paulo distingue entre o que é conhecido pela pessoa natural e pela espiritual, *soma psychikos* e *soma pneumatikos*.

Notamos, contudo, que existem diferentes níveis em que essa autoridade se expressa. Nos Dez Mandamentos, por exemplo, há mandamentos como: "*Thou shalt not kill*" [Não matarás (Ex 20, 13)] e, como se diz hoje em dia: ponto final. Não há qualquer tipo de qualificação. O hebraico apenas diz: "Não mates". Não há previsão para homicídio justificável, ou em legítima defesa, ou na guerra, ou ao executar criminosos, embora essas coisas sejam tratadas em outras partes do Código Mosaico; porque, afinal, o mandamento é dirigido a pessoas que querem tão desesperadamente matar alguém que não conseguem sequer compreender uma proibição incondicional de matar, muito menos obedecê-la. Mas a questão é que é nessa proibição totalmente incondicional, "não mates", que ouvimos mais claramente o tom de autoridade. Pois bem, isso significa que pode haver uma diferença de nível entre uma lei e um mandamento, e que o mandamento de não matar não pode ser uma lei, porque tudo o que este significa no sentido legal é: "Assassinato por motivo particular é errado, porque é imprevisível e perturba a autoridade social estabelecida, mas não há nada de errado em ir à guerra ou executar criminosos. Na verdade, isso é algo esplêndido". Esse é o significado legal do mandamento. No entanto, isso produz uma espécie de sentimento desconfortável no fundo da mente; talvez haja algum tipo de comunidade ou modo de viver em que "não mates" realmente significa "não mates".

Há um poema de Blake chamado *Auguries of Innocence* [Augúrios da inocência] que consiste em aforismos; e na abertura do poema, mencionam-se as várias coisas que acontecem às pessoas que maltratam os animais: "Um pisco-de-peito-ruivo, engaiolado / o céu inteiro deixa irado" [vv. 5–6] e, mais adiante no poema, "Aquele a quem o boi à cólera moveu / Mulher nenhuma para ele amor já deu" [vv. 31–32]. A primeira reação de alguém ao ler isso é dizer que é um absurdo: que talvez devesse ser verdade que aqueles que abusam de animais não merecem o amor das mulheres, mas pela nossa experiência pessoal, sabemos que isso não é nem um pouco verdade. Eles são muito mais propensos a serem admirados por elas. Se alguém dissesse isso a Blake, ele responderia: "Eu nunca disse que tais coisas eram verdade no nível da experiência". O poema chama-se *Augúrios da inocência*: isto é, profecias de um mundo inocente em que as pessoas que maltratam e atormentam os animais não têm lugar na comunidade humana. Talvez os Dez Mandamentos sejam diferentes de muitas das leis no Livro do Deuteronômio e em outros lugares por serem, de fato, augúrios da inocência. Em outras palavras, eles descrevem um mundo que não é o mundo em que vivemos, mas que, no entanto, é o mundo genuinamente humano.

Nos Evangelhos, percebemos que Jesus está sempre comentando ou citando os livros da lei, os primeiros cinco livros do Antigo Testamento. Questionado sobre qual é o maior mandamento, ele cita Deuteronômio [Mt 22, 37; Mc 10, 30; Dt 6, 5]. O Sermão da Montanha é, em grande parte, um comentário sobre os mandamentos, mas nele enfatiza-se um elemento positivo que gramaticalmente não está na formulação do Êxodo. Os mandamentos em Êxodo recebem uma forma negativa: não mates, não cometas adultério, não roubes, não dês falso testemunho. No Sermão da Montanha, Jesus de fato diz: "O mandamento diz: 'Não mates'; mas o que isso realmente significa, positivamente, é um entusiasmo genuíno pela vida humana. A lei diz: 'Não cometas adultério'. Mas o que isso realmente significa, positivamente, é um hábito de respeitar a dignidade das mulheres. E 'não roubes', na verdade, significa um entusiasmo por compartilhar seus bens com aqueles que mais precisam deles".

Esse tipo de comentário traz à tona o aspecto que chamei de "aspecto do mandamento" como algo distinto do aspecto do legalismo. Essa é a base da distinção no Novo Testamento entre lei e Evangelho, que não é uma distinção entre uma religião e outra. Como eu disse anteriormente, em nenhum lugar do Novo Testamento o legalismo que ele condena é identificado com o judaísmo. Da mesma forma, o legalismo e o sentido do Evangelho são simplesmente dois aspectos do que pode ser a mesma fórmula verbal: são simplesmente atitudes diferentes em relação a eles.

Agora, se deixarmos de lado a questão do Antigo Testamento e apenas pensarmos na lei em seu sentido secular comum, como o conjunto de regras pelas quais uma sociedade se ordena, notamos que, no contexto secular da lei, a diferença crucial é aquela entre o que é feito e o que não é feito: é o *ato* que obedece ou infringe a lei. Do ponto de vista da lei, portanto, um homem honesto neste contexto secular é aquele que não foi condenado por roubar. Mas, naturalmente, nenhuma sociedade pode se manter unida se tiver um senso de moralidade tão vago assim. É preciso que haja um senso de integridade pessoal muito mais rígido, mesmo na esfera secular.

A ênfase no ensino do Evangelho está no extremo oposto da lei secular, porque se concentra toda no estado de espírito e não na ação; e em certo sentido, uma ação errada só é errada porque manifesta um estado mental errado. Ou seja, os sete pecados capitais, os pecados mortais que destroem a alma, como eram classificados na Idade Média, eram orgulho, ira, preguiça, inveja, avareza, gula e luxúria. Nenhum desses pecados resulta necessariamente em ações criminosas ou antissociais. Pecado não é erro, delito ou comportamento antissocial: a palavra "pecado" não tem significado fora de um contexto religioso. O pecado é a tentativa de bloquear a vontade de Deus, e não tem sentido em outro contexto, nenhum significado social ou moral.

O adultério na Idade Média teria sido considerado como uma subdivisão do pecado mortal da luxúria; mas a luxúria poderia assumir muitas formas que não prejudicariam nada além do estado de espírito da própria pessoa. Ela pode ser imoral, mas não é criminosa. Várias pessoas tentaram torná-la criminosa, mas isso é outro corolário do ensino do Evangelho: quando se interpreta como ilegais coisas que o Evangelho condena e se começa a aprovar leis contra elas, temos a tirania mais fantástica. Essa é a situação que Shakespeare estabelece em *Medida por medida*, onde o herói é condenado à morte porque está noivo ou legalmente casado, mas não tem a declaração pública de seu casamento e, portanto, enquadra-se numa lei notavelmente estúpida, que prevê a pena de morte para licenciosidade sexual. Assim, a distinção é que essas concepções de lei no Evangelho estão enraizadas no estado de espírito do indivíduo e não no bem-estar social.

Assim, o estado de espírito do indivíduo é enfatizado, e várias vezes, ao longo de toda a tradição cristã, tem havido tentativas de incorporar o Evangelho na legislação: o que resultou, como disse, nas tiranias mais assustadoras. A situação é realmente a delineada na *República* de Platão, onde Sócrates erige o padrão do Estado justo, que seria um inferno absoluto para seus habitantes, e diz no final do nono livro: "Você acha que tal Estado poderia existir?". Aqueles que não estiverem bêbados ou dormindo, a essa altura, simplesmente estremecem e dizem: "Céus, não". Sócrates diz: "Ora, nem eu, mas o homem sábio sempre viverá de acordo com suas leis, não importa em que sociedade real ele esteja" [*República*, 592a-b]. Essa é a concepção por trás do Evangelho, a concepção de um reino espiritual do qual somos cidadãos e cujas leis seguimos, sem que elas possam ser incorporadas à sociedade sob a forma de legislação positiva. Assim, Paulo enfatiza o mais possível o estado de espírito que ele chama de justificação pela fé, distinguindo-o do da pessoa que tenta se somar, calcular legalmente seu valor, por assim dizer, em função do que faz.

No começo deste curso, apresentei uma tabela que incluía primeiro o Jardim do Éden, depois a Terra Prometida, depois a cidade e o templo de Jerusalém e Sião. No período do Novo Testamento, estes se tornaram um reino espiritual que abandonou suas conexões com a história e uma sociedade específica. Quando digo que ela abandonou suas conexões com uma história e com uma sociedade específica, quero dizer, entre outras coisas, que ela desapareceu do mundo do tempo e do espaço, e que suas concepções das categorias últimas da existência nos levam além daquelas categorias finais comuns de tempo e espaço.

Uma das coisas que Jesus diz sobre o reino dos Céus é: "O reino dos Céus está dentro de vós": *entos hymon* [Lc 17, 21].[2] A Nova Bíblia Inglesa, que por algum motivo parece estar muito infeliz com esta observação, traduz como *"among you"* [no meio de vós] e dá quatro alternativas na margem que, ouso dizer, parecem insinuar: "Não sabemos o que diabos isso significa". O motivo é que, como em toda a Bíblia, temos de lembrar que a fé do tradutor tem grande influência na tradução que ele faz. Se você considera as verdades psicológicas como as verdades mais profundas, então preferirá a palavra "dentro": o reino dos Céus está dentro de você. Mas se o que você quer é um Evangelho social, então dirá: "O reino dos Céus está no meio de vós", e os tradutores da NEB obviamente tinham uma consciência social, porque preferiram dizer "no meio". O Evangelho de Tomé, uma coleção de ditos de Jesus que só foi descoberto em 1945, diz: "O reino dos Céus está dentro de vós e está fora de vós" [v. 3], o que faz muito sentido, a meu ver. Parece-me que a afirmação em Lucas, "O reino dos Céus está *entos hymon*", pode significar "dentro de vós" ou pode significar "no meio de vós": esses são significados subordinados. O significado central é que o reino está *aqui*, e não *lá*. Em outras palavras, ele transcende nosso senso normal de espaço; porque tudo em nossa experiência comum do espaço está *lá*. Vivemos em um mundo alienado, que continuamente se afasta de nós, e tudo o que apontamos, mesmo o meio de nossa própria espinha dorsal, ainda está *lá*. Se queremos chegar a uma concepção do *aqui*, temos de traçar um círculo ao nosso redor para que o *aqui* esteja dentro dele. No entanto, *aqui* é obviamente o centro do espaço. Se aplicarmos as mesmas categorias ao tempo, nos encontraremos no meio do mesmo paradoxo da realidade e da ilusão. O tempo é a categoria fundamental pela qual percebemos tudo: não percebemos nada que seja real, exceto no tempo. No entanto, o tempo, como normalmente o experimentamos, consiste em três irrealidades, um passado que não existe mais, um futuro que ainda não existe e um presente que nunca existe. Assim, extraímos nossa realidade fundamental de uma ilusão tríplice. Todavia, sentimos que o *agora* é o centro do tempo, assim como *aqui* é o centro do espaço. Mas, novamente, como acontece com o espaço, a única maneira de chegar a isso é desenhar um círculo em torno do passado muito próximo e do futuro muito próximo e dizer que o "agora" é algum ponto dentro dele.

É esse senso de autenticidade do aqui e agora que nos dá o que podemos chamar de um presente real e uma presença real. Porém, naturalmente, essa é uma dose bastante pesada para as pessoas tomarem. Por isso, observamos repetidamente que as obras religiosas e teológicas são permeadas pelas con-

---

[2] Frye troca "Deus" da AV por "Céu" nesta citação e ao longo da exposição que se segue.

cepções comuns de tempo e espaço. Na religião, há o uso de duas palavras em particular, a palavra "eterno" e a palavra "infinito". Praticamente toda vez que alguém usa essas palavras, quer dizer com "eterno" uma duração de tempo indefinido, tempo que continua e continua e continua e nunca para. Da mesma forma, por "infinito" querem dizer espaço que continua e continua e nunca para. Acho que o que essas palavras realmente significam na religião é algo mais parecido com a percepção da realidade do agora e a percepção da realidade do aqui. Mas é claro que a noção de um mundo que continua e continua no tempo, sem parar, um mundo que seria uma felicidade sem fim para os virtuosos e um tormento sem fim para os ímpios, era uma noção bastante aprazível a um certo elemento desagradável na natureza humana. A partir disso surgem doutrinas de Céus e Infernos que se estendem indefinidamente no tempo, teorias essas que foram adotadas sobretudo por serem poderosas ferramentas políticas.

Outra razão pela qual há tanta ênfase nos Céus e Infernos é que, no ensino de Jesus, a realidade fundamental das coisas era uma divisão entre seu reino espiritual do Céu e o mundo de tormento sem fim que o homem continua construindo para si mesmo. Em seu ensinamento, não há realidades exceto aquelas do pertencimento ou exclusão do reino espiritual. Mas a existência contingente, como a conhecemos no tempo, é uma mistura das duas coisas, e por isso há a parábola do joio e do trigo: este mundo é um campo de trigo muito mal semeado e cheio de ervas daninhas [Mt 13, 24–30]. Não adianta tentar arrancar as ervas daninhas e deixar o trigo continuar sua existência comum. Eis por que, nos Evangelhos, também há uma ênfase no reino espiritual como algo imediato. Mais uma vez, a tendência religiosa geral era continuar adiando para o além, para a vida após a morte. Mas a ênfase de Jesus é consistentemente no imediatismo. Isso nos leva a uma área onde a história parece tomar forma e alcançar uma espécie de realização. Ora, em nossa experiência comum da história, isso nunca acontece: a história simplesmente continua. Concluímos, portanto, que esse era um grande enigma para alguns dos primeiros cristãos, que presumiram que o que Jesus queria dizer era que haveria um tremendo espetáculo pirotécnico que cairia sobre nós na próxima terça-feira, transformando o Sol em escuridão e a Lua em sangue, e, assim, poria fim à história como a conhecemos. Isso não aconteceu. Portanto, é óbvio que tal cumprimento da história deve se dar em outro lugar.

A implicação, então, é que existem dois níveis de conhecimento. Aquilo que é descrito como conhecimento do bem e do mal surgiu no mundo e se tornou o legalismo que o Novo Testamento condena. Esta visão do legalismo que descende do conhecimento do bem e do mal é a que engendra a metáfora jurídica que percorre toda a Bíblia, e que pensa em termos de julgamentos, com defensores e acusadores. Vimos que até Jó está confiante de que tem um defensor, um *go'el*, que o defenderá. Por isso, ele deseja que seu *diabolos*, seu acusador, tenha escrito um libelo e declarado o caso contra ele. Mas, tendo lido os dois primeiros capítulos de Jó, podemos ver que, embora essa visão legal seja totalmente natural e inevitável para Jó, não é exatamente a que está lá.

Biblia Pauperum 34: Ascensão
(At 1, 4–12)

Enoque arrebatado ao Céu
(Gn 5, 24; Hb 11, 5)

A assunção de Elias
(2Rs 2, 1–13)

Biblia Pauperum 35: Pentecostes
(At 2)

Moisés recebe a lei
(Ex 20)

O fogo consome o sacrifício de Elias
(1Rs 18, 17–40)

22

Apocalipse: a remoção do véu

Abordei anteriormente as várias fases do que costuma ser chamado de revelação na Bíblia. E parece-me que o que dissemos no início do curso sobre a estrutura em que a Bíblia é organizada, com o Antigo Testamento fornecendo, na leitura cristã, os tipos dos antítipos do Novo Testamento, é um princípio que também se aplica aqui.

Em primeiro lugar, a concepção da Criação na Bíblia fornece o sentido de uma ordem inteligível e controlada: e a realidade para a qual isso aponta é a redenção do povo de Deus de um Estado de tirania e exploração. Assim, nesse sentido, o Êxodo é o antítipo da Criação; e as referências à saída de Israel do Egito são mencionadas como a verdadeira conclusão da própria obra da Criação, como, por exemplo, em Isaías 51[, 9–10], onde se diz que Deus destruiu o dragão do caos na Criação e depois destruiu a força da tirania, libertando Israel do afogamento no mar.

O Êxodo dá às religiões bíblicas aquela qualidade curiosamente revolucionária que o judaísmo, o cristianismo e o islamismo têm em algum grau. Como já vimos, uma nação que passou por esse tipo de experiência revolucionária ganha um senso muito forte de sua própria unidade como um corpo, por causa da experiência compartilhada por seu povo. Assim, a lei torna-se realmente o antítipo do nascimento de Israel na libertação do Egito, ou a realidade para a qual sua origem aponta.

A lei, é claro, é uma coisa social e, consequentemente, é aproximativa e incompleta até que esteja incorporada na atitude do indivíduo; e vimos que, na Bíblia, a sabedoria era pensada essencialmente como a individualização da lei.

Em seguida, observamos que a sabedoria é um modo de vida que busca a continuidade e a estabilidade, a persistência na mesma linha de conduta, e encara o futuro com uma atitude mental descrita na Vulgata como *prudentia*, prudência, uma estabilidade dada pela experiência passada diante das contingências futuras. E isso, como vimos, era algo que leva a uma concepção muito mais radical, a concepção da profecia, que individualiza o sentimento revolucionário assim como a sabedoria individualiza a lei, e observa o homem no fundo daquela curva em forma de U, entre seu estado original e sua libertação final.

Nesse ponto, também, é a profecia, em particular, que a Bíblia cristã considera cumprida pelo Evangelho porque, enquanto para o judaísmo o livro chamado pelo cristianismo de Antigo Testamento é essencialmente um livro da lei, para os cristãos o Antigo Testamento é sobretudo um livro de profecia. Esta profecia é considerada cumprida pelo Evangelho, que é o relato de como o próprio Deus, em forma humana, passou por essa curva em U que descrevemos anteriormente: isto é, como Ele desceu através da Encarnação ao nível da experiência humana e novamente subiu na curva, ao ressuscitar.

Eu precisei complicar meu relato do Evangelho falando sobre a atitude diferente em relação ao tempo que ele me parece exigir. Parte da minha razão para enfatizá-lo é que nossas noções de tempo ainda tendem a persistir inalteradas; e há uma grande vantagem em uma atitude que mantém seus antítipos no futuro. Enquanto eles ainda não forem cumpridos, é de certo modo mais fácil confiar neles. Ou seja, o cristianismo muito cedo foi confrontado com a aparente contradição entre o fato de que a redenção da humanidade supostamente já ocorrera, e o fato de que, ainda assim, a história parecia continuar praticamente inalterada. Não há problema nisso, desde que nos lembremos de que duas concepções de tempo estão envolvidas. Porém se considerarmos apenas uma concepção de tempo, teremos um problema nas mãos. Assim, concomitantemente com a concepção do Evangelho, temos a noção do próprio Evangelho como algo a ser plenamente cumprido em uma Segunda Vinda, que porá fim à história como a conhecemos. Na verdade, isso é pelo menos metaforicamente verdade sobre o próprio Evangelho, porque um fato central sobre a concepção de Jesus no Novo Testamento é que ele é tanto Senhor quanto servo, e simbolicamente, a dialética da história termina no ponto em que o Senhor e o servo tornam-se a mesma pessoa.

A relação da primeira vinda com a Segunda Vinda é novamente retratada naquela imagem que encontramos no final do Livro de Jó: "Os meus ouvidos haviam escutado falar de ti, mas agora os meus próprios olhos te veem" [42, 5]. Ou seja, o Evangelho é essencialmente um ensino oral, e a escuta da Palavra recebe uma grande ênfase. A aparência física de Cristo contrasta curiosamente com as coisas que ele diz: suas declarações foram reunidas e registradas com grande cuidado, mas o fato de que ele estava destinado a se assemelhar mais a algumas pessoas do que a outras não poderia deixar de ser um embaraço para a Igreja, e assim adotamos esse meio-termo vagamente italiano como nossa concepção visível de Cristo. Mas o Apocalipse é essencialmente uma abertura da visão, e a frase que aparece bem perto do início do Livro do Apocalipse diz que "todo olho o verá" [1, 7].

O que os olhos verão, naturalmente, é a Palavra transformada em coisa visível, em vez de audível. Mencionei anteriormente o fato de que o Livro do Apocalipse é um denso mosaico de alusões ao Antigo Testamento [Capítulo 3]: Ezequiel, Daniel, Zacarias e Isaías são feitos do mesmo material e na mesma textura que a visão retratada no Livro do Apocalipse. O autor do Apocalipse parece estar mais próximo do texto hebraico do Antigo Testamento do que a maioria dos escritores do Novo Testamento, e quando ele diz que teve sua visão em Patmos, isso não contradiz o fato de que seu livro é um denso mosaico de alusões às imagens do Antigo Testamento. Nos termos que ele estava tentando apresentar, não há diferença entre o que ele vê na visão em Patmos e o que ele vê no texto de Ezequiel ou Zacarias, porque o que ele está vendo é para ele, principalmente, o significado da Palavra de Deus. É por isso que há tanta ênfase na visão no livro, embora Apocalipse não seja um livro claramente visualizado. Muitos ilustradores sofreram com seu dragão de sete cabeças e dez chifres, e seu testemunho é unânime: o Livro do Apocalipse não é tecnicamente visualizado. O que é lançado em um padrão e mais ou menos projetado em uma tela é a estrutura imagética da Bíblia, apresentada como uma unidade.

E assim como a concepção da relação do Evangelho com a profecia relaciona o evento narrado nos Evangelhos com o passado, a concepção do Apocalipse o relaciona com um futuro. Sempre houve no que se poderia chamar de cristianismo populista um forte anseio por um fim dramático para a história dentro de um futuro muito breve, por um fim do tempo como o conhecemos.

A concepção popular de tempo no cristianismo talvez seja uma de suas características menos atraentes. O século XVII viu, com Galileu, a substituição do espaço mitológico pelo espaço científico, e a Igreja conseguiu sobreviver a isso: descobrimos que podíamos viver sem a metáfora de que Deus está lá em cima no céu. Quando os primeiros astronautas russos começaram a explorar o espaço sideral, a observação de Khrushchev de que eles não encontraram nenhum vestígio de Deus lá em cima[1] não teve um impacto muito desastroso em nenhuma das religiões ocidentais: nós já havíamos superado aquela estrutura particular de metáfora e não precisávamos mais aceitar seus pressupostos.

---

1 A observação, na verdade, é do piloto soviético Yuri Gagarin, em resposta a uma pergunta feita após seu retorno do primeiro voo espacial tripulado, em 12 de abril de 1961.

Mas ao mesmo tempo que essa revolução espacial começava, tivemos o Arcebispo Ussher, na Inglaterra do século XVII, explicando que o mundo havia sido criado em 4000 a.C. e duraria seis mil anos, quando o sétimo milênio enfim começaria. Consequentemente, sabendo que houve um erro de quatro anos, o milênio começará em 1996. Acho que a maioria de nós está conformada com a alta probabilidade de que o milênio não comece em 1996: em outras palavras, superamos a metáfora do tempo, assim como superamos a conexão da metáfora do espaço com a existência ou atividade de Deus. Durante o século XIX, várias seitas milenaristas costumavam se reunir no alto de uma montanha para esperar o fim do mundo. Mas a ironia de sua situação era revelada pela existência da própria montanha, que estava lá há milhões de anos e, sem dúvida, haveria de permanecer lá por vários milhões de anos mais. É por isso que insisto na minha ênfase quanto à necessidade de transcender nossas noções regulares de tempo e espaço para entender o que a Bíblia diz. Quando ela fala do tempo, e diz que o *kairos*, o momento crucial do tempo, está próximo, ela não se refere ao tique-taque de um relógio.

A palavra "apocalipse", o nome do último livro da Bíblia, corresponde à palavra grega para "revelação". Eis por que o livro é chamado *Revelation* na tradução inglesa. A visão de João em Patmos narrada no livro é um panorama de certas coisas da experiência humana assumindo formas diferentes. O Sol se transforma em escuridão e a Lua em sangue, há cavalos cavalgando pelo mundo, há dragões enormes emergindo do mar, e acontecem eventos dos mais fantásticos; mas essas são imagens reprimidas de um povo perseguido vindo à tona, e são sua consciência do que está acontecendo. Assim, imaginamos se é possível dar um passo adiante e sugerir que o homem cria o que chama de história para esconder de si mesmo o que realmente está acontecendo. O que se aplica à visão apocalíptica do Apocalipse também pode se aplicar à história de Jesus nos Evangelhos. Os Evangelhos são um cumprimento da profecia: portanto, não se coadunam com nosso entendimento do que é história. Pensamos na história como uma tentativa de colocar o leitor no lugar onde os eventos ocorreram. A história conta ao leitor o que ele teria visto se estivesse presente, digamos, no assassinato de César. Mas o que os Evangelhos nos dizem é mais ou menos assim: se você estivesse presente nas colinas de Belém no ano zero, talvez não ouvisse um coro de anjos. Mas o que você teria visto e ouvido não teria qualquer relação com o que, para a Bíblia, realmente estava acontecendo. Assim, os antítipos da história e da profecia como os temos no Evangelho e no Apocalipse oferecem não o que você teria visto e ouvido, ou o que eu teria visto e ouvido, mas o que estava realmente acontecendo e que nós não poderíamos ver por nos faltar a visão espiritual.

A Bíblia termina em Apocalipse 22[, 16-17]: "Eu, Jesus, enviei o meu anjo, para vos atestar estas coisas a respeito das igrejas. Eu sou a raiz e a geração de Davi, a estrela resplandecente da manhã. E o Espírito (Santo) e a Esposa dizem: 'Vem!'. E o que ouve, diga: 'Vem!'. E o que tem sede, venha; e o que quer, receba de graça a água da vida". Em seguida, passamos a uma advertência de um tipo costumeiro em livros sagrados, que diz: você não deve acrescentar ou tirar uma única palavra do que está escrito neste livro [v. 19]. O significado superficial e aparente da expressão "este livro" é apenas "o Livro do Apocalipse", mas quanto mais eu o estudo, mais me convenço de que o autor do Livro do Apocalipse está deliberadamente fazendo de seu livro uma coda ou conclusão para o cânone inteiro. Não sei o quanto ele sabia sobre o cânone em sua época, nem acho que isso importe, mas acho que "este livro" talvez se refira a algo muito mais amplo do que o Livro do Apocalipse. Ele diz sobre "este livro" que nada lhe deve ser acrescentado ou retirado: em outras palavras, isso é tudo. Não há mais. É aqui que a Bíblia termina. Percebe-se que é um final notavelmente aberto.

"E o Espírito (Santo) e a Esposa dizem: 'Vem!'. E o que ouve, diga: 'Vem!'. E o que tem sede, venha; e o que quer, receba de graça a água da vida". Parece-se sugerir que a Bíblia, em suas palavras finais, não chega a um fim, mas a um começo. E esse começo está na mente do leitor, de modo que o Apocalipse, por sua vez, se torna um tipo. Nesse caso, qual é o seu antítipo? Se examinarmos esta lista,[2] veremos que há apenas uma possibilidade, e é aí que começamos, com uma nova Criação: que é como Paulo descreve o Evangelho em Romanos e em outros lugares.

Milton, por exemplo, tem muitos escritos em prosa e, claro, toda a sua poesia é dedicada ao princípio geral de que a Bíblia deve ter uma autoridade independente da Igreja, que a Igreja não deve interpretar a Bíblia, ou pelo menos não deve ter a interpretação definitiva. Em vez disso, o cristianismo assume a forma de um diálogo entre a Palavra de Deus e a Igreja. No entanto, enquanto Milton coloca a autoridade da Bíblia acima da autoridade da Igreja, ele também coloca a autoridade do que ele chama de "Palavra de Deus no coração",[3] isto é, a compreensão da Bíblia pelo leitor, acima da própria autoridade

---

2   Isto é, a lista das fases do Apocalipse.

3   "Não há poder que não venha de Deus, diz Paulo, Romanos 13, o que equivale a dizer que Deus colocou no coração do homem o desejo de descobrir o melhor caminho para a paz e a preservação comum, aprovando o exercício do mesmo" (*The Tenure of Kings and Magistrates*, Hughes, pp. 758-759). Cf. *Paraíso recuperado*, l. 1, vv. 460-464: "Deus agora enviou seu Oráculo vivo / Ao Mundo, para ensinar sua vontade final, / E envia seu Espírito de Verdade doravante para habitar / Nos Corações piedosos, um Oráculo interior / Para toda verdade que os homens necessitam conhecer". A fonte bíblica da ideia está no Salmo 119, 11, na parábola do semeador em Lucas 8, 5-18 e em outros lugares. Ver GC, p. 138.

da Bíblia. Isso soa como se ele estivesse estabelecendo, contra toda a história e tradição, um padrão do que é chamado de julgamento privado. Mas não era nisso em que Milton estava pensando. Para ele, no fim das contas, não é o ego nem o "eu" individual que lê a Bíblia, mas o Espírito Santo dentro do leitor. E Ele, é claro, sendo uma das Pessoas Divinas, tem uma unidade que transcende a do leitor individual.

O importante é a inversão de perspectiva que ocorre na mente do leitor — ou deveria ocorrer na mente do leitor — quando ele chega ao fim da Bíblia, que é também o início de sua vida. Bernard Shaw comenta sobre a armadilha em *Hamlet,* em que Cláudio se encanta com a peça, não porque seja uma ótima peça, mas porque é uma peça sobre ele.[4] Isso vale também para a Bíblia: o seu significado é *de te fabula*: a história é sobre você.[5] E a recriação do livro na mente do leitor é o fim a que ele se dirige. Portanto, a Criação mencionada no Gênesis não é para nós, em primeiro lugar, o início da natureza como tal, mas sim o início da compreensão consciente, cujos limites definidores primários são "começo" e "fim". No fim, esta Criação divina que Deus fez e viu como boa é recriada na mente do leitor.

Essa nova Criação de fato incorpora toda a sequência. Ela começa como uma revolução na mente do leitor e também engloba toda a sequência até o próprio Apocalipse. É óbvio que se esses são todos os tipos de antítipos em um único processo, todos eles têm que ser uma parte essencial da conclusão. Pois certamente não pode haver sentido de uma nova Criação sem uma expansão revolucionária da consciência.

Esta nova Criação não está na mente egocêntrica nem na mente individual. Está na mente do leitor individual enquanto membro de uma comunidade, e está na comunidade como uma comunidade dentro do Espírito Santo, a Pessoa Divina. Continuo voltando a Milton porque ele parece expressar essas coisas com muita lucidez: é assim que Milton explica, em sua época, como o cristianismo se torna uma força revolucionária na história. O cristianismo se torna uma força revolucionária ao tentar não fazê-lo. A sociedade é geralmente uma pirâmide de autoridade com um homem no topo. A comunidade, unida na compreensão da Palavra de Deus, é uma caixa, onde todos são livres e iguais por sua fé. Portanto, toda estrutura social precisa aceitar esse cubo indigesto no meio dela e, por fim, adaptar-se a ele. O Evangelho inaugura a divisão entre a autoridade espiritual e temporal: Jesus diz: "Dai a César o que é de César,

---

4 G. B. Shaw, "The Quintessence of Ibsenism", em *Major Critical Essays*. Londres: Constable, 1930, p. 155.

5 *Quid rides? Mutato nomine de te fabula narratur* [Por que você está rindo? Mude o nome e a história é sobre você] (Horácio, *Sátiras*, 1.1.69).

e a Deus o que é de Deus" [Mc 12, 17]. O problema é que chega um ponto em que César exige o que é devido apenas a Deus, ou seja, o culto divino. Assim que isso acontece, a comunidade cúbica se torna uma força revolucionária.

Pode não ser teoricamente verdade que uma contrarrevolução seja impossível em uma nova Criação. Mas quando Adão se tornou parte da Criação, ele foi atrelado a um poder infinito. Ele tinha o livre-arbítrio para romper com tudo e, consequentemente, é a redenção da escravidão que tem de ser o antítipo da Criação. Isso é assim porque a Criação incluiu um rompimento com a Criação, e na nova Criação a pessoa é novamente ligada ao poder eterno e infinito que a iniciou. Tudo depende, é claro, do papel que se atribui ao tempo: se o tempo histórico comum continua sendo o fato central de nossa experiência, ainda há a possibilidade de uma nova queda. Na verdade, vemos isso constantemente. Mas todo o esquema cristão como exposto por Milton e todos os outros tem uma aversão considerável ao fechamento do círculo que se encontra nas religiões orientais com a concepção de reencarnação. Na odisseia cristã, a única ideia é voltar para casa como Ulisses; mas, assim como um jogador de beisebol, você tem de dar voltas em círculo para chegar lá, e quando chega em casa, ela não é exatamente o mesmo lugar que era quando você partiu. E assim há uma espécie de lacuna, uma espécie de faísca entre a Criação no início e a nova Criação no final. Se fecharmos a lacuna, tornando-a um círculo fechado, obteremos a concepção hindu de reencarnação, que se repete em diferentes momentos ao longo da história.

Eu acho que todo círculo é apenas uma espiral fracassada, e que a história e a natureza se renovam em ciclos porque são preguiçosos demais para recomeçar em outro nível. No entanto, há o nível pelo qual se começa no Gênesis e se termina no Apocalipse, seguido por uma experiência em um nível diferente, que acontece na mente do leitor quando ele faz o mesmo percurso, e assim por diante. Contudo, isso é algo que a Bíblia não vê necessidade de explicar.

Biblia Pauperum 36: Coroação da Virgem
(extrabíblico — do século XII; cf. *Biblia Pauperum* 40)

Salomão assenta Bate-Seba à sua direita   Assuero faz de Ester a rainha
(1Rs 2, 19)   (Est 2, 17)

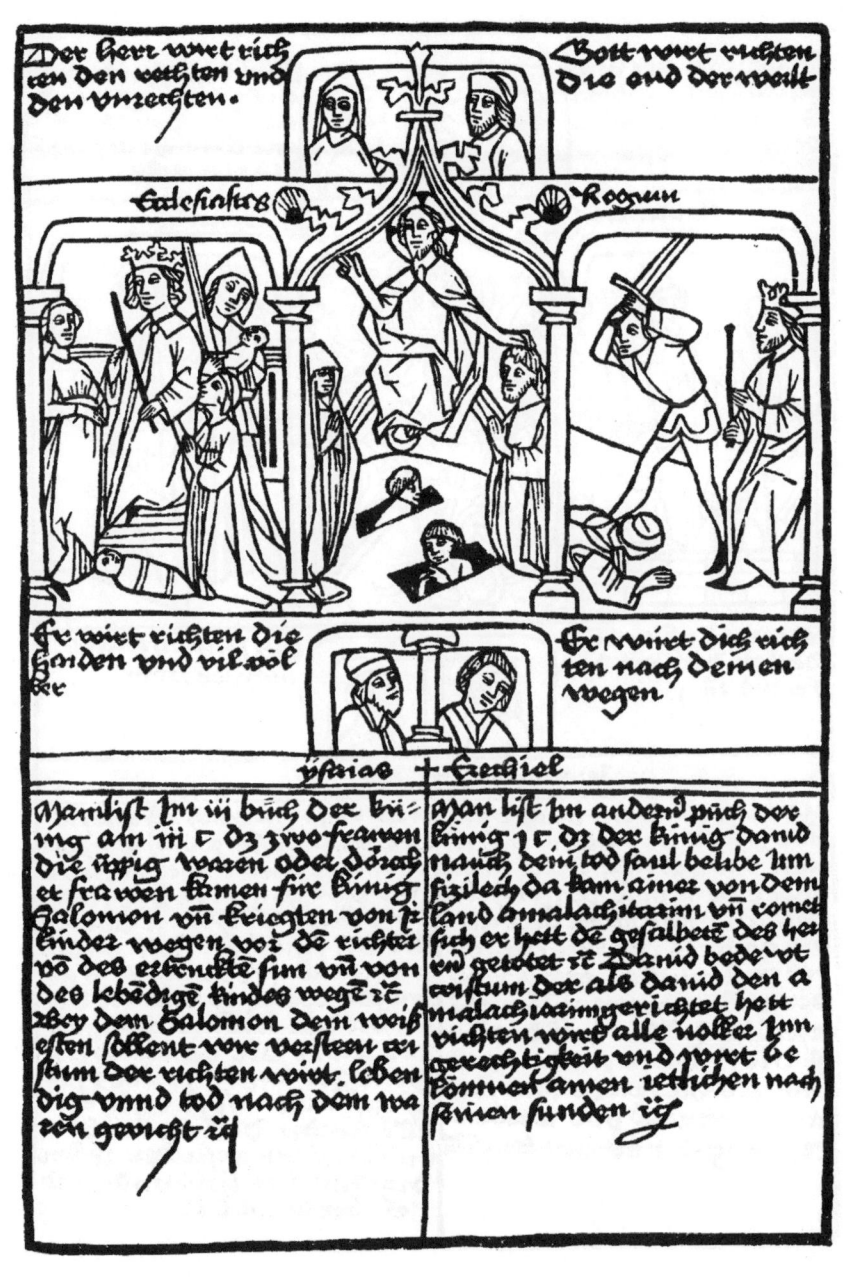

Biblia Pauperum 37: O Juízo Final
(Ecl 3, 17; 2Tm 4, 1)

Julgamento de Salomão
(1Rs 3, 16–27)

Davi condena o amalequita
(2Sm 1, 1–16)

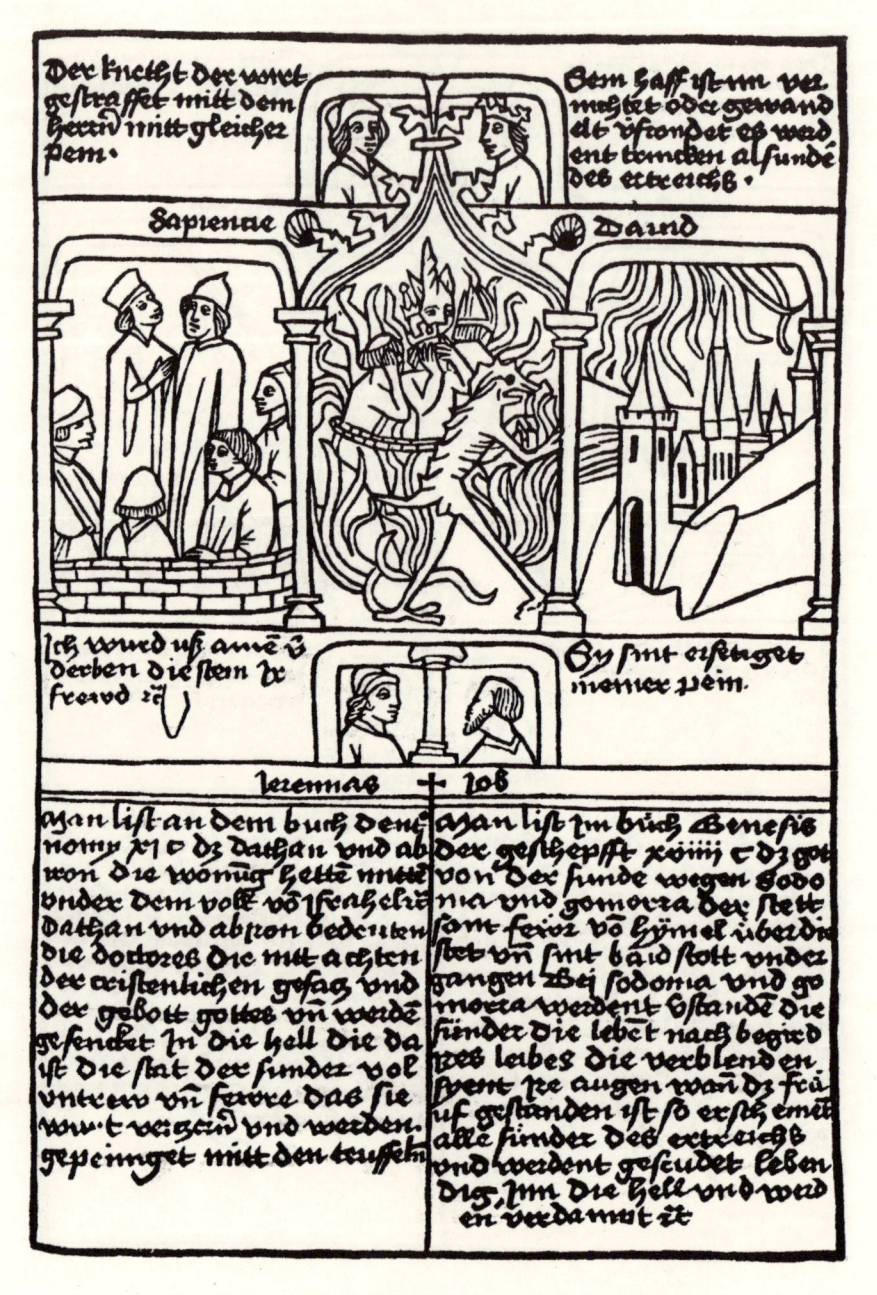

Biblia Pauperum 38: Os condenados levados ao Inferno
(Mt 5, 29)

Datã e Abirão
(Nm 16)

Sodoma e Gomorra destruídas
(Gn 19, 23–28)

23

Apocalipse: depois que o ego desaparece

Esta é uma análise que fiz do Livro do Apocalipse.

Tabela do Apocalipse[1]

(Prólogo, 1, 1–9)
Primeira epifania: Filho do Homem, 1, 10–20.
Primeira comissão ao autor, 1, 11.

PRIMEIRA SÉRIE: AS SETE IGREJAS E AS SETE RECOMPENSAS
1. (Éfeso) Árvore da vida, 2, 1–7.
2. (Esmirna) Coroa da vida, 2, 8–11.
3. (Pérgamo) Maná escondido e nome na pedra branca, 2, 12–17.
4. (Tiatira) Estrela da manhã e poder sobre as nações, 2, 18–29.
5. (Sardis) Vestimentas brancas e nome no Livro da Vida, 3, 1–6.
6. (Filadélfia) Pilar no templo; nome de Deus inscrito, 3, 7–13.
7. (Laodiceia) Sentar-se no trono, 3, 14–22.
    Segunda epifania, 4.
    Primeiro hino, 4, 8–11.
    Terceira epifania: o Cordeiro tira o selo do Livro, 5.
    Segundo hino, 5, 9–14.

---

[1] A análise não fazia parte das palestras impressas, mas foi incluída no guia de estudo do vigésimo nono programa (Aula 23).

SEGUNDA SÉRIE: AS CALAMIDADES DOS SETE SELOS

1. O vencedor no cavalo branco, 6, 1–3.
2. O cavalo vermelho da guerra, 6, 4.
3. O cavalo negro da fome, 6, 5–6.
4. O cavalo esverdeado da morte, 6, 7–8.
5. O clamor dos mártires e a entrega das vestes brancas, 6, 9–11.
6. Terremoto, escurecimento do Sol, Lua e estrelas, 6, 12–17.
    Quarta epifania: selamento de Israel, 7.
    Terceiro hino, 7, 12.
7. Ritual de silêncio e incenso, 8, 1–5.

TERCEIRA SÉRIE: AS CALAMIDADES DAS SETE TROMBETAS

1. Granizo e fogo: um terço das árvores, 8, 6–7.
2. Montanha no mar: um terço do mar de sangue, 8, 8–9.
3. Estrela de absinto: um terço das águas poluído, 8, 10–11.
4. Sol, Lua e estrelas escurecem, 8, 12–13.
5. Abertura do abismo: gafanhotos e escorpiões, 9, 1–12.
6. Soltura dos anjos do Eufrates, 9, 13–21.
    Segunda comissão, 10.
    Terceira comissão, 11.
    Quinta epifania: martírio das testemunhas, 11, 3–19.
    Quarto hino, 11, 15.
7. Abertura do templo: visão da Arca da Aliança, 11, 19.

QUARTA SÉRIE: AS VISÕES APOCALÍPTICAS CENTRAIS

1. O nascimento do Messias, 12, 1–6.
2. Expulsão do dragão, 12, 7–17.
3. Aparição dos dragões do mar e da terra, 13.
4. Visão dos redimidos, 14, 1–5.
    Quinto hino, 14, 3–4.
5. Mensagens dos três anjos, 14, 6–12.
    Quarta comissão, 14, 13.
6. A colheita final, 14, 14–16.

7. A vindima final, 14, 17–20.
    Sexta epifania, 15.
    Sexto hino (Cântico de Moisés), 15, 3–4.

QUINTA SÉRIE: AS PRAGAS OU TAÇAS
1. Praga dos furúnculos, 16, 1–2.
2. Mar transformado em sangue, 16, 3.
3. Rios transformados em sangue, 16, 4–7.
4. Calor cáustico do Sol, 16, 8–9.
5. Escuridão do trono da besta, 16, 10–11.
6. Seca do Eufrates; sapos; Armagedom, 16, 12–21.
7. Praga do ar; queda da Babilônia; julgamento da Prostituta, 17–18.
    Sétima epifania, 19, 1–10.
    Sétimo hino, 19, 14.
    Quinta comissão, 19, 9.

SEXTA SÉRIE: AS SETE COISAS FINAIS.
1. O vencedor no cavalo branco, 19, 11–18.
2. Captura das bestas, 19, 19–21.
3. Aprisionamento de Satanás, 20, 1–3.
4. Milênio, 20, 4–6.
5. Guerra com Gogue, 20, 7–10.
6. Juízo Final, 20, 11–15.
7. Descida de Jerusalém, 21–22.
    Sexta comissão, 21, 5.
    Sétima comissão, 22, 10.
    (Epílogo), 22, 18–21.

Sétima série: o padrão simbólico subjacente

Categoria	Forma Apocalíptica	Forma demoníaca (ou forma da ira)
1. Divino	A. Deus entronizado no Céu	Sinagoga de Satanás
	B. Evangelho eterno (14, 6)	Mistério (17, 5)
2. Espiritual-angélico	A. Sete espíritos diante do trono	Sete colinas de Roma
	B. Estrela da manhã	Estrela de absinto
3. Humano	A. Filho do Homem	César divino
	B. Noiva	A Grande Prostituta
	C. Vestes brancas	Escarlate e púrpura
	D. Lamento dos mártires	O lamento dos reis
4. Animal	A. Cordeiro	Dragão etc.
	B. Quatro seres ao redor do trono	Quatro cavaleiros
5. Vegetal	Árvore da vida	Colheita e vindima
6. Mineral	A. Jerusalém	Babilônia
	B. Pedra branca	Mó
7. "Caos" (mundo aquático)	A. Rio da vida	Rio do dragão (12, 15–16)
	B. Mar de vidro	Lago de fogo
	C. Taça da água da vida	Taça do sangue da morte

Cada passagem do Livro do Apocalipse é um denso mosaico de alusões e ecos do Antigo Testamento. O autor é particularmente devedor do Livro de Ezequiel, e no misticismo judaico há toda uma literatura que parte da visão da carruagem com quatro rodas que abre Ezequiel. Essa tradição se chamava misticismo Merkabah, e o Livro do Apocalipse talvez seja sua única manifestação no cristianismo — não sei. Em todo caso, apresenta-se como tendo sido escrito por alguém chamado João, diferenciado do apóstolo de mesmo nome pelo título de *theologos*, o divino, e se diz que teve uma visão em Patmos, onde estava exilado.

Acho que, se você olhar para o livro da maneira como tentei, descobrirá que há sequências recorrentes organizadas em grupos de sete, algumas das quais estão relacionadas umas às outras. Se você olhar, por exemplo, a terceira série, as calamidades das sete trombetas, e compará-la com a quinta série, as pragas ou taças, verá que há muitos paralelos entre as duas. Os paralelos entre elas são parcialmente explicados pelo fato de que ambas se baseiam na concepção das pragas do Egito como algo que se repetirá no último dia. Também tento localizar as sete comissões feitas ao autor, e os sete hinos e as sete epifanias, e as visões espalhadas que ele tem; e se você achar minha análise muito esquematizada, só posso dizer que o Livro do Apocalipse me parece um livro muito esquematizado, e que sua extraordinária insistência nos números sete e doze pode ter o significado de que, naquela época, sete era o número tanto dos planetas quanto dos dias da semana, e doze era o número tanto dos meses do ano quanto dos signos do zodíaco; consequentemente, sete e doze representam particularmente um mundo onde tempo e espaço se tornaram a mesma coisa.

Acontecem, a meu ver, seis séries de sete eventos, correspondendo possivelmente aos seis dias da Criação, todos sendo compreendidos no sétimo dia de contemplação, que é a característica do mundo além do tempo.

Eu já disse que as passagens históricas da Bíblia não tratam da história como a conhecemos, e não se preocupam em adotar os critérios históricos comuns que devemos procurar em Tucídides, ou em Gibbon, ou em alguém que esteja explicitamente escrevendo história. Isso porque a Bíblia se preocupa com um outro tipo de ação na vida humana, e esse outro tipo, que os estudiosos chamam de *Heilsgeschichte*, história sagrada ou da salvação, trata dos eventos recorrentes, ou pelo menos dos aspectos recorrentes dos eventos, que indicam o significado universalizado da história como algo diferente dos eventos particulares que são importantes para o historiador. Para o historiador comum, tudo na história é único. Nenhuma ação se repete exatamente nas mesmas circunstâncias. Mas o tipo de história que encontramos, por exemplo, no Livro de Juízes, mostra a mesma situação recorrente em contextos diferentes a cada vez, a fim de trazer à tona um padrão mais universal. Assim, esta forma de *Heilsgeschichte*, que também é usada para apresentar a vida de Cristo nos Evangelhos, diz respeito não ao passado, que está morto, mas ao passado usado como material para uma visão presente.

Pois bem, o que se aplica ao passado se aplica também ao futuro. Muitos estudiosos nos dizem que todos na primeira geração do cristianismo esperavam o fim do mundo iminente, e o interpretavam como um evento futuro literal, algo que aconteceria na próxima terça-feira e traria o fim da história como nós a conhecemos. Mas é possível que, na profecia bíblica, as referências ao futuro sejam tão indiretas quanto as referências ao passado, e que o futuro, assim como o passado, esteja sendo assimilado em uma visão presente.

Considero significativo que muitas pessoas, muitos grandes teólogos, incluindo João Calvino, nunca tenham descoberto o que fazer com o Livro do Apocalipse: ele nunca lhes pareceu um livro do qual pudessem extrair algum sentido. Alguém o descreveu como um livro que ou cai nas mãos de um homem louco ou o enlouquece. É claro que isso é bastante compreensível para quem sofre com o tipo errado de literalidade ao lê-lo. Na verdade, pode-se também dizer que o livro foi projetado para enlouquecer quem o abordar com esse tipo de literalidade em mente.

Ele foi aceito, por muitos séculos, como uma profecia dos problemas futuros da Igreja; e isso significava que seus símbolos sinistros, como a Grande Prostituta, o dragão, a besta e a figura do Anticristo, poderiam ser identificados em qualquer século por qualquer comentarista com o que ele mais temia na época. No *Purgatório* de Dante, por exemplo, a besta e a prostituta são identificadas com o Papado de Avinhão e o Rei da França [canto 32]. Em algumas das polêmicas protestantes da Reforma, eles foram identificados com a Igreja Romana, considerando aquele corpo como uma continuação de um Império Romano perseguidor, com o Papa sendo uma figura do Anticristo, e a Prostituta da Babilônia identificada com a Igreja Católica Romana. No século XVIII, Blake identificou a besta e a prostituta com um novo desenvolvimento que ele viu ocorrer em seu próprio tempo, chamado por ele de druidismo, e que poderíamos chamar de totalitarismo, o tipo de ditadura estatal que visa esmagar e expulsar toda a liberdade e imaginação da sociedade humana.

Mas é melhor não pensar de maneira a atribuir ao autor do livro qualquer tipo de futurismo. Podemos tomar um exemplo de uma das literaturas orientais: há uma escritura muito notável do budismo tibetano chamada *O livro tibetano dos mortos*. Ele se baseia em uma concepção reencarnacionista: quando um homem morre, um sacerdote vai e lê este livro em seu ouvido. O cadáver supostamente entende o que está sendo lido para ele, e está sendo informado de que terá uma longa série de visões ou epifanias de deuses, primeiro pacíficos e depois irados, e que esses são seus próprios pensamentos reprimidos vindo à superfície, tendo sido libertados pela morte. Ele não deve se considerar de forma alguma sujeito ao poder deles: ele mesmo os criou e, se puder entender isso, será liberto deles. Ele é instado em cada parágrafo do livro a fazer a coisa certa, tornar-se mentalmente consciente e libertar-se da roda da morte e do renascimento. E então o sacerdote diz com resignação: "Você provavelmente não entendeu mais uma vez, então agora você terá essa outra visão; não deixe de entender, desta vez".

Isso é em um contexto diferente. Mas o relacionamento não é tão diferente do que está sendo revelado no Livro do Apocalipse. O Livro do Apocalipse apresenta o material comum da profecia bíblica, a reviravolta da sociedade e as tremendas calamidades da natureza em que o Sol se transforma em escuridão e a Lua em sangue, ocorrem grandes terremotos, fome, pragas, enxames de gafanhotos e tudo o mais. Todavia, eu acho que o escritor está sugerindo que essas coisas acontecem o tempo todo: mas nossos processos comuns de percepção sensorial as separam, e o homem cria o que ele chama de história como um meio de disfarçar o Apocalipse para si mesmo. De modo que o

Apocalipse, penso eu, pretende indicar exatamente que esta é a revelação do que está oculto sob aquilo que pensamos estar vendo.

Começamos com o discurso às sete igrejas da Ásia. Notemos novamente a ênfase no que mencionei em relação ao simbolismo apocalíptico da pedra viva [Capítulo 7]. A recompensa para os fiéis é um nome gravado em uma pedra branca, mas o nome gravado na pedra branca é um símbolo da identidade da própria pessoa: ou seja, os redimidos são transformados em pedras do templo, e como o templo é o Corpo de Cristo, as pedras são tão vivas quanto os seres humanos: na verdade, elas mesmas são seres humanos. Da mesma forma, mais tarde no livro, um anjo sai, vestido com uma roupa que a Bíblia King James traduz como *linen*, linho [15, 6]. Mas a palavra *lithon*, pedra, apoia-se em maior autoridade textual; e assim fica claro que a cidade de ouro e joias na Bíblia que surge no final da visão pretende representar uma cidade ardendo no fogo da vida, na qual o ouro e as pedras preciosas ardentes são seres vivos e imortais. Eles queimam, mas não se consomem, e o fogo não é um fogo torturante, mas uma expressão de sua própria energia espiritual, como a auréola de um santo.

No final da terceira série, temos a abertura do templo e a visão da Arca da Aliança. A palavra "arca" está ligada a uma imagem recorrente em toda a Bíblia que surge apenas na tradução. No texto hebraico, a arca de Noé e a Arca da Aliança são palavras totalmente diferentes, mas a Septuaginta usa a mesma palavra para ambos, *kibotos*, e a Vulgata usa *arca* para ambos, e é aí que o inglês obtém sua *ark*, "arca".

Assim, ocorrem sequências de ciclos históricos — "de arca em arca", para citar o poema de Natal de Robert Graves — nas quais se começa e termina com um mundo afundado na água.[2] Em primeiro lugar, há a arca de Noé, que representa o fim de um ciclo, a civilização antediluviana, e esta semente que contém todas as formas de nova vida transportadas sobre o mundo inundado. A seguir, começa o Livro do Êxodo, em que Moisés escapa da matança dos primogênitos hebreus ao ser escondido dentro de uma arca ou baú nos juncos às margens do Nilo. Depois, Israel atravessa o Mar Vermelho e transporta a Arca da Aliança através do deserto. E, como expliquei anteriormente [Capítulo 10], o maior triunfo do reinado de Davi, do ponto de vista do narrador, ocorre quando ele traz a Arca da Aliança para Jerusalém [2Sm 6, 1–19], que é simbolicamente, como já mencionei, o ápice do mundo; de modo que a Arca da Aliança, que a princípio fica na cidade de Jerusalém, e depois no templo,

---

2 "Água para água, arca novamente para arca, / De mulher de volta para mulher" (*To Juan at the Winter Solstice*, vv. 13–14).

está entre o Céu e a Terra, assim como a arca de Noé repousando no Monte Ararat também estava no ponto mais alto do mundo.

O Novo Testamento começa com Cristo nascido na manjedoura. Nas pinturas da Natividade observam-se um boi e um jumento, oriundos da abertura de Isaías [1, 3], que fala do jumento conhecendo seu berço, seu *phatne*, a mesma palavra que é traduzida como "manjedoura" no Evangelho de Lucas. Essa é uma reminiscência da arca de Noé com seus animais, e é também o berço que recebe a criança cuja vida está sob ameaça, como a arca de Moisés. Assim, a abertura do templo e a visão da Arca da Aliança no Livro do Apocalipse completam essa sequência de ciclos construída em torno dessa concepção da arca que é o lugar sagrado.

Na quarta série — a visão apocalíptica central — temos em primeiro lugar um relato do nascimento do Messias. Este relato é o terceiro a aparecer no Novo Testamento e, como eu disse anteriormente [Capítulo 5], é aquele que é tão franca e obviamente mítico que não há possibilidade de o inserirmos nos nossos cartões de Natal: é aquele que tem de ficar de lado. Ele apresenta o nascimento do Messias sob o mito do nascimento ameaçado por um dragão que tenta comer a criança. Essas visões centrais terminam com a última colheita e a última vindima, que são o pão e o vinho de uma eucaristia demoníaca — isto é, demoníaca no sentido de que é a expressão da ira de Deus e não da comunhão com Deus: o homem não come o pão e o vinho; o homem torna-se o pão e o vinho e é comido pelos poderes da morte. A vindima, em particular, a identificação entre vinho e sangue, é costumeiramente associada com a guerra. A imagem novamente é derivada de Isaías 63[, 1-6], a imagem da figura encharcada de sangue pisando o lagar da ira no último dia. Essa é uma visão que chegou à consciência americana através do hino chamado *Hino de batalha da República*, e o título de um livro como *As vinhas da ira* indica quão profundamente ela penetrou na consciência americana.

Na sexta série, há uma profecia de um milênio, que, no entanto, não é a última coisa a acontecer. A visão do tempo na Bíblia parece notavelmente infantil. De fato, parece quase inacreditável que no século de Galileu e Newton, o século XVII, ainda houvesse arcebispos trabalhando na cronologia da Bíblia e decidindo que a Criação do mundo ocorreu em 4004 a.C., e que, consequentemente, o mundo chegará ao fim em 1996. Os seis mil anos de história correspondem aos seis dias da Criação, e o milênio corresponde ao sábado, o sétimo dia. Ele assume a forma de um governo do Messias por mil anos. Depois disso, a diversão começa, e em 2996 começamos a guerra com Gogue e o Juízo Final.

Pois bem, o que isso significa, eu acho, é que o autor do Apocalipse está tentando incorporar toda a dimensão do tempo em sua visão. Por isso me parece que, ao tentar descrever o fim das coisas, ele também está tentando colocar toda a categoria de tempo desde a Criação até o final do milênio dentro de uma estrutura que realmente o transcende. É depois do milênio que ocorrem eventos que são, em certo sentido, o fim dos tempos, porque marcam a progressão da mente humana para fora da categoria em direção ao mundo eterno ou espiritual, completamente diferente.

Notamos, se nos voltarmos para o final de Apocalipse, o final do capítulo 22, que quando a separação final das coisas em um mundo de vida e um mundo de morte tiver sido realizada, e a árvore e a água da vida dadas ao homem no princípio lhe forem restituídas, finalmente ocorre a separação entre um mundo de vida e um mundo de morte, e naturalmente em um mundo de morte nada sobrevive. E em 22, 10: "E disse-me: Não seles as palavras da profecia deste livro, porque o tempo está próximo". Observamos duas coisas aí: uma delas é a concepção do que poderia ser chamado — uso a palavra quase como um neologismo — um *apocryphon*, um livro secreto, cujo sigilo é representado pelos selos. Há referências na profecia do Antigo Testamento a um livro que é selado, guardado para ser lido e usado quando chegar a hora de lê-lo. E grande parte da visão do Livro do Apocalipse tem a ver com a remoção dos selos da revelação, ou seja, os poderes de repressão ou o que quer que nos impeça de ver o que está acontecendo. A concepção é a de um livro que é secreto, não tanto porque é mantido em segredo, mas porque a mente do leitor insiste em torná-lo um segredo.

Se você acha isso difícil de entender, há um exemplo possível: digamos que você tenha o tipo de mentalidade que quer censurar livros porque acredita que eles são maus e, então, você tenta tomá-los das pessoas para que não possam lê-los. Para usar um exemplo de algo que realmente revela toda a profundidade, poder e horror do mal, vamos falar de *Macbeth*, de Shakespeare. Entretanto, a maneira de censurar *Macbeth* não é tomando-o das pessoas, mas prescrevendo-o para o ensino médio. Lá, uma censura autoimposta se abate sobre ele e o transforma num livro secreto. O mesmo ocorre com as visões do Livro do Apocalipse, em que o autor simboliza o fato de estar comunicando a revelação pela imagem dos selos sendo arrancados de um pergaminho, um após o outro, desfazendo os poderes de repressão. Então lhe é dito finalmente: "Agora que você escreveu seu livro, não ponha um selo nele, porque o tempo está próximo" [cf. 22, 10]. A palavra "tempo", *kairos*, é uma palavra especial para tempo. Ela significava originalmente o entalhe da flecha, e agora significa tempo no sentido de um momento especial, distinto de *chronos*, que é o tempo do relógio. *Kairos* é o momento em que se abre uma passagem do tempo para algo acima do tempo; e é isso que significa esta frase recorrente no Livro do Apocalipse: "O tempo está próximo".

A seguir, vem a comissão ao autor. Versículo[s] 12[–13]: "Eis que venho sem demora, e a minha recompensa está comigo, para retribuir a cada um segundo a sua obra. Eu sou o Alfa e o Ômega, o princípio e o fim, o primeiro e o último". Parece que, embora o cristianismo use o termo "Palavra" em um sentido muito especial quando fala sobre a "Palavra de Deus", esse sentido está conectado aos nossos usos mais comuns do termo "palavra". Aqui, Deus está sendo descrito como o Alfa e o Ômega, ou seja, o começo e o fim de todas as possibilidades verbais, a totalidade de todas as coisas que é possível expressar com palavras.

Mais adiante, nos versículos 16–17: "'Eu, Jesus, enviei o meu anjo, para vos atestar estas coisas a respeito das igrejas. Eu sou a raiz e a geração de Davi, a estrela resplandecente da manhã'. E o Espírito (Santo) e a Esposa dizem: 'Vem!'. E o que ouve, diga: 'Vem!'. E o que tem sede, venha; e o que quer, receba de graça a água da vida". Assim, embora este seja o fim da Bíblia, é um fim notavelmente aberto. Parece haver a implicação de que existem dois tipos de apocalipse ou revelação de que ele está falando. Um é o apocalipse panorâmico, as coisas que temos em visão quando os poderes de repressão sobre nossa percepção sensorial se desfazem, e que, por ser panorâmico, vemos objetivamente. Depois, há a visão possuída, a visão de toda a Bíblia que passa pela nossa mente assim que lemos a última palavra. Isso é o que Milton chama, em seu tratado de doutrina cristã, de "a Palavra de Deus no coração":[3] isto é, a Bíblia possuída pelo leitor. E a isso ele dá uma autoridade muito maior do que à própria Bíblia enquanto livro.

---

3   Ver nota 3 da página 243.

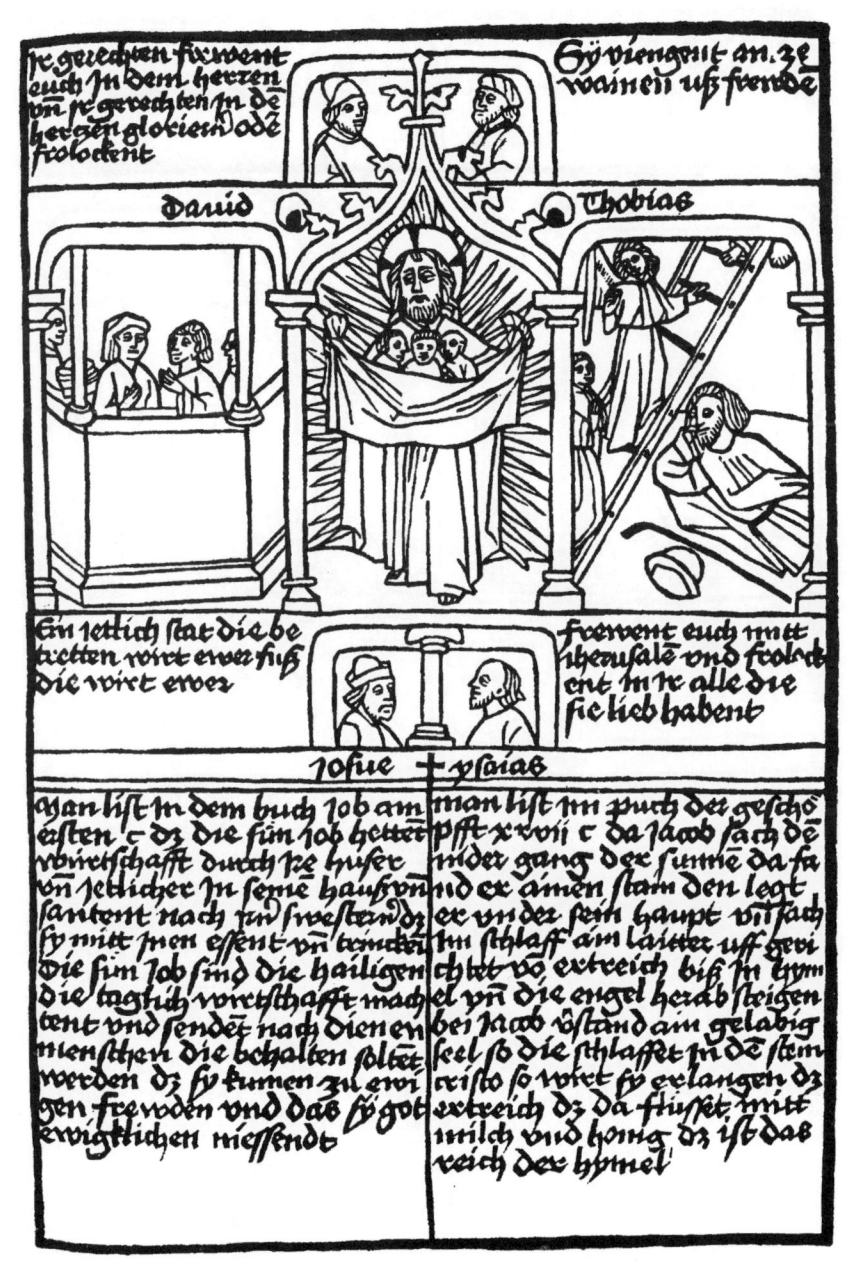

Biblia Pauperum 39: Cristo reúne os bem-aventurados
(Mt 24, 31; Sl 68, 19; Ef 4, 1–16)

O banquete dos filhos de Jó
(Jó 1, 4–5)

O sonho de Jacó
(Gn 28, 10–15)

Biblia Pauperum 40: A RECOMPENSA DOS BEM-AVENTURADOS
(Ap 2, 10)

A noiva é coroada
(Ct 4, 7-8 [Vulgata])

O anjo leva João, o evangelista, para a Jerusalém Celeste
(Ap 21, 9-10)

24

A linguagem do amor

No uso tradicional das palavras, há uma estrutura verbal, conhecida como A, e um corpo de fenômenos, B. Sempre que lemos alguma coisa, nossa mente se move simultaneamente em duas direções, centrípeta e centrífuga. Em primeiro lugar, tentamos estabelecer um contexto a partir do que lemos: tentamos descobrir o que cada palavra significa *aqui*. Ao mesmo tempo, reconhecemos que as palavras possuem significados convencionais, isto é, geralmente aceitos, em um mundo fora do livro. Assim, quando lemos, nossa mente simultaneamente procura dentro da nossa própria memória o significado das palavras que lê. Ora, em um certo ponto, podemos nos dar conta de que esses significados convencionais no mundo exterior formam uma estrutura paralela à estrutura do texto que estamos lendo. Quando isso acontece, o que estamos lendo tem um propósito descritivo: seu propósito é estabelecer uma contrapartida verbal para o que quer que as palavras estejam descrevendo. E na escrita descritiva desse tipo, emerge o critério da verdade; isto é, "verdade" aqui significa verdade de correspondência. Há uma estrutura verbal A, e há um conjunto de fatos B, que a estrutura verbal procura descrever. Se a contraparte verbal é uma réplica satisfatória do conjunto de fatos que está descrevendo, então podemos dizer que ela é verdadeira.

Mas, às vezes, descobrimos que não existe um padrão que esteja sendo descrito pelas palavras. Simplesmente estabelecemos um contexto e lemos uma estrutura de palavras autônoma, e todos os significados convencionais remetem a essa estrutura verbal. Isso é um sinal de que o que estamos lendo tem um propósito literário: e quando o propósito é literário, o critério de verdade por correspondência não se aplica. Aristóteles explicou isso dizendo que o poeta não faz declarações particulares, e são apenas declarações particulares que podem ser verdadeiras ou falsas. O poeta fala de coisas que são universalmente verdadeiras e, portanto, autocontidas; de modo que nas estruturas literárias há uma barreira entre A e B.

É então que descobrimos que as estruturas literárias podem afetar as emoções e a imaginação com um grau de poder muito peculiar. Em dado momento, percebemos que as palavras alcançam a verdade descritiva muito precariamente. Quando se trata de um só termo concreto, como "ferro" ou "prata", a palavra pode estar conectada de forma mais ou menos permanente e definitiva com algo no mundo exterior que está sendo descrito. Mas assim que aparecem duas ou três palavras, elabora-se uma estrutura gramatical, e uma estrutura gramatical é uma ficção. Ela vira as costas para o mundo exterior e estabelece suas próprias concepções de sujeito, predicado e objeto. Assim, quando discutimos a verdade como uma estrutura verbal, temos de levar em conta o fato de que as palavras que transmitem essa verdade a transmitem dentro de suas próprias estruturas autocontidas. Podemos tentar formular uma solução, dizendo que os sujeitos, predicados e objetos são, na verdade, elementos próprios da natureza da realidade externa. Mas um dia acabamos descobrindo que eles não são.

A diferença entre esses dois tipos de estruturas pode ser ilustrada pela diferença entre as palavras "história" e "estória",[4] que no passado eram a mesma palavra. Uma história é uma estrutura verbal que se supõe ser paralela a um corpo de eventos no mundo exterior. O historiador faz declarações particulares, e elas são julgadas verdadeiras ou falsas. Na estória não existe uma referência externa sistemática. A estória vale por si mesma. Pois bem, quando aplicamos este princípio à Bíblia, descobrimos que a visão tradicional é que a Bíblia está relacionada a um grupo de fenômenos externos a si mesma, eventos históricos, conceitos ou doutrinas, e que é literalmente verdadeira no sentido de que é uma contrapartida verbal definitivamente precisa de eventos históricos externos ao texto. É isso o que muitas vezes significa a palavra "revelação"; ou seja, ela significa que algo por trás da Bíblia ilumina, através da Bíblia, o leitor, que está aqui.

Essa visão de que a Bíblia é literalmente verdadeira, no sentido de transmitir com precisão definitiva um conjunto de fenômenos por trás dela, originalmente pretendia exaltar a Bíblia a uma posição sacrossanta e única. Mas, por curioso paradoxo, acabou causando exatamente o oposto: ou seja, transformou a Bíblia em um servomecanismo, em algo subordinado a outra coisa que não ela mesma. O que está por trás da Bíblia não é simplesmente um registro de fatos históricos ou de doutrinas, mas, em última análise, de acordo com aqueles que se preocuparam mais profundamente com isso, a presença de Deus. E no cristianismo, tradicionalmente, a expressão

---

4   Ver nota 1, p. 33 — NE.

"Palavra de Deus" é aplicada tanto à Bíblia quanto ao que a Bíblia transmite ao revelar: a pessoa de Cristo.

Ao mesmo tempo, quando examinamos a linguagem da Bíblia, começamos a suspeitar que ela nunca teve a intenção de representar fatos externos a ela mesma, porque as palavras podem expressar esse tipo de verdade apenas vaga e aproximadamente, como acabamos de ver. O que as palavras fazem de forma mais poderosa, precisa e persuasiva é seguirem-se umas às outras. Quando olhamos para as palavras da Bíblia, descobrimos que elas não têm as qualidades que esperaríamos de um texto descritivo e lúcido. Ou seja, posto que ninguém chamaria a Bíblia de poema, ainda assim ela está cheia de linguagem poética, de figuras como metáfora, símile, metonímia e hipérbole, todos os elementos da linguagem que relacionam as palavras umas às outras e não a um mundo exterior. Portanto, a Bíblia parece insistir em sua própria autoridade e autonomia como obra. Ela nos separa de qualquer coisa que esteja atrás de si mesma, e o que quer que ela esteja apresentando, apresenta como algo interno. Enquanto pensarmos na Palavra de Deus como um livro que transmite a Palavra de Deus como a pessoa de Cristo, como algo fora dela, então os dois aspectos da expressão "Palavra de Deus" estarão relacionados ilógica e agramaticalmente. Mas se o conteúdo da Bíblia não é separável da Bíblia, então há pelo menos sentido gramatical e lógico.

Junto com essa visão tradicional do significado literal surge a visão de que os escritores da Bíblia escreviam essencialmente por ditado: que eles eram essencialmente copistas sagrados, escrevendo por algum tipo de impulso externo sobre o qual eles tinham controle muito limitado. Se há uma coisa que os estudos da Bíblia aparentemente estabeleceram além de qualquer dúvida razoável é que a autoria conta muito pouco na Bíblia. Sempre pensamos tradicionalmente, por exemplo, no autor do terceiro Evangelho como Lucas; mas com a possível exceção dos primeiros quatro versículos, não há uma palavra no Evangelho de Lucas da qual Lucas seja, em qualquer sentido moderno, o autor. De acordo com o que ainda é a teoria geral, Lucas usou Marcos e outro documento das palavras de Cristo que os estudiosos chamam de Q que ele compartilhou com Mateus. Além disso, ele tinha algum material próprio: algumas das parábolas e alguns dos hinos, como o *Magnificat* e o *Nunc dimittis*, dos quais ele provavelmente não foi o compositor original. De modo que Lucas, como praticamente todos os livros da Bíblia, é um documento editado, compilado e composto.

Assim, se a Bíblia deve ser considerada inspirada em qualquer sentido, sagrado ou secular, então todas as glosas, todas as edições, todas as redações, todas as emendas e todos os processos de edição devem ser também vistos como inspirados, porque não há como distinguir a voz de Deus da voz do redator deuteronômico.

Essa prática de edição, compilação e fusão é altamente consciente e deliberada. Portanto, o que quer que os autores dos Evangelhos estivessem fazendo, eles certamente não estavam trabalhando em transe. Eles estavam trabalhando com suas mentes extremamente ágeis e alertas. Não há uma página da Bíblia onde o processo de edição não seja totalmente óbvio. Nos primeiros cinco livros da Bíblia, há quatro ou cinco documentos principais geralmente distinguíveis pelos diferentes usos que fazem da palavra "Deus": um deles é chamado de *relato* J, ou javista, porque se refere a Deus como Javé, e outro é chamado de *relato* E, porque se refere a Deus como Elohim: e também há um documento sacerdotal e assim por diante. Notamos também que ocorrem certas mudanças editoriais. No Livro de Samuel diz-se que Deus estava zangado com Davi e, portanto, o tentou a fazer um censo para que ele tivesse uma desculpa para causar escassez [2Sm 24, 1]. Ora, isso deixa desconfortável o autor das Crônicas, cujo trabalho se baseava no Livro de Samuel; então ele muda "Deus" para "Satanás", de modo que foi Satanás quem tentou Davi a fazer o censo [1Cr 21, 1]. E em Marcos, que quase sempre é considerado anterior a Mateus e Lucas, Jesus olha ao redor da multidão "com ira" [3, 5]. Mateus e Lucas transcrevem esta frase, mas omitem as palavras "com ira" [Mt 12, 13; Lc 6, 10]. A concepção de um Deus superior à ira está obviamente tomando forma. Existem centenas e centenas de sinais de edição e glosa desse tipo na Bíblia.

Há também aquilo que forma a maior parte deste curso, que é a tremenda quantidade de autorreferência de estrutura tipológica dentro da Bíblia; isto é, as afirmações de que a única prova de que a história do Evangelho é verdadeira é que ela cumpre as profecias do Antigo Testamento, e a única prova de que as profecias do Antigo Testamento são verdadeiras é que elas são cumpridas pelo Evangelho, ou seja, todas as evidências são hermeticamente seladas dentro da própria Bíblia. Além do Novo Testamento, não há nenhuma forte evidência da existência histórica de Jesus; e é óbvio que os escritores do Novo Testamento preferiram assim, porque eles poderiam facilmente ter coletado tal evidência se quisessem. Eles não quiseram.

O que estou sugerindo é que o que a Bíblia significa é literalmente o que ela diz. Isto é, a resposta à pergunta: "O que a Bíblia significa literalmente?" é sempre a mesma. A Bíblia significa literalmente exatamente o que diz. Mas há duas maneiras de aplicar essa resposta. Uma é dar um salto imediato do que o texto da Bíblia diz para o que se supõe sobre o evento histórico, ou o que quer que seja, por trás do texto. A outra é simplesmente aceitar a

Palavra na Bíblia e obter a compreensão de seu significado da mesma forma que obtemos compreensão de todo significado: através de seu contexto na própria Bíblia. Assim, a presença de Deus chega até nós não na forma de uma história transmitida através de um livro, mas na forma de uma história em que o próprio livro é autônomo e definitivo.

A única situação em que podemos levar a palavra "literal" a sério é quando lemos algo do mesmo modo que lemos um poema, em que aceitamos cada palavra sem questionar, mas não fazemos nenhuma associação prematura entre cada palavra e algo no mundo exterior. Toda a nossa atenção se dedica a combinar as palavras. É por isso que, como tentei explicar ao comentar o Livro do Apocalipse [Capítulo 23], ainda que a Bíblia chegue ao fim — e diga-se, um fim bem marcado —, este fim é notavelmente aberto. Trata-se de alguns versículos finais dizendo que é só isso, não há mais livros. Pouco antes, há o convite para beber da água da vida, o que significa que a realidade além da Bíblia não está atrás da Bíblia, mas na frente dela, e começa na mente do leitor.

O leitor, por sua vez, faz parte de uma sociedade de leitores. O ponto de vista que estou tentando expressar não tem nada de original. É a visão, por exemplo, de John Milton, que diz que a Palavra de Deus no coração do leitor tem uma autoridade superior à da própria Bíblia. E se disséssemos a Milton: "Então, como evitar o caos do julgamento privado, em que cada leitor individual se enxerga como juiz do que a Bíblia diz?". Milton diria que o leitor não é um ego, não é um indivíduo autossuficiente; é um homem com uma consciência determinada social e culturalmente; e por trás dessa consciência, segundo Milton, está o verdadeiro leitor da Bíblia, que, para ele, é o Espírito Santo. O que quer que se pense dessa ideia, enquanto doutrina, seu princípio geral é verdadeiro: ao eliminar o que os críticos chamam de "a referencialidade da Bíblia", elimina-se ao mesmo tempo o que é privado, egocêntrico e subjetivo na mente do leitor. Seria necessário outro curso para explicar completamente essa frase, mas o principal é que diante de uma estrutura de palavras desse tipo, a lacuna comum na experiência entre o sujeito, que está aqui, e o objeto, que está lá, desaparece. Temos algo intermediário, que se torna tanto subjetivo quanto objetivo.

A Bíblia, a meu ver, é antes uma estrutura de ficção e de sintaxe do que uma estrutura de significados. Quando a Bíblia se torna um instrumento de autoridade social, como foi na Idade Média e no período da Reforma, torna-se extremamente importante envolvê-la numa interpretação que forneça às pessoas a maneira correta de entendê-la. Assim, elas entenderão a Bíblia por meio dessa interpretação, ou serão punidas. Mas a interpretação é, na verdade, um dos obstáculos que a sociedade coloca para nos desviar da realidade do que ela é. É como se tivéssemos uma noz e fôssemos em busca de uma casca para colocá-la dentro; uma maneira pervertida de lidar com nozes. Mas é isso que acontece quando, tendo um artefato como a Bíblia, procuramos uma interpretação para colocar em torno dela como meio de impor uniformidade e autoridade à sociedade.

A Bíblia ocupa social e culturalmente uma posição privilegiada entre outros livros, mas os princípios não funcionam quando ela é colocada em uma posição não privilegiada. Eles também não funcionarão quando ela for colocada em uma posição privilegiada, a menos que os mesmos princípios essenciais se apliquem a qualquer obra que seja um artefato. A linguagem da Bíblia é essencialmente o que o teólogo alemão Rudolf Bultmann chama de *kerygma*, palavra grega que significa "proclamação".[5] Ou seja, a linguagem da Bíblia é retórica, e a retórica sempre faz uso das figuras de linguagem encontradas na linguagem poética. Mas é uma retórica de um tipo muito particular e único, não a retórica do orador que tenciona persuadir de algo. A palavra "proclamação" sugere que dentro dessa estrutura típica há algo que não é você mesmo, contra o qual é preciso lutar, da mesma forma que Jacó lutou com o anjo.

Ora, a linguagem em que esta proclamação está contida é a linguagem do mito, e por mito, como vimos, entendemos a unidade narrativa autocontida, a estória, e não a unidade narrativa relacionada a outra coisa, ou à história. Bultmann decidiu falar sobre a desmitologização da Bíblia, que é como retirar a pele e os ossos do corpo. Não entendo a atração do século XX por essas palavras com aparência antisséptica e prefixo "des". Não sei por que Bultmann fala em desmitologizar a Bíblia quando isso significa remitologizá-la. E não entendo, na crítica literária, por que Derrida fala de desconstrução quando o que ele quer dizer é reconstrução. Mas isso é apenas o pecado original.

O *kerygma* ou proclamação da Bíblia não é a mesma coisa que uma história literária, no sentido em que Homero é literário, mas é algo transmitido por meio dessa linguagem. É impossível desmitologizar os Evangelhos, porque cada sílaba dos Evangelhos foi escrita mitologicamente.

É notável que nas partes posteriores do Novo Testamento, como as Epístolas Pastorais, que foram compostas de material paulino após a morte de Paulo, a Bíblia vai tornando-se suficientemente autoconsciente para falar de si mesma; e no Novo Testamento fala-se da Palavra de Deus como se fosse uma dialética. Isto é, Jesus disse que não veio trazer paz, mas espada

---

5 Ver, por exemplo, Rudolf Bultmann, "New Testament and Mythology", em *Kerygma and Myth*, ed. Hans Werner Bartsch. Nova York: Harper and Row, 1961, pp. 1–44.

[Mt 10, 34], e da mesma forma a Palavra de Deus é citada como uma penetrante espada de dois gumes [Hb 4, 12]. Mas esse tipo de dialética parece ser de aplicação muito diferente da dialética comum, agressiva ou de tese, a dialética argumentativa que se encontra em tantos filósofos. Não há argumentos racionais na Bíblia. Há passagens na Epístola aos Hebreus que se assemelham a argumentos racionais, mas todas se revelam disfarces para a proclamação. A Bíblia não está interessada em argumentar, porque, quando se afirma uma tese de crença, automaticamente já se afirma o seu contrário; isto é, quando se diz: "Eu acredito em Deus", já se sugere a possibilidade de não acreditar nele. Nesse tipo de dialética, todo enunciado é, na verdade, um meio enunciado que precisa de seu oposto para se completar. Então, este não é o sentido — não vejo como pudesse sê-lo — de dizer que a Palavra de Deus é uma coisa que divide.

A meu ver, o que ela divide são os dois elementos da realidade, como exibidos no Novo Testamento: os elementos que chamamos de Céu e Inferno e de reino da vida e reino da morte. É o que já está dividido, e dividido por uma separação eterna. Isso significa que a linguagem da Bíblia tem de ser, de alguma forma, capaz de contornar argumentos e refutações. E, repito, ela é muito parecida com a linguagem da poesia, porque, como diz Yeats,[6] pode-se refutar Hegel, mas não a *Canção de Seis Pence*.[7] Não se pode discutir a afirmação poética porque ela não é uma afirmação particular e não está sujeita a verificação. Então, é por isso que a Bíblia, a meu ver, apresenta o que tem a dizer dentro de uma narrativa e dentro de um corpo de imagens concretas que apresentam um mundo para que o leitor o capte, visualize e compreenda. O fim ao qual ela leva é perceber o que ela significa, e não aceitá-la ou rejeitá-la, porque ao aceitar algo já se define também a possibilidade de rejeitá-lo.

Portanto, a Bíblia usa a linguagem simbólica e imagética porque esta linguagem, que ignora o argumento e a agressividade e, ao mesmo tempo, define claramente a diferença entre vida e morte, entre liberdade e escravidão, entre felicidade e miséria, é, em suma, a linguagem do amor, e para São Paulo, esta linguagem provavelmente durará mais do que a maioria das outras formas de comunicação humana.

Chegamos aqui ao fim do curso. Agradeço pela sua atenção.

---

6 "Você pode refutar Hegel, mas não o *Santo* ou a *Canção de Seis Pence*", William Butler Yeats em uma carta para Lady Elizabeth Pelham, datada de 4 de janeiro de 1939 — a última carta que Yeats escreveu; citada em Richard Ellmann, *Yeats: The Man and the Masks*. Nova York: Dutton, 1948, p. 285.

7 *Song of sixpence*: cantiga de roda inglesa — NT.

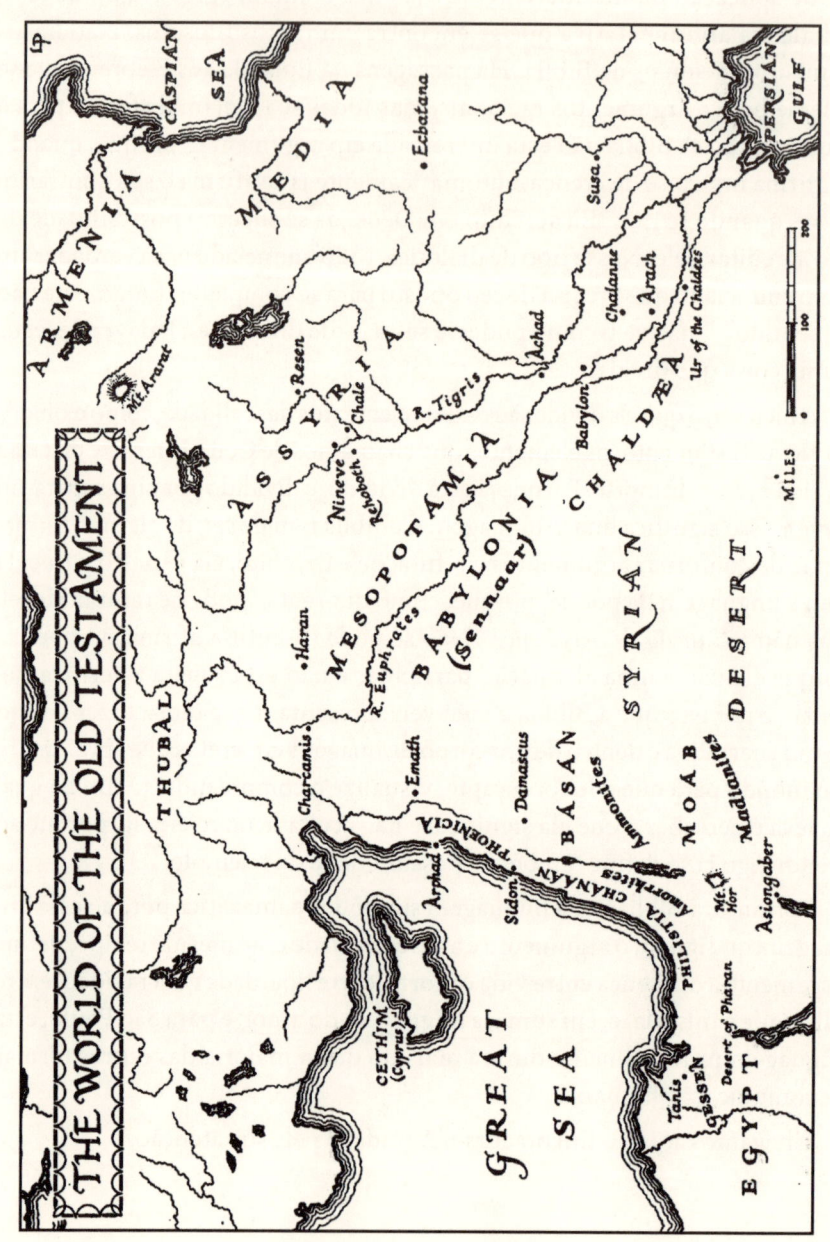

O mundo do Antigo Testamento

Palestina no Antigo Testamento

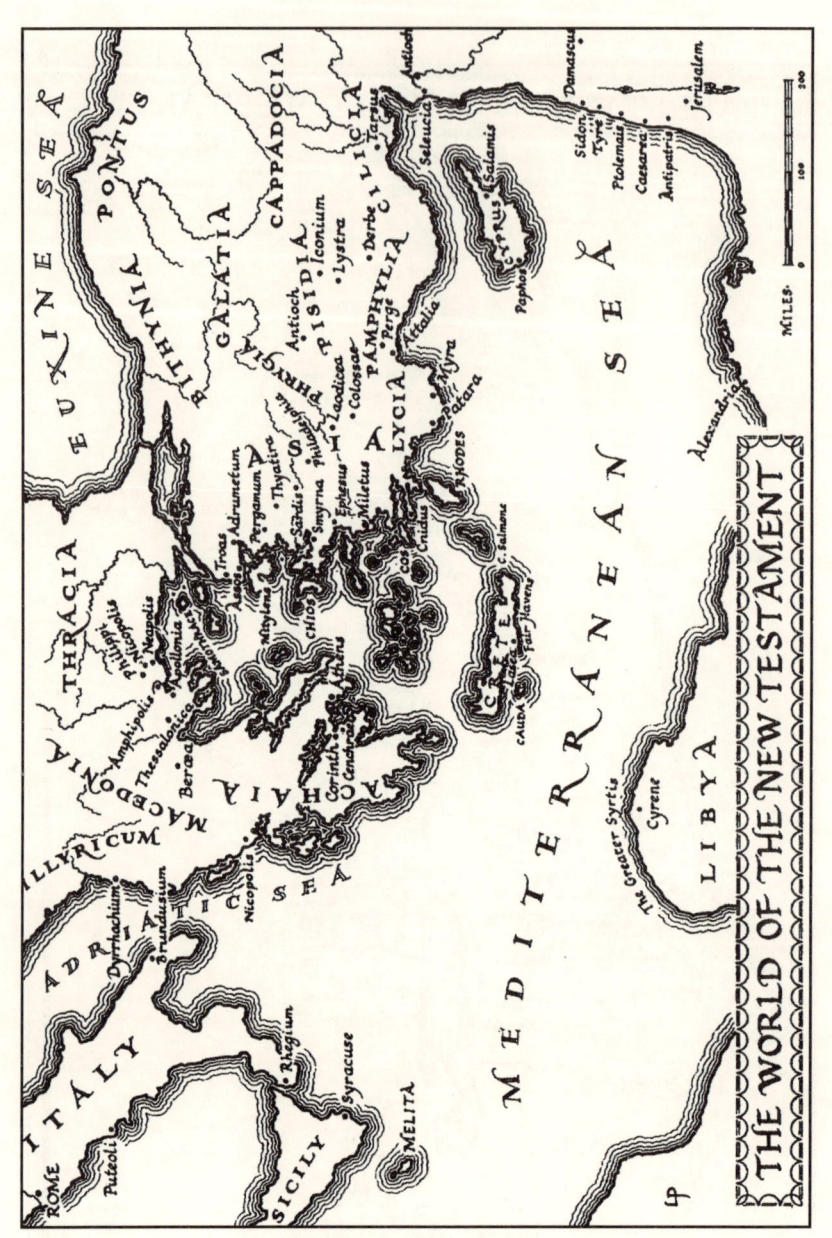

O mundo do Novo Testamento

Palestina no Novo Testamento

Nota sobre as ilustrações

A *Biblia Pauperum* ou *Bíblia dos pobres* circulou em manuscrito durante a Idade Média. Como algumas outras obras religiosas, começou a ser publicada em forma de livro xilográfico na Holanda, especialmente entre 1460 e 1490. Como essas décadas veem o fim da carreira de Gutenberg (f. 1468) e o surgimento da impressão de tipos móveis, a impressão xilográfica, com cada página impressa a partir de um único bloco de madeira esculpida, parece, do ponto de vista atual, uma forma de transição entre o manuscrito e a impressão moderna; mas para o propósito da *Biblia Pauperum*, o de extrair a verdade central e permanente da massa de histórias da Bíblia, esse método laborioso que une o escultórico e o simultâneo tem sua própria conveniência.

Como é indicado por outro de seus títulos, *Typos et Antitypos Veteris et Novi Testamenti* [Tipo e antítipo do Antigo e Novo Testamento], o livro alinha os "tipos" ou imagens prefigurativas da história do Antigo Testamento com seus cumprimentos em quarenta episódios do Novo Testamento, geralmente da vida e ações de Cristo. (Frye discute muitos desses tipos: veja "Tipologia" no Índice 4, e também o capítulo "Tipologia 1" em seu *O grande código*). Cada página apresenta um tríptico emoldurado ou um desenho de três painéis: no centro, um episódio da vida de Cristo, flanqueado, geralmente, por cenas correspondentes do Antigo Testamento, com, acima e abaixo, profetas do Antigo Testamento a servirem de testemunhas e corroboração. O texto circundante (em latim na maioria das versões, mas em alemão nesta, impressa em Nuremberg em 1471) indica as passagens relevantes da história do Antigo Testamento, com versículos dos profetas e algumas linhas explicativas adicionais.

O Moisés chifrudo nos números 6, 18, 25 e 26 requer uma nota. Onde se conta que, depois de Moisés falar com Deus, no Monte Sinai, seu rosto fulgurava (ou seja, soltava raios), a Vulgata traduz por "seu rosto tinha chifres" (Ex 34, 29–35).

O título — talvez uma vez um apelido — *Biblia Pauperum* não deve ser entendido literalmente, pois os livros não eram baratos e "os pobres" não sabiam ler; eles talvez fossem auxiliares de meditação.

Esta versão foi reimpressa em Weimar em 1906 e é usada como cortesia da Robarts Library, University of Toronto. Alguns livros úteis sobre a *Biblia Pauperum*:

Henry, Avril. *Biblia Pauperum: A Facsimile Edition*. Ithaca, NY: Cornell University Press, 1987.

Labriola, Albert C. e John W. Smeltz. *The Bible of the Poor: A Facsimile and Edition of the British Library Blockbook C.9 d.2*. Pittsburgh, Penn.: Dusquesne University Press, 1990.

Quatro gravuras das *Illustrations of the Book of Job* de Blake (Methuen, 1903), reproduzidas por cortesia da Biblioteca do Victoria College na Universidade de Toronto, foram usadas para acompanhar os capítulos 18–20, sobre o Livro de Jó. Blake publicou as vinte e uma gravuras na primavera de 1826. Elas são sua última grande obra, pois ele morreu em agosto de 1827. Veja também:

Frye, Northrop. "Blake's Reading of the Book of Job", em *William Blake: Essays for S. Foster Damon*, ed. Alvin H. Rosenfeld. Providence, RI: Brown University Press, 1969, pp. 221–234.

Os mapas nas páginas 268–271 são reproduzidos da Bíblia Sagrada traduzida por R. A. Knox (Londres: Burns and Oates, 1955).

A Bíblia e outras leituras

KJV   Bíblia King James (1611, com algumas emendas posteriores)

AV   Authorized Version (Versão Autorizada) (idem)

RV   Revised Version (Versão Revisada) (AT 1884, NT 1881, Apócrifos 1895)

ASV   American Standard Version (Versão Padrão Americana) (1901)

RSV   Revised Standard Version (Versão Padrão Revisada) (EUA — AT 1952, NT 1946, Apócrifos 1957)

NEB   New English Bible (Nova Bíblia Inglesa) (Inglaterra 1970, com Apócrifos)

NIV   New International Version (Nova Versão Internacional) (EUA 1973)

NRSV   New Revised Standard Version (Nova Versão Padrão Revisada) (EUA 1989, com Apócrifos)

Ver Stephen M. Sheeley e Robert N. Nash Jr., *The Bible in English Translation: An Essential Guide*. Nashville: Abingdon Press, 1997.

The Bible: Authorized King James Version [A Bíblia: versão autorizada King James]. Editada com introdução e notas de Robert Carroll e Stephen Prickett. Oxford: Oxford University Press, 1996. Inclui "The Translators to the Reader" [Dos tradutores para o leitor], "The Epistle Dedicatory" [A epístola dedicatória] e os Apócrifos. Introdução e comentários muito compactados, que abordam também a história cultural, são de cunho geral, não teológicos e ricamente esclarecedores.

Outras edições recentes da Bíblia com anexos valiosos são a Oxford Annotated RSV (ed. May e Metzger), NRSV (ed. Coogan et al.) e a NIV Study Bible (Zondervan).

Atlas Bíblicos. Há muitos disponíveis (no momento da redação, uma pesquisa no *site* da Amazon listava 120 resultados): a maioria é organizada historicamente, contém ilustrações e gráficos e é repleta de informações. Muito completo e detalhado é o *Harper Atlas of the Bible*, ed. J. B. Pritchard

(Nova York: Harper, 1987). Bons, mas menos elaborados, são o *Macmillan Bible Atlas* (ed. rev., 1977), intimamente ligado à narrativa bíblica até o século II d.C.; *Holman Bible Atlas* (1998); *Oxford Bible Atlas*, com seção sobre a "Arqueologia e a Bíblia" (1985); e *Atlas of the Bible and Christianity*, ed. Tim Dowley, com capítulos sobre a Igreja primitiva e moderna (1997). Uma versão resumida, adequada para a maioria dos propósitos não acadêmicos e abrangendo "The Hellenistic World" [O mundo helenístico], "The New Testament" [O Novo Testamento] e "Modern Times" [Tempos modernos], é *The Illustrated Bible Atlas*, com notas históricas de F. F. Bruce (Jerusalém: Carta, 1994).

Charles, R. H., *The Apocrypha and Pseudepigrapha of the Old Testament in English*. 1913. Oxford: Clarendon Press, 1968, 2 vols.

Cruden, Alexander. *Cruden's Complete Concordance [to the Old and New Testaments]*. 1737. Londres: Lutterworth Press, 2003. O ancestral das concordâncias bíblicas modernas. Seus sucessores do final do século XIX, notadamente os de Robert Young e James Strong (ambos igualmente baseados na AV), acrescentam os vocabulários originais em hebraico, aramaico (o "caldeu" de Strong) e grego. Muitas concordâncias (cf. de Zondervan para a NIV) vêm em uma série de edições modernas.

James, Montague Rhodes (ed. e trad.). *The Apocryphal New Testament, being the Apocryphal Gospels, Acts, Epistles, and Apocalypses*. Oxford: Clarendon Press, 1924.

Schneemelcher, Wilhelm (ed.). *New Testament Apocrypha*, R. McL. Wilson (editor da tradução inglesa). Louisville: John Knox, 1991, 2 vols.

Bobrick, Benson. *Wide as the Waters: The Story of the English Bible and the Revolution it Inspired*. Nova York: Simon and Schuster, 2001. De Wyclif e as primeiras lutas por uma Bíblia em inglês à Revolução de 1689.

Cornfeld, Gaalya. *Archeology of the Bible: Book by book*. Nova York: Harper, 1976.

Daniel, David. *The Bible in English: Its History and Influence*. New Haven: Yale UP, 2003. Cobertura de 900 páginas das traduções significativas até o século XX com amplo alcance cultural; discute, por exemplo, o Messias de Handel, Blake, Holman Hunt, a escravidão dos EUA e a "ficção sobre Jesus" dos EUA até Ben Hur (1880). Ilustrações e legendas extraordinariamente informativas.

Finkelstein, Israel, e Neil Asher Silberman. *The Bible Unearthed: Archaeology's New Vision of Ancient Israel and the Origin of Its Sacred Texts*. Nova York: Free Press, 2001. Os autores acham que a narrativa bíblica é menos história do que "um produto brilhante da imaginação humana" e, portanto, de importância universal.

Friedman, Richard Elliot. *Who wrote the Bible?* Nova York: Summit, 1987. Um exame de como os livros históricos anteriores, de Gênesis a 2Crônicas, foram reunidos e dos efeitos dessa reunião.

Gordon, Cyrus e Gary A. Rendsburg. *The Bible and the Ancient Near East*. 1953. Nova York: Norton, 1997. De modo geral, descrição narrativa sobre os livros históricos.

Mazar, Amihay. *Archeology of the Land of the Bible, 10.000–586 BCE*. Nova York: Doubleday, 1992 (Biblioteca de Referências Bíblicas Anchor).

McGrath, Alister E. *In the Beginning: The Story of the King James Bible and How It Changed a Nation, a Language and a Culture*. Nova York: Doubleday, 2001. História da criação, produção e disseminação da KJB, desde a invenção da imprensa e "a ascensão do inglês como língua nacional"; breve cobertura do período posterior até o século XIX.

Nicolson, Adam. *God's Secretaries: The Making of the King James Bible*. Nova York: Harper Collins, 2003. [Título britânico: *Power and Glory*]. Fala de personalidades e política do poder, 1603–1611.

Pearlman, Moshe. *Digging Up the Bible: The Stories behind the Great Archaeological Discoveries in the Holy Land*. Londres: Weidenfeld e Nicolson, 1980.

Dalley, Stephanie (ed. e trad.), *Myths from Mesopotamia: The Creation, the Flood, Gilgamesh, and Others*. Oxford: Oxford University Press, 1999. (World's Classics.)

Frymer-Kensky, Tikva, *In the Wake of the Goddesses: Women, Culture, and the Biblical Transformation of Pagan Myth*. Nova York: Free Press, 1992.

Gray, John. *Near Eastern Mythology: Mesopotamia, Syria, Palestine*. Londres: Hamlyn, 1969. Texto complementado por ilustrações particularmente esplêndidas.

Jonas, Hans, *The Gnostic Religion: The Message of the Alien God and the Beginnings of Christianity*. 1958. Boston: Beacon Press, 2001.

Josefo, "Jewish Antiquities", em *The New Complete Works of Josephus*, trad. William Whiston com comentários de Paul L. Maier. Grand Rapids, Michigan: Kregel Press, 1999, pp. 47–663.

McCall, Henrietta, *Mesopotamian Myths*. Austin: University of Texas Press, 1990.

Pagels, Elaine, *The Gnostic Gospels*. Nova York: Random House, 1979.

Philo Judaeus (ou "Fílon de Alexandria"), *The Works of Philo, Complete and Unabridged*, trad. C. D. Yonge. Peabody, Mass.: Hendrickson, 1993.

Pritchard, J. B. (ed.), *Ancient Near Eastern Texts Relating to the Old Testament*. 1954. Princeton, NJ: Princeton University Press, 1969.

Alter, Robert e Frank Kermode (eds.), *The Literary Guide to the Bible*. Cambridge, Mass.: Harvard University Press, 1987. Exposição crítica literária, tanto livro por livro quanto em ensaios gerais.

Caird, George, *Language and Imagery of the Bible*. Londres: Duckworth, 1980.

Frye, Northrop, *The Great Code: The Bible and Literature*. Nova York: Harcourt, Brace, Jovanovich, 1982. Na verdade, uma versão expandida e mais estruturada destas palestras [Edição brasileira: *O grande código: a Bíblia e a literatura*. Campinas: Sétimo Selo, 2021, 1ª ed.].

Frye, Northrop, *Words with Power: Being a Second Study of the Bible and Literature*. San Diego: Harcourt, Brace, Jovanovich, 1992 [Edição brasileira: *O poder das palavras: a Bíblia e a literatura II*. Campinas: Sétimo Selo, 2022, 1ª ed.].

Frymer-Kensky, Tikva, *Reading the Women of the Bible*. Nova York: Schocken, 2002. Um trabalho de pesquisa judaica, de modo que, nos termos da AV, "Bíblia" significa o Antigo Testamento e alguns nomes têm formas diferentes, notadamente "Rivka" para Rebeca. Lê as histórias de mulheres bíblicas como "elásticas, complexas, ambíguas".

Josipovici, Gabriel, *The book of God: A response to the Bible*. New Haven, CT: Yale University Press, 1988. "Fresco e enérgico, lançando *insights* em todas as direções..." (N. Frye).

Norton, David, *A History of the English Bible as Literature*. Cambridge: Cambridge University Press, 2000. Versão compactada de sua *History of the Bible as Literature*, de 1993, em 2 volumes. Estudo das versões KJ e

Revisada com seus antecedentes e influência: "Um exame das relações cambiantes entre religião e cultura": escrito de forma envolvente.

Prickett, Stephen, *Words and the Word: Language, Poetics, and Biblical Interpretation*. Cambridge: Cambridge University Press, 1986. Examina o histórico e contínuo "debate sobre a relação da poesia com a linguagem religiosa".

Quatro idades: os mitos clássicos

Jay Macpherson

> *Eu vos digo: nem vão nem fabuloso*
> *(embora o tolo e o vão assim as vejam)*
> *é tudo que os poetas, inspirados*
> *pela musa sagrada, ensinaram,*
> *narrando em versos puros e imortais*
> *sobre quimeras e ilhas encantadas*
> *e portais para o Inferno nas cavernas.*
> *Tudo isso existe: quem não crê, não vê.*
> — Milton*

---

* John Milton, *Comus*, vv. 513–519.

Prefácio

Este livro está organizado cronologicamente, em quatro fases: a criação e a aparição dos deuses; a vida pastoral e a ordenação das estações; as aventuras e os trabalhos dos heróis; guerra, contos trágicos e declínio na história. Este esquema corresponde aproximadamente ao das Quatro Idades Clássicas — daí o título. O título pretende sugerir que os mitos são normalmente contados em uma sequência que, embora não seja estritamente histórica, tem alguma analogia com a história. Alguns dos detalhes dessa analogia estão indicados em um gráfico ao final.

Agradecemos, pela permissão para reproduzir as ilustrações que aparecem nas páginas indicadas, às seguintes pessoas: os herdeiros do falecido Sir Arthur Evans (para as ilustrações nas páginas 358 e 363, de *The Palace of Minos* de Sir Arthur Evans); o Museu de Belas-Artes de Boston (página 316); o Metropolitan Museum of Art, Rogers Fund, 1910 (página 382); o *Journal of Hellenic Studies* (páginas 397 e 400); o *Journal of Hellenic Studies* e o British Museum (página 296); os controladores da Cambridge University Press (página 366, de *Zeus* por A. B. Cook; e páginas 341, 370, 374 e 380 de *Prolegomena to the Study of Greek Religion* por J. E. Harrison).

Meus mais calorosos agradecimentos a Kildare Dobbs, que me fez a sugestão; a Hope Arnott Lee, que me encorajou e aconselhou; a Clive Parsons, que dissipou as dificuldades e tornou tudo possível; e a Northrop Frye, cuja orientação forneceu, entre outras coisas, e em grande parte das coisas citadas acima, a forma geral do livro. Desde 2003, sou grata também a Alvin Lee, editor geral das *Collected Works of Northrop Frye*, por sugerir a publicação desta nova edição; a Margaret Burgess, assistente editorial das *Collected Works*, por sua edição verdadeiramente dedicada; a Emmet Robbins, pelas correções necessárias; e a Constance Boldt, pela atualização da arte.

J. M.

Introdução

"Mito" é uma palavra grega que significa história, especialmente uma história sobre deuses ou heróis. Não sabemos exatamente quando e como essas histórias começaram a ser contadas, mas sabemos que elas entram na literatura principalmente nas obras dos primeiros poetas gregos, Homero e Hesíodo. Os gregos não tinham Bíblia, ou uma coleção unificada de escritos sagrados. Suas histórias sagradas jamais foram fixadas em uma única versão escrita como as dos judeus, mas foram continuamente reformuladas por poetas e dramaturgos posteriores. Surgiram disputas sobre o que as histórias significavam, se eram "verdadeiras" e em que sentido; mas elas eram sempre contadas, não importando como os diferentes ouvintes escolhessem entendê-las.

Deus marinho

Algumas gerações depois de Homero, quando as pessoas começaram não apenas a contar as histórias, mas também a se perguntar sobre o que elas "realmente" queriam dizer, as respostas a que chegaram eram muito diferentes. Alguns pensavam que os deuses e heróis eram homens mortais lembrados após sua morte por feitos notáveis, gradualmente passando a serem considerados supra-humanos — em outras palavras, que os mitos na verdade eram história. Outros pensavam que eram uma espécie de ciência natural: que Zeus, o deus-pai, não apenas vivia no céu, mas era o próprio céu, e sua esposa Hera, o ar. Outro tipo de interpretação era moral, tomando as histórias como exemplos do comportamento adequado para o homem bom. Neste caso, todos os inimigos do herói representariam vícios e tentações.

Temos de lembrar que os mitos não são todos do mesmo tipo, ou mesmo da mesma época, e nenhuma explicação vai servir para todos eles. Alguns parecem se referir a eventos históricos. Por exemplo, embora a maioria dos mitos gregos seja sobre Zeus e sua família, todos os escritores gregos sabem que antes da chegada desses "deuses mais jovens", havia gerações mais antigas de deuses. As histórias que nos dizem que Zeus tomou o trono do Céu de seu pai Cronos, ou que Apolo tomou o santuário de Delfos da deusa da terra, sugerem vagas lembranças de como uma religião mais antiga foi substituída por uma nova. Mitos em que heróis gregos realizam grandes ações em Troia, Creta e Egito nos lembram daqueles ricos e poderosos impérios mediterrâneos que já estavam em declínio antes do surgimento da civilização grega.

Outra visão dos mitos como história, que poderíamos chamar de antropológica, vê em alguns incidentes frequentemente repetidos fatos da vida social e ritual primitiva, talvez encobertos ou incompreendidos pelo narrador. Os gregos clássicos sacrificavam animais aos deuses, mas certamente não seres humanos. Mas histórias em que uma donzela ligada à fecundidade da terra morre ou é levada embora sugerem que possivelmente os ancestrais remotos dos gregos matavam jovens vítimas humanas para garantir a colheita anual. O leitor também ficará impressionado com o número de reis, tanto no Céu como na Terra, que tentam matar seus filhos por medo de serem suplantados por eles. Em muitas sociedades pré-históricas, e muito provavelmente também no início da Grécia, o rei idoso era morto por seu sucessor antes que sua força começasse a decair, para o bem de seu povo e da terra.

Também encontramos nos mitos algumas explicações de eventos naturais. O Monte Etna na Sicília é um vulcão porque o terrível monstro Tífon está enterrado sob ele; sua ira estremece a terra, e ele vomita fogo e rocha derretida. A Ursa Maior nunca se põe no mar ocidental porque o deus do oceano está zangado com ela. A terra é estéril por metade do ano porque Deméter, a deusa dos grãos, está de luto por sua filha, a donzela da primavera Perséfone, oculta sob o solo.

Quanto às explicações morais, elas são muito mais difíceis de provar. Alguns dos mitos podem ser contados de modo a trazer à tona exemplos de virtude ou verdades religiosas, mas é duvidoso que seus primeiros contadores tenham pensado neles dessa maneira. Muitos deles, especialmente aqueles em que os deuses traem, mentem, sequestram e buscam vingança, só poderiam oferecer modelos de conduta da pior espécie. Ao mesmo tempo, frequentemente encontramos figuras que carregam nomes de qualidades morais ou espirituais: Métis (conselho), Prometeu e Epimeteu (previsão e reflexão posterior), Cupido e Psiquê (amor e alma), e cujas histórias sugerem significados "mais profundos".

Não foi até o final da era clássica que o aspecto mais notável dos mitos começou a ser descoberto. A essa altura, os altares dos deuses gregos e romanos estavam frios: o cristianismo havia substituído seu culto. Os leitores da Bíblia e de outras literaturas orientais começaram a ver semelhanças impressionantes entre os mitos dos gregos e os de outros povos: uma descoberta ao mesmo tempo excitante e desconcertante. Os leitores cristãos reconheceram temas familiares no Jardim das Hespérides, onde uma serpente se enrosca em uma árvore maravilhosa; a destruição causada à humanidade por uma maçã e uma mulher, ou por aquela outra mulher "cheia de dons" com sua curiosidade fatal; o dilúvio de Deucalião; a divisão do mundo entre três irmãos; uma donzela sacrificada por seu pai; um herói, nascido de um deus e uma mulher mortal, que triunfa sobre a morte. Aventaram-se muitas explicações para tais semelhanças. Alguns pensavam que essas eram histórias de demônios que governavam o mundo antes da vinda de Cristo para derrubar seu poder; outros, que eram paródias da verdade inventadas por demônios para enganar os fiéis. Uma visão mais caridosa tornou-os relatos fragmentários e sombrios das verdades que Deus revelou plenamente apenas na Bíblia: assim, os cristãos podiam ler essas fábulas dos poetas pagãos sem danos e talvez até com algum benefício.

Em nossos dias ainda se buscam explicações para as semelhanças que existem entre os mitos de todos os povos. Todas as culturas surgiram de uma única fonte — algum vale da Mesopotâmia ou da Índia antiga? Uma Atlântida há muito perdida no mar ocidental? Talvez o continente escuro da África, ou o Norte ainda misterioso? Pode ser uma questão para a psicologia: será que a imaginação humana funciona por leis que são as mesmas em todos os lugares, produzindo as mesmas histórias repetidamente a partir dos materiais comuns da vida — dia e noite, tempo de semeadura e colheita, medo, desejo e tranquilidade?

Quaisquer que sejam as explicações que possamos dar para seu poder contínuo, essas histórias, entre as mais antigas do mundo, ainda estão entre as melhores. Elas foram tão importantes para os escritores, de Homero até o presente, que não são menos imprescindíveis, para o estudo de literatura, do que a Bíblia, a fonte da tradição judaica e cristã. Seu sentido foi transformado de geração em geração e de escritor em escritor, mas os velhos padrões e personagens sobrevivem.

O mito é o tipo mais antigo de narrativa; e esses contos da Grécia e Roma antigas, juntamente com os da Bíblia e os contos folclóricos europeus posteriores, como aqueles coletados na Alemanha pelos irmãos Grimm, ainda são a base de nossa ficção. No fundo, existem muito poucas histórias, como todos nós já pensamos em alguma ida ao cinema. Ou melhor, existem inúmeras histórias, mas todas são baseadas em alguns tipos de enredo: narrativas de criação, transformação e destruição, de amor, perda, vingança, de amizade e conflito, de busca, decepção e sucesso. Existem também apenas alguns cenários básicos: o mundo celestial acima das nuvens; o submundo; e no meio desses dois, a nossa própria Terra, seja paradisíaca e preservada ou devastada por ganância, orgulho e guerra. O mito faz muito mais uso do que a ficção moderna de cenários celestiais e infernais, e seus personagens são principalmente deuses ou heróis com poderes menores, mas ainda sobre-humanos. Além da ficção científica, que muitas vezes parece surpreendentemente próxima de contos de fadas e mitos, a maioria dos romances e filmes modernos se passa firmemente no mundo comum e lida com personagens cujos poderes são limitados como os nossos. No entanto, em muitos ainda se pode discernir os padrões antigos. O pai cruel, a princesa indefesa, o salvador corajoso, a criança de origem misteriosa, o velho profeta sábio, a maldição, a jornada, o tesouro fatal — todos estes podem assumir tantas formas quanto o multiforme Velho Homem do Mar, mas são, como ele, indestrutíveis e, como ele, podem responder nossas perguntas sobre quem somos e para onde vamos.

1

No princípio[1]

A criação

No princípio, quando os céus e a terra emergiram do caos...
— Milton[2]

No princípio, antes dos Céus e da Terra, tudo o que existia era o Caos, o vazio escuro e sem forma. E após a passagem de eras, apareceram dois seres tremendos, a deusa mais antiga Noite e seu irmão Érebo, a Profundeza. E destes dois nasceu Eros, que é o Amor, o mais poderoso de todos os deuses.[3] Depois dele surgiu Gaia, a grande Mãe-Terra, que gerou de si primeiro o mundo em que vivemos e depois Urano, o céu estrelado, que fica acima e ao redor dela e é o lar eterno dos deuses benditos. Então o sutil Eros uniu no amor a Mãe-Terra e o Pai-Céu, e deles, no decorrer do tempo, nasceu uma série de criaturas estranhas e monstruosas, os primeiros nascimentos do tempo. Primeiro vieram os três irmãos Giges, Coto e Briareu, maiores que montanhas, com cinquenta cabeças e cem mãos, assustadores de se ver. Isso foi, pelo menos, o que sobre eles pensou seu pai Urano, que os tirou de sua mãe e os encerrou nos lugares escuros sob a terra. Em seguida, Gaia deu à luz os três ciclopes, os de olhos de roda, menores que os centímanos mas ainda

---

[1] Todas as histórias deste capítulo são contadas por vários escritores gregos, principalmente pelo antigo poeta Hesíodo em sua *Teogonia*, ou "Nascimento dos deuses". Hesíodo viveu provavelmente no século VIII a.C., nas encostas do Monte Helicão, onde, segundo afirmava, as Musas lhe ensinaram suas canções enquanto ele cuidava de suas ovelhas. A história de Deucalião e Pirra, como a de Faetonte, em seguida, é tirada do poeta latino Ovídio. Suas *Metamorfoses* ou "Transformações" são uma releitura elaborada de quase todos os mitos gregos e alguns romanos para um público romano sofisticado. O poema é unido por seu grande tema de transformação, que o poeta vê como o processo essencial do universo. Nascido em 43 a.C., Ovídio foi contemporâneo do Imperador Augusto.

[2] John Milton, *Paraíso perdido*, l. 1, vv. 9–10.

[3] Os poderes de Eros incluem a força física de atração na matéria.

gigantes, cada um com um único olho redondo no centro de sua testa. Estes também seu pai prendeu sob a terra, temendo menos seu tamanho e força do que sua habilidade em forjar armas de metal, pois foram os primeiros ferreiros.

Eros

Os últimos filhos de Gaia foram os doze titãs, seis filhos e seis filhas, maiores que os mortais, mas não monstruosos, dotados de beleza e majestade. Então Gaia, cansada do tratamento cruel de Urano com seus outros filhos, apelou a seus filhos titãs para que vingassem seus sofrimentos. Ela lhes ofereceu uma foice afiada de adamante,[4] a mais dura das pedras, para que ferissem seu pai, livrando-os dele. Apenas Cronos,[5] o mais jovem e corajoso, ousou tentar tal feito. Ele esperou até que a noite caísse e Urano descesse para envolver Gaia; então ele tomou a foice e mutilou seu pai, cortando o abraço da Terra e do Céu. Então Cronos governou no lugar de seu pai sobre o mundo inteiro; mas ele não quis libertar seus monstruosos irmãos mais velhos de seu cativeiro sob a terra.

Os seis irmãos titãs tomaram suas seis irmãs como esposas, e sua progênie foram os deuses que enchem a terra, o mar e o ar. A seu irmão mais velho, Oceano,[6] Cronos deu a corrente que circunda a Terra, e seus filhos e filhas foram as divindades aquáticas. Seus inúmeros filhos foram os Rios da Terra, e suas filhas foram as ninfas das fontes, lagos e córregos, bem como do mar.[7]

---

4   Adamante, que significa "invencível", era um nome dado nos tempos clássicos ao ferro e aço mais duros, ou ao diamante.

5   Escritores romanos deram ao nome de Cronos o significado de tempo, que devora os anos como Cronos devorava seus filhos. Isso aconteceu por confusão com o grego *chronos*, "tempo"; e explica por que imagens do Pai-Tempo o mostram carregando a foice de Cronos.

6   Oceano é concebido como um grande rio fluindo em círculo ao redor do disco plano da Terra.

7   As ninfas são propriamente espíritos virgens das águas e nascentes. Espíritos semelhantes são dríades e oréades, ligados a árvores e montanhas. "Ninfas" é frequentemente usado como um nome geral para qualquer um deles.

As ninfas são uma raça gentil e amável, amada por deuses e homens; mas uma delas, cujo nome é Estige, a Odiosa, é diferente das outras. Seu córrego nasce em uma caverna subterrânea sem Sol e suas águas são frias e capazes de adormecer o coração. Mesmo os deuses, se juram por Estige, temem quebrar seu juramento.

Os mais belos filhos titãs de Urano eram o deus da luz Hipérion e sua irmã-esposa Teia, que viviam em um palácio de nuvens no céu oriental e cujos filhos eram Hélio, o Sol, Selene, a Lua, e Eos, a Aurora. Eos tornou-se a mãe de Fósforo, a Estrela Matutina, de Héspero, a Estrela Vespertina,[8] e dos planetas, as estrelas errantes.[9] Seus outros filhos são Euro, Zéfiro, Noto e Bóreas, os quatro ventos que sopram do Leste, Oeste, Sul e Norte.

A Idade de Ouro

> *Diz-se que, quando reinava Saturno, o antigo,*
> *em cada ato no mundo a bondade abundava;*
> *todos os homens amavam a virtude, e perigo*
> *de violência ou de fraude a ninguém assustava;*
> *não se sabia de guerra, a trombeta calava,*
> *paz era só o que havia entre homens e feras,*
> *todos os frutos a terra tão fértil nos dava,*
> *todo louvor à justiça era dado na Terra,*
> *que a cada homem com a mesma firmeza tratava.*
> — Spenser[10]

O longo reinado de Cronos, a quem os romanos chamavam Saturno,[11] foi a época feliz que os poetas chamam de Idade de Ouro.[12] Foi então que surgiram os homens, formados da terra misturada com a água da chuva por Prometeu, o sábio filho do titã Jápeto. Ele os fez à imagem dos deuses, ao contrário dos

---

8   Estrela Matutina e Estrela Vespertina são ambos nomes do planeta Vênus.

9   Foi mais tarde, na era clássica, sob influência babilônica, que os planetas receberam os nomes de Ares, Hermes, Zeus, Afrodite e Cronos (nossos Marte, Mercúrio, Júpiter, Vênus e Saturno), e a adoração das estrelas entrou na religião grega. Ver pp. 420–421.

10 Edmund Spenser, *The Fairie Queene*, l. 5, proêmio, estrofe 9.

11 Durante a festa romana da Saturnália, celebrada todos os anos em honra de Saturno, os escravos eram servidos pelos seus senhores. Essa inversão da ordem social comemorava o reinado de Saturno quando todos eram iguais.

12 A arqueologia também divide o início da história do homem em quatro períodos, nomeados de acordo com os materiais que ele usou em cada uma — a Pedra Lascada, a Pedra Polida, a Idade do Bronze e a Idade do Ferro. ("Arqueologia" vem de duas palavras gregas que significam "coisas antigas" e "palavra", isto é, corpo de conhecimento). A história supõe que o homem evoluiu desde origens primitivas, enquanto a mitologia o mostra progressivamente decaindo de um estado anterior feliz. Há concordância entre o ponto de vista histórico e o mitológico nas idades do Bronze e do Ferro. Homero, vivendo na Idade do Ferro, sabe que seus heróis do século XII a.C. não dominavam o uso do ferro e toma o cuidado de descrever suas armaduras, armas e carros como de bronze.

animais, capazes de ficar de pé e de olhar para o céu. Naqueles dias, toda a Terra era um paraíso, uma terra de eterna primavera como as moradas dos deuses. A terra produzia seus frutos sem o trabalho do homem e sem a marca das suas afiadas relhas de arar; os rios corriam com leite e néctar, e um doce mel pingava do carvalho amargo. Os animais viviam em paz uns com os outros e com o homem, e o homem estava em paz com seu próximo. Metais e pedras preciosas jaziam imperturbáveis no solo; não havia guerra, nem comércio, nem necessidade de tribunais.

Os homens da Idade de Ouro viveram inocentemente, honrando os deuses, e morreram pacificamente, sem doença ou decrepitude. Ainda não havia mulheres na Terra, e assim aquela boa raça passou sem deixar filhos; mas seus espíritos habitam o ar intermediário entre a Terra e o Céu e vigiam com amor e benevolência os justos, abençoando seus rebanhos e campos. Depois que eles se foram, a perda e a mudança começaram a entrar no mundo, agora cenário de idades progressivamente piores: a de Prata, a de Bronze e a dura Idade do Ferro. Na Idade de Prata começaram as quatro estações como as conhecemos, com sua sucessão de calor e frio. Naqueles dias os homens começaram a construir abrigos e a semear cereais na terra, atrelando os bois à canga. Os homens da Idade de Prata eram tolos e ímpios, e Zeus, sucessor de Cronos, os destruiu porque não honravam os deuses. Então ele criou uma terceira raça, os homens de bronze, que não se importavam com nada além da guerra e morreram por sua própria violência. Por último veio a raça atual, os homens de ferro; também estes Zeus destruirá, dizem os poetas.

Guerra no Céu

> *Quem está seguro? Mesmo os deuses estarão seguros?*
> *Júpiter que agora é dominante —*
> *Não existem antigas lendas sombrias sobre como outrora*
> *reinava um antecessor, antes da chegada de Saturno,*
> *E quem pode dizer se Júpiter será o último?*
> — Browning[13]

Quando Cronos expulsou seu pai, Urano o amaldiçoou, dizendo que ele também seria derrubado por seus próprios filhos. Durante todos os longos anos de seu feliz reinado, essa lembrança perturbou Cronos e tirou sua paz. Toda vez que sua esposa Reia lhe dava um filho, ele o tomava dela e o engolia, a fim de escapar à profecia. Depois que ele engoliu dessa maneira seus primeiros

---

13 Robert Browning, *Imperante Augusto Natus Est* — (*No Reinado de Augusto Nasceu —*), vv. 152-156.

cinco filhos, Héstia, Deméter, Hera, Hades e Poseidon, Reia resolveu que o sexto filho não teria destino igual ao dos outros, e foi pedir conselho à sua Mãe-Terra. Seguindo o conselho da Terra, ela se escondeu de Cronos em uma caverna do Monte Ida, na Ilha de Creta, onde deu à luz um menino, a quem chamou de Zeus. Ela o deixou sob os cuidados das ninfas das montanhas e voltou para Cronos. Reia trouxe consigo, embrulhada em panos, uma grande pedra lisa da encosta da montanha, que deu a Cronos, dizendo-lhe que este era o mais novo de seus filhos. Cronos, sem suspeitar de nada, engoliu a pedra como fizera com seus outros filhos.

Enquanto isso, o menino Zeus crescia, alimentado pelas bondosas ninfas e por uma estranha mãe adotiva, a sedosa cabra branca Amalteia, que lhe dava leite e brincava com ele. Conta-se que um dia o pequeno deus agarrou seu chifre com muita força e o quebrou. Ele imediatamente fez um novo crescer em seu lugar, e deu o chifre quebrado às ninfas, em agradecimento por seu cuidado, prometendo que elas sempre encontrariam o chifre cheio de qualquer alimento que elas mais desejassem: frutas, grãos, mel e todas as outras coisas saborosas. As ninfas gostaram muito do presente de Zeus, que chamaram de Chifre da Abundância (em latim, *cornucopia*).

Os outros amigos de Zeus na caverna de Creta eram um bando de jovens armados chamados Curetes, guerreiros nascidos da terra que o entretinham com danças e saltos, batendo suas lanças contra seus escudos para abafar o barulho de seu choro, por medo de que Cronos o ouvisse de seu alto palácio.

Quando Zeus se tornou adulto, Gaia enviou a ele Métis, "Conselho", uma das filhas de Oceano, que lhe disse que havia chegado a hora de vingar as maldades feitas por seu pai. Seguindo as instruções dela, ele foi ao palácio dourado de Cronos e se apresentou como um estranho. Quando Cronos estava muito embriagado de vinho, Zeus colocou em sua taça uma poderosa erva da Terra que Métis lhe dera. Assim que Cronos a engoliu, vomitou primeiro a pedra de Reia, e depois seus cinco filhos mais velhos, todos já crescidos. Seus irmãos Hades e Poseidon se juntaram para ajudar Zeus a acorrentar seu pai; mas Cronos chamou em alta voz por seus irmãos titãs, que vieram correndo para atacar os jovens intrusos. Os deuses mais jovens, vendo a aproximação dos titãs, fugiram do Céu para o topo do Monte Olimpo, acima das nuvens, onde juntaram suas forças para a guerra que se seguiria.

Por dez anos uma guerra foi travada entre os deuses mais jovens e os titãs, e a questão permanecia indefinida. Finalmente Zeus, cansado da luta inútil, partiu para consultar a sabedoria da Mãe-Terra em seu misterioso oráculo na caverna de Píton. As palavras que lhe chegaram eram claras, mas seu significado era obscuro: "Que aquele que há de vencer na guerra em primeiro lugar liberte os presos no Tártaro". Zeus não sabia nada dos eventos ocorridos no Céu antes de ele nascer, nem sabia que Gaia ainda odiava Cronos por deixar seus filhos mais velhos em cativeiro, por isso ficou intrigado com a mensagem.

Aconteceu que entre os titãs havia um, o sábio Prometeu, que não quis lutar ao lado dos deuses anciões. Ele, entre todos os que viviam, era quem mais profundamente enxergava os segredos do tempo, e sabia que o reinado de Cronos estava se esgotando e logo daria lugar ao dos olímpicos. Primeiro, ele tentou, sem sucesso, persuadir seu pai e irmãos a deporem as armas. Então, ao invés de ele mesmo lutar contra eles, ele foi até Zeus e se ofereceu para lhe explicar o oráculo da Terra. Quando Zeus entendeu tudo o que havia acontecido antes, ele desceu com Prometeu ao submundo, logo chegando ao portão do Tártaro, cujas paredes são de bronze, o lugar terrível onde os filhos monstruosos de Gaia estavam presos. A entrada era guardada por uma serpente, que Zeus matou. Ele trouxe os ciclopes de volta ao mundo superior para ajudá-lo contra os titãs, e também os centímanos, mas somente depois de fazê-los jurar que iriam viver além dos limites mais distantes do oceano, tão aterrorizante era seu poder destrutivo.

Os ciclopes imediatamente montaram uma ferraria nas profundezas do Etna, o vulcão siciliano; e o céu logo ficou vermelho enquanto eles preparavam presentes para seu amigo Zeus e seus irmãos. Ao mais velho, Poseidon, deram um tridente[14] com três pontas afiadas de adamante; ao segundo, Hades,[15] um elmo de invisibilidade; e ao próprio Zeus, os raios que penetram qualquer obstáculo e o tornam temido por deuses e homens. É principalmente sobre esta tremenda arma que seu poder repousa, e só ele detém o segredo de seu uso.

Armados com seus três presentes, os olímpicos mais uma vez avançaram para o assalto ao Céu. Desta vez, eles obtiveram um sucesso esmagador: os titãs não puderam fazer frente às novas armas, fugiram assustados pelas ameias e mergulharam nas profundezas. Os olímpicos os perseguiram, entregando todos os que capturavam à responsabilidade dos centímanos, que os aprisionaram naquelas mesmas cavernas do submundo das quais eles mesmos haviam acabado de ser libertos. Os que sobraram das forças titânicas, Cronos e alguns seguidores, fugiram para uma alta montanha no norte da Grécia, onde resistiram por um tempo, abrigando-se dos temíveis raios em cavernas; mas, por fim, foram expulsos dessa fortaleza e fugiram pelo mar,

---

14 Um arpão de pesca de "três dentes". Na moeda de um *penny* britânica, Britânia carrega um tridente que simboliza seu domínio sobre o mar.

15 Hades, como "as Hespérides", era nos tempos clássicos sempre um nome pessoal, nunca o de um lugar.

encontrando refúgio, dizem alguns, na ensolarada Itália, muito antes que os romanos fossem sequer uma ideia. Outros dizem que o rei caçado veio descansar entre as brumas e as trevas da Grã-Bretanha, nas margens mais remotas do oceano. Nenhuma história conta o seu fim.

Na última perseguição, tomaram um prisioneiro: Atlas, irmão de Prometeu, um gigante de grande força. Zeus ordenou como punição que ele ficasse na borda ocidental do mundo, sustentando sobre os ombros o peso do céu. Não é de admirar que seu nome signifique "aquele que sofre".

O reino de Zeus

> À porta do Céu
> Espia e vê cada bendita divindade,
> jazendo diante do trono trovejante,
> ouvindo o que Apolo, não tosado, canta
> ao toque das cordas áureas, enquanto Hebe traz
> O néctar imortal ao seu senhor supremo.
> — Milton[16]

Zeus e seus irmãos governavam a Terra e o Monte Olimpo juntos, e lançaram sortes para decidir a quem caberia o resto do mundo. Zeus ganhou por sua parte o ar e o céu, de onde recebe o título de Coletor de Nuvens. Poseidon, o agitador da Terra, governa o mar, e Hades, os reinos sombrios sob a Terra. Além de ser o deus do céu, Zeus era o guardião da lei e da ordem na Terra, patrocinando a autoridade paterna e real e protegendo viajantes e hóspedes. De suas irmãs, a mais famosa é sua rainha Hera, a deusa do casamento. Outra, Héstia, era a guardiã do fogo sagrado no Céu e da lareira, o centro do culto familiar, nos lares da Terra.

A maioria dos outros deuses do Olimpo[17] eram filhos de Zeus. Uma esposa anterior dele foi sua conselheira, a deusa Métis. Temendo a profecia de que um de seus filhos um dia também o derrubaria, ele tomou a precaução de engolir Métis, cuja filha Atena, quando estava prestes a nascer, saiu pelo topo da cabeça de seu pai. Alguns dizem que ela já então vestia uma armadura completa. Atena era uma donzela guerreira, defensora de Atenas, e herdou a sabedoria de sua mãe.

---

16 John Milton, *At a Vacation Exercise*, vv. 136–139.
17 Uma vez que Zeus se estabelece, os nomes "Monte Olimpo" e "Céu" significam a mesma coisa para os escritores gregos — a morada dos deuses.

Zeus no trono

Com inveja de Zeus por ele ter aparentemente gerado uma filha sozinho, Hera, chamando a Terra para ajudá-la, deu à luz um filho sem pai, o deus ferreiro Hefesto. Mas Hefesto nasceu coxo, e sua mãe, desgostosa, o expulsou do Céu. Ou, como diz outra história, ele ficou do lado de sua mãe em uma briga com Zeus, que o atirou por sobre o limiar celestial. Ele caiu durante um dia inteiro, até atingir a Terra na Ilha de Lemnos,[18] onde, depois de se recuperar, construiu uma forja subterrânea. Mais tarde, ele foi alegremente recebido de volta no Céu, por causa de sua maravilhosa habilidade. Outra dentre os filhos de Hera foi a deusa Hebe, a copeira nas festas celestiais.

Febo Apolo e a caçadora Ártemis eram filhos de Zeus com a titã Leto, que antes de seus nascimentos fugiu por todo o Mediterrâneo em busca de um lugar onde pudesse escapar da ira ciumenta de Hera. A Ilha de Delfos a ofereceu abrigo, mas mesmo assim Hera não queria deixar a deusa do nascimento, Ilítia, ir assisti-la, até que todas as outras deusas rogaram por ela. Então, finalmente, seus gêmeos nasceram, e Apolo construiu um templo em Delfos como recompensa por sua gentileza.

Hermes, o mensageiro veloz, filho de Zeus com a ninfa Maia, era uma criança astuta e precoce. No dia do seu nascimento ele inventou a lira,[19] esticando tendões em uma armação cuja base era uma carapaça de tartaruga.[20]

18 Como outros lugares apontados como oficinas subterrâneas de Hefesto, Lemnos era vulcânica. "Vulcão" vem do nome latino de Hefesto, Vulcano.

19 Todos os povos têm histórias sobre a invenção das coisas. Em Gênesis, Jubal e Tubal-Cain são o primeiro músico e o primeiro ferreiro.

20 A carapaça de tartaruga é a base, que funciona como caixa de ressonância. Suporta dois braços verticais de madeira, um de cada lado, ligados na parte superior por uma travessa. Sete cordas de igual comprimento são esticadas entre a barra transversal e a casca. Estes são tocados com uma palheta, muitas vezes como acompanhamento de canto ou recitação. Um poema "lírico" originalmente significava aquele que poderia ser cantado com o acompanhamento da lira.

Então ele foi passear no campo e desviou cinquenta cabeças de gado que pertenciam a Apolo, fazendo os animais andarem para trás para enganar um eventual perquiridor. Depois de trancá-los em segurança, ele se enfiou de volta em seu berço, onde Apolo o encontrou. Acusado do roubo, ele fingiu ser jovem demais para saber o que era gado. Mas Apolo não se deixou enganar, e estava pronto para punir severamente o bebê malicioso, quando Hermes deu-lhe a lira como pagamento pelas vacas. Este foi o primeiro ato de troca, e estabeleceu Hermes como o deus dos mercadores e dos ladrões.

    Afrodite, a deusa do amor que se deleita no riso, nasceu da espuma do mar perto da Ilha de Citera e veio à tona em Chipre. Ambas as ilhas permaneceram consagradas a ela. Ela era a esposa de Hefesto, mas gostava mais do deus da guerra Ares, o filho turbulento de Zeus e Hera.

Afrodite servida pelos amores

    Esses doze grandes deuses do Olimpo não eram os únicos habitantes do Céu. Zeus tinha uma terceira irmã, Deméter, a deusa dos grãos, que cuidava da fecundidade da terra. Um filho de Zeus era o deus da vinha Dioniso, um jovem gracioso auxiliado por um velho bêbado, Sileno, que se dizia seu tutor. Pã, o filho de Hermes com pés de cabra e chifres de bode, preferiu viver na

Terra em vez de nos átrios dos deuses. Sua casa ficava nos bosques e campos da Arcádia, onde tocava flauta para as ninfas e sátiros[21] e era adorado em altares rurais como o deus dos pastores e zagais.

Prometeu

> *Ou, como o ladrão do fogo do Céu,*
> *suportarás o choque?*
> *Terás, como é dele, também como teus*
> *O abutre[22] e a rocha?*
> — Byron[23]

Por muito tempo depois que a Terra apareceu, suas colinas, vales e prados amplos ficaram desabitados, exceto pelas ninfas e sátiros, deuses do campo que dançavam, brincavam e corriam uns com os outros na floresta e no campo. Já vimos como Prometeu, por fim, criou o homem. Uma história diferente conta como os deuses encarregaram da tarefa não apenas Prometeu, mas também seu irmão Epimeteu. Como o nome de Prometeu significa "aquele que pensa antes" e o de seu irmão, "aquele que pensa depois", parece que Epimeteu não tinha toda a sabedoria de seu irmão. Ele começou pela criação dos animais; e foi tão pródigo com as habilidades que lhes deu — força, velocidade e astúcia, garras fortes e dentes afiados, coberturas quentes de penas e peles — que não sobrou nada para o homem, sua pobre e vacilante criação final. Então Epimeteu apelou a seu sábio irmão para que reparasse o erro. Prometeu não apenas fez o homem ereto e bonito, mas decidiu usar sua habilidade para obter de Zeus, o rei dos deuses, vantagens adicionais para o homem. Certa vez, quando deuses e homens se encontraram, Prometeu abateu um grande boi para que todos se banqueteassem. Dividindo o corpo em duas porções, ele embrulhou toda a boa carne em pele, para que parecesse muito pouco apetitosa e separou os ossos, cobrindo-os com gordura. Então ele perguntou a Zeus qual porção ele tomaria para si mesmo e seus companheiros deuses. Zeus, enganado pelo aspecto rico da gordura reluzente, escolheu o amontoado de ossos que ela escondia; e a partir de

---

21 Associados a Pã, na arte e na lenda, estão homens selvagens com partes de animais, como patas e chifres de cabras ou caudas de cavalos, vivendo entre bosques e colinas. O nome latino para Pã é Fauno, e para os sátiros, *fauni*. Dos nomes da esposa de Fauno e da deusa romana das flores, obtemos nossas palavras "fauna" e "flora".

22 Byron, neste poema sobre a carreira de Napoleão, está pensando não no pássaro real de Zeus, mas nos dois abutres que rasgam o fígado de Títio, outro gigante ambicioso punido por Zeus. Os próprios autores antigos muitas vezes combinam duas histórias dessa maneira.

23 George Gordon (Lord Byron), *Ode to Napoleon Buonaparte*, vv. 136–139.

então, quando os homens matavam o gado para comer, sacrificavam os ossos aos deuses, guardando a carne para si.

Quando Zeus viu que tinha sido enganado, enfureceu-se e, por vingança, recusou-se a dar à humanidade o presente que Prometeu escolhera para eles, a preciosa bênção que é o fogo, guardando-o zelosamente em seus salões celestiais. O amigo do homem, destemido, subiu ao Olimpo e roubou uma chama bruxuleante em um talo oco de erva-doce para dá-la à raça indefesa dos mortais no lugar da força e da velocidade, dos dentes afiados e das peles quentes dos animais.

Então Zeus olhou do Olimpo para baixo, e viu por toda parte na vasta Terra os fogos brilhando ao longe; sua raiva contra Prometeu, então, foi sem limites. Ele enviou dois de seus fortes servos para prendê-lo a uma rocha nas montanhas do Cáucaso, onde ele ficou por longas eras, preso por correntes, exposto tanto ao Sol quente quanto aos ventos ferozes e ao frio penetrante. Para aumentar seus tormentos, Zeus enviou uma águia para rasgar continuamente seu fígado; e porque o titã era imortal como o próprio Zeus, seus sofrimentos não teriam fim.

Havia uma terceira razão para a crueldade de Zeus além das duas vitórias de Prometeu sobre ele. Quando Prometeu ajudou Zeus contra Cronos e os outros titãs, não foi porque ele pensou que o reinado de Zeus seria mais justo do que os reinados de Cronos e Urano antes dele, mas porque apenas ele, entre todos os habitantes do Céu, conhecia os segredos do Destino, e vira que não adiantava lutar contra o que estava por vir. As Parcas são três irmãs, Cloto, Láquesis e Átropos, filhas da Noite, que se sentam em uma caverna tecendo o fio da vida do homem. A primeira irmã tece o fio, a segunda o estica, e a mais temida, a terceira, é quem o corta. Prometeu, que foi admitido em seus conselhos, sabia não apenas que Zeus estava destinado a deter o poder supremo, mas também que outro viria atrás dele e, por sua vez, assumiria o poder. Esse sucessor seria um dos muitos filhos de Zeus; o próprio Zeus sabia disso: foi Prometeu quem guardou o segredo crucial de quem seria a mãe da criança — seu nome e se ela era deusa, ninfa ou mulher mortal. Como seu pai e seu avô, Zeus vivia com medo de sua eventual derrubada e faria qualquer coisa para impedi-la ou adiá-la. Subestimando seu velho amigo como havia feito antes, e esquecendo que sem a ajuda de Prometeu teria demorado muito mais para se tornar o senhor do Olimpo, ele pensou que poderia torturar Prometeu para que este falasse o que sabia. Mas Prometeu, com sua resistência sobre-humana, permaneceu calado.

A maioria das narrativas concorda que finalmente Prometeu foi libertado do topo de sua montanha. A ação é atribuída ao maior dos heróis, o filho de Zeus, Héracles, que foi em seu socorro, navegando em uma taça de ouro que o Sol lhe emprestou. Prometeu nunca disse a Zeus quem seria a mãe de seu destruidor, mas o avisou para não se casar, como estava em seu coração determinado a fazer, com a ninfa do mar Tétis, porque ela estava destinada a ter um filho que seria maior do que o próprio pai. Zeus prudentemente mudou de ideia e cedeu a dama a um herói menor chamado Peleu.

Tétis, no entanto, tinha todo o caráter traiçoeiro de seu elemento nativo, e Peleu não a conquistou facilmente. Ele a agarrou um dia enquanto ela dormia à beira-mar, fazendo-a acordar assustada e se transformar em todo tipo de criatura — um pássaro, uma árvore, uma tigresa, um fogo feroz — em sua luta para escapar dele. Mas o herói a segurou firme e, por fim, ela voltou à sua forma normal e concordou em se tornar sua esposa. Zeus deu ao casal um casamento suntuoso, que contou com a presença de uma grande multidão de deuses e homens. O filho deles foi Aquiles, o herói da Guerra de Troia, um homem maior que seu pai Peleu, mas mortal como os outros homens, e não um pretendente ao trono do Céu.

A caixa de Pandora

> *Mais bela que Pandora, a quem os deuses*
> *dotaram tantos dons, e também igual*
> *no infortúnio, quando ao imprudente filho*
> *de Jafé,[24] trazido por Hermes, aprisionou*
> *a humanidade por sua beleza, para obter vingança*
> *sobre aquele que roubou o fogo autêntico de Jove.*
> — Milton[25]

A vingança de Zeus não terminou com o castigo de Prometeu. Embora ele não pudesse tirar dos homens o dom do fogo, que tinha sido aceso em mil lugares na Terra, ele fazia questão de que eles sofressem por possuí-lo.

Esta história concorda com a história da Idade de Ouro: no início, a vida do homem na Terra era mais feliz do que é agora, até que misérias e descontentamento começaram a surgir gradualmente. Parece que Prometeu e Epimeteu criaram apenas homens, não mulheres. Quando Zeus estava

---

24 Milton, escrevendo em meados do século XVII, segue os historiadores de sua época ao identificar figuras da mitologia clássica com as da Bíblia, aqui o titã Jápeto e o terceiro filho de Noé. A pessoa que ele está comparando com Pandora é Eva.

25 John Milton, *Paraíso perdido*, l. 4, vv. 714-719.

zangado com a humanidade, ele concebeu o pior castigo que pôde imaginar e inventou a mulher. Hefesto, o ferreiro dos deuses, foi instruído a formá-la da terra e torná-la irresistivelmente bela. Cada um dos deuses deu a ela seu próprio dom ou habilidade especial, e por isso ela foi chamada de Pandora, "dotada de tudo".[26] Tendo sido aperfeiçoada com todos os dons e adornada com toda a sua beleza, este tesouro traiçoeiro foi levado à Terra por Hermes, o deus-mensageiro que usa elmo alado e sandálias para acelerar seu voo, e entregue ao tolo irmão de Prometeu, Epimeteu. Prometeu havia advertido seu irmão para não aceitar nada de Zeus, mesmo que parecesse um presente enviado em amizade; mas Epimeteu, como sempre, agiu primeiro e pensou depois. Ele recebeu a donzela das mãos de Hermes e a levou para sua casa, e com ela um grande jarro — alguns dizem uma caixa ou baú — que os deuses enviaram com ela, dizendo-lhe que o guardasse em segurança, mas nunca pensasse em abri-lo. Isso era demais para uma garota vivaz como Pandora, também dotada, entre todos os seus dons, da primeira curiosidade feminina. Depois de conter-se por um tempo, ela finalmente cedeu e levantou a tampa do jarro, e a partir daquele momento começaram as tristezas da humanidade; pois cada um dos deuses havia guardado nele a pior coisa que poderia dar; e tão maravilhosos quanto os dons com que eles a dotaram, eram terríveis os males que escaparam rapidamente do jarro, em uma nuvem negra e fedorenta como insetos pestilentos — doença e sofrimento, ódio, ciúme e ganância, e todas as outras coisas cruéis que congelam o coração e provocam a velhice. Pandora tentou fechar a jarra novamente, mas era tarde demais. A infância feliz da humanidade estava perdida para sempre, e com ela a Idade de Ouro, quando a vida era fácil. A partir de então, o homem teve de conquistar seu sustento com dificuldades, por seu próprio trabalho sobre o solo hostil. Apenas uma coisa boa veio para o homem dentro da jarra, permanecendo no mundo para confortá-lo em sua angústia: o espírito da Esperança.

---

26 O nome inicialmente significava "doadora de tudo", mostrando que Pandora era uma forma da deusa da terra; Hesíodo deliberadamente interpretou mal em sua fábula da mulher como a ruína do homem. Sua identidade mais antiga pode desempenhar algum papel no relato de Deucalião e Pirra de Ovídio, visto que várias fontes anteriores fazem dela a mãe de um ou de ambos.

O dilúvio de Deucalião

> [...] o antigo par [...]
> Deucalião e a casta Pirra, para restaurar
> a raça humana, afogada, diante do santuário
> de Têmis, devotos, postavam-se.
> — Milton[27]

Mais uma história é contada sobre as primeiras eras do mundo. Com o passar do tempo, a humanidade tornou-se cada vez menos nobre, e o mal e o crime andavam sobre a face da Terra, à luz do dia. Quando Cronos feriu seu pai Urano, dois novos tipos de criatura surgiram do sangue no ponto em que ele escorreu sobre a Terra. Um dos conjuntos era composto pelas três irmãs chamadas Erínias ou Fúrias, terríveis de se olhar, que perseguem e punem os ímpios, especialmente aqueles que assassinam seus próprios parentes. A outra era a raça dos gigantes, cruéis e de natureza sangrenta, que finalmente se tornaram tão arrogantes que resolveram conquistar a fortaleza dos deuses. Para fazer isso, eles empilharam o Monte Pelião no topo do Monte Ossa, como uma base para chegar ao Olimpo; Zeus atirou neles um de seus raios, e as montanhas caíram, esmagando os gigantes em sua queda. A Terra recebeu o sangue de seus filhos em torrentes. Para que eles não fossem esquecidos, ela soprou vida no sangue misturado com o solo, formando uma nova raça de homens, violentos e cruéis. Estes se casaram com a raça que já habitava na Terra e corromperam ainda mais sua natureza; e foi assim que o mal e o crime se espalharam, enquanto a Vergonha e a donzela Justiça se afastaram da humanidade.

Os deuses, vendo isso, ficaram muito perturbados, e Zeus resolveu visitar a Terra disfarçado e dar uma olhada mais de perto. Pedindo aqui e ali hospitalidade como um viajante cansado, ele foi tão mal recebido que perdeu a paciência e, correndo de volta ao Olimpo, convocou um conselho dos deuses. Diante de todas as divindades reunidas da terra, do céu e do mar, ele anunciou sua decisão de destruir a humanidade e substituí-la por uma raça melhor que honraria os deuses. A princípio, sua intenção era lançar um bombardeio de raios contra a Terra; mas lembrando-se de uma antiga profecia, segundo a qual todo o universo acabaria sendo consumido pelo fogo, ele deixou seus raios de lado e preferiu deixar os céus se abrirem para destruir o homem com um dilúvio. Assim, ele mandou que Noto, o vento sul, empurrasse a chuva das nuvens para a Terra. A pedido de Zeus, Poseidon convocou os rios e

---

27 John Milton, *Paraíso perdido*, l. 11, vv. 10–14.

ordenou-lhes que arrebentassem suas margens e se espalhassem pela Terra; então ele golpeou a Terra com seu tridente, e torrentes de água jorraram de suas profundezas. As inundações, triunfantes, correram para o mar, levando consigo plantações e pomares, gado e homens, casas e templos, até as imagens sagradas dos deuses. Os edifícios que não desabaram sob sua fúria foram esmagados pelas altas ondas, e os peixes nadaram pelas portas e viram, com seus olhos frios, os cômodos dos humanos. Logo as águas cobriram tudo: o mundo inteiro era mar, e mar sem costa.

A princípio, alguns tentaram escapar escalando os cumes das colinas, mas as inundações logo os varreram. Outros foram para os barcos, deslizando suas quilhas curvas acima do que haviam sido herdades e terras aradas. Ao lado deles, enquanto puderam, nadavam todos os tipos de animais, lobos e ovelhas se esforçando para escapar. Os pássaros voaram e vagaram por muito tempo em busca de um lugar para descansar; por fim, suas asas se cansaram e eles caíram no mar. A maior parte da humanidade foi engolida pelas ondas. Mesmo os que estavam nos barcos logo morreram, sucumbindo à fome e às doenças trazidas pelo fedor universal da corrupção.

Em todo o mundo, apenas um ponto de terra ainda se mostrava acima das ondas: o pico duplo do Parnaso, erguendo-se acima das nuvens, no norte da Grécia. Neste lugar, depois de muitos dias, chegou, flutuando, uma enorme caixa de madeira,[28] de onde saíram para a terra firme um homem e uma mulher, Deucalião e sua esposa Pirra, respectivamente filhos de Prometeu e de Epimeteu. A sabedoria de Prometeu fora responsável por sua sobrevivência. Sabendo da intenção de Zeus de destruir a humanidade antes mesmo que o próprio Zeus soubesse, ele instruiu seu filho e sua sobrinha e nora a construir a caixa e abastecê-la com todas as provisões de que precisariam.

Sendo pessoas piedosas, o primeiro ato de Deucalião e Pirra foi o de agradecer aos deuses por sua fuga. Vendo isso, Zeus, com pena, fez recuar as águas com a ajuda de Bóreas, o vento norte, que durante todo esse tempo havia mantido aprisionado, e Poseidon fez recuar todas as inundações que havia dispersado antes. Era apropriado que a humanidade fosse restaurada a partir deste casal, que se via desanimado, no topo da montanha; pois eles haviam mantido as mãos limpas da culpa geral e, além de gentis e corretos, honravam os deuses. Descendo da montanha enquanto as inundações baixavam, eles não podiam ver sinais de vida, e sentiram todo o horror de serem as únicas criaturas vivas em uma terra vazia e desolada.

---

28 Outra caixa flutuante aparece na história de Perseu (p. 331). A palavra latina para "caixa" é *arca*: daí a nossa palavra "arca" para a embarcação na qual Noé sobreviveu ao dilúvio.

Enquanto vagavam, chegaram a um templo da deusa Têmis, uma das filhas titãs de Urano, que agora tinha um lugar no Olimpo e era adorada ao lado dos deuses mais jovens. Deucalião e Pirra, ignorando as algas que sujavam os degraus e pendiam como festões do telhado descolorido, entraram no templo e imploraram a ajuda e os conselhos da deusa. Depois de ficarem orando por um tempo, a voz da deusa veio até eles, como se de uma grande distância, mas claramente. "Afastem-se do meu templo", dizia, "velem suas cabeças, afrouxem os cintos de suas vestes e lancem atrás de vocês os ossos de sua grande mãe". Este comando aterrorizou muito o homem e sua esposa. Mesmo que suas mães não estivessem enterradas longe, como poderiam fazer algo tão desumano e desrespeitoso? Deucalião foi o primeiro a entender o que a deusa queria dizer. "É a Terra que é a grande mãe de todos nós, e seus ossos são essas pedras que jazem no chão". Eles se afastaram do templo, cobriram suas cabeças, afrouxaram suas vestes e começaram a atirar pedras atrás de si enquanto caminhavam. As pedras, caindo no chão, perdiam sua rigidez e dureza e tomavam forma de seres humanos. Aquelas que Deucalião jogou se tornaram homens, e aqueles que Pirra jogou se tornaram mulheres. Ovídio, o poeta romano que conta a história, explica: "Por isso se mostra como somos uma raça dura, acostumada ao trabalho, ainda marcados pela nossa origem pedregosa".

Faetonte

> *As Helíadas, privadas de um irmão,*
> *derretem-se em lágrimas de âmbar como estas.*
> — Marvell[29]

Muitos anos após esses eventos, o grande deus-sol Hélio,[30] filho dos titãs Hipérion e Teia, desceu à Terra para visitar uma mulher mortal chamada Clímene, a Rainha da Etiópia, um país especialmente querido por ele; e ao voltar para seu palácio no Céu, ele a deixou com um filho. Clímene o chamou de Faetonte,[31] "Brilhante". Quando ele ainda era um menino, sendo provocado por seus amigos por não ter pai, Faetonte convenceu Clímene a lhe contar

---

29 Andrew Marvell, *The Nymph Complaining for the Death of her Fawn*, vv. 99-100.

30 O deus-sol dá nome a um elemento químico, o hélio, além de adjetivos como heliocêntrico e heliotrópico (que designa as plantas que "voltam-se para o Sol").

31 O faetonte, uma carruagem leve de quatro rodas puxada por dois cavalos, recebeu seu nome. Esta história é uma das muitas que tratam de uma promessa precipitada, um desejo lamentado, ou uma maldição: compare com a maldição de Teseu sobre Hipólito (p. 361). O tema reflete a crença dos povos primitivos no poder mágico das palavras. O deus que quebrasse um juramento feito por Estige imediatamente ficava inconsciente por um ano e pelos próximos nove anos era banido do Céu.

o segredo de seu nascimento. "Juro-te", disse ela, "pela luz acima que me vê, que és filho daquele Sol que vês, o Sol que guia o mundo".

Faetonte ficou ansioso por ir imediatamente ao encontro de seu grande pai, e Clímene o ensinou como chegar lá. O caminho não era longe, pois o palácio do Sol ficava na extremidade leste do mundo. Passando primeiro por sua própria terra, a Etiópia, e depois pela terra dos indianos, Faetonte conseguiu chegar lá com bastante facilidade.

O palácio de Hélio era uma estrutura maravilhosa, cujo brilho de ouro e bronze, que cintilava como fogo, de longe se via. Dentro, Faetonte encontrou o grande Sol sentado em seu trono, em um clarão de luz que tornava difícil olhar para ele. Faetonte ficou tremendo e protegendo o rosto até que o Sol virou para ele aqueles olhos que tudo veem e disse: "Meu filho — pois tenho orgulho de chamar um herói tão jovem de meu filho — diga-me por que vieste até aqui ao meu encontro". Faetonte ousadamente pediu qualquer prova de que de fato era filho de Hélio, e o deus respondeu: "Peça qualquer presente que desejar, e eu o darei a você. Que esse rio subterrâneo escondido, a única de todas as coisas que meus olhos nunca viram, pelo qual os deuses fazem seus juramentos inquebráveis, seja testemunha de minha promessa".

Então o orgulho de Faetonte se acendeu, e ele pediu permissão para dirigir, por um dia, a carruagem do Sol.

Assim que essas palavras foram ditas, Hélio se arrependeu de seu juramento. "Meu filho", disse ele, "não há nada que eu não daria para ser liberado da minha promessa. Não sabes o que estás pedindo. Nenhum dos deuses além de mim, nem mesmo o poderoso Zeus que lança os raios do Monte Olimpo, tem força e habilidade para dirigir minha carruagem. Seus cavalos que cospem fogo são impetuosos e selvagens, e muito duros, até para mim que estou habituado a controlá-los. Aviso-te a tempo; pede-me um presente diferente".

Ardendo de ambição ansiosa, Faetonte permaneceu firme; e seu pai, com o coração triste, levou-o à carruagem, obra do deus ferreiro Hefesto. Ele ainda a admirava quando chegou o momento: Eos, a deusa da aurora, abriu as portas de sua casa rosada; as estrelas, pastoreadas pela Estrela da Manhã, se retiraram; e os imortais cavalos cuspidores de fogo do Sol já esticavam seus arreios. Não poderia haver atraso. Colocando o filho em seu lugar e aconselhando-o a manter-se no caminho do meio dos céus, Hélio o soltou. Faetonte agarrou as rédeas, sacudiu-as e partiu.

Assim que sentiram que uma mão inexperiente os guiava e que a carruagem continha um peso menor do que o habitual, os cavalos alados relincharam, sacudiram as cabeças e dispararam descontroladamente, abandonando a larga trilha e correndo para os céus mais altos. O miserável Faetonte ficou apavorado quando viu quão longe estava a Terra abaixo dele, e as estrelas frias das constelações do Norte estremeceram ao sentir o ali inédito calor da carruagem. Enquanto isso, os que estavam na Terra sentiam falta do calor amigável do Sol, geralmente tão constante, e se perguntavam o que poderia ter acontecido para causar tal reviravolta nos céus. As grandes feras do céu superior, o Escorpião, o Caranguejo[32] e as demais, assustaram o condutor, deixando-o fora de seu juízo; em seu susto, ele deixou as rédeas caírem de suas mãos, e os cavalos agora disparavam completamente sem controle. Afastando-se das estrelas mais altas, eles começaram a correr em direção à Terra. A velocidade deles queimou até as nuvens frias, e a Lua, ao passarem, ficou surpresa ao ver a carruagem de seu irmão mergulhar mais baixo que a dela.

A Terra pegou fogo, começando pelo topo das montanhas. O chão se abriu nos lugares em que toda a umidade secou, fendido com grandes rachaduras e fissuras. Prados, plantações e florestas foram destruídos; colinas arborizadas ardiam como tochas. Na feroz conflagração, as peles dos etíopes foram chamuscadas e a Líbia tornou-se um deserto. Muitos rios mergulharam no subsolo para escapar, e alguns ainda não reapareceram: o Nilo fugiu até os confins da Terra para esconder sua cabeça, que ainda está escondida, deixando vazios os sete canais pelos quais costumava encontrar o mar.

Contemplando esta destruição universal, Zeus convocou todos os deuses. A uma só voz eles concordaram, até mesmo o triste Hélio, que o cocheiro desesperado devia ser detido, para que a Terra não perecesse. Então, subindo ao ponto mais alto do céu, Zeus lançou um de seus poderosos raios que sempre atingem o alvo. Fendendo os céus, o raio atingiu Faetonte e o derrubou da carruagem. Caiu com os cabelos em chamas, como um cometa, deixando um rastro de luz; finalmente as águas do Rio Pó, na Itália, o receberam, longe de sua terra natal. As ninfas da Itália enterraram seu corpo à beira do rio.

Houve grande lamentação no palácio da Etiópia quando se soube do destino de Faetonte. Suas irmãs, também filhas do Sol e chamadas de Helíadas,[33] ficaram especialmente descontroladas em sua tristeza, até que os deuses, compadecidos de sua angústia, as transformaram em árvores que choram — álamos, de cuja casca até hoje pingam lágrimas de âmbar.

---

32 Escorpião e Câncer, duas das doze constelações que compõem o Zodíaco, o caminho do Sol através do céu. "Zodíaco", como "zoologia", está relacionado ao grego *zoös*, "vivente".

33 Helíadas significa "filhos de Hélio", aqui as filhas de Hélio. Da mesma forma, as Hespérides são as filhas de Héspero; Alcides, nome de Héracles, significa "neto de Alceu"; e Agamenon às vezes é chamado de Atrida em homenagem a seu pai Atreu. Nomes como esses que indicam parentesco ou ascendência são chamados de "patronímicos".

2
Primavera e inverno[1]

Deméter e Perséfone

> [...] *naquele belo campo
> de Ena, onde Proserpina colhe flores,
> sendo ela mesma uma flor mais bela,
> pela sombria Dis foi colhida,
> o que custou a Ceres a grande dor
> buscando-a pelo mundo.*
> — Milton[2]

Houve um tempo em que Deméter, a deusa dos grãos, irmã e também uma das esposas de Zeus, derramava suas bênçãos sobre a Terra com a mesma abundância ao longo do ano todo. Isso foi antes que suas dores a afastassem dos conselhos dos deuses.

Deméter deu à luz uma filha de Zeus, a donzela de tornozelos esbeltos Perséfone, que cresceu e tornou-se uma mulher de beleza incomparável. Quando o irmão de Zeus, Hades, o governante sombrio do submundo, pediu-a em casamento, Zeus jurou que ele a receberia, não importando o que sua mãe dissesse. Os dois irmãos chamaram a Terra para ajudá-los, e juntos os três armaram uma trama.

---

1 A melhor versão da história de Deméter e Perséfone é contada em um antigo poema grego conhecido como *Hino homérico a Deméter*, embora não seja mais considerado uma obra de Homero. A história da deusa errante é ainda mais antiga que a mitologia grega, remontando ao Egito e à busca de Ísis por seu marido perdido Osíris. Ovídio conta as histórias de Adônis, Jacinto, Narciso e Orfeu em suas *Metamorfoses*.

2 John Milton, *Paraíso perdido*, l. 4, vv. 268-272.

Deméter, Triptólemo, Perséfone[3]

Um dia, Perséfone foi brincar com as filhas de Oceano nos prados de Ena na Sicília, longe de sua mãe, e vagava com suas companheiras, colhendo as flores de todas as estações, que ali desabrochavam juntas. À vontade de Zeus, a Terra fez brotar de seu colo uma nova flor, uma visão maravilhosa para homens mortais ou deuses imortais: um narciso brilhante[4] com cem flores crescendo de seu único caule. A doçura de seu perfume encantou os Céus e a Terra e fez o mar rir de alegria. Perséfone ficou maravilhada com a beleza da flor; então, quando ela estendeu a mão para pegá-la, de repente a Terra se abriu, um grande abismo surgiu a seus pés, e dele surgiu Hades em sua carruagem dourada, puxada por cavalos imortais, negros como carvão. Agarrando-a antes que ela pudesse encontrar forças para se mover, ele a colocou em sua carruagem e impeliu os cavalos para frente.

Enquanto Perséfone ainda podia ver a Terra, o céu amplo e o mar com sua multidão de peixes, ela estava calma e quieta. Mas quando os altos portões do reino de Hades apareceram e a Terra parecia estar perdida atrás dela, ela deu um grito estridente, de modo que as alturas das montanhas e as profundezas do mar ressoaram com sua voz imortal. Ela foi ouvida por seu pai, Zeus, que sentado em seu templo recebia as oferendas dos homens; ele se alegrou que seu desígnio tivesse sido realizado. Sua mãe Deméter a ouviu, e o grito da filha encheu seu coração de tristeza e medo. Ela rasgou o toucado com as mãos e, lançando sobre os ombros um manto azul-escuro, aviou-se, em busca de

---

3 Diz-se que Triptolemo (outro nome para Demofonte) foi enviado em uma carruagem por Deméter para levar sementes de cereais e a arte de seu cultivo para países distantes.

4 Provavelmente o narciso amarelo. Uma flor sinistra na mitologia, seu nome está ligado a *narke*, "adormecimento", palavra da qual obtemos "narcótico".

sua filha, como um pássaro selvagem, sobre a terra firme e o mar instável. Mas não havia ninguém que estivesse disposto a lhe dizer a verdade, mesmo entre aqueles que sabiam o que ocorrera. Durante nove dias e nove noites, a majestosa Deméter vasculhou a Terra, com tochas acesas nas mãos, tão aflita que não quis comer da comida dos deuses nem refrescar seu corpo com água.

No décimo dia, a deusa negra Hécate aproximou-se dela, com uma tocha na mão, dizendo: "Senhora Deméter, que traz a estação e concede boas dádivas, qual dos deuses celestiais ou dos homens mortais roubou Perséfone e feriu seu coração com a tristeza? Pois eu ouvi sua voz quando ela gritou, mas não vi o que aconteceu".

Juntas, Hécate e Deméter foram ao deus-sol Hélio, que observa os feitos dos deuses e dos homens. Em pé diante de seus cavalos, Deméter perguntou se ele tinha visto o roubo de sua filha. Hélio respondeu a ela: "Rainha Deméter, filha de Reia, lamento sua dor por sua filha de esbeltos tornozelos. Um único entre todos os deuses imortais é o culpado, e esse é Zeus, ajuntador das nuvens, que a deu a seu irmão como esposa; e foi Hades quem a agarrou e a levou em sua carruagem para seu reino de névoa e escuridão, apesar de seus altos gritos. Mas, deusa, não lamentes: o governante divino da terça parte do mundo não é um marido inadequado para sua filha". Assim dizendo, ele apressou-se com seus cavalos, incitando-os a avançar, para compensar o tempo perdido.

Com as palavras de Hélio, a dor no coração de Deméter tornou-se mais terrível e selvagem, e ela ficou tão zangada com Zeus que abandonou as assembleias dos deuses e as alturas do Olimpo, vagando incógnita entre as cidades e campos dos homens; e durante todo o tempo de seu luto, o grão permaneceu oculto no solo e as novas folhas e brotos fechados nas plantas, de modo que nenhuma nova colheita veio recompensar o trabalho dos homens.

Por fim, Deméter chegou a Elêusis,[5] governada pelo Rei Céleo, e sentou-se angustiada junto a um poço nos arredores da cidade, com o aspecto de uma mulher velha e cansada. Lá as quatro filhas de Céleo a encontraram ao sair para buscar água. Não reconhecendo a deusa, elas perguntaram quem ela era e por que não fora à cidade em busca de abrigo hospitaleiro. Então Deméter, para explicar por que viera sozinha a uma cidade estranha, disse-lhes que havia sido levada de sua Creta natal por piratas e só agora havia escapado. "Mas tenham piedade de mim, donzelas, e digam-me em que casa poderei encontrar um trabalho adequado à minha idade. Posso cuidar de uma criança recém-nascida, cuidar da casa e supervisionar as mulheres em seu trabalho".

---

5   Uma cidade perto de Atenas onde um elaborado festival, chamado Mistérios de Elêusis, era celebrado todo outono em homenagem a Deméter e sua filha. Provavelmente uma das intenções desta história era explicar a conexão de Deméter com Elêusis.

A mais velha das filhas de Céleo respondeu: "Nenhuma das mulheres que administram as casas de nossa cidade, se as procurasses, te mandaria embora; qualquer uma te receberia; pois há algo gracioso em tua aparência. Mas se quiseres, fica aqui, e nós iremos para casa e contaremos a tua história à nossa mãe, a Senhora Metanira, para que venhas à nossa casa e não a qualquer outra. Ela está no quarto, amamentando seu filho recém-nascido, por quem há muito orava e muito desejava; e se o criasses até a juventude, nossa mãe se apressaria em recompensar-te com gratidão".

A deusa concordou, e as donzelas correram para casa com seus cântaros. Quando encontraram sua mãe e lhe contaram o que havia acontecido, ela lhes disse para voltar, trazendo a estranha com elas, o mais rápido que pudessem. Erguendo as barras de seus vestidos, elas correram de volta para a deusa, que esperava à beira da estrada, e a levaram para a casa de seu pai. Elas corriam como gazelas jovens na primavera, enquanto Deméter, com seu coração enlutado, caminhava atrás, com a cabeça velada, envolta no manto azul-escuro que flutuava em torno de seus pés esbeltos.

Logo chegaram à casa do justo Céleo, e cruzaram o portão, chegando ao cômodo onde a majestosa Metanira esperava, encostada a uma pilastra, com o filho pequeno nos braços. Quando a deusa passou pela entrada, ela parecia mais alta do que antes, e uma luz divina brilhava ao seu redor. Metanira a saudou com reverência e gentileza; mas apesar de todas as suas instâncias, Deméter não quis se sentar em um lugar confortável, nem comer, nem beber, nem sorrir — tão grande era sua dor.

A pedido de Metanira, Deméter se encarregou de amamentar seu filho Demofonte, e a criança floresceu sob seus cuidados, crescendo como um dos deuses. De dia Deméter lhe dava ambrosia, o alimento dos deuses, e à noite, quando toda a casa dormia, ela o segurava dentro do coração do fogo, para queimar o que era mortal em sua natureza. Com seu poder, ela o teria tornado eterno e imortal para sempre, se Metanira não parasse à porta de seu perfumado quarto, numa noite de vigília, e vendo-os, gritasse apavorada: "Demofonte, meu filhinho, a mulher estranha te sepulta no fogo?". Deméter, com raiva, tirou o menino das chamas e o deixou cair no chão do palácio, exclamando para Metanira: "Vós, mortais, sois cegos para o vosso destino, seja bom ou mau, e nunca veem direito o que lhes ocorre. Sua tolice desfez meu trabalho. Eu visava tornar teu filho eterno e imortal para sempre, e conceder-lhe honra eterna, mas agora ele não pode escapar da morte e do destino dos homens. Mas ele terá honra durante toda a sua vida, porque foi cuidado pela deusa Deméter, deitou em meus joelhos e dormiu em meus braços".

Assim dizendo, ela se desfez do aspecto de velhice e fraqueza: a beleza se espalhou ao seu redor, uma doce fragrância exalou de suas vestes, e a casa se encheu de um brilho como de um relâmpago. E ela deixou o palácio.

Quando ela se foi, por muito tempo Metanira não conseguiu falar, nem se mexer, nem mesmo pegar o filho do chão. Mas suas irmãs ouviram seu triste choro e saltaram de suas camas confortáveis; juntaram-se em torno dele, que lutava, e o pegaram e o acariciaram; mas eram menos habilidosas do que a ama divina que ele perdera, e seu coração não ficou consolado.

Depois de Deméter se afastar de Elêusis, ela se sentou e continuou de luto por sua filha. Foi um ano muito cruel para toda a humanidade, pois Deméter mantinha o grão oculto na terra, e os bois lavravam os campos em vão. Temendo que ela destruísse toda a raça dos homens e que os deuses do Olimpo ficassem sem suas costumeiras honras e sacrifícios, Zeus enviou Íris, a deusa do arco-íris, que leva mensagens dos deuses, para falar com Deméter, que estava sentada, com o manto azul-escuro cobrindo uma de suas têmporas.

"Deméter, o pai Zeus, o sábio, te chama para voltar aos conselhos dos deuses eternos; portanto vem comigo, não desconsidere sua mensagem".

Assim disse Íris; mas suas palavras não abrandaram o coração de Deméter: Zeus então enviou todos os deuses eternos e benditos para persuadi-la, oferecendo-lhe presentes e qualquer outra coisa que ela desejasse. Mas ela ainda estava com tanta raiva que jurou que nunca mais colocaria os pés no Olimpo nem deixaria as colheitas crescerem até que sua bela filha fosse trazida de volta à sua vista.

E quando o grande Zeus viu que ela não cederia, ele enviou Hermes, o de pés velozes, até o submundo, para convencer Hades com sugestões suaves e trazer Perséfone de volta à luz, para que sua mãe a visse e desistisse de sua raiva. Hermes desceu ao submundo, onde encontrou Hades em sua casa, reclinado em um divã, com sua triste noiva ao seu lado. Aproximando-se, dirigiu-se ao governante de cabelos escuros: "Rei Hades, senhor dos mortos, Zeus me ordenou que levasse a adorável Perséfone ao reino dos deuses, para que sua mãe a veja e deixe de se irritar contra os deuses imortais. Pois agora ela está sentada em seu templo, afastada dos deuses, planejando manter o grão perpetuamente oculto sob a terra, destruindo assim as débeis tribos de homens e as honras dos deuses imortais".

Assim ele falou. E Hades, senhor dos mortos, sorriu um sorriso sombrio e obedeceu ao comando de Zeus, dizendo a Perséfone que retornasse com o mensageiro. Mas quando ela se levantou alegremente para se preparar para seu retorno, ele a chamou de lado e secretamente deu-lhe para comer as sementes da doce romã, para que ela não ficasse para sempre com sua mãe. Então ele atrelou seus cavalos imortais à carruagem dourada, ela montou, e o forte Hermes tomou as rédeas e o chicote em suas mãos e rapidamente saiu para cima do reino sombrio de Hades. E eles viajaram por terra e mar, por nada parando, até chegarem ao lugar onde Deméter se lamentava, em seu templo.

Quando Deméter os viu, correu ao encontro deles, enquanto Perséfone saltava da carruagem e corria para abraçá-la. Mas enquanto Deméter ainda segurava sua filha querida nos braços, repentinamente começou a temer algum engano; e parando de acariciá-la, perguntou: "Diga-me, minha filha, decerto não provaste comida enquanto estavas no submundo? Pois se não provaste, poderás deixar o odioso rei dos mortos para sempre e viver comigo e teu pai, Zeus das nuvens escuras; mas se provaste comida, voltarás novamente aos lugares secretos da Terra por uma terça parte de cada ano".

Então Perséfone chorou, e contou como fora persuadida a comer da romã antes da longa jornada para o mundo superior. Tendo comido alimento da terra dos mortos, ela não podia deixá-la completamente, ficar com sua mãe e ser honrada entre os deuses imortais. Mas Deméter prometeu a ela: "No entanto, quando a terra florescer com todas as flores da primavera, tu sairás da terra das trevas e da escuridão, para alegrar a visão dos deuses e dos homens mortais".

Assim foi Perséfone trazida de volta à mãe, e a tristeza de Deméter foi curada, e sua raiva se desfez; logo os campos nus e as planícies ondulavam com longas espigas de trigo, e a rica terra se ocupava dos preparativos para a colheita. Mas durante uma terça parte de cada ano, Perséfone desce ao túmulo do Hades, retornando na primavera para alegrar deuses e homens.

Adônis

Canteiros de jacintos e de rosas
em que o jovem Adônis repousava
se embebem de sua profunda ferida
ao cair em sono suave, e no chão
se senta, tristemente, a rainha assíria.
— Milton[6]

Outro jovem cuja vinda traz consigo a fecundidade da terra, embora agora falemos de um mortal, é o belo Adônis, nascido de uma árvore de mirra em Sabeia, a terra das especiarias.[7] Sua mãe, Mirra, foi transformada em árvore

---

6 John Milton, *Comus*, vv. 998-1002.
7 A Sabá bíblica, cuja rainha trouxe ouro e especiarias a Salomão.

depois de ofender Afrodite, a deusa risonha nascida do mar, e as gotas de goma preciosa que escorrem de sua casca são as lágrimas que ela ainda derrama por sua culpa.

Quando Adônis ainda era muito jovem, sua beleza atingiu o coração de Afrodite, que costumava acompanhá-lo nas expedições de caça nas quais ele se deleitava. Mas num triste dia, logo depois de ela se retirar em sua carruagem puxada por cisnes, um javali saiu de uma moita e feriu Adônis na coxa. Diz-se que o javali fora enviado por Ares, o deus da guerra, enciumado pelas atenções de Afrodite ao jovem caçador; ou que era o próprio Ares disfarçado. Adônis caiu no chão, perdendo o sangue que escorria pela ferida, e Afrodite, ouvindo de longe seus gritos de dor e susto, chegou apenas a tempo de tomá-lo em seus braços e vê-lo morrer. Dominada pela dor, ela se inclinou sobre o corpo dele e lavou o sangue; ao tocar o chão, de cada gota brotava uma flor cor de sangue. Lindas e frágeis, suas pétalas se soltam ao contato do vento que as agita e que lhes dá o nome: anêmona, a flor do vento.

Mas há quem diga que Adônis, todos os anos, volta da morada de Perséfone, a Rainha das Trevas; e que todos os anos ele é morto pelo seu inimigo javali e lamentado pela grande deusa que o ama, enquanto o Rio Adônis, no Líbano, flui rubro, tinto de seu sangue. Nas festas campestres realizadas em sua homenagem, cestas de flores eram jogadas nos rios e nascentes para comemorar sua curta vida, e os enlutados diziam: "Adeus, querido Adônis; que nos encontres todos felizes, quando voltares daqui a um ano".

Jacinto

> *Portanto, assim Apolo, com sua mão serena,*
> *Tendo matado o seu amado companheiro,*
> *Narciso, o jovem nato na costa de Eurotas,*
> *O jovem que orgulhava a terra espartana;*
> *Tornou-o para sempre uma bela flor púrpura.*
> — Milton[8]

O espartano Jacinto, amigo de Apolo, também teve uma vida agradável, mas curta. Para gozar da companhia dele, o deus deixava seu oráculo e templo em Delfos, e eles passavam o tempo juntos, em esportes ao ar livre. Certa vez, quando estavam cansados de caçar, passaram a lançar o disco, um por vez, para ver quem conseguia jogá-lo mais longe; e foi então que Apolo, com um arremesso infeliz, atingiu seu companheiro na testa. Toda a famosa habilidade

---

8 John Milton, *On the Death of a Fair Infant*, vv. 22-27.

medicinal de Apolo foi inútil, e Jacinto morreu em decorrência do ferimento. Como não pôde fazer nada para salvar o amigo, Apolo encontrou uma maneira de manter viva a sua memória: do sangue de Jacinto brotou a flor de jacinto, em forma de lírio, de cor púrpura e marcada em suas folhas com as letras gregas αιαι, as sílabas do luto.

Narciso

> *Imprudente Narciso, que ama a poça d'água.*
> — Spenser[9]

Tão belo quanto Adônis era o malfadado Narciso, que desde a infância era amado por todos que o viam, mas cujo orgulho não o permitia retribuir o amor de quem quer que fosse. Por fim, um dos que o haviam desesperadamente cortejado o amaldiçoou, exclamando: "Sofra ele como nós sofremos! Que também ele ame em vão!". A deusa vingadora Nêmesis ouviu e tomou a si atender esta oração.

Perto dali havia um lago límpido, com águas prateadas e brilhantes. Nenhum pastor jamais chegara lá, nem animal feroz, pássaro, ou galho em queda jamais mancharam sua superfície; a grama crescia fresca e verde em torno dele, e os bosques ao seu redor mantinham-no sempre fresco, abrigado do Sol do meio-dia.

Pois aí chegou Narciso, com calor e cansado da caça, e aproximou-se da água, para bebê-la. Inclinando-se sobre a água, seus olhos encontraram os olhos de outro jovem, olhando para ele das profundezas do lago. Iludido por seu reflexo, Narciso se apaixonou pela beleza que era sua. Sem pensar em comer ou descansar, ele se deitou ao lado da água, dirigindo rogos e súplicas à imagem, cujos lábios se moviam enquanto falava, mas cuja resposta ele não conseguia entender. Eco, a mais fiel entre seus desprezados amantes, apareceu ali. Ela era uma ninfa que, por falar demais, outrora irritara a esposa de Zeus, Hera; e em consequência disso foi privada do uso de sua própria língua para a conversa comum: tudo o que ela podia fazer era repetir as últimas palavras dos outros. Vendo Narciso deitado ali, ela suplicou pelo amor dele, usando suas próprias palavras. "Morrerei, a menos que te apiedes de mim", gritou Narciso para seu amado reflexo. "Te apiedes de mim", gritou Eco, tão em vão quanto ele. Narciso jamais ergueu os olhos na direção da ninfa, embora ela permanecesse ao lado dele dia após dia, suplicando como lhe era possível. Por fim, ela definhou, murchando de amor não correspondido, até que nada

---

9 Edmund Spenser, *The Fairie Queene*, l. 3, canto 6, est. 45, l. 5.

dela restou além da voz, que o viajante ainda ouve chamar nos bosques e lugares desertos.

O cruel Narciso não teve sorte melhor. O rosto que o encarava de dentro da água ficou pálido, magro e abatido, até que finalmente a pobre Eco ouviu e repetiu seu último "Adeus!". Mas quando ela veio com as outras ninfas para chorar sobre seu corpo, não o encontraram em lugar nenhum. O que encontraram no lago foi apenas uma nova flor branca, de receptáculo amarelo, à qual deram o nome dele. Desta flor as Fúrias, castigadoras da culpa, torcem guirlandas para enfeitar suas frontes odiosas.

Orfeu

> *Orfeu com o alaúde[10] árvores fez,*
> *e os cumes das montanhas que congelam*
> *curvavam-se enquanto ele cantava;*
> *ao som de sua música plantas e flores*
> *sempre surgiam; e o Sol e a chuva*
> *faziam duradoura a primavera.*
>
> *Tudo que ouvia a música de Orfeu,*
> *mesmo as ondas do oceano,*
> *baixava a fronte em descanso.*
> *Há uma tal arte na doce música*
> *que desfaz os cuidados e as dores*
> *do coração, ouvindo-a, adormecem — ou morrem.*
> *— Shakespeare[11]*

Orfeu, o Trácio, é o músico mágico e poeta divino da história grega. Pouco depois de seu casamento com a ninfa Eurídice, a jovem esposa, enquanto vagava pelos prados, foi fatalmente mordida por uma cobra que estava à espreita entre as flores. O aflito Orfeu resolveu fazer a terrível jornada ao submundo para buscá-la. Cantando sua perda ao som da lira, ele passou por Cérbero, o cão infernal de três cabeças que guarda o portão do triste reino de Hades, atravessou o Rio Estige no barco de Caronte, o barqueiro dos mortos, e afinal chegou à presença sombria de Hades e Perséfone, o único homem em toda aquela vasta corte com fôlego em seu corpo. Tão irresistivelmente tocante era

---

10 Instrumento de cordas semelhante ao violão da época de Shakespeare, que no poema substitui a lira clássica.
11 William Shakespeare, *Henrique VIII*, 3.1.

sua canção de amor perdido que as magras sombras choraram de compaixão, e por alguns instantes cessaram os tormentos dos grandes sofredores: Íxion preso à sua roda e Sísifo lutando contra sua rocha.[12] Hades, o sombrio rei das sombras, cedeu e disse a Orfeu que Eurídice poderia segui-lo de volta ao mundo superior, com uma condição: que ele não se voltasse para olhar para ela, até que ambos tivessem alcançado a luz.

Orfeu se alegrou ao iniciar a longa jornada de volta, confiando que sua esposa andava atrás dele. No momento em que se aproximava dos limites da luz, sua confiança em Hades falhou e, num instante de dúvida, virou a cabeça: viu Eurídice, mas imediatamente sua forma começou a desvanecer-se. Enquanto ele a abraçava, as sombras da noite a rodearam novamente e ela se foi, deixando-o a abraçar o vazio.

Nesta segunda perda, Orfeu mergulhou em uma dor ainda mais avassaladora. Em vão tentou pela segunda vez atravessar o rio da morte, suplicando ser levado pelas sombras que ali se demoram: o barqueiro virou-lhe as costas. Por fim, voltou para a Trácia, onde vagou pelas montanhas invernais, cantando o passado feliz e o presente desolado. Ao som de sua música triste, os animais esqueciam-se de caçar uns aos outros, jazendo lado a lado em paz, como nunca tinham feito desde a Idade de Ouro; árvores e rochas teimosas eram movidas por sua canção.

Javali

---

[12] Íxion e Sísifo eram homens ímpios condenados a sofrimentos sem fim no Tártaro, o lugar de punição do submundo. Íxion, um amigo dos deuses e um conviva em suas mesas, retribuiu sua hospitalidade tentando sequestrar Hera, e foi punido com uma roda de fogo. Sísifo, que traiu um segredo de Zeus, foi condenado a continuar empurrando, morro acima, uma pedra pesada que nunca chegava ao topo, mas continuava rolando para baixo. Outros sofredores no Tártaro foram Tântalo (pp. 388–389); Títio (p. 298); e as cinquenta danaides (filhas de Danaus), que por assassinarem seus maridos eram obrigadas a tentar incessantemente carregar água em peneiras ou jarros com furos no fundo.

Certa vez, enquanto ele cantava para esse público, um grupo de bacantes, mulheres frenéticas que adoravam o deus Dioniso, apareceu em uma dança selvagem. Elas viram o músico e o chamaram para que tocasse algo alegre em suas festas. Quando ele não deu atenção a elas, mas continuou com seus arpejos tristes, elas ficaram furiosas e caíram sobre ele como um inimigo de seu deus, despedaçando-o. Seus membros foram espalhados pelo campo; sua cabeça foi jogada perto dali, no Rio Hebro que descia das montanhas e, enquanto era levada em direção ao mar, não cessou seu canto. Por fim, a cabeça chegou à Ilha de Lesbos, e com ela veio o dom da música que tornaria a ilha famosa por seus poetas Árion, Safo e Alceu. Apolo, apiedado, montou um santuário para a cabeça em um bosque onde os rouxinóis cantavam mais lindamente do que em qualquer outro lugar do mundo. Alguns dizem que quando chegou à terra, a cabeça ficou em silêncio; outros, que a doce voz de Orfeu ainda pode ser ouvida ali, proferindo oráculos e contando histórias dos deuses.

3
Amores dos deuses e metamorfoses[1]

Amores de Zeus: Calisto, Io

> *Os próprios deuses,*
> *desprezando, por amor, suas divindades,*
> *tomaram sobre si formas de bestas:*
> *Júpiter se fez um touro, e mugiu,*
> *O pálido Netuno se fez carneiro,*
> *E baliu; e o deus a quem o fogo foi roubado,*
> *Apolo de ouro, fez-se um cisne humilde e fraco.*
> — Shakespeare[2]

Aparentemente, nos primeiros tempos as formas das coisas eram mais fluidas do que são agora, visto que os gregos têm muitos contos de mudança de forma, ou metamorfose, a maioria deles ligada aos casos de amor dos deuses.

O deus que mais regularmente se apaixonava por mulheres mortais era o próprio pai Zeus. Ele cortejou Europa sob a forma de um touro, Dânae como uma chuva de ouro e a virtuosa Alcmena sob a forma do próprio marido dela. Leda, a quem ele visitou como cisne, mais tarde chocou de um ovo suas duas filhas Clitemnestra e Helena, e também Castor e Polideuces, os gêmeos celestiais.

O principal obstáculo às atividades de Zeus era o ciúme de sua esposa Hera, que fazia o possível para punir a ele e às suas conquistas amorosas. A uma delas, Calisto, que Zeus atraiu enquanto caçava com Ártemis e seu

---

1 Todas as histórias contadas neste capítulo são das *Metamorfoses* de Ovídio e são mais conhecidas nas versões narradas por ele.
2 William Shakespeare, *O conto de inverno*, 4.3.25–30.

bando de ninfas, Hera transformou em um urso. Depois que Arcas,[3] o filho de Calisto, cresceu e se tornou um caçador, Hera o levou à toca de sua mãe. Mas no mesmo momento em que armava a flecha em seu arco, Zeus levou Calisto para o céu, onde ela brilha como a Ursa Maior, a quem mais tarde se juntou a estrela Arcturus,[4] seu filho. Enfurecida, Hera fez Poseidon se recusar a admiti-los em suas águas, para que somente eles, de todas as constelações, nunca mergulhassem no horizonte.

Donzela com veado

Outra infeliz donzela amada por Zeus foi Io, filha do Rio Ínaco.[5] Quando Hera viu, um dia, a Terra envolta em nuvens e densa escuridão, ela suspeitou de seu errante marido; perfurando as nuvens, ela o encontrou ao lado de uma bela vaca branca, na qual ele havia, rapidamente, transformado sua

---

3 Arcas era o suposto ancestral dos arcádios, como Fênix era dos fenícios e Rômulo dos romanos. Um homem que dá seu nome a uma raça, ou mais provavelmente é inventado para explicar seu nome, é chamado de "epônimo".

4 "O urso-guarda", uma estrela na constelação do Boiadeiro, ao lado da Ursa Maior. Em outros relatos, Arcas tornou-se a constelação da Ursa Menor, cuja cauda contém a Estrela Polar pela qual os primeiros marinheiros se guiavam. O nome dos marinheiros para a Estrela Polar e sua constelação, Cynosure, literalmente "rabo de cachorro", veio a significar em inglês "foco de atenção".

5 Há outras versões da ancestralidade de Io, bem como de muitos detalhes dos mitos clássicos, que, como a autora explica, jamais foram consolidados em um texto canônico sob a guarda de uma religião estabelecida — NT.

amada. Hera, fingindo estar impressionada com a beleza da vaca, pediu a Zeus que lha desse de presente; ele, por medo de uma situação pior, não ousou recusar. Ela imediatamente entregou a pobre Io aos cuidados de Argos, o vigia de cem olhos, que a espionava dia e noite, nunca fechando todos os olhos de uma vez.

Zeus chamou seu filho Hermes e o ordenou que matasse Argos. Tomando disfarce de pastor, o deus-mensageiro desceu ao topo da montanha onde estava Argos e começou a encantá-lo com histórias e melodias tocadas em uma flauta de juncos. Argos ficou sonolento, e finalmente fechou um por um de seus cem olhos: então Hermes saltou e decepou sua cabeça com um único golpe de espada. Hera pegou os olhos de seu fiel servo e os colocou na cauda de seu próprio pássaro, o pavão. Ela continuou sua perseguição a Io, atormentando-a com um moscardo que a fez vagar por todo o mundo conhecido. Por fim, quando Io alcançou o Rio Nilo, Hera cedeu e permitiu que ela voltasse à sua forma original. Os egípcios construíram templos para ela e a adoraram como uma deusa.[6]

Pã e Siringe

> *A Siringe de Pã era de fato uma menina,*
> *embora em um junco se tenha tornado;*
> *a flauta de Pã vem da cana querida,*
> *o pífano que deixa Apolo calado;*
> *Flauta ou alaúde, a guitarra é vã:*
> *Não podem soar como a flauta de Pã.*
> — John Lyly[7]

As flautas de junco com as quais Hermes fez Argos adormecer têm uma história própria. Siringe, uma ninfa da Arcádia que, como Calisto, costumava caçar nas montanhas, na companhia de Ártemis, atraiu a atenção do deus da floresta Pã, com pés de cabra, que a perseguiu por colinas e vales até chegar ao raso Rio Ladão. Ali ela parou e rezou para as ninfas do córrego para que a ajudassem; e quando Pã pensou que a tinha apanhado, viu-se agarrando um punhado de juncos do pântano. Enquanto ele se lamentava, o vento soprava através dos juncos e tirava deles uma música fina e melancólica. Isso quase consolou Pã pela perda de Siringe: ele pegou juncos de diferentes comprimentos

---

6   Os gregos, que, ao contrário dos egípcios, não adoravam divindades em forma de animal ou com cabeça de animal, explicavam a deusa-vaca egípcia Hator, uma forma da grande deusa Ísis, como a donzela Io, transformada.

7   John Lyly, *Midas*, 4.1.103-108.

e os prendeu com cera, produzindo os primeiros tubos de junco, ou flautas de Pã, como ainda são chamados em sua homenagem.

Apolo e Dafne

> *Os deuses, que perseguem a beleza mortal,*
> *Imóveis em uma árvore terminaram a caçada:*
> *Apolo caçou Dafne assim,*
> *Só para que ela se fizesse louro;*
> *E Pã acossou Siringe,*
> *Não como uma ninfa, mas para uma flauta.*
> — Marvell[8]

Uma história semelhante se conta sobre Apolo e Dafne, filha do Rio Peneu. Certo dia, Apolo cometeu a imprudência de provocar o menino Eros[9] por ser criança e carregar armas de brinquedo: Eros então tirou duas flechas de sua aljava e as armou em seu arco. A primeira, de ponta dourada e afiada, voou direto para o coração de Apolo, acendendo ali as chamas furiosas do amor. A outra, contundente e pesada, perfurou Dafne, fazendo-a odiar e temer até mesmo a palavra amor. Quando os dois se encontraram, apesar de tudo que Apolo pudesse dizer, ela se virava e fugia dele. Chegando no rio de seu pai em sua fuga, ela implorou para que ele lhe tirasse a beleza que lhe causava tantos problemas; e imediatamente ela se tornou uma árvore vistosa e trêmula. Desde que a donzela lhe escapou, Apolo jurou doravante amar e honrar o louro, com que depois sua cabeça foi coroada, sendo o símbolo da fama do poeta e do conquistador.[10]

---

8 Andrew Marvell, *The Garden*.

9 Na história da Criação contada por Hesíodo, Eros ("Amor", o latino Cupido) foi gerado no início por Noite e Érebo, e, portanto, é quase o mais antigo dos deuses. Escritores posteriores, porém, fizeram dele o mais novo, filho de Afrodite, um menino eternamente travesso que fere homens e deuses com suas flechas. Na história romana de Cupido e Psiquê, contada no final deste livro, o Amor começa a crescer.

10 Só muito mais tarde, por um trocadilho renascentista que transformou o latim *baccalarius*, bacharel, em *baccalaureatus*, "[coroado] com a baga de louro", a planta de Apolo passou a homenagear também os graduados universitários em seu primeiro grau.

Clítia

> *O coração que amou deveras nunca esquece,*
> *Mas ama até cessar, até não mais bater;*
> *bem como o girassol olha o deus-sol que desce*
> *do mesmo modo que olhava-o ao se erguer.*
> — Thomas Moore[11]

Clítia era uma donzela que, sem ser retribuída, amava um deus; suas afeições estavam fixadas no deus-sol Hélio. Dia após dia ela ficava parada e o observava em sua passagem pelo céu, virando o rosto para ter o último vislumbre enquanto ele descia no horizonte. Por fim, ela ficou presa no lugar onde estava, onde permanece até agora enraizada no chão, um girassol que ainda se esforça para observar seu amado desdenhoso.

Endimião

> *Paz, oh! a Lua dorme com Endimião,*
> *e não quer despertar.*
> — Shakespeare[12]

Não só os deuses, mas também as deusas às vezes eram atraídas pelos mortais. Uma delas foi a deusa da Lua, Selene, que se apaixonou pelo pastor Endimião enquanto ele cuidava de seus rebanhos no Monte Latmo, em Cária; ela o lançou em um sono eterno para poder visitá-lo quando quisesse, e quando o céu noturno está escuro, é porque ela desceu à caverna onde seu pastor dorme.

Aracne

> *A operária com os dedos mais finos,*
> *Aracne.*
> — Spenser[13]

A aranha antes foi uma jovem, Aracne,[14] que presunçosamente desafiou Atena numa competição de tecelagem. A deusa sentou-se ao tear e rapidamente

---

11 Thomas Moore, *Believe me, if all those enderaring young charms*.
12 William Shakespeare, *O mercador de Veneza*, 5.1.109–110.
13 Edmund Spenser, *Muiopotmos, or the Fate of the Butterfly*, vv. 260–261.
14 Esta história, como algumas que se seguem, é "etiológica": ou seja, é contada para dar a "causa" de algo, aqui a natureza da aranha. Exemplos modernos seriam algumas das *Just-So Stories*, de Kipling, como "Como o leopardo conseguiu suas manchas". Às vezes, histórias etiológicas explicam um ritual, como o conto de Hesíodo sobre por que os homens queimam ossos para os deuses (pp. 298–299).

produziu uma tapeçaria que representava a rivalidade entre ela e Poseidon pela tutela da cidade de Atenas, que ainda não tinha este nome. Poseidon batia nas rochas com seu tridente, e do meio delas saía um cavalo, seu presente para o povo de Ática; mas Atena dava-lhes a oliveira, com seus frutos de óleo rico e madeira dura de grão fino, que foi considerado o melhor presente. Nos cantos em torno desta cena, a artista divina bordou quatro pequenas imagens de castigos enviados pelos deuses aos mortais presunçosos. Aracne, sem se rebaixar diante do feito da deusa, bordou em sua tela imagens dos deuses nos vários disfarces que eles usaram para enganar as mulheres mortais: Zeus como touro, como cisne e como uma chuva de ouro, Apolo e Poseidon e os outros em várias formas indignas. Atena se enfureceu, tanto com a fineza da tecelagem quanto com o insulto aos deuses. Rasgando a tapeçaria de Aracne em pedaços, ela bateu na cabeça dela com sua lançadeira. Aracne, envergonhada, tentou se enforcar; mas Atena imediatamente a transformou enquanto ela pendia da corda, amaldiçoando-a para que não pudesse morrer, mas permanecer suspensa no ar para sempre, ela e seus descendentes, encolhida, com oito patas e eternamente tecendo um fio que sai de seu próprio ventre.

Procne e Filomela

Ah! Pensei eu, tu choras em vão,
ninguém se compadece de tua dor:
as árvores surdas não podem te ouvir,
bestas implacáveis não te dão razão.
O Rei Pandião está morto,
todos que te amam nada podem fazer,
os teus amigos pássaros cantam
sem se importar com a tua tristeza.
Eu, um pobre pássaro como és,
de nada vivo piedade recebo.
— Richard Barnefield[15]

O Rei Pandião de Atenas teve duas filhas, chamadas Procne e Filomela. Procne, a mais velha, era casada com o Rei Tereu da Trácia e, após cinco anos de casamento, pediu ao marido que deixasse sua irmã visitá-la. Tereu, concordando, partiu ele mesmo pelo mar para buscá-la. Mas quando a bela Filomela veio a bordo do navio, Tereu foi tomado de uma perversa paixão por ela, e em vez de levá-la para sua irmã, ele desembarcou na costa rochosa e a

---

15 Richard Barnefield, *As is fell upon a day*.

arrastou para dentro da floresta, onde a manteve prisioneira em uma antiga torre. Para que ela não contasse sua história, o rei bárbaro cortou sua língua. Então ele retornou à corte da Trácia, onde disse a Procne que sua irmã havia morrido na viagem.

Dioniso

Durante um ano inteiro Filomela sofreu na floresta escura. Então, montando um tear grosseiro, ela teceu sobre ele uma tapeçaria na qual mostrava sua história e, por sinais, instruiu um servo a levá-la à Rainha da Trácia. Desenrolando a tapeçaria, Procne leu a terrível história. Imediatamente ela correu para a floresta, soltou sua irmã e a trouxe secretamente de volta ao palácio, onde as duas tramaram vingança. Tomando o filho pequeno de Procne, elas o mataram e cortaram seu corpo, cozinhando a carne em um prato que Procne pôs diante do marido. Só depois que ele comeu ela lhe contou qual era o principal ingrediente, enquanto Filomela, ainda banhada no sangue da criança, saiu e se postou diante dele. Entendendo tudo, Tereu agarrou sua espada e perseguiu as irmãs. Para evitar mais derramamento de sangue, os deuses imediatamente transformaram todos os três: Tereu em uma poupa com uma crista de penas, Procne em uma tagarela andorinha doméstica, enquanto Filomela teve por fim sua voz restaurada, tornando-se o rouxinol que conta todas as suas tristezas à noite, na floresta silenciosa.

O toque de Midas

> *Ouro espalhafatoso,*
> *duro manjar de Midas,*
> *de ti nada quero eu.*
> — Shakespeare[16]

Outra história de transformação diz respeito ao deus do vinho Dioniso, cujo tutor gordo e bêbado, Sileno, um dia adormeceu no jardim do Rei Midas da Frígia, onde foi encontrado pelos servos e levado ao palácio. Midas reconheceu Sileno e o tratou muito bem, banqueteando-o alegremente por dez dias, depois dos quais Dioniso veio buscar seu amigo. Em gratidão a Midas, ele prometeu-lhe qualquer presente que pudesse pedir como recompensa, e Midas exigiu apressadamente: "Conceda que tudo o que eu tocar se transforme em ouro". O deus preferia ter lhe dado algo melhor, mas Midas tinha feito sua escolha; ele que descobrisse por conta própria as consequências.

A princípio, Midas ficou encantado com sua dádiva, tocando galhos, pedras e flores e vendo-os se transformarem no mais fino ouro em suas mãos; mas quando ele se sentou para comer e sua comida e vinho se tornaram metal sólido no momento em que tocaram sua boca, ele começou a reclamar amargamente e a implorar a Dioniso que retirasse dele um presente tão cruel. Vendo-o arrepender-se de sua imprudência, Dioniso disse-lhe que se lavasse no Rio Pactolo, que era próximo: o rio recebeu o toque de Midas, e desde então teve areias douradas.

A imprudência de Midas lhe traria problemas novamente. Em outra ocasião, ele estava presente em um concurso de música entre o rústico deus Pã com suas flautas e Apolo com a lira, quando o juiz, o sábio e velho Monte Tmolo, decidiu a favor do senhor das Musas. Imediatamente Midas gritou que a decisão era injusta e que a música de Pã era mais doce. Apolo insultado forçou Midas a carregar o sinal da tolice de seu julgamento, transformando suas orelhas em longas orelhas cinzas de jumento.

Midas, envergonhado desse estigma, tentou escondê-lo mantendo a cabeça enrolada em um turbante de púrpura, que só seu barbeiro podia tocar.

---

16 William Shakespeare, *O mercador de Veneza*, 3.2.101–102.

Com medo de contar o segredo do rei, conquanto desejasse compartilhá-lo, o homem um dia cavou na terra um buraco, no qual murmurou o que tinha visto, e seguiu seu caminho com a consciência tranquila. Mas alguns juncos cresceram da terra que ele cavara e recobrira, e começaram a sussurrar entre si; quando o vento sul soprava, eles falavam alto, permitindo a todos que os ouvissem: "O Rei Midas tem orelhas de burro".

Ceice e Alcione

> Os ventos assobiavam maravilhados,
> as águas suavemente beijavam,
> sussurrando novas alegrias para o calmo oceano,
> que agora já não se agitava mais,
> deixando que pássaros calmamente
> se empoleirassem nas ondas encantadas.
> — Milton[17]

O Rei da Tessália, Ceice, em certa ocasião se despediu de sua esposa Alcione, filha de Éolo, para fazer uma longa viagem por mar. Na primeira noite depois que ele a deixou, caiu uma tempestade e destruiu seu navio: ele e todos os seus homens se afogaram. Enquanto isso, Alcione esperava em casa, sem notícias de seu marido, e para que ele voltasse em segurança, constantemente oferecia orações aos deuses, sobretudo a Hera, protetora do amor conjugal. Cansada de orações por quem já morrera, Hera enviou Íris ao sonolento palácio de Sono, para pedir ao deus que concedesse a Alcione saber a verdade em um sonho. O palácio de Sono é uma caverna onde o Sol nunca entra, em um campo escuro e silencioso. As papoulas crescem em abundância diante das portas, e da gruta corre o rio sonolento e murmurante do esquecimento. Numa alta e escura cama dorme o deus, e aí Íris entregou sua mensagem.

Entre seus muitos filhos, Sono escolheu Morfeu, o deus dos sonhos, para ficar ao lado da cama de Alcione, tomando a forma de seu marido afogado, nu e escorrendo água. "Minha pobre esposa", disse ele, "não reconheces teu marido, ou a morte mudou meu rosto? Tuas orações não me salvaram do naufrágio e do afogamento. Levanta-te, veste roupas de luto, realiza os ritos pelos mortos para que eu não desça sem pranto à terra das sombras".

Enquanto a figura se afastava, a força da dor de Alcione a acordou, e ela correu até a praia, onde as ondas levaram o corpo de Ceice até seus pés. Lançando-se na água, desatenta, ela foi transformada pelos deuses piedosos

---

17   John Milton, *On the Morning of Christ's Nativity*, vv. 64–68.

em um martim-pescador, e seu marido com ela. Agora, a cada inverno, durante sete dias calmos, Alcione paira sobre o mar, com as asas estendidas para cobrir seu ninho flutuante, enquanto seu pai Éolo mantém os ventos trancados até que os passarinhos sejam chocados. Chamamos este período de dias alciônicos (dias de bonança).

Niso e Cila

> Basta, juventude imprudente! Desista antes que seja tarde demais,
> temei os deuses justos, pensai no destino de Cila!
> Transformada em pássaro, e enviada para voar no ar,
> Ela paga caro pelo cabelo de Niso, ferido!
> — Pope[18]

A cidade de Mégara, no Istmo de Corinto, era governada pelo Rei Niso, que entre seus cabelos brancos tinha uma única mecha roxa, da qual dependia a fortuna da cidade. Certa vez, o poderoso Rei Minos de Creta sitiou Mégara, e a filha de Niso, Cila, assistindo a luta de uma torre na muralha da cidade, logo aprendeu a reconhecer cada um dos guerreiros que via. Entre todos, quem mais a impressionou foi o próprio Minos: na verdade, ela se apaixonou violentamente por ele, chegando a tal ponto que faria qualquer coisa para ganhar seus favores. Ela se esgueirou, numa noite, até o quarto de seu pai e, enquanto ele dormia, cortou a mecha roxa encantada; então ela atravessou as fileiras do inimigo até a tenda de Minos, levando a mecha em suas mãos. Quando chegou diante de Minos, ofereceu a mecha a ele, como um penhor de sua devoção.

Minos, horrorizado com a traição de Cila a seu pai, não quis tocar o presente e a enviou, desprezada, de volta para a cidade. Logo, perdida a sorte de seu governante, Mégara caiu nas mãos de Minos. Os cretenses a saquearam livremente e depois voltaram para casa. Cila fugiu pela praia atrás de Minos e agarrou o leme de seu navio; mas ela foi derrubada por uma enorme águia marinha — seu pai, transformado pelos deuses. Assim que caiu na água, ela também se transformou em uma ave marinha: o *ciris*, ou "tosquiador", assim chamado por causa do ato da moça. E onde quer que ela seja vista, também está a águia marinha, perseguindo-a com seus gritos.

---

18 Alexander Pope, *The Rape of the Lock*, l. 3, 11.121–124.

Filêmon e Báucis

> *Eu mesmo vi as guirlandas nos galhos,*
> *e, pendurando novas, orei:*
> *"Os que honram o Céu, do Céu tenham honra".*
> — Ovídio[19]

No interior da Frígia, um carvalho e uma tília viviam lado a lado, sempre adornados de guirlandas recentemente feitas pelos habitantes da região. Ao redor havia um lago estagnado e pantanoso, refúgio de pássaros canoros. Certa vez, diz-se, Zeus e Hermes, disfarçados de viajantes comuns, desceram a este ponto da Terra e vagaram de casa em casa em busca de hospitalidade. Em todas as casas eles foram recusados e rejeitados, nas grandes e nas pequenas, até que Zeus, o protetor especial dos viajantes que estão longe de casa, começou a ficar irado. Por fim, chegaram a uma casinha, mal coberta de juncos, cujos donos abriram-lhes a porta e os receberam calorosamente. O velho casal, Filêmon e sua esposa Báucis, apressaram-se em oferecer todo conforto de que dispunham. Filêmon puxou cadeiras fracas e os convidou a descansar, enquanto Báucis colocava a panela no fogo, alimentando as chamas com galhos e lascas de casca. Apressando-se, ela logo preparou uma refeição para os deuses, comida de camponês: toucinho defumado dos porcos próprios, legumes da horta, ovos assados entre as cinzas, servidos em pratos de barro e madeira com um pouco de vinho azedo. Nozes e frutas, figos, ameixas, maçãs e uvas compunham a sobremesa, além de favos de mel.

Ocupado em cuidar de seus convidados, o velho casal não percebeu a princípio que, por mais que enchessem as taças com vinho, a jarra continuava cheia. Quando este sinal da presença dos deuses os atingiu, Báucis e Filêmon ficaram alarmados. Eles imploraram perdão pela refeição humilde, oferecendo-se para matar seu único ganso, se conseguissem pegá-lo. Os deuses não permitiriam isso. Revelando-se, declararam que o bairro seria punido por sua mesquinhez para com estranhos, exceto Filêmon e Báucis, a quem eles convidaram para irem com eles até o topo de uma colina com vista para o vilarejo.

Quando Filêmon e Báucis, no topo da colina, olharam para baixo, viram todo o campo submerso em águas pantanosas, restando apenas sua cabana de pé. Enquanto observavam, de luto pelo destino de seus vizinhos, a cabana foi transformada em um templo de mármore branco, com telhado dourado e reluzente. Então Zeus perguntou ao velho e sua esposa qual presente

---

[19] Ovídio, *Metamorfoses*, l. 8, vv. 722–724.

pediriam a ele. Depois de um momento de reflexão, eles responderam: "Ser seus sacerdotes enquanto vivermos, e morrer no mesmo instante para que nenhum de nós sobreviva ao outro".

Zeus os estabeleceu no templo, do qual eles cuidaram por muitos anos. Então, quando Báucis e Filêmon ficaram muito velhos, um dia em que estavam relembrando os acontecimentos que os levaram até lá, um viu o outro começar a brotar folhas. "Adeus, caro amigo!", gritaram juntos. Enquanto falavam, a casca cobriu seus corpos e eles se transformaram no carvalho e na tília. Essas árvores, por muito tempo, foram honradas por causa de Báucis e Filêmon, e como um memorial dos atos dos deuses.

4
Os heróis[1]

Perseu

> *Dânae, na torre de bronze,*
> *privada do amor, amava a chuva.*
> — John Fletcher[2]

"Filho varão teu mesmo não terás; e o filho da tua filha a morte te trará". Essa foi a resposta do oráculo ao Rei Acrísio de Argos, que viera perguntar sobre seu futuro. Acrísio voltou para casa furioso, e prontamente trancou sua bela filha Dânae numa torre de bronze onde nenhum homem podia vê-la, o que foi, contudo, em vão; pois Zeus se derramou através de uma abertura no telhado como uma chuva de ouro, e deu a ela um filho, a quem ela chamou de Perseu. Resistindo à vontade dos deuses, mas ainda relutante em matar sua própria carne e sangue, Acrísio colocou Dânae e seu filho em uma caixa de madeira que lançou ao mar, esperando que ele, revolto, logo os liquidasse. Mas sua arca foi finalmente levada para a Ilha de Serifos, onde um pescador chamado Díctis apanhou-a com sua rede e puxou-a para a praia.

Acolhidos pelo pescador e sua esposa, Dânae e Perseu conviveram com eles por vários anos. O irmão de Díctis, Polidectes, tão cruel quanto Díctis era gentil, era o rei da ilha e, depois de algum tempo, exigiu a mulher desconhecida como esposa. Ele ficou muito surpreso quando Dânae e seu filho,

---

[1] Esses contos dos heróis anteriores à Guerra de Troia são todos contados brevemente por Ovídio nas *Metamorfoses*, e mais extensamente por um escritor grego tardio, Apolodoro, nascido por volta de 180 a.C., em sua *Biblioteca*, um levantamento da mitologia grega. Sófocles e Eurípides, dramaturgos trágicos do século v a.C., usaram incidentes da vida de Héracles, Jasão e Teseu em suas peças. A história de Jasão é contada de maneira mais completa pelo poeta alexandrino Apolônio Ródio em seu épico *As argonáuticas*, escrito em grego no século III a.C.

[2] John Fletcher, *Hear, ye ladies.*

já adulto, resistiram a ele, e resolveu livrar-se de Perseu imediatamente. Para isso, deu a entender que tinha decidido casar-se com uma princesa vizinha e convidou os jovens da ilha, entre eles Perseu, para uma festa. Cada um dos convidados trouxe um presente: apenas Perseu, em sua pobreza, não tinha nenhum. Provocado a respeito disso por Polidectes, ele disse orgulhosamente que estava preparado para sair e ganhar por seus próprios esforços um presente mais raro do que qualquer outro — "até mesmo a cabeça da própria Górgona Medusa". Isso era exatamente o que Polidectes esperava ouvir. "Muito bem", disse ele, "não queremos mais ver-te aqui até que tu a tragas".

Escudo de górgona[3]

Como obtivera Minerva, a sábia, a virgem invicta,
aquele escudo no qual se via uma cabeça serpentina
de górgona, com que ela seus inimigos em pedra congelava?
— Milton[4]

As Górgonas originais eram duas irmãs monstruosas, com asas de pássaros, cabelos de cobra e rosto medonho o suficiente para assustar qualquer coisa, e viviam em uma rocha solitária nos limites do mar ocidental. As duas nasceram divinamente e imortais, mas uma mulher mortal fora enviada para se juntar a elas como punição por um crime contra os deuses. Ela, a Medusa, era a mais terrível das três, com um rosto tão pavoroso em sua feiura e ódio que quem o olhasse se transformava em pedra.

A tarefa de Perseu teria sido impossível se ele não tivesse sido ajudado por Palas Atena e por Hermes, o mensageiro dos deuses. Dando-lhe um escudo

---

3   Os escudos gregos eram frequentemente decorados com o rosto de górgonas, para amedrontar os inimigos. Essas imagens também eram utilizadas em fornalhas, fundições e chaminés, para afastar maus espíritos.
4   John Milton, *Comus*, vv. 447–449.

de bronze polido e brilhante, Atena o advertiu para nunca olhar diretamente o rosto da Górgona, mas apenas para seu reflexo na superfície espelhada. Hermes emprestou-lhe suas próprias sandálias aladas para encurtar a longa jornada e uma foice de adamante para cortar a cabeça da Górgona. Ambos lhe deram conselhos sobre os seres que ele deveria procurar para obter as demais informações e recursos de que precisaria.

O primeiro lugar para onde as sandálias aladas de Perseu o levaram foi a casa das três irmãs das Górgonas, as Greias, cujos cabelos eram brancos e que moravam no Extremo Oeste. Estas tinham apenas um olho e um dente entre elas, e Perseu facilmente conseguiu controlá-las, arrebatando o olho enquanto elas o passavam de mão em mão e ameaçando jogá-lo no mar. Elas foram rapidamente persuadidas a ensiná-lo o caminho até a rocha das Górgonas e a dar-lhe as coisas que ele pediu: um capacete de invisibilidade para usar quando fosse atacar e uma bolsa de couro, na qual a cabeça pudesse ser carregada com segurança.

Chegando ao rochedo das Górgonas, ele encontrou os três monstros dormindo. Isso lhe deu tempo para identificar qual era a Medusa, a única que poderia ser morta: atacar qualquer uma das outras teria sido fatal. Pairando sobre ela em suas sandálias aladas, ele arrancou sua cabeça com um golpe e guardou-a na bolsa de couro. As irmãs Górgonas acordaram com o barulho e uivaram de fúria pelo assassinato, mas Perseu saltou pelo ar, escondido pelo capacete da escuridão. Enquanto ele fugia de volta para o Leste, gotas do sangue da Górgona caíram da bolsa nas areias da Líbia, onde se tornaram cobras de todo tipo: é por isso que até hoje o deserto do Saara está repleto de serpentes mortais.

> *Aquela estrelada rainha etíope, que pretendeu*
> *que sua beleza fosse mais apreciada*
> *que a das ninfas do mar, ofendendo seus poderes.*
> — Milton[5]

No caminho de volta à corte de Polidectes, Perseu se deparou com outra aventura. Ele estava sobrevoando a terra da Etiópia quando viu uma donzela à beira-mar, acorrentada a uma rocha, com os braços estendidos sobre ela. Aterrissando apressado, ele ouviu dela mesma sua história. Era a infeliz Andrômeda, cuja mãe, a Rainha Cassiopeia, gloriando-se de sua beleza, se gabara de superar a beleza de todas as filhas do deus do mar, Nereu.[6] Para vingar o

---

5 John Milton, *Il Penseroso*, vv. 19-21.
6 As histórias não concordam se era de sua própria beleza ou da de sua filha que Cassiopeia se gabava. Milton a chama de "estrelada" porque a aventura está registrada nos nomes de um grupo

insulto, Nereu enviara um monstro marinho, que devastava campos e homens. A ruína só poderia ter fim através do sacrifício da princesa. Enquanto eles ainda falavam, o monstro apareceu no mar, nadando em direção à costa. Perseu, parado na frente de Andrômeda, arrancou de sua bolsa a cabeça e ergueu-a, experimentando seus poderes pela primeira vez. Instantaneamente a grande serpente parou; seu movimento congelou-se; não era mais uma criatura viva, mas uma imensa rocha negra, estendendo-se no meio das ondas. Antes de guardar outra vez a cabeça, Perseu a pousou, por instantes, sobre uma alga marinha, que endureceu e se tornou o primeiro coral.

Os pais de Andrômeda, agradecidos, deram-na em matrimônio a Perseu, e ela o acompanhou em seu retorno a Serifos. Lá chegando, constataram que, em vez de se casar com uma princesa do continente, como afirmara pretender, Polidectes ainda perseguia Dânae com seus pedidos, e que ela e seu protetor Díctis haviam se refugiado em um templo próximo. Perseu foi diretamente ao palácio, onde o rei e seus nobres estavam se banqueteando, exatamente como quando os vira pela última vez. "Aqui está o presente prometido, ó rei"; e com isso mostrou-lhes a cabeça. Os visitantes da ilha ainda podem ver o círculo de pedras que ficou ali. Então, não tendo mais o que fazer com a cabeça da Górgona, Perseu a deu à sua protetora Atena, que a prendeu ao escudo que carrega em batalha.

Deixando o reino para Díctis, Perseu, com sua esposa e sua mãe, cruzou o mar até Argos, esperando que Acrísio já tivesse esquecido seus medos e estivesse preparado para recebê-los. Longe disso: Acrísio fugiu para um reino vizinho. Perseu, sem saber disso, foi até lá pouco depois, para competir nos jogos fúnebres realizados em honra do velho pai do rei. Quando Perseu jogou o disco, o vento o desviou para o lado, de modo a atingir Acrísio que estava no meio da multidão, matando-o. Perseu enterrou o avô com a devida honra, reconhecendo no acidente a vontade dos deuses, e voltou a Argos para assumir o reino que herdara. Lá ele e sua família viveram uma vida longa e feliz, e dele nasceu um filho que, por sua vez, foi pai de Alcmena, a mãe de Héracles, o maior dos heróis da Grécia.

---

de constelações do Norte: Cassiopeia, Andrômeda, Cefeu (pai de Andrômeda), Perseu, Cetus ("monstro marinho") e Pégaso, o cavalo alado que se diz ter saltado do corpo de Medusa em sua morte.

Os trabalhos de Héracles

> *Fará o papel de Hércules este rapazinho,*
> *cujo porrete mata o cão de três cabeças;*
> *sendo inda ele um bebê, quase um camarãozinho,*
> *nas fofas mãos torcia serpentes à beça.*
> — Shakespeare[7]

De todos os heróis dos gregos, Héracles era o mais forte e o mais corajoso. Ele e seu irmão gêmeo Íficles, um sujeito muito comum, nasceram em Tebas de uma mulher mortal, Alcmena, depois que Zeus a visitou disfarçado como o seu próprio marido. Zeus pretendia que seu filho fosse um grande rei, mas isso não levava em conta o ciúme de Hera, a quem sua infidelidade enfurecia. No dia em que Héracles deveria nascer, Hera ouviu Zeus declarar: "Aquele que hoje nascer do meu sangue reinará sobre todos os seus vizinhos". Ela imediatamente correu para Tebas e sentou-se à porta do quarto de Alcmena, de pernas cruzadas e com os braços e dedos cruzados, por sete dias e sete noites.[8] No primeiro dia, nasceu em Micenas Euristeu, um menino do sangue de Zeus: ele era outro descendente de Perseu, de modo que Héracles perdeu seu direito de primogenitura real. Mas a ciumenta Hera nunca permitiria seu nascimento, se não tivesse sido enganada também: uma das criadas de Alcmena, suspeitando de magia, soltou um grito de júbilo como se sua senhora tivesse parido, e quando Hera, atônita, se pôs de pé, Ilítia entrou no quarto e os gêmeos nasceram.

Antes que os bebês de Alcmena completassem um ano, Hera enviou duas serpentes ao quarto deles, para matá-los. Os gritos de Íficles fizeram toda a casa correr; quando chegaram lá, Héracles estava rindo em seu berço, com uma cobra estrangulada em cada mãozinha. A partir daquela noite, ficou claro que a criança estava marcada para um destino especial.

> *Como aquele grande campeão do mundo antigo*
> *a quem os versos de poetas famosos tanto louvam*
> *e por doze grandes trabalhos exaltam.*
> — Spenser[9]

---

7   William Shakespeare, *Trabalhos de amor perdidos*, 5.2.589-592.
8   Isso é "magia simpática" ou "magia imitativa", a tentativa de produzir um certo efeito imitando-o — como fazer chover pelo derramamento de água ou ferir um inimigo ferindo uma imagem dele. Em alguns lugares ainda persiste a crença de que um bebê não pode nascer, nem uma alma pode se separar de seu corpo em uma casa onde há portas trancadas ou nós amarrados.
9   Edmund Spenser, *The Fairie Queene*, l. 1, canto 11, est. 27, vv. 1-3.

Quando chegou à idade viril, Héracles obteve a gratidão de seus conterrâneos tebanos ao derrotar um rei vizinho que há muito os incomodava e, em recompensa, recebeu a mão da princesa, de quem teve três filhos. Depois de ter desfrutado de vários anos de casamento feliz, Hera induziu-o a um ataque de loucura, no qual ele matou sua esposa e filhos. Em seu remorso depois de voltar a si, ele não ficou satisfeito com o rito formal de purificação da culpa de sangue,[10] e exigiu que o oráculo de Apolo em Delfos lhe impusesse uma penitência adequada. A sacerdotisa o aconselhou a procurar seu parente, o Rei Euristeu, e servi-lo por doze anos em tudo que ele ordenasse. Na penitência estabelecida por Euristeu consistem os famosos Doze Trabalhos de Héracles. O oráculo disse ainda que, ao concluir seus trabalhos, ele se tornaria um dos imortais.

O primeiro dos trabalhos de Héracles foi matar o Leão de Neméia, um animal enorme cuja pele era à prova de todas as armas. Depois de tentar em vão subjugá-lo com flechas, espada e o pesado bastão de madeira de oliveira que ele sempre carregava, Héracles o agarrou em seus braços e o sufocou até a morte. Daí por diante ele começou a usar a pele do leão sobre os ombros, como um manto. Seu segundo trabalho foi matar a Hidra, a serpente descendente de um par de monstros, que vivia no pântano de Lerna. Ela tinha nove cabeças, cada uma das quais brotava novamente se fosse cortada. Héracles resolveu a dificuldade cortando as cabeças e queimando os tocos restantes, antes que elas pudessem crescer novamente. O terceiro, quarto e quinto trabalhos foram matar ou capturar o Javali de Erimanto, a Corça Cerineia de Chifres Dourados, e os pássaros do Estínfalo, devoradores de homens, que atiravam suas penas metálicas e afiadas como dardos em todos que se aproximassem deles. No sexto, Héracles teve de limpar em um único dia os estábulos do Rei Augias, onde o esterco vinha se acumulando ano após ano: ele fez isso desviando o curso de um rio e deixando-o levar a sujeira. O sétimo trabalho foi a captura de um touro selvagem que devastava as plantações de Creta. O oitavo foi a captura de quatro éguas que o cruel Rei Diomedes alimentava regularmente com a carne dos convidados que visitavam o palácio: Héracles arremessou-lhes o corpo de seu dono, ao que elas se tornaram mansas. O nono trabalho foi a aquisição do cinto de ouro pertencente a Hipólita, a Rainha das Amazonas, o que Héracles conseguiu em parte por bravura e em parte por encanto. O décimo foi buscar o gado de Gerião, um rei com três corpos e três cabeças

---

10 Um assassino, fosse homem ou deus, tinha de passar por um ritual de purificação, às vezes com pena de exílio, antes de poder retornar à sociedade. Apolo, que cuidava do cumprimento desta lei, submeteu-se ele mesmo à purificação e ao exílio duas vezes: pela morte de Píton (p. 418) e dos ciclopes (p. 339). O ritual exigia o sacrifício de um carneiro ou porco, provavelmente como substituto do sangue do assassino.

que mantinha seus rebanhos em uma ilha ocidental, na direção do pôr do Sol. Héracles navegou para lá em uma taça de ouro que ele pegou emprestado do Sol,[11] instalando, de passagem, os dois famosos pilares no extremo do Mediterrâneo,[12] nas pontas de rocha agora chamadas Ceuta e Gibraltar. Ele então teve de matar primeiro o cachorro de Gerião, depois seu pastor, e por último o próprio Gerião, antes que pudesse colocar o gado na taça e levá-lo para Micenas.

Héracles na Taça do Sol[13]

Diante de ti vês as belas Hespérides
com suas frutas douradas, mas perigosas de tocar,
pois nelas dragões mortíferos te ameaçam.
— Shakespeare[14]

O décimo primeiro e o décimo segundo trabalhos de Héracles foram os mais difíceis de todos. Primeiro ele teve de pegar a estrada íngreme até o submundo e trazer Cérbero, o cão de três cabeças, guardião do portão do Inferno. Foi nessa expedição que ele libertou seu primo Teseu da Cátedra do Esquecimento. Por último, ele deveria viajar para o Extremo Oeste do mundo e trazer pomos da macieira dourada guardada pela serpente Ladão e por três ninfas chamadas Hespérides. Sem saber como realizar essa tarefa, Héracles partiu em busca

---

11 A Taça do Sol era a embarcação em que o Sol, adormecido, era carregado sobre o mar, de Oeste para Leste, todas as noites.

12 Nosso cifrão ($) pode vir do símbolo, encontrado em dólares espanhóis antigos, dos Pilares de Héracles enfeitados com guirlandas por marinheiros que partiam para o mar ocidental desconhecido, ou regozijando-se com seu retorno.

13 O herói carrega sua clava e seu arco, e usa a cabeça de sua pele de leão como elmo.

14 William Shakespeare, *Péricles*, 1.1.26–28.

do sábio e velho deus do mar Nereu. Encontrando-o adormecido ao lado do Rio Pó, agarrou-o e começou a pedir-lhe instruções sobre o que fazer. Para escapar dele, Nereu logo mudou sua forma, transformando-se sucessivamente em toda uma série de criaturas, como alguns deuses do mar tinham o poder de fazer; mas Héracles continuou agarrando-o com força, até que Nereu deu seu conselho: persuadir o gigante Atlas a pegar as maçãs para ele.

Quando Héracles chegou ao Jardim das Hespérides, ele viu Atlas ali de pé, curvado sob o peso do céu, e pediu-lhe ajuda. Atlas relutava em aceitar que o jardim fosse roubado, pois ele era seu guardião; mas um oráculo lhe havia dito muitos anos antes que algum dia um filho de Zeus viria e despojaria a árvore e, além disso, ele via na situação uma chance de escapar de seu fardo. Então ele concordou em buscar as maçãs se Héracles aguentasse o peso do céu por alguns minutos; e logo ele voltou, sorrindo e brincando com as maçãs. "Herói, deves ficar aí mais um pouco, e eu mesmo as levarei para Euristeu". "Muito bem, amigo, contanto que tomes de novo o céu por um minuto, enquanto eu enrolo minha pele de leão como uma almofada para proteger meus ombros". O tolo Atlas se curvou sob o céu novamente, e Héracles pegou os pomos dourados e partiu.

> *Anteu, filho da Terra [...] Em Irassa lutou*
> *com Alcides[15] Joviano, e ao cair se erguia,*
> *logrando de sua mãe, a Terra, novas forças;*
> *a cada queda mais forte ficava e mais*
> *capaz de submeter o inimigo. Então,*
> *no ar arremessado, expirou e tombou.*
> — Milton[16]

Em seu caminho de volta ao palácio de Euristeu, Héracles encontrou e derrotou o gigante líbio Anteu, que lutava contra qualquer desafiante e usava seus crânios para cobrir um templo que estava construindo. Ele era o adversário mais temível, porque toda vez que tocava o chão, sua Mãe-Terra renovava suas forças, por mais cansado que estivesse: Héracles o venceu segurando-o no ar até que ele ficou tão fraco quanto uma criança, sendo facilmente esmagado. Antes de deixar a África, Héracles matou Busíris, sanguinário rei egípcio que costumava sacrificar todos os estranhos a Zeus. A caminho de Troia, ele chegou bem a tempo de resgatar uma donzela chamada Hesíone, que estava prestes a ser sacrificada por seu pai a um monstro marinho. Héracles pulou

---

15 "Alcides" é um patronímico (ver p. 306, nota 33).
16 John Milton, *Paraíso recuperado*, l. 4, vv. 563–568.

na boca aberta da criatura e lutou durante três dias de violência dentro de sua barriga, golpeando-a com clava e espada, até que, enfim, ela foi mortalmente atingida e o caminho se abriu para a saída do herói. Foi nessa jornada também que Héracles viajou para as montanhas do Cáucaso e libertou Prometeu de seus longos sofrimentos.

Menos gloriosa do que essas façanhas foi a ação de Héracles quando, em um acesso de raiva, matou um jovem que estava hospedado sob seu teto: Zeus, que sempre defendera as leis da hospitalidade, decretou como punição que fosse vendido como escravo por um ano. O mensageiro divino Hermes o levou para a Ásia Menor e o vendeu para a Rainha Onfale da Lídia, que completou sua desgraça mantendo-o vestido de mulher entre suas servas, obrigando-o a fiar e tecer com seus dedos desajeitados, enquanto ela se envolvia em sua pele de leão e brincava de empunhar sua clava.

> *Pensei, então, ver minha bendita falecida*
> *trazida a mim como Alceste da tumba,*
> *quando o grande filho de Jove a deu ao feliz marido,*
> *resgatada da morte à força, ainda que pálida e débil.*
> — Milton[17]

Além de atormentar o submundo e capturar os pomos da imortalidade, Héracles teve outra disputa com a morte. Quando Zeus, como veremos, derrubou o presunçoso curador Asclépio, seu pai Apolo, não ousando se vingar diretamente do governante dos deuses, assassinou os ciclopes que haviam feito o raio fatal em sua ferraria do submundo. Como punição, Zeus condenou Apolo à servidão a um homem mortal, o Rei Admeto de Feras, que fez de Apolo um pastor. Admeto e sua esposa Alceste o trataram com grande bondade e, em troca, ele obteve das três Parcas (dizem alguns que embriagando-as) a promessa de que o dia da morte de Admeto poderia ser adiado se um outro consentisse em morrer em seu lugar. Admeto recorreu a todos em que conseguia pensar, incluindo seus velhos pai e mãe, implorando que eles entregassem suas vidas por ele: todos se recusaram, exceto Alceste, sua esposa. Quando chegou o dia, Alceste morreu silenciosamente e a família ficou de luto por ela. A essa altura, apareceu Héracles, a caminho da Trácia para enfrentar as éguas de Diomedes, e Admeto achou justo recebê-lo sem mencionar a causa de sua tristeza. No entanto, Héracles descobriu, por meio dos servos, o sacrifício de Alceste, e imediatamente resolveu lutar contra a

---

17 John Milton, *On his deceased wife*.

própria Morte para resgatá-la. Ele ficou à espreita ao lado de sua tumba até que o mensageiro do submundo apareceu, e então Héracles o desafiou para uma luta, logo vencida pelo herói. Em seguida, tomando pela mão a restaurada Alceste, levou-a ao marido em agradecimento pela hospitalidade que recebera.

> Visto a túnica de Nesso; ensina-me,
> Alcides, meu ancestral, tua ira;
> deixa-me alojar Lichas nos raios da Lua;
> e com estas mãos que sustentam a mais pesada clava
> subjugar meu eu mais digno.
> — Shakespeare[18]

Após a morte de sua esposa, Héracles casou-se com uma donzela chamada Djanira. Quando levava sua esposa para casa, eles foram impedidos pela inundação de um rio. Héracles conseguiu atravessar sozinho, e o centauro Nesso, que era o barqueiro local, se ofereceu para carregar Djanira. No meio da corrente, ele se virou e tentou fugir com ela, e Héracles atirou nele com seu arco. Enquanto Nesso estava morrendo, murmurou para Djanira que ela deveria pegar um pouco de seu sangue e guardá-lo como um amuleto: se chegasse o momento em que Héracles deixasse de amá-la, ela poderia reconquistá-lo espalhando um pouco do sangue em uma roupa que o herói vestisse. Djanira guardou o sangue por vários anos, até que ouviu um boato de que Héracles estava apaixonado por uma princesa que ele estava trazendo para casa, cativa do cerco bem-sucedido de uma cidade. Djanira enviou um mensageiro para encontrá-lo e entregar-lhe presentes, entre eles uma túnica recém-tecida tingida com o sangue de Nesso, cumprindo assim involuntariamente a profecia de um antigo oráculo: "Nenhum homem vivo causará a morte de Héracles: por um inimigo morto ele será tombado". Héracles vestiu a túnica para oferecer sacrifícios aos deuses e imediatamente sentiu sua carne queimar em uma dor devoradora. Ele tentou arrancar a roupa de suas costas, mas a substância mágica a colava à sua pele. Gritando de agonia, ele agarrou o infeliz mensageiro e o atirou ao mar. Então ele clamou em alta voz aos deuses pela morte; mas, por causa de seu nascimento divino, o veneno que o atormentava não podia matá-lo. Para acabar com seu sofrimento, ele pediu a seus amigos e servos que construíssem para ele uma grande pira no Monte Eta e que o pusessem nela: lá, entre as chamas, sua parte mortal foi queimada, enquanto sua parte imortal foi levada até o Olimpo na carruagem de Zeus. Hera finalmente renunciou sua longa inimizade e casou-o com sua

---

18   William Shakespeare, *Antônio e Cleópatra*, 4.10.56–60.

filha Hebe, a copeira dos deuses, e nos salões dos deuses Héracles desfruta de uma feliz vida após a morte, festejando e relembrando os feitos heroicos que o elevaram acima do destino comum de homens.

Filhos de Bóreas perseguindo as harpias

Jasão e o Velocino de Ouro

> *Seu nome é Pórcia [...] e suas mechas ensolaradas,*
> *ao lado da cabeça, como um velo de ouro,*
> *Na Cólquida transformam de Belmont a morada,*
> *Onde muitos Jasões disputam tal tesouro.*
> — Shakespeare[19]

Esão, o Rei de Iolcos na Tessália, foi deposto de seu trono por seu invejoso meio-irmão Pélias. Temendo pela vida de seu filho Jasão, Esão o levou a Quíron, o sábio centauro que vivia em uma caverna ao lado do Monte Pelião. Dotado de força e nobreza prodigiosas, meio homem, meio cavalo, a Quíron foram confiados muitos dos filhos dos heróis para serem treinados em todas as artes heroicas, bem como nas mais suaves da cura e do canto. Quando Jasão aprendeu tudo o que Quíron poderia lhe ensinar, ele voltou a Iolcos, para reivindicar o reino de seu pai.

A caminho da cidade litorânea, teve de atravessar a pé o agitado Rio Anauro, sem balsa, ponte ou vau. Lá ele encontrou uma pobre velha, que implorou para que ele a carregasse. Isso ele fez com alguma dificuldade, mas sem qualquer infortúnio maior do que a perda de uma de suas sandálias; e quando ele a colocou na outra margem, a velha se revelou como a deusa Hera, doravante sua protetora.

Quando Jasão chegou a Iolcos, perguntou o caminho para o palácio de Pélias e logo se apresentou ao usurpador. Pélias estremeceu ao vê-lo, reconhecendo o homem por quem deveria ser derrubado; pois ele há muito tinha sido avisado por um oráculo: "Cuidado com o homem de uma sandália". No entanto, ele dissimulou seus medos, e quando Jasão disse quem era e para que veio, Pélias o

---

19 William Shakespeare, *O mercador de Veneza*, 1.1.166–173.

recebeu com palavras suaves: "Mas, sobrinho, talvez possas me dar um conselho. O que farias com um homem que representasse um perigo para a sua vida?". "Eu o mandaria buscar o Velocino de Ouro". "Sobrinho, és tal homem".

Uma geração antes do tempo de Jasão, o Rei Atamante, da Beócia, atraíra para si problemas por meio de seu segundo casamento com Ino, filha de Cadmo. Atamante tivera dois filhos de um casamento anterior, Frixo e sua irmã Hele. Sua madrasta Ino os odiava e concebeu um plano para se livrar deles. Certo ano ela torrou secretamente todo o suprimento de sementes do país, de modo que os camponeses, embora semeassem como de costume, esperaram em vão pela colheita. Quando, como Ino esperava, seu marido enviou mensageiros para perguntar ao oráculo de Delfos por que a terra estava tão aflita, ela os subornou para trazerem de volta um falso relato de que o deus (Apolo) estava zangado e exigia a morte de Frixo e Hele. Atamante, para salvar seu povo da fome, consentiu com tristeza ao sacrifício. Mas no momento em que o sacerdote se voltava aos jovens com sua faca, Zeus com pena enviou um carneiro de ouro, que milagrosamente apareceu diante do altar. Ele levou as crianças nas costas e fugiu com elas pelo ar, sobre o desconhecido mar oriental. Ao passarem pelo estreito que separa a Europa da Ásia, Hele escorregou das costas do carneiro e se afogou nas águas que, por causa dela, são chamadas de Helesponto, ou Mar de Hele. Seu irmão Frixo ficou firme até ser derrubado pelo carneiro na distante Cólquida, na outra extremidade do tempestuoso Mar Euxino.[20] Lá Frixo, em gratidão, sacrificou o carneiro a Zeus, e seu velo foi pendurado em uma árvore num bosque sagrado e guardado por um dragão. Ali também, com o tempo, Frixo casou-se com Calcíope, filha do filho de Hélio, o Rei Eetes, e ali morreu ainda muito jovem.

Disse Pélias a Jasão que o fantasma de seu parente Frixo vinha a ele noite após noite em sonhos, implorando-lhe que recuperasse o velo e o levasse de volta à sua antiga terra natal, para que seu espírito perturbado pudesse descansar. Se Jasão pudesse realizar a tarefa, Pélias lhe devolveria com prazer o reino de seu pai. Mas em seu coração ele esperava que o jovem nunca voltasse.

> *Calados, sentavam-se ao remo os heróis,*
> *ouvindo os rumores da costa indo embora;*
> *do gado de almoço, adornado, o mugido,*
> *o canto choroso dos sacerdotes antigos,*
> *tudo misturado ao som da trombeta,*
> *e ao som ao redor das pessoas servindo*

---

20 "Amigável com estranhos", agora mais apropriadamente chamado de Mar Negro. Como as "Eumênides" (p. 390) e o Oceano "Pacífico", o "Euxino" é um título complementar, não descritivo.

> *o altar e o templo vizinho do mar.*
> *Assim, pensativos e quietos, ficaram,*
> *até que o silêncio outra vez envolveu-os;*
> *já quase no meio da verde baía,*
> *nada mais ouviam que o canto das ondas,*
> *o sopro de flauta do vento do Oeste,*
> *e a grave pancada dos remos no mar;*
> *assim foi-se o Argo das praias tessálias.*
> — William Morris[21]

A primeira coisa que Jasão fez foi enviar mensageiros a todas as cidades da Grécia para convocar os heróis para a busca; e Hera, sua amiga, acendeu em seus corações o amor da glória. Um dos primeiros que veio foi o construtor naval Argo, e a ele Jasão confiou a construção de seu navio, o primeiro grande navio a sair no mar, chamado Argo em homenagem ao seu criador. Em sua proa fora fixado um pedaço de madeira do carvalho falante de Dodona, que dava conselhos quando solicitado, e ele tinha lugares para cinquenta remadores. Entre os argonautas, os cinquenta heróis que nela navegavam eram muitos dos mais nobres da Grécia: Héracles, o homem forte, com seu escudeiro Hilas; Castor e Polideuces, os filhos gêmeos de Zeus;[22] Peleu, pai de Aquiles; Mopso, o adivinho que conhecia a linguagem dos pássaros; Orfeu, o doce cantor, Zetes e Calais, os filhos do Vento Norte; e muitos mais.

O Argo primeiro navegou para o Norte ao longo da costa leste da Grécia, e depois voltou-se para o Leste, através do Helesponto, no Mar Propontino. Eles pararam em Cio para que Héracles, que havia quebrado seu remo, procurasse lenha para um novo. Depois de arrancar do chão um grande abeto, que arrastou atrás de si, Héracles voltou para seus companheiros, apenas para descobrir que seu jovem escudeiro não estava com eles. Ele começou a correr pela floresta, rugindo: "Hilas! Hilas!", com a máxima força de sua voz. Mas Hilas não podia mais ouvir. Tendo saído sozinho para procurar água, ele chegou a um fundo poço e debruçou-se com seu cântaro; e a ninfa da nascente, vendo o rapaz encantador, agarrou-o pelos braços e puxou-o para o seu mundo subaquático. Então Héracles nunca mais o encontrou, mas vagou a noite inteira para cima e para baixo, gritando: "Hilas! Hilas!", fazendo toda a costa ressoar. E o Argo partiu sem ele.

---

21 William Morris, *The Life and Death of Jason*, l. 4, vv. 83–96.

22 Castor e Polideuces (na forma latina, Pólux) foram posteriormente transformados na constelação de Gêmeos, os gêmeos celestiais. Talvez por causa de sua viagem no Argo, eles eram os protetores dos marinheiros. Outro nome para eles é Dióscuros, ou "filhos de Zeus".

Sua próxima aventura ocorreu logo que eles entraram no Mar Euxino, no reino do Rei Fineu. Fineu era um dos filhos de Agenor enviados em busca de sua irmã Europa, levada por Zeus, que, tendo chegado a tão distante lugar em suas andanças, jamais voltou para casa. Mas isso foi há muito tempo, e agora ele era um homem velho e miserável. Seu único dom, o da profecia, não resultara em nada de bom para ele, pois profetizando ele enfureceu os deuses, que o cegaram e enviaram um par de harpias para o atormentar. As harpias eram monstros voadores com corpo de mulher e asas de falcão, que irrompiam no palácio com terríveis gritos, toda vez que a mesa era posta; mergulhavam na comida e fugiam com ela, gritando e espalhando sujeira. Por serem mensageiras da vingança dos deuses, eram conhecidas como "os cães de Zeus". Assim que o pobre velho rei preparou um banquete para receber os heróis, as criaturas repugnantes apareceram. Imediatamente Calais e Zetes, os filhos alados de Bóreas, saltaram no ar em perseguição; e alguns dizem que eles ainda as perseguem, nas rajadas e ventos negros que atormentam o Mar Euxino. Mas as harpias nunca mais incomodaram o Rei Fineu; e em troca desse serviço, ele deu a Jasão bons conselhos sobre a continuação de sua viagem.

Um dos perigos sobre os quais Fineu alertou os argonautas eram as Simplégades, as rochas azuis que barravam o caminho, batendo uma na outra com assustador estrondo. Neste ponto, Jasão soltou uma pomba, que acelerou o voo, bem a tempo de passar pela brecha entre as pedras, perdendo algumas penas da cauda enquanto as rochas se chocavam atrás dela. Assim que elas se separaram novamente, os argonautas levantaram os remos com força e conduziram o navio antes que a passagem pudesse se fechar, como Fineu lhes havia dito que deveriam fazer.

Depois de muitos longos dias remando para o Leste ao longo da costa, os heróis avistaram as montanhas nevadas do Cáucaso, que marcam o limite leste do Mar Euxino. Na mais alta, estendia-se o titã Prometeu, com a águia do vingativo Zeus dilacerando-lhe o fígado: ao pé da cordilheira estava a terra de Cólquida, meta de sua jornada. Entrando na foz do Rio Fásis, os argonautas remaram até o bosque de Ares e a cidade de Eetes, filho do Sol, onde em um remanso sombrio lançaram âncora e passaram a noite planejando.

> *Como o bravo filho de Esão, que por encantos*
> *conquistou o velo de ouro na terra de Cólquida,*
> *da terra engendrou homens de armas*
> *de dentes de dragão, nascidos da areia sagrada.*
> — Spenser[23]

---

23 Edmund Spenser, *The Ruines of Rome*, soneto 10, vv. 1-4.

Quando amanheceu, Jasão, com alguns camaradas escolhidos, partiu para o palácio de Eetes, construído para ele pelo divino ferreiro Hefesto. Com o rei viviam sua rainha, suas filhas Calcíope, a viúva de Frixo, e Medeia, a feiticeira, sacerdotisa da deusa negra Hécate; e seu filho Absirto. Jasão corajosamente apresentou-se diante de Eetes e declarou sua missão. Claro que Eetes valorizava o Velocino de Ouro como o tesouro de seu reino, e não tinha intenção de cedê-lo facilmente a qualquer estranho; mas ele disfarçou a raiva em seu coração e propôs a Jasão uma prova de força.

"Se és de fato um descendente dos deuses e um homem tão digno quanto eu mesmo, então eu te darei o Velocino, para que o leves contigo. Mas primeiro deves provar teu mérito realizando um feito prodigioso, embora eu mesmo também o possa realizar. Hefesto fez para mim dois touros de bronze, que cospem fogo de suas mandíbulas. Eu os ponho a arar no campo de Ares e com eles lavro um dia inteiro, lançando nos sulcos os dentes da serpente que Cadmo matou. Imediatamente surge uma estranha safra de homens armados, e quando eles se levantam eu os corto, derrubando-os na terra arada, até que não reste nenhum. Qualquer homem que não seja, como eu, capaz de realizar esta tarefa não poderá levar o Velocino".

Quando Jasão ouviu esse desafio, sua coragem quase falhou; mas como ele já havia trazido seus companheiros para terras estrangeiras, ele não tinha escolha a não ser aceitar. Seu rosto estava preocupado quando ele se virou para voltar ao navio. Mas as deusas que o favoreciam, Hera e Atena, derramaram graça e beleza sobre ele enquanto caminhava, de modo que ele brilhava no meio das pessoas. E o coração da filha de Eetes, Medeia, se comoveu por ele, de modo que ela tirou o véu de seu rosto e o seguiu com os olhos. Durante toda a noite ela ficou acordada, amorosamente preocupada com Jasão e temendo por sua segurança, e depois novamente com vergonha por sua deslealdade para com o pai, que tinha nesse estranho um inimigo.

De manhã, a decisão de Medeia estava tomada. Ela enviou um mensageiro para pedir a Jasão que a encontrasse no santuário de Hécate, e então, chamando suas criadas, partiu para o local designado. Quando encontrou o herói, ela ficou tão dominada por seus sentimentos conflitantes que mal conseguia falar, e Jasão teve de se esforçar para entender suas palavras.

"Quando a noite chegar, afasta-te de teus companheiros e oferece um sacrifício[24] à poderosa deusa Hécate, patrona da magia e da feitiçaria: depois,

---

24 Para os olímpicos, uma vítima branca, geralmente um boi, era morta em um altar com a garganta para cima. As partes não comestíveis eram queimadas para os deuses, enquanto os adoradores comiam a carne (ver pp. 298-299 para uma explicação desse costume). Para os poderes da Terra ou do submundo, a vítima, geralmente um carneiro ou porco preto, era morto com a garganta

sai dali, e não olhes para trás por nada que ouvires, seja cães latindo ou pés caminhando, se quiseres voltar para teus companheiros. Ao amanhecer, mergulha na água este talismã que te dou agora, e unge teu corpo todo com ele, e também tuas armas. Então, por um único dia serás invulnerável, de maneira que nem o hálito de fogo dos touros nem os golpes dos homens nascidos da terra poderão machucar-te. Quando a colheita do dragão brotar, atira uma grande pedra no meio dos homens armados, assim eles se voltarão uns contra os outros, encurtando o teu trabalho. Então o rei te dará o Velocino, e tu navegarás para tua querida terra natal; mas o que será de mim, pobre donzela, que traí meu pai para salvar a vida de um estranho?". Comovido por sua dor, Jasão jurou à princesa que, se com a ajuda dela vencesse, ela iria com ele de volta a Iolcos, onde ele se casaria com ela. Então Medeia, confortada, voltou com suas criadas para o palácio de seu pai.

Quando Jasão voltou para seus companheiros no Argo e lhes contou tudo o que havia acontecido, os heróis se alegraram por ele ter encontrado ajuda contra os planos perversos de Eetes: todos, exceto um, que o repreendeu amargamente: "Filho de Esão, a isso fomos reduzidos, nós, que somos homens hábeis nos feitos da guerra? Confiaremos nas artes de Afrodite, na magia e em artimanhas de jovens? Vergonha, eu digo, vergonha e tolice sem sentido". Mas todos os outros aprovaram o acordo de Jasão com a feiticeira de cabelos loiros.

Ao cair da noite, Jasão foi para um lugar solitário, um prado a céu aberto, onde cavou uma cova, matou uma ovelha e, sob ela, acendeu uma fogueira, deixando o sangue embeber o chão e derramando libações de mel, sempre invocando a obscura Hécate, deusa dos encantamentos. E das profundezas da Terra a temível deusa o ouviu e veio recolher o sacrifício oferecido pelo filho de Esão. Com sua aproximação, serpentes se entrelaçavam nos galhos dos carvalhos próximos, tochas brilhavam na escuridão, e ao redor dela uivavam os cães do Inferno. Jasão viu e ouviu essas coisas, e sentiu o chão tremer sob ele; mas ele se lembrou das palavras de Medeia, e rapidamente correu para o navio sem olhar para trás.

Quando amanheceu, Eetes vestiu sua armadura, colocando na cabeça um capacete de ouro que brilhava como o Sol nascente; então, montando sua carruagem veloz, ele saiu da cidade para o campo de Ares, assistido por uma grande multidão da Cólquida. Enquanto isso, Jasão havia se banhado na água em que havia mergulhado o talismã de Medeia e também banhado suas armas; e nele introduziu-se uma força divina, e grande coragem, de modo que ele

para baixo, sangrando ou caindo em um poço. O adorador não comia nada da carne, sendo o corpo do animal geralmente destruído em um "holocausto", isto é, queima completa. Esse tipo de sacrifício, realizado também em funerais para homenagear os mortos, era realizado à noite.

ansiava pela competição. Os heróis o rodeavam, gritando de alegria e esperança. Quando todos estavam reunidos, os touros saíram correndo de seu estábulo subterrâneo, envoltos em fumaça negra e exalando chamas de fogo, de modo que todos os que os viram tiveram medo. Mas Jasão permaneceu firme diante da disparada, defendendo-se com seu escudo de seus chifres afiados, protegido do bafejo fulminante pelo talismã de Medeia. Então, agarrando o chifre de um dos touros, ele o colocou de joelhos, e o outro em seguida, e prendeu em seus pescoços a canga de adamante feita para o Rei Eetes por Hefesto, o ferreiro divino. Tomando consigo um capacete de bronze cheio de dentes de dragão, ele começou a lavrar o campo de Ares, movendo-se com firmeza ao longo das leiras escuras, sem nenhum medo da furiosa agitação dos touros.

À noite, Jasão soltou os touros da canga e tocou-os para fora do campo. A estranha colheita já começava a surgir sobre a terra: primeiro apareceu o brilho dos capacetes acima da superfície, depois corpos inteiros de homens totalmente armados surgindo à vista; e cada um, ao se levantar, voltava-se para Jasão como um inimigo predestinado. Mas Jasão logo lançou no meio deles uma grande pedra, e eles imediatamente começaram a lutar entre si, destruindo uns aos outros em uma matança impiedosa, enquanto Jasão entrava e saía do combate desferindo golpes terríveis. As leiras do campo estavam cheias de sangue quando o último dos nascidos da terra morreu. E a amargura encheu o coração do Rei Eetes, que se afastou da competição e voltou para a cidade, planejando a destruição de Jasão e seus companheiros.

Quando Medeia ouviu tudo o que havia acontecido, teve certeza de que seu pai não pretendia honrar sua promessa. Dando sua última olhada na casa de sua infância, ela cruzou os portões no escuro da noite, cobrindo o rosto e passando pelos vigias. Enquanto fugia, a Lua Nascente a avistou e murmurou triunfante: "Então não sou a única donzela traída pelo amor, eu que desço correndo do céu para a caverna do Monte Latmo, onde dorme o pastor Endimião! Tantas vezes me afastaste e me escureceste com teus feitiços, e agora também sofres; decerto algum deus deu-te Jasão para que seja a razão da tua dor". Mas Medeia fugiu até chegar à praia onde o Argo estava fundeado e chamou pelos marinheiros para que a levassem a bordo.

"Eetes sabe de tudo e está tramando alguma traição: salvem-se antes que raie o dia e ele suba em sua carruagem para persegui-los. E eu mesma adormecerei o dragão feroz e lhes darei o Velocino de Ouro; mas, estrangeiro, filho de Esão, jura diante dos deuses o juramento que sem testemunhas me fizeste, e agora que abandonei minha terra e meus amigos, não me abandones à vergonha e à desonra". Jasão jurou mais uma vez, tomando a Zeus e Hera por testemunhas, que quando voltassem para Iolcos ele a desposaria.

> *Diante de um filho da casa de York,*
> *eu o cortaria em mil pedacinhos,*
> *como a louca Medeia fez com Absirto.*
> — Shakespeare[25]

Eles, então, remaram o navio rio acima até o bosque de Ares, e Jasão e Medeia chegaram ao carvalho onde o Velocino de Ouro estava pendurado, ofuscante, refletindo os raios do Sol que nascia. Mas na frente dele agitava-se o dragão que não dormia, movendo a cabeça e silvando, fazendo ecoar a margem do rio, levando as mães que na cidade ainda dormiam a segurar mais perto seus filhinhos. Medeia aproximou-se dele, chamando Hécate e Hipnos, o deus do sono, para ajudá-la, e cantando canções de ninar. Assim, a cabeça cruel da besta caiu ao chão, tomada por um sono inofensivo, e a infindável massa de seu corpo deitou-se espalhada pelo bosque. Então Jasão agarrou o Velocino de Ouro decididamente, e ele e Medeia retornaram ao Argo, de onde os heróis observaram a aproximação do tesouro, brilhando por entre as árvores. Jasão colocou Medeia na popa, e os argonautas gritaram e puxaram os remos para levar o navio até a foz do rio. A essa altura, a ajuda de Medeia aos heróis era coisa sabida pelo Rei Eetes e por todo o povo de Cólquida, que se armaram e se juntaram, incontáveis como as folhas que caem no outono, clamando ao longo da margem do rio enquanto, à frente deles, brilhava o rei em sua bela carruagem. Mas o Argo, impulsionado pelo veloz Fásis e pela força de seus remadores, já havia chegado ao mar aberto. E o rei, com raiva e tristeza, ergueu as mãos para seu pai Hélio e para Zeus, o governante dos deuses, para dar testemunho dos erros cometidos contra ele; e contra seu próprio povo ele proferiu ameaças de vingança, a menos que perseguissem os estranhos e trouxessem de volta a feiticeira Medeia.

Assim ele falou; e toda a nação dos cólquidas partiu para o mar em perseguição. Mas a astuta Medeia trouxera consigo o jovem príncipe, seu irmão Absirto. E com mão traiçoeira ela o golpeou no convés, de modo que o sangue dele manchou seu manto prateado; e ela cortou seu corpo em pedaços e os jogou ao mar para atrasar os perseguidores, que paravam e os reuniam a bordo dos navios cólquidas para o enterro. Por este recurso cruel eles foram capazes de fugir da frota de Eetes; e animados pelas canções de Orfeu, navegaram, carregados por um vento favorável, ao longo do Mar Euxino.

---

25 William Shakespeare, *Henrique VI*, 5.2.57–59.

> *Ele cantava alegre, sem saber que eles*
> *haviam de vagar ainda por muitos dias maus*
> *antes que os deuses temíveis os deixassem retornar*
> *às suas casas de paredes brancas, há muito não vistas.*
> — William Morris[26]

A morte de Absirto trouxe sobre os heróis a ira temível de Zeus, rei dos deuses, que despertou ventos de tempestade para bloquear seu caminho no mar. E todos teriam perecido no mar largo, nunca mais voltando à sua querida terra natal, se uma voz não os chamasse, enquanto se balançavam de um lado para o outro. A voz vinha da trave do bosque sagrado de Dodona, que Atena havia colocado na proa do navio. E o medo se apoderou deles ao ouvirem falar da ira de Zeus, que decretara que não deveriam escapar vivos dos intermináveis caminhos do mar e das tempestades mortais, a menos que a feiticeira Circe os purificasse da culpa de sangue do assassinato de Absirto. Assim falou o navio na noite escura.

Eles deixaram o Mar Euxino e passaram pelos grandes rios continentais do Norte até a costa italiana e a famosa Ilha de Eeia, a casa de Circe de cabelos claros, filha do Sol. E eles a encontraram banhando a cabeça na água salgada do mar, muito perturbada pelas visões da noite. Pois ela sonhara que as paredes e os aposentos de seu palácio estavam manchados de sangue; e agora ela estava lavando seus cabelos e suas roupas para purificar-se. Feras estranhas a cercavam, como rebanhos seguem seu pastor, feras de formas mistas e incertas. Enquanto os heróis olhavam maravilhados, Jasão e Medeia seguiram Circe até seu palácio. Lá eles recusaram os assentos que ela lhes ofereceu, sentados como suplicantes sobre a cinza,[27] com rostos abatidos. Jasão deitou no chão a grande espada com a qual Absirto foi cortado. Então Circe compreendeu seu sonho, e que eles tinham vindo a ela para a purificação da culpa de sangue. Ela ofereceu um sacrifício e queimou bolos para expiação, rezando para que as Fúrias vingadoras cedessem e Zeus se compadecesse deles.

Concluídos os ritos, Circe os tirou da cinza e os fez sentar, e começou a questioná-los sobre sua terra e sua jornada. Quando Medeia ergueu os olhos, Circe a reconheceu como sua parente, pois os da raça de Hélio são reconhecidos pela faísca dourada que brilha em seus olhos. Assim, a filha do triste Eetes respondeu todas as perguntas dela, falando suavemente na língua cólquida, sobre a busca e as peregrinações dos heróis, e as provações impostas a Jasão,

---

26 William Morris, *The Life and Death of Jason*, l. 9, vv. 327–330.

27 Um exilado ou estrangeiro pedindo abrigo ou asilo em um templo sentava-se ao lado do altar. Em uma casa particular, ele sentava-se ao lado da lareira, o centro da vida e adoração familiar. Os suplicantes, como outros forasteiros, estavam sob a proteção especial de Zeus.

e seu próprio pecado e dor por ajudá-lo; mas do assassinato de Absirto ela não falou. No entanto, a feiticeira sabia de tudo e disse a ela: "Maus são os caminhos que planejaste, e vergonhoso será o teu retorno ao lar. Mas como vieste a mim como uma suplicante e parente, não te farei nenhum mal: siga teu caminho com este homem desconhecido que escolheste, o inimigo de tua família". E Medeia cobriu o rosto e chorou, trêmula, enquanto Jasão a conduzia para fora dos salões de Circe.

> [...] *as três sirenes*
> *em meio às náiades de saias floridas*
> *que cultivavam ervas potentes e drogas nefastas,*
> *cantando aprisionavam almas*
> *e as prendiam no Elísio. Cila chorou*
> *e repreendeu suas ondas barulhentas,*
> *e Caríbdis, caindo, murmurou em aplauso.*
> — Milton[28]

Quando Hera viu que eles estavam retomando sua jornada, mandou Íris, a deusa do arco-íris, ir chamar Tétis, a ninfa do mar de pés de prata que Zeus havia dado em casamento ao herói Peleu. Tétis veio até ela das câmaras do mar, e Hera disse: "Os argonautas, que estão sob minha proteção, estão prestes a passar pelos perigos gêmeos, Cila e Caríbdis. Agora, em nome de nossa velha amizade e dos muitos favores que fizemos uma à outra, peço que ajudes os heróis, entre os quais está teu marido Peleu, para que Caríbdis, de um lado, não os atraia para seu redemoinho, nem Cila mortal, pelo outro, os arrebate em suas mandíbulas horríveis".[29] E Tétis, consentindo, partiu pelos caminhos do mar em busca de suas irmãs.

Mas antes que o Argo chegasse a Cila e Caríbdis, teve de passar pela ilha florida das sirenes de linda voz, em parte com forma de pássaros e em parte como donzelas, que seduziam os marinheiros que passavam com suas doces canções e os atraíam até a praia para destruí-los.[30] Ali Orfeu pegou sua lira, cantando e tocando de modo a abafar completamente os cantos das sirenes. Apenas um dos heróis ainda ouvia; sua alma derreteu por suas vozes sonoras, e ele deixou o banco, de onde remava, para saltar na água. Nadando pelas águas escuras, ele alcançou a praia; e esse seria seu fim se Afrodite, amante

---

28 John Milton, *Comus*, vv. 253-259.
29 Caríbdis era um redemoinho e Cila uma rocha perigosa, a casa de uma bruxa com cabeça de cão devoradora de homens.
30 Duas ou três, como as harpias, as sirenes tinham cabeças de donzelas e corpos de pássaros. Em épocas posteriores, elas eram descritas com rabo de peixe, como as nossas sereias.

do riso, não se apiedasse de sua juventude e coração mole e o levasse para morar com ela em um de seus lugares sagrados. Lamentando a perda de seu companheiro, os heróis seguiram seu caminho.

E agora de um lado erguia-se a rocha íngreme de Cila, e do outro fervia e crepitava Caríbdis; mas Tétis e suas ninfas pegaram o navio e o arremessaram uma para a outra ao longo das ondas, como meninas brincando com uma bola, e assim os argonautas passaram em segurança. As ninfas, como aves marinhas, mergulharam de volta para suas casas subaquáticas, enquanto Cila rangia suas feias mandíbulas para elas.

Em seguida, chegaram a Esquéria, a ilha do bom rei Alcínoo, governante dos feácios. Lá eles encontraram uma grande multidão de cólquios, ainda procurando por Medeia e com medo de voltar para casa sem ela; eles exigiam que Jasão desistisse dela ou se preparasse para a batalha. Mas Alcínoo tentou acalmá-los, esperando que a questão pudesse ser resolvida sem derramamento de sangue. Medeia sentou-se aos pés da Rainha Arete e implorou-lhe que não a deixasse ser abandonada; ela implorou também aos heróis, com medo de que, por seu cansaço e saudade de casa, eles esquecessem suas promessas, manchada pelo crime como ela estava. E cada homem entre os argonautas jurou protegê-la contra um julgamento injusto.

À noite, quando Alcínoo estava deitado em seu divã, pensando no assunto, sua esposa Arete implorou-lhe por Medeia: "Pois a donzela, em seu grande sofrimento, partiu meu coração com suas súplicas". O coração de Alcínoo se abrandou com as palavras de sua esposa, e ele lhe disse: "Arete, sabes que eu poderia expulsar a hoste dos cólquios da ilha e defender a donzela pela força; mas temo cometer uma injustiça aos olhos do todo-poderoso Zeus. Ouve, então, o que decidi. Se Medeia ainda é solteira, então ela está sob a autoridade de seu pai, o Rei Eetes, e deve retornar para ele; mas se Jasão já se casou com ela, na viagem, então ela irá com ele, pois não separarei a mulher do marido". Assim ele falou, e depois adormeceu. Então Arete se levantou e enviou um mensageiro a Jasão, contando-lhe o julgamento de Alcínoo e aconselhando-o a se casar imediatamente com Medeia. O mensageiro correu para os heróis e, regozijando-se, eles ofereceram sacrifícios e enfeitaram o leito conjugal com o Velocino de Ouro, enquanto Orfeu cantava a canção nupcial. E assim o casamento de Jasão e Medeia foi realizado, tanto por medo quanto por amor, e não em casa, nos salões do pai de Jasão, mas às pressas e em uma terra estrangeira. Pela manhã, Alcínoo proferiu seu julgamento, e os feácios vieram em multidão ao navio trazendo presentes para a noiva recém-casada. Quanto aos cólquios, eles desistiram de perseguir Medeia e se estabeleceram na ilha, nunca mais voltando para enfrentar a ira de Eetes.

Grandes trabalhos ainda estavam reservados para os heróis. Deixando Esquéria, eles foram apanhados pelos ventos e levados para o Golfo de Sirte, na costa da Líbia, onde ficaram presos entre os baixios. Por doze dias e doze noites eles carregaram o navio por terra em seus ombros e, finalmente, com a ajuda dos deuses, eles alcançaram o mar aberto novamente. Agora, entre eles e o continente de Hélade estava a Ilha de Creta, guardada por Talo, o homem de bronze.

Existem duas histórias sobre a origem de Talo. Segundo uma delas, ele era uma das muitas maravilhas criadas pelo mestre-ferreiro Hefesto, como os touros de bronze de Eetes e o jugo de adamante. A outra diz que Talo era um sobrevivente da raça dos homens brônzeos.

Qualquer que seja sua origem, ele foi dado por Zeus a Europa para ser o guardião de sua Ilha de Creta, e três vezes por dia ele a percorria com seus pés de bronze, vigiando. Quando viu o Argo, ele arrancou grandes punhados de pedras do penhasco para atirar no navio. Mas Medeia tinha um plano para vencê-lo. Ela conhecia o segredo de sua vida: embora o seu corpo inteiro fosse de bronze e invulnerável, todo o seu sangue percorria uma única veia que estava tapada por um alfinete no tornozelo. Chamando-o docemente, ela lhe disse que foi enviada pelos deuses para recompensar seu longo serviço, retirando o alfinete e substituindo seu sangue por um fluído mágico que o tornaria eterno e imortal para sempre. O gigante simplório deixou que ela se aproximasse e o fizesse dormir; mas tendo tirado o alfinete e deixado todo o sangue dele escorrer na areia, ela o deixou e ele morreu. E assim os argonautas puderam levar água fresca a bordo e continuar seu caminho.

> Oh, pela alquimia maravilhosa de Medeia,
> que onde quer que ela caísse, fazia a terra faiscar
> com flores brilhantes, e exalar dos ramos, no inverno,
> a fragrância fresca de flores primaveris!
> — Shelley[31]

Finalmente Jasão e seus companheiros chegaram de volta a Iolcos, onde foram recebidos pelo antigo pai de Jasão, Esão. Com pena da idade e da fraqueza de seu pai, Jasão perguntou a Medeia se ela conhecia alguma bruxaria poderosa o suficiente para restaurar sua juventude perdida, e Medeia concordou em tentar. Naquela noite, depois de oferecer orações e sacrifícios à sua deusa Hécate, ela preparou ervas mágicas em um caldeirão, drenou

---

31 Percy Bysshe Shelley, *Alastor*, vv. 672–675.

o sangue do velho e encheu suas veias com sua poção. Imediatamente seu cabelo recuperou sua cor e sua carne se encheu, e ele apareceu rejuvenescido diante de Jasão.

Tendo obtido esse sucesso, Medeia foi ao palácio de Pélias, alegando que havia brigado com o marido, e foi gentilmente recebida pelas filhas de Pélias. Uma vez que obteve a atenção delas, disse-lhes o que tinha sido capaz de fazer pelo pai de Jasão, e se ofereceu para demonstrar seus poderes. Ela pegou um carneiro velho, cortou sua garganta e jogou seu corpo em um caldeirão junto com as ervas mágicas, e em um instante um jovem cordeiro saltou e saiu correndo e balindo.

As filhas de Pélias ficaram convencidas e imploraram a Medeia que fizesse o mesmo por seu velho pai. Medeia consentiu, mostrando alguma relutância, e quando o velho estava dormindo, ela as instruiu a cortar seu corpo e drenar o sangue. Ela então jogou os pedaços no caldeirão, mas não pronunciou os feitiços apropriados sobre eles, correndo para a torre do palácio para sinalizar a Jasão que ele agora poderia entrar na cidade e tomar o trono.

Com o assassinato de Pélias agora somado à lista de seus crimes, Jasão e Medeia não conseguiram governar Iolcos por muito tempo antes que o filho de Pélias reunisse tropas e os expulsasse. Exilados, eles vagaram para Corinto, cujo rei os acolheu. Agora, Jasão, cansado de uma esposa tão manchada de culpa, repudiou Medeia e fez preparativos para se casar com a jovem filha de seu anfitrião. Medeia enviou à donzela, como presente de casamento, um manto envenenado: quando ela o vestiu, queimou-a até os ossos, e seu pai, tentando ajudá-la, foi consumido também. Para completar sua vingança, Medeia esfaqueou até a morte os filhos que tivera com Jasão e fugiu em uma carruagem conduzida por um dragão, que a sua obscura protetora Hécate enviara.

Jasão há muito jurara, pelos nomes dos deuses, fidelidade a Medeia e, desde o dia em que a quebrou, nunca mais teve sorte. Ele passou sua vida posterior vagando, sem casa ou amigos, até que na velhice se viu mais uma vez em Corinto, sentado na praia à sombra do Argo. Enquanto ele, sentado, relembrava o passado, um pedaço da popa caiu, matando-o em sua queda. Depois, o velho navio desapareceu do porto: Poseidon, o deus do mar, o levou e o colocou entre as estrelas.

Belerofonte e Pégaso

> *Por ti levado,*
> *ao Céu dos céus eu presumi,*
> *um visitante terrestre, e respirei o ar do empíreo,*
> *por ti cuidado; com igual segurança fui guiado*
> *de volta ao meu elemento natural:*
> *Não acontecesse que, deste indomado corcel (como*
> *Belerofonte, exceto que de um clima mais frio)*
> *fosse desmontado, caindo no campo da Eleia,*
> *para aí, errante, vagar sem destino.*
> — Milton[32]

O príncipe coríntio Belerofonte, neto do ímpio Sísifo, teve o infortúnio de matar acidentalmente seu irmão. Fugindo para as terras de Preto, o Rei de Tirinto, para ser purificado, Belerofonte foi gentilmente recebido lá. Mas a esposa de Preto se apaixonou por ele, e quando ele não quis atendê-la, ela falou com Preto, acusando-o de tê-la desrespeitado. Como Belerofonte era seu convidado, Preto estava relutante em cometer qualquer ato violento contra ele; então ele o enviou a Ióbates, o rei da distante Lícia, no Leste, com uma carta de apresentação selada. Ióbates fez um banquete majestoso com Belerofonte por nove dias, e no décimo ele pediu para ver a carta; ela dizia que Preto queria que o jovem fosse morto.

Homem e cavalo alado[33]

Temendo tanto quanto Preto despertar a ira de Zeus traindo um convidado, Ióbates pensou em uma maneira de alcançar o mesmo fim. Ele pediu

---

32 John Milton, *Paraíso perdido*, l. 7, vv. 12–20.
33 A figura é, na verdade, Hades.

a Belerofonte que matasse para ele um monstro que estava perturbando aquela terra: a Quimera, que tinha o corpo de uma cabra, cuja cauda era uma serpente, e que exalava chamas da sua cabeça de leão. Belerofonte não pôde recusar. Consultando um vidente, ele foi aconselhado a capturar o cavalo alado Pégaso, que nunca fora domado ou montado. Na verdade, o único trabalho que Pégaso fizera até então havia sido bater com o casco numa rocha na montanha das Musas, o Helicão, de cuja marca brotou uma fonte clara, posteriormente chamada Hipocrene, o Poço do Cavalo.

Quimera

Com uma rédea mágica, presente de Atena, Belerofonte conseguiu capturar e domar o maravilhoso cavalo. Isso facilitou sua tarefa: montado em Pégaso, ele atirou na Quimera sem chegar perto de seu hálito de fogo. Quando voltou,Ióbates o enviou em outras missões difíceis, contra uma tribo guerreira chamada de Solímios e depois contra as Amazonas. Tudo ele desempenhou com sucesso, ajudado por Pégaso. Por fim, Ióbates, convencido da injustiça da acusação pela sorte de Belerofonte, desistiu de matá-lo e casou-o com uma de suas filhas.

Belerofonte poderia ter permanecido feliz na Lícia e herdado o trono de Ióbates, não fosse por sua ambição excessiva. Confiante nos poderes de Pégaso, ele tentou montá-lo até os salões dos deuses no Monte Olimpo; mas Zeus enviou um moscardo que picou Pégaso, fazendo-o empinar-se e derrubar seu cavaleiro de volta à Terra. Pégaso terminou a viagem e foi recebido e colocado no estábulo entre os cavalos imortais de Zeus. Belerofonte, odiado pelos deuses, vagou sozinho na planície Eleia, corroendo seu próprio coração e evitando os caminhos dos homens até morrer.

Teseu

> *Como os antigos contam, houve um dia*
> *um nobre, que Teseu por nome tinha.*
> *De Atenas era ele rei e senhor,*
> *e enquanto ele viveu, conquistador*
> *maior nenhum se viu já sob o Sol.*
> — Chaucer[34]

Quando Medeia fugiu de Corinto para escapar da ira de Jasão, sua carruagem de dragão a levou para Atenas, governada na época pelo Rei Egeu, que não apenas lhe ofereceu sua hospitalidade, mas também tomou-a como esposa.

Pouco depois, um estranho apresentou-se na corte. Medeia, suspeitando que ele fosse um pretendente ao trono, preparou uma taça venenosa de acônito[35] e persuadiu Egeu a entregá-la a ele. Quando o estranho estava prestes a beber, Egeu reconheceu a espada à sua cinta, e arrancou o copo de sua mão. Era uma espada que ele mesmo havia deixado muitos anos atrás, junto com um par de sandálias, sob uma grande rocha em Trózena, na Argólia, do outro lado do Golfo Sarônico, dizendo à Princesa Etra: "Quando nosso filho se tornar um homem capaz de levantar esta rocha, mande-o para mim em Atenas com estes sinais e eu o reconhecerei como meu filho".

Este estranho era, de fato, o filho de Egeu, Teseu. Deixando sua mãe Etra, ele partira para Atenas por terra, pelo caminho mais longo, esperando encontrar aventuras ao longo da estrada. A rota terrestre para Atenas estava infestada de ladrões e assassinos que atacavam todos os que viajavam por ali, e Teseu pretendia livrar o caminho da presença deles.

O primeiro que conheceu foi Corinete, o porreteiro, que costumava arrebentar os miolos dos viajantes com uma enorme e perversa clava: Teseu tomou-a dele e o deu igual tratamento. O próximo foi Sínis, apelidado de Pitiocantes, o dobrador de pinheiros, que amarrava todos os que apanhava a dois pinheiros dobrados no chão e depois os soltava para que a vítima fosse dilacerada: também a ele foi feito o que a outros fez. Em seguida veio Círon, que obrigava os viajantes que passavam a lavar seus pés e, quando se curvavam, os chutava da beira do penhasco para o mar, onde vivia uma tartaruga comedora de homens que os matava. Teseu o apresentou à sua velha alimentanda, a tartaruga. O último bandido que Teseu encontrou foi um tal Procusto, que convidava todos os viajantes a passar

---

34 Geoffrey Chaucer, *Os contos de Canterbury: O conto do cavaleiro*, vv. 861–865.
35 Um veneno extraído da planta acônito.

a noite em sua casa. Ele tinha uma cama notável, que seus convidados sempre achavam muito longa ou muito curta. Procusto os forçava a deitar-se e depois os esticava ou cortava partes deles até que ficassem perfeitamente adaptados à cama, sendo o tratamento sempre fatal. Até que, por fim, o torturador da cama assassina foi obrigado a deitar-se sobre ela, e esse foi o seu fim.

Quando Teseu foi recebido no palácio de Egeu, ele soube dos problemas do reino. O primeiro era que o irmão de Egeu e seus cinquenta filhos, que sempre contestaram o direito de Egeu de reinar em Atenas, estavam planejando derrubá-lo. Teseu liderou as forças de seu pai contra eles em batalha e os obrigou a pedir a paz. O segundo mal tivera origem em um evento ocorrido alguns anos antes, quando Minos, filho de Europa e rei do antigo reino de Creta, enviou seu filho Andrógeo aos Jogos Panatenaicos. Andrógeo ganhou todos os troféus que estavam em disputa, e Egeu, temendo a amizade deste poderoso príncipe com seus sobrinhos conspiradores, mandou emboscá-lo e matá-lo. Minos exigiu que os atenienses enviassem a Creta anualmente, em reparação, sete jovens e sete donzelas para serem entregues ao Minotauro.[36]

Este Minotauro era um monstro, com corpo de homem e cabeça de touro, nascido da Rainha de Minos, como castigo por uma ofensa por ele cometida contra os deuses. Querendo esconder a vergonha de ter um filho assim, Minos ordenou ao astuto artesão Dédalo[37] que projetasse um edifício misterioso, cheio de passagens sinuosas e conhecido como labirinto,[38] no meio do qual o Minotauro estabeleceu seu covil. O labirinto foi construído de tal forma que a única entrada, uma vez passada, era impossível de ser encontrada novamente, de modo que, mesmo que uma das jovens vítimas conseguisse escapar do monstro, certamente morreria de fome e exaustão antes que pudesse encontrar o caminho de volta à luz.

> *Suas asas de cera subiram acima de seu alcance,*
> *E os céus derretidos conspiraram sua queda.*
> — Christopher Marlowe[39]

---

36 Literalmente, "touro de Minos". Esta é provavelmente uma história contada para explicar algumas características do ritual religioso cretense, no qual, a julgar pelos selos, pinturas em vasos e murais escavados, tanto os touros quanto os labirintos tinham um lugar central.

37 O suposto inventor da carpintaria e de várias ferramentas, incluindo a serra, o machado, o fio de prumo, a broca e a cola, e também de autômatos ou robôs em tamanho natural. Seu nome significa "hábil", e dele vem o inglês *daedal*, que significa "múltiplo" ou "misterioso".

38 A palavra "labirinto" é de origem grega. O labirinto original da história pode ter sido o imenso e complicado palácio de Cnossos em Creta, já em ruínas quando a civilização grega começou, e escavado no início do século XX por Sir Arthur Evans. A antiga cultura cretense da Idade do Bronze, que entrou em colapso por causas desconhecidas por volta de 1400 a.C., é chamada "minoica", em homenagem ao seu lendário rei.

39 Christopher Marlowe, *Doctor Faustus*, prólogo, vv. 21-22.

Dédalo, o mestre-artesão que construiu o labirinto, aprendera suas habilidades com Atena, a padroeira do trabalho manual de todos os tipos. Nascido em Atenas, ele havia sido banido de sua cidade natal por assassinar um de seus aprendizes, um jovem artesão cuja habilidade ameaçava rivalizar com a sua. Dédalo buscou refúgio na corte de Minos, que o acolheu por suas maravilhosas habilidades. Depois de ter feito para Minos não apenas o labirinto, mas muitas outras maravilhas, Dédalo quis deixar Creta; mas Minos se recusou a deixá-lo ir, dizem alguns que trancando-o no labirinto por ele projetado. A engenhosidade de Dédalo mostrou-lhe uma saída. Ele construiu dois pares de grandes asas, um para si e outro para seu filho Ícaro. Ao prender as asas nos ombros do filho, avisou-o para não subir muito alto, para que o Sol não derretesse a cera que mantinha as asas unidas. Mas Ícaro, extasiado com a nova experiência de voar, desobedeceu e subiu em direção ao Sol. Suas asas então se partiram e ele mergulhou no mar e se afogou. Seu pai, com tristeza, carregou seu corpo para o enterro em uma ilha próxima, desde então chamada Icária.

Minotauro

Dédalo foi gentilmente recebido por Cócalo, Rei da Sicília. Enquanto isso, Minos, determinado a não perder o mais valioso de seus servos, viajava por todo o Mediterrâneo à sua procura. Ele levava consigo uma concha em espiral, e oferecia uma grande recompensa a quem conseguisse passar um fio de linho por ela, pois havia apenas um homem no mundo à altura de tal problema. Cócalo se encarregou de passar o fio pela concha e a entregou a Dédalo. Perfurando a concha no topo, Dédalo amarrou um fio de teia à perna de uma formiga, que ele induziu através das espirais espalhando mel ao redor do buraco perfurado. Então ele juntou o fio de linho à ponta da teia e o puxou. Cócalo devolveu a concha e reivindicou a recompensa. Minos respondeu que

Cócalo certamente estava abrigando seu servo fugitivo e deveria entregá-lo. Neste momento, as filhas de Cócalo, para quem Dédalo fizera brinquedos engenhosos, tramaram para ferver Minos até a morte em seu banho, a fim de que Dédalo pudesse ficar na Sicília pelo resto de sua vida. Minos e seu irmão Radamanto, como filhos de Zeus com Europa, foram homenageados no submundo ao serem feitos juízes dos mortos.

> *Tu não podes vagar naquele labirinto;*
> *lá espreitam minotauros e horríveis traições.*
> — Shakespeare[40]

Logo após a chegada de Teseu a Atenas, e antes de Minos partir novamente em busca de Dédalo, chegou novamente o tempo de pagar o tributo, e os catorze jovens e donzelas foram escolhidos por sorteio. Apesar das súplicas de seu pai, Teseu resolveu partir junto com os jovens. Quando o navio que transportava as vítimas estava seguindo para Creta, o Rei Minos, que viera para supervisionar, se gabou a Teseu de ser filho de Zeus. "Prove!" disse Teseu; então Minos levantou as mãos e rezou para Zeus, que respondeu fazendo trovejar, num dia em que o céu estava claro. Minos então, por sua vez, desafiou os poderes de Teseu, jogando no mar seu anel de sinete de ouro e ordenando que o jovem o recuperasse. Teseu mergulhou do bordo, foi escoltado até o fundo por um cardume de golfinhos e recebeu o anel das mãos de Anfitrite, a esposa de Poseidon, deus do mar; então ele nadou de volta e o devolveu ao Rei Minos.

Tendo chegado a Creta, Teseu conquistou o amor da filha de Minos, Ariadne, que se ofereceu para ajudá-lo a superar seu bestial irmão se Teseu se dispusesse a levá-la de volta a Atenas para se casar com ela. A ajuda que ela lhe deu foi um novelo de barbante e o conhecimento de como usá-lo. Ao entrar no labirinto, ele amarrou a ponta do fio no batente da porta, desenrolando-o enquanto caminhava, para que a qualquer momento ele pudesse encontrar o caminho de volta enrolando o carretel.[41] Mais e mais fundo ele entrou na complicada rede de caminhos, até que ossos espalhados e um cheiro de sujeira e podridão o avisaram de que ele estava perto da cova do Minotauro. De repente, da escura câmara central, o monstro surgiu, investindo contra ele. Teseu sacou uma espada curta, presente de Ariadne, e, afastando-se, golpeou-o ao passar. Ferido e berrando, o monstro se virou para ele.

---

40 William Shakespeare, *Henrique VI*, parte I, 5.3.188–189.
41 Em inglês, *clew* ("novelo"). De seu uso neste conto vem o significado geralmente ligado à sua outra grafia (*clue*), "pista".

Desta vez, Teseu conseguiu abatê-lo, cravando a espada em seu corpo e depois decepando-lhe a cabeça.

Com o Minotauro morto, Teseu ainda precisava escapar do labirinto. Reenrolando o fio, ele logo refez o caminho até a entrada onde Ariadne o esperava. Enquanto isso, ela subjugara os guardas com vinho soporífero e libertara os outros prisioneiros; e juntos todos eles fugiram para o navio e partiram para Atenas.

> *Pinte uma praia deserta cavernosa*
> *localizada nas Cíclades intranquilas,*
> *pinte as rochas arrojadas e anfractuosas*
> *em que batem os mares uivantes.*
> *Mostre-me o Éolo no alto,*
> *examinando os vendavais insurgentes*
> *que emaranham os cabelos de Ariadne*
> *e engrossam apressados as velas perjuras.*
> — T. S. Eliot[42]

A caminho da costa leste da Grécia, o grupo desembarcou por um ou dois dias na Ilha de Naxos; e quando Teseu partiu, deixou Ariadne dormindo na praia. Ninguém sabe o motivo de tal traição. Ela acordou bem a tempo de ver o navio partindo no horizonte e começou a gritar alto de tristeza e terror. Naquele momento, felizmente, o deus do vinho Dioniso apareceu, com seus companheiros risonhos e cantantes, e tomou a donzela abandonada como noiva, colocando em sua cabeça uma coroa maravilhosa. Seu presente conjugal para ela pode ser visto agora entre as estrelas: nós a chamamos de constelação Corona Borealis, a Coroa do Norte.

Quando o navio com as catorze vítimas partiu de Atenas, semanas antes, carregava uma vela preta em sinal de luto. Egeu dera a seu filho uma vela branca para içar, se voltasse, como um sinal de seu sucesso. Na pressa e excitação do regresso, Teseu esqueceu-se de içar a vela branca e entrou no porto de Atenas sob a vela negra. Seu velho pai esperava o navio no Cabo Súnio, o ponto mais meridional da Ática, e ao vê-lo entrar no Golfo Sarônico sob aquele signo de luto, perdeu toda a esperança e se jogou no mar, que até hoje se chama Egeu por sua causa.

---

42 T. S. Eliot, *Sweeney Erect*.

A carreira heroica de Teseu não terminou com ele se tornando Rei de Atenas no lugar de seu pai. Ele é honrado pelos atenienses como o primeiro homem a reunir todo o povo da Ática sob um governo forte, e por ter dissolvido o reino e estabelecido um conselho. Durante seu reinado em Atenas, o distrito de Ática foi invadido pelas Amazonas, uma tribo de mulheres guerreiras do Leste. Teseu as derrotou e se casou com sua Rainha Hipólita, que lhe deu um filho, Hipólito.

> *Como o filho amaldiçoado de Teseu*
> *que, na manhã orvalhada, escapando*
> *ao ultraje do assédio de amor da madrasta,*
> *por seus próprios corcéis foi despedaçado,*
> *deixando na floresta seus belos membros;*
> *por causa de quem Diana chorou,*
> *e todas as ninfas arbóreas lamentaram e prantearam.*
> — Spenser[43]

Depois de alguns anos Hipólita morreu e Teseu se casou com Fedra, outra filha de Minos. Enquanto isso, seu filho Hipólito crescia e se tornava um belo jovem, dedicado à caça e a Ártemis, a deusa virgem da caça. A deusa do amor, Afrodite, a quem Hipólito não honrava, por não trilhar seus caminhos, jurou vingança, que realizou fazendo sua madrasta Fedra se apaixonar por ele. Hipólito não queria nada com ela, e seu amor logo se transformou em ódio. Desesperada, ela se enforcou em seu cômodo real, deixando uma carta, em que declarava falsamente que sua morte se devia à vergonha de ser cortejada secretamente pelo filho de seu marido. Então, Teseu jurou vingança contra Hipólito, proferiu uma maldição sobre ele e o baniu. Enquanto Hipólito se afastava de Atenas, correndo em sua carruagem ao longo da costa, Poseidon enviou ao seu encontro um enorme monstro marinho, que aterrorizou tanto seus cavalos que eles fugiram, e ele foi derrubado de sua carruagem e morto. Sua amiga Ártemis, então, contou a verdade a Teseu, que teria dado tudo o que possuía para voltar contra si a maldição precipitada: mas em vão.

Os romanos têm uma tradição sobre o destino de Hipólito. Ártemis, profundamente entristecida com a morte de seu favorito, apelou para o curador divinamente talentoso Asclépio, filho de Apolo e treinado por Quíron. Ele se deixou persuadir, e devolveu a vida a Hipólito. Mas Hades e as três Parcas, alarmados com o que poderia acontecer se um curandeiro mortal pudesse

---

43 Edmund Spenser, *The Fairie Queene*, l. 5, canto 8, est. 43, vv. 1–7.

continuar subtraindo seus súditos, fizeram Zeus destruir Asclépio com um raio. Ártemis, no entanto, conseguiu o que queria. Envolvendo Hipólito em uma nuvem espessa, ela o transportou para seu bosque sagrado de Nemi,[44] em Arícia, na Itália, um lugar misterioso ao lado de um lago escuro e cercado de falésias, onde continuou vivendo sob o nome latino de Vírbio, casado com a ninfa Egéria.

Este bosque ariciano de Ártemis, ou Diana, como os romanos a chamavam, era governado por um costume curioso. Além do imortal Vírbio e sua divina consorte, o bosque era habitado por um mortal solitário, seu sacerdote, conhecido como "o rei da floresta". Este homem era sempre alguém que lá chegasse como escravo fugitivo, em busca de refúgio. No bosque, que era de carvalhos, havia uma árvore entre cuja folhagem escura brilhava um único ramo de ouro.[45] O fugitivo tinha de rompê-lo como um ato ritual de desafio: ele então lutaria pelo sacerdócio com o atual titular. A luta era sempre até a morte: o vencedor tinha o posto de sacerdote como seu direito até ser desafiado e morto por sua vez.

> *Facilis descensus Averno* [...]
> *Sed revocare gradum superasque evadere ad auras,*
> *Hoc opus, hic labor est.*
>
> A descida ao Averno é fácil;
> mas refazer seu caminho e escapar para o mundo superior,
> aí está a dificuldade.
> — Virgílio[46]

Além das Amazonas, outros invasores da Ática foram a tribo dos Lápites sob o Rei Pirítoo. Tentando tocar um rebanho de gado, estes foram perseguidos por Teseu, indignado. Quando ele alcançou Pirítoo, que se virou para encará-lo, cada um ficou tão impressionado com a força e a coragem do outro que imediatamente juraram ser amigos acontecesse o que fosse.

Após a morte de Fedra, estando Pirítoo também sem esposa, os dois amigos concordaram em fazer uma expedição juntos a Esparta e roubar a princesinha Helena, filha da rainha espartana Leda e de Zeus, que a havia visitado na

---

44 Nome derivado do latim *nemus* ("bosque").

45 Reaparece na história de Eneias (p. 392). Um dos livros mais influentes dos tempos modernos, *The Golden Bough*, de Sir James G. Frazer, explica que o ramo era de visco, com suas bagas amarelas crescendo no carvalho. Examinando todo o campo do folclore europeu, Frazer tenta explicar o estranho costume de Nemi.

46 Virgílio, *Eneida*, l. 6, vv. 126–129.

forma de um cisne. Embora ainda muito jovem, Helena já prometia se tornar a mulher mais bonita do mundo. O acordo era que, depois de capturá-la, fariam um sorteio por ela, e o vencedor ajudaria o perdedor a obter uma noiva entre outra das filhas de Zeus. Tendo Teseu conquistado Helena, ele e Pirítoo desceram ao Tártaro com a intenção de roubar Perséfone, a Rainha do Submundo. Hades deu as boas-vindas ao par, como seus convidados, e os convidou para se sentarem, mas o assento muito estranho que lhes ofereceu, chamado de "Cadeira do Esquecimento", os segurou presos. Lá eles ficaram sentados sem se mover por muito tempo, até que anos depois Héracles desceu ao mundo inferior para capturar Cérbero. Ele conseguiu soltar Teseu, puxando-o com força, mas a cadeira não soltou Pirítoo, o líder do ataque, que ainda está sentado nela.

Enquanto Teseu estava preso na casa de Hades, os irmãos de Helena, os gêmeos Castor e Polideuces, a resgataram e a levaram para casa em Esparta, e com ela levaram a mãe de Teseu, Etra, para ser escrava de Helena. No retorno de Teseu a Atenas, ele descobriu não apenas a ausência de sua mãe e de sua noiva, mas muitas coisas mudadas e o reino em desordem. Enfraquecido como estava por seus sofrimentos, ele decidiu ir embora, em vez de recuperar seu trono. Suas viagens o levaram à Ilha de Siro, cujo rei, amigo de um velho inimigo, assassinou Teseu empurrando-o de um penhasco.

Muitas gerações após a morte de Teseu, os atenienses travaram uma batalha crítica contra os persas no campo de Maratona; e o fantasma de Teseu surgiu do chão no meio da luta, brandindo a clava de bronze que o herói, em sua primeira aventura, tirou do bandido Corinetes. Anos depois, na Ilha de Siro foi encontrado um caixão de pedra contendo o esqueleto de um homem gigante junto com algumas armas de bronze. Os ossos, que foram considerados de Teseu e reverenciados, foram levados com alegria para Atenas. Lá eles foram alojados em um templo recém-construído, para honrar tanto suas façanhas quanto as sábias instituições que ele deu à Ática.

Labirinto

5
A casa real de Tebas[1]

Os filhos de Agenor

> *O manto da doce Europa soltou-se*
> *de seu ombro, inclinado para trás:*
> *De uma mão sua caiu o açafrão: outra agarrou*
> *O chifre de ouro do manso touro.*
> — Tennyson[2]

O Rei Agenor de Tiro[3] teve entre seus filhos uma filha chamada Europa e um filho chamado Cadmo.[4] Europa era uma donzela tão encantadora que conquistou o coração do próprio Zeus. Vendo-a, em certa ocasião em que observava a Terra, ele traçou um plano para obtê-la. Enquanto ela brincava com outras jovens à beira-mar, ele se transformou em um touro branco como leite, com chifres dourados, tão gentil e afável que a princesa veio até ele sem medo e o enfeitou com as flores que estava colhendo. Ela estendeu as mãos e deu um tapinha no pescoço dele, e até montou em suas costas: então ele imediatamente se levantou, disparou sobre as areias amarelas e mergulhou

---

1 Estas histórias são contadas por vários escritores gregos e por Ovídio nas *Metamorfoses*. Eurípides, no século v a.C., contou a história de Penteu em sua tragédia *As bacantes* — "mulheres seguidoras de Baco", ou Dioniso. Sófocles compôs uma série de quatro peças sobre os eventos posteriores em Tebas: *Édipo Rei, Édipo em Colono, Os sete contra Tebas* e *Antígona*.

2 Lord Alfred Tennyson, *The Palace of Art*, vv. 117–120.

3 Assim como Sídon e Biblos, Tiro era uma das grandes cidades costeiras da Fenícia, já uma poderosa nação comercial antes da ascensão da Grécia. Seu valioso produto de exportação era o corante roxo do múrex, um marisco, que se tornou um sinal de prestígio em todo o mundo mediterrâneo.

4 Cadmo teria levado o alfabeto para a Grécia. Seu pai, Agenor, bisneto de Io (pp. 320–321), veio do Egito para Tiro, e o irmão de Cadmo, Fênix, tornou-se o ancestral dos fenícios. Embora atualmente os historiadores não acreditem que Tebas, cidade que Cadmo teria fundado, era uma colônia fenícia, é certo que o alfabeto grego descende do fenício, e é possível que a própria escrita fenícia tenha vindo do Egito.

no mar, nadando para longe da vista das donzelas, que ficaram gritando na praia. A princesa, aterrorizada, largou suas flores e se agarrou a ele, gritando por socorro o tempo todo. Apressaram-se pelo mar, com o véu de Europa esvoaçando atrás dela. Por fim, Zeus a levou para os prados de Creta, onde acalmou seus temores e lhe prometeu que todo o continente seria chamado de Europa, por causa dela, e que seus filhos seriam reis.

Europa e o touro

Enquanto isso, a família de Europa estava muito angustiada. O Rei Agenor enviou seu filho Cadmo para encontrá-la, avisando-lhe que não deveria voltar para casa se falhasse. Em suas andanças, Cadmo atravessou o mar e chegou ao oráculo de Apolo em Delfos, onde pediu conselhos. Apolo lhe disse: "Viaja até encontrar uma novilha que nunca foi atrelada ao arado. Segue para onde ela o levar e observa o primeiro lugar onde ela se deitar: ali constrói uma cidade e chama o distrito de Beócia (Terra das Vacas)".

Cadmo e seus amigos continuaram até encontrarem a novilha, que os guiou por algum tempo antes de, por fim, se deitar para descansar. Cadmo agradeceu e mandou seus companheiros para a floresta buscar água para derramar com oferendas aos deuses. Nas profundezas da floresta eles encontraram uma fonte com uma caverna ao lado. Assim que começaram a tirar água, uma enorme serpente rastejou para fora da caverna e os atacou: envenenou alguns, esmagou outros, até que ninguém ficou vivo. Cansado de esperar, Cadmo foi em busca deles, apenas para ver a serpente rastejando entre os corpos dos mortos e bebendo o sangue de suas feridas. Furioso, ele atirou nela seu dardo e perfurou sua garganta. A serpente lutou e se debateu loucamente, mas finalmente cansou-se e caiu ao chão.

Enquanto Cadmo observava a besta agonizante, uma voz vinda da floresta anunciou que ele havia ofendido gravemente o deus da guerra Ares ao matar a serpente que estava sob sua proteção. Imediatamente apareceu a protetora de Cadmo, Atena, ordenando-lhe que arasse a terra e semeasse nos sulcos os dentes da serpente. Assim que ele fez isso, surgiu da terra uma safra de homens armados, que começaram a discutir e lutar desesperadamente entre si até que todos, exceto cinco, morressem; com a ajuda desses cinco homens, Cadmo fundou sua cidade de Tebas. Com o tempo, casou-se com Harmonia, filha de Ares, cuja raiva foi um pouco aplacada pela morte dos homens nascidos da terra.

Zeus e Sêmele

És mais brilhante que o flamejante Júpiter
quando apareceu para a infeliz Sêmele.
— Christopher Marlowe[5]

Seja ou não por causa do descontentamento de Ares, muitos infortúnios se abateram sobre a casa de Cadmo. Ele e Harmonia tiveram quatro filhas e um filho, cujas famílias sentiram a ira dos deuses.

Uma das filhas, Sêmele, foi amada e visitada por Zeus, que a deixou grávida de um filho divino. Antes que a criança nascesse, a ciumenta esposa de Zeus, Hera, disfarçada de velha, tentou a princesa, explorando sua curiosidade. "Se seu amante é realmente o pai dos deuses e dos homens, por que ele não aparece para você em toda a sua glória, como ele aparece para sua consorte divina?". Sêmele então começou a provocar seu amante, até que Zeus, cansado, veio até ela brandindo seus raios e envolto por todo o brilho de sua majestade, de modo que ela foi instantaneamente queimada. Zeus arrancou o menino das cinzas e o costurou em sua coxa até que estivesse pronto para nascer. Por esta razão, o jovem deus Dioniso era conhecido como "o nascido duas vezes", ou "o da porta dupla". Um de seus feitos posteriores foi descer ao submundo e resgatar sua mãe Sêmele, a quem ele introduziu com honras divinas no Olimpo.

Ino e Atamante

Pelas mãos adoráveis de Leucoteia,
e seu filho que governa.
— Milton[6]

A segunda filha de Cadmo, Ino, casou-se com o Rei Atamante, da Beócia, e planejou a morte de Frixo e Hele, seus filhos com uma esposa anterior. Quando ele descobriu sua maldade, Atamante se voltou contra ela e os filhos que ela lhe dera, esfaqueando o mais velho em um ataque de loucura. Ino agarrou seu filho mais novo e fugiu, pulando no mar com ele para escapar da fúria de

---

5   Christopher Marlowe, *Doctor Faustus*, c. 12, vv. 107–108.
6   John Milton, *Comus*, vv. 875–876.

Atamante. Zeus transformou ambos em divindades do mar, sob os nomes alterados de Leucoteia e Palemonte.

Penteu

> *Baco, o primeiro que da uva roxa*
> *esmagou o doce e mal-usado veneno do vinho.*
> — Milton[7]

A terceira filha, Agave, teve um filho chamado Penteu que governou Tebas no lugar de seu avô. Durante seu reinado, o deus Dioniso chegou a Tebas, voltando de suas longas jornadas no Leste. Dioniso tinha sob seu governo a videira com seus frutos e seus produtos, e era adorado como lhe convinha, com cantos e danças extáticos. O povo de Tebas correu para fora de casa para se juntar às multidões das mênades, suas adoradoras frenéticas que perambulavam pelas colinas vestidas com peles de fulvo e carregando o tirso[8] em sua homenagem. Penteu, embora avisado pelo velho profeta cego Tirésias[9] para que não se intrometesse, se manifestou fortemente contra essas práticas e até tentou capturar o deus. Dioniso enlouqueceu Agave, que estava vagando com as outras, de modo que ela pensou que seu filho era uma fera e o despedaçou com as próprias mãos, ajudado pelas outras mulheres.

Actéon

> *Eu queria ser Actéon, a quem Diana transformou,*
> *andar incógnito nas matas onde jaz minha dama:*
> *Um cervo de cor agradável eu queria ser,*
> *para que só minha dama me conhecesse e ninguém mais.*
> *As nozes e castanhas caídas na floresta*
> *me bastariam de repasto, se eu a pudesse ver;*
> *contanto que pudesse dizer, ao encontrá-la só:*
> *"Eis teu escravo, só, que nestas matas anda incógnito!".*
> — Anônimo[10]

---

7   John Milton, *Comus*, vv. 46–47.

8   Cajado encimado por uma pinha, emblema de Dioniso. Daí vem o desenho de pinha que às vezes vemos em padrões de rendas ou na cantaria dos edifícios. Artistas que esquecem sua origem fazem com que pareça um abacaxi.

9   Como a maioria dos poetas e profetas da mitologia grega, um cego dotado de visão interior. Compare com Fineu (p. 344) e Demódoco (p. 402). Como castigo por ter ofendido os deuses, Tirésias passou alguns anos como mulher e, assim, ganhou a experiência humana completa.

10 Canção elisabetana anônima.

A filha restante de Cadmo foi a mãe de Actéon, um jovem caçador que, um dia, enquanto caçava, teve a infelicidade de encontrar um lago que era o refúgio favorito da deusa-caçadora Ártemis. A deusa estava se banhando ali, cercada por suas ninfas, que haviam deixado de lado seus arcos e aljavas e estavam se refrescando no calor do dia. Assim que viram o intruso assustado, todas se juntaram para proteger sua senhora, enquanto ela se erguia no meio delas e pronunciava algumas palavras raivosas, ao mesmo tempo em lançava água no rapaz. Tão logo foi molhado, Actéon sentiu uma mudança em si. Seus membros se alongaram e foram cobertos por uma pelagem marrom, e chifres começaram a brotar de sua testa: ele rapidamente se tornou um belo veado, como aqueles que tanto gostava de caçar. Assim que seus cães o viram, começaram a persegui-lo ferozmente. O caçador tentou chamá-los, mas sua voz não era mais a sua: tudo o que se ouvia entre os latidos dos cães era o ofegar de um veado exausto. A perseguição durou pouco tempo. Actéon foi derrubado por seus próprios cães, terrível punição por perturbar o descanso da deusa Ártemis.

Édipo

> *Ainda hoje, de uma Esfinge mais sutil,*
> *enigmas mortais em Tebas não mais se ouviu.*
> — Shelley[11]

O único filho de Cadmo teve um neto, Laio, que se tornou Rei de Tebas e casou-se com sua prima Jocasta. Laio foi avisado pelo oráculo de Delfos que o filho que ele desejava seria seu assassino. Quando o bebê nasceu, Laio amarrou seus pés firmemente e ordenou a um pastor que o deixasse na encosta da montanha para morrer. Em vez disso, o pastor o entregou a um outro pastor de Corinto, dizendo-lhe que levasse o bebê para longe. O pastor o levou para a corte de Corinto, onde o rei e a rainha, não tendo filhos, o adotaram. Eles o chamaram de Édipo, por causa de seus pés machucados e inchados.

Quando atingiu a idade adulta, Édipo perguntou ao oráculo de Delfos o que o futuro lhe reservava, e soube, para seu horror, que estava destinado a matar seu pai e se casar com sua mãe. Fugindo de Corinto e de seus supostos pais, ele pegou a estrada para o Leste em direção a Tebas. Em uma estreita passagem na montanha, ele encontrou um velho em uma carruagem, dirigindo furiosamente em direção a Delfos. Ordenado a dar passagem, Édipo seguiu em frente: quando o velho o atacou, Édipo o derrubou na estrada,

---

11 Percy Bysshe Shelley, Coro de *Hellas*.

e ele foi pisoteado pelos cavalos. Em seguida, ele lutou e matou todos os seus assistentes, exceto um, que fugiu de volta para Tebas com a notícia de que o Rei Laio estava morto.

Édipo e a esfinge

Tebas nessa época era perturbada por um monstro devastador, a Esfinge,[12] cujo corpo era o de um leão alado, com cabeça e peito de mulher. À espreita dos viajantes, ela propunha a todos que capturava o seguinte enigma: "O que é que anda de manhã com quatro pés, ao meio-dia com dois, e com três à noite?". Como ninguém era capaz de responder, ela estrangulava e devorava a todos. Antes de morrer, Laio havia partido para Delfos, justamente para consultar o deus Apolo sobre essa praga.

Continuando o caminho para Tebas, Édipo deparou-se com a Esfinge, que lhe apresentou seu enigma. Sem hesitar, ele respondeu: "O homem: na manhã da sua vida, engatinha sobre pés e mãos; na maturidade anda sobre os dois pés; mas, na velhice, soma-lhes o apoio da bengala". A Esfinge, humilhada, lançou-se de um penhasco. Livres de sua presença odiosa, os tebanos recompensaram Édipo com o reino[13] e a mão de sua rainha viúva Jocasta.

---

12 A maioria dos monstros híbridos da mitologia grega vem originalmente do Oriente. A mais conhecida das esfinges é aquela imensa e feita de pedra, com corpo de leão e cabeça humana (mas sem asas), que guarda o Vale do Nilo em Gizé, no Egito. A Grande Esfinge, como é chamada, é uma das primeiras obras da civilização egípcia, que começou pelo menos dois mil anos antes da Grécia. "Esfinge", que se relaciona com "esfíncter", originalmente uma faixa ou cordão, significa "sufocador".

13 O herói grego que conquista um reino, mesmo que seja o verdadeiro herdeiro, chega geralmente a ele depois de longas peregrinações e de suportar alguma grande provação. Como nos contos de fadas, muitas vezes ele recebe com o reino a mão de uma princesa. Isso sugeriu a alguns que nas primeiras sociedades europeias o poder dominante era herdado pelas mulheres da casa real, não pelos homens, que o adquiriam apenas pelo casamento com uma delas. Esta instituição, onde um rei governa menos por direito próprio do que como consorte da rainha, é chamada de "matriarcado". Pode-se comparar à posição de Arete (p. 402).

Durante vários anos, Édipo viveu feliz com Jocasta, que lhe deu dois filhos e duas filhas. Mas o povo sofria com a fome e a peste, castigos à culpa desconhecida de seu rei. O oráculo de Delfos, consultado, ordenou aos tebanos que expulsassem de seus portões o assassino de Laio. Quando não foi possível encontrar o homem, Édipo proferiu contra o assassino, quem quer que fosse, uma terrível maldição. Depois, mandou chamar Tirésias, já muito velho, para perguntar o que sabia do assunto. Tirésias, vendo que a verdade só poderia causar mais sofrimento, recusou-se a responder: Édipo, em sua própria cegueira, o mandou embora com insultos e ameaças.

Quando, apesar de tal advertência, Édipo continuou a busca, a verdade começou a ser descoberta. Ouvindo todos os relatos disponíveis sobre a morte de Laio, ele concluiu que este era o velho que ele mesmo havia matado perto de Delfos, e que ele, portanto, havia lançado uma maldição sobre si mesmo. O pior estava por vir. O Rei de Corinto morreu, e Édipo, em meio a sua dor, alegrou-se por, ao menos, não ter causado a morte de seu pai. O mensageiro coríntio o corrigiu: "Mas eras do rei o filho adotivo; eu mesmo levei-te a eles, quando eras um pobre bebê indefeso que me foi entregue por um pastor do Rei Laio".

Então ficou claro que Édipo era de fato o assassino de seu pai e o marido de sua própria mãe, o homem cuja culpa poluíra a cidade. Jocasta, horrorizada, enforcou-se em uma viga do palácio; Édipo furou os olhos e exilou-se de Tebas, vagando, apoiado em sua fiel filha Antígona. Depois de longas viagens, ele chegou ao bosque de Colono, na Ática, onde os deuses o perdoaram e ele morreu. Enquanto isso, Tebas era governada pelo irmão de Jocasta, Creonte.

Quando os dois filhos de Édipo, Etéocles e Polinices, atingiram a idade adulta, eles concordaram em governar por anos alternados. Etéocles foi o primeiro e, ao final de seu primeiro mandato, não mostrou nenhuma intenção de desistir do reino. Seu irmão, então, reuniu seis poderosos amigos com seus exércitos e os sete contingentes marcharam contra Tebas. Na batalha, cada um dos irmãos feriu o outro de morte, de modo que o triste Creonte foi novamente deixado no poder. Ele decretou que o corpo de Etéocles fosse enterrado com honras fúnebres, enquanto o de Polinices deveria ser deixado fora da cidade, para os animais carniceiros e pássaros. Isso era mais do que um insulto, porque enquanto um corpo jazia insepulto, o espírito não poderia atravessar o rio da morte, vagando miseravelmente para cima e para baixo ao longo da margem. Antígona ousou cobrir o corpo de seu irmão com terra, e Creonte, com medo da desordem dominar a cidade se tal ato ficasse impune, sepultou-a viva em um túmulo. "Vida por vida", advertira-o Tirésias; e assim o filho de Creonte, Hemon, que deveria ter se casado com Antígona, morreu pelas próprias mãos. Assim, todos os filhos de Édipo pereceram por discórdia familiar, exceto a filha mais nova, que se recusou a ajudar a irmã. A história não conta o que aconteceu com ela.

6
A história de Troia[1]

O pomo da discórdia

> *A Abominável, sem convite, veio*
> *à adornada sala pelida de banquetes,*
> *e lançou o fruto dourado sobre a mesa,*
> *tudo desordenando.*
> — Tennyson[2]

A história da luta de dez anos em Troia[3] começa uma geração antes do início da guerra, com o casamento de Peleu e Tétis, os pais predestinados do herói Aquiles. Todos os olimpianos e os deuses menores vieram para honrá-los, à exceção de Éris, a odiosa deusa da discórdia, que não fora convidada.

---

1   As histórias da Guerra de Troia e do retorno de Ulisses são contadas pelo mais antigo e famoso dos poetas gregos, Homero, nos dois grandes épicos gregos, a *Ilíada* — "a questão da Ílion", ou Troia — e a *Odisseia* — "a questão de Ulisses". Nada de certo se sabe sobre a vida de Homero. Ele viveu algum tempo antes de 700 a.C.; seu nome significa "refém", o que sugere que era prisioneiro ou escravo, e a tradição o retrata como um bardo cego, como seu próprio Demódoco (p. 402), cantando suas canções nas cortes dos príncipes. Homero não conta as histórias do pomo da discórdia e da volta para casa de Agamenon: elas são tiradas respectivamente de *As troianas* do dramaturgo do século v a.C. Eurípides, e a *Oresteia* de seu contemporâneo Ésquilo, um ciclo de três peças sobre a casa de Atreu: *Agamenon*, *As coéforas* e *As Eumênides*. As andanças de Eneias, o ancestral dos romanos, são o tema do maior dos poemas latinos, a *Eneida*, de Virgílio (inacabada à sua morte em 19 a.C.), a epopeia da fundação e destino de Roma. Virgílio e Apolônio Ródio, em seus épicos, se basearam grandemente em Homero: esta é uma das razões pelas quais as aventuras de Eneias e Jasão muitas vezes se assemelham às de Ulisses.

2   Lord Alfred Tennyson, *Oenone*, vv. 220-223.

3   Troia situava-se na Frígia, na Ásia Menor, ao lado da entrada do Helesponto (o atual Dardanelos) vindo do Egeu. Heinrich Schliemann, escavando em 1873 no local da atual Vila de Hissarlik, na Turquia, desenterrou não apenas a Troia de Homero, mas uma série de nove cidades, construídas cada uma sobre as ruínas de sua predecessora, estendendo-se no tempo de antes de 2500 a.C. até depois do reinado do Imperador Romano Constantino (falecido em 337 d.C.). A Troia de Homero foi a sétima dessas cidades: Troia VII tinha uma forte muralha com torres de vigia e três portões, e foi destruída pelo fogo por volta da data tradicionalmente atribuída à derrubada de Troia pelos gregos (1184 a.C.).

Mas Éris entrou despercebida e jogou sobre a longa mesa de banquete uma maçã dourada com a inscrição: "Para a mais bela".

Éris

Três das senhoras divinas, Hera, Atena e Afrodite, imediatamente começaram a disputar o fruto; e apelaram ao pai Zeus, que faz justiça a deuses e homens, para que decidisse. Zeus, temendo a inimizade das preteridas, ordenou a Hermes, o mensageiro divino, que conduzisse as três ao Monte Ida, na Frígia, onde o pastor Páris estava cuidando de seus rebanhos, para que lá ele decidisse.

Ora, Páris era filho do Rei Príamo de Troia e de sua esposa Hécabe, e à época de seu nascimento sua mãe teve um sonho no qual dava à luz um tição, que, segundo a interpretação dos videntes, significava que o jovem príncipe seria a ruína de sua terra. Príamo, alarmado, entregou-o ao seu chefe de pastores para que o levasse e matasse; mas o homem voltou com provas falsas da morte da criança e o criou em segredo, como seu próprio filho. Páris viveu a vida de um simples pastor, feliz com o amor da ninfa Enone.

A essa solidão pastoral chegaram Hermes e as deusas rivais. Vendo que Páris estava envergonhado e perplexo com a visão de tão grande beleza divina, cada uma lhe ofereceu um presente se ele lhe desse o prêmio. Hera prometeu poder e honra, Atena vitória na guerra e Afrodite a mão de Helena de Esparta, filha de Zeus e a mais bela das mulheres mortais. À menção do nome de Helena, Páris imediatamente esqueceu de tudo, até mesmo de sua amada Enone, e deu a maçã a Afrodite, tornando Hera e Atena suas eternas inimigas.

Pouco depois disso, seriam realizados jogos públicos na corte de Príamo, e Páris persuadiu seu pai adotivo a acompanhá-lo até lá. Uma vez chegado a Troia, Páris insistiu em competir. Ele venceu todos os eventos, derrotando, entre muitos, os outros filhos de Príamo, cujo ciúme foi tão grande que resolveram matá-lo. Eles bloquearam as saídas da arena e todos o atacaram de uma vez com suas espadas. O pastor de Príamo, para salvar a vida de Páris, deu um salto e declarou ao rei quem era o jovem. Príamo recebeu seu filho com grande alegria, esquecida em sua mente a lembrança do oráculo fatal.

Páris, lembrando-se da promessa da deusa do amor, logo encontrou um pretexto para ir visitar o Rei Menelau de Esparta, com quem a bela Helena era casada. Ele retribuiu a hospitalidade de Menelau levando sua esposa e muitos tesouros do palácio e velejando diretamente para Troia com seu saque. Lá, Helena foi calorosamente recebida por sua graça e charme requintados e, em meio a celebrações públicas, Páris se casou com ela.

O marido de Helena, Menelau, fora um dos muitos pretendentes a pedir a mão dela. Com medo de que um conflito explodisse quando ela fizesse sua escolha, Tíndaro, marido de sua mãe Leda, exigiu que todos os pretendentes jurassem aceitar sua decisão e defender o homem que ela escolhesse, contra qualquer um que tentasse tirá-la dele. Portanto, Menelau, perdendo Helena, apressou-se ao encontro de seu irmão Agamenon em Micenas,[4] e os dois enviaram mensageiros a todos os príncipes da Grécia que haviam sido seus pretendentes e prestado juramento. Menelau foi pessoalmente a Ítaca para apelar ao Rei Ulisses, famoso por sua astúcia.

Ulisses, contudo, fora avisado por um oráculo de que, se fosse a Troia, passaria vinte anos fora e voltaria pobre e sem amigos. Por isso, ele resolveu fingir loucura em vez de ir. Menelau o encontrou no campo, com um gorro de camponês, arando furiosamente com um boi e um jumento atrelados e semeando as leiras com sal. Arrancando o filho pequeno de Ulisses dos braços da mãe, Menelau o deitou bem na frente da tropa, de modo que Ulisses teve de impedi-los rapidamente para que a criança não fosse atropelada. "Ah!" exclamou Menelau, "eis aí um homem que não está louco!". Tendo sido descoberto, Ulisses não podia salvar sua honra se recusasse; então, triste, ele deixou sua esposa Penélope e o pequeno Telêmaco, juntando-se à expedição.

O outro herói cuja companhia era mais ansiosamente desejada pelos irmãos era Aquiles, filho do mortal Peleu e da deusa do mar Tétis. Ele não apenas estava destinado a ser um grande campeão, como também um oráculo havia declarado que Troia nunca poderia ser tomada sem sua ajuda.

---

4 Agamenon era o senhor do distrito Argivo do Peloponeso; suas principais cidades eram Argos, Micenas e Tirinto. Estas duas últimas estavam entre as mais antigas das cidades gregas, sendo centros da civilização minoica (ver p. 357, nota 36). Micenas, escavada por Schliemann em 1875, é famosa por seu Portão do Leão, seus nove túmulos em forma de "colmeia" — Schliemann chamou o maior de "Tesouraria de Atreu" — e o imenso tesouro de artigos de ouro, finamente trabalhados, enterrados com seus príncipes.

Quando Aquiles nasceu, Tétis resolveu torná-lo imortal como ela. De acordo com uma história, ela o mergulhou no mortífero rio subterrâneo Estige, para tornar seu corpo invulnerável, fazendo do calcanhar, pelo qual ela o segurou, a única parte vulnerável de seu corpo. A outra história é que Peleu a surpreendeu tentando queimar no fogo a natureza mortal de Aquiles, como Deméter fizera com o filho de Celeu. Quando Peleu interferiu, Tétis ficou tão zangada que o deixou para sempre e voltou para sua casa no mar; mas continuou a vigiar a sorte de seu filho.

Peleu levou seu filho órfão de mãe para ser educado na caverna de Quíron, e lá Aquiles rapidamente superou todos os filhos dos heróis em corrida, luta e caça. Tétis, observando de sua distante casa, ficou triste ao vê-lo se destacando. Ela sabia que ele estava destinado a viver uma vida gloriosa e morrer jovem, ou a viver muito, mas na obscuridade; e naturalmente ela queria prolongar sua vida. Por isso ela o disfarçou de menina e o mandou morar entre as donzelas da corte de um rei amigo. Foi nesse lugar que Ulisses foi procurá-lo. Chegando ao palácio, ele exibiu uma enorme arca de presentes, a maioria vestidos e joias, dos quais as damas foram convidadas a escolher por si mesmas. Quando uma delas deu um grito alto e pegou um escudo e uma lança de dentro da arca, Ulisses reconheceu seu homem, que foi facilmente persuadido a assumir a vida de um guerreiro e juntar-se à força de Agamenon. Com Aquiles seguia seu amigo, Pátroclo.

Outros líderes famosos do exército eram o bravo, mas temerário Ájax, Diomedes, o Argivo, e o velho Rei Nestor de Pilo, renomado por sua sabedoria e seu dom de persuasão, que governou três gerações de homens. Ia também com eles Calcas, o vidente, um sacerdote troiano de Apolo que havia abandonado seu próprio povo para ajudar a causa grega.

A guerra

> *Este era o rosto que pôs em marcha mil naves*
> *E fez arder as incólumes torres de Ílio?*
> — Christopher Marlowe[5]

A frota grega se reuniu em Áulis, na Beócia, onde por vários dias ventos contrários os forçaram a permanecer no porto. Calcas, que já havia profetizado ao exército que passariam nove anos sitiando Troia e a tomariam apenas no décimo, agora declarava que a deusa Ártemis estava zangada e só poderia ser aplacada com a morte da filha de Agamenon, Ifigênia. A isso Agamenon

---

5   Christopher Marlowe, *Doctor Faustus*, c. 12, vv. 81-82.

consentiu com pesar. Para afastar a menina de sua mãe Clitemnestra, ele enviou uma mensagem de que a princesa deveria vir a Áulis para se casar com Aquiles, e Clitemnestra a enviou de bom grado, enfeitada com seus trajes nupciais. Lá ela foi sacrificada, o vendaval cessou e a frota partiu em seu curso nordeste através do Egeu. Mas alguns dizem que Ártemis aceitou o serviço da donzela, em lugar de sua vida, e antes que a faca a abatesse, levou-a envolta em uma nuvem para Táurida, para servir como sua sacerdotisa.

A frota desembarcou brevemente em Tênedo, onde o famoso arqueiro Filoctetes foi mordido no pé por uma serpente tão venenosa que a ferida não pôde ser curada, mas infeccionou, vindo a cheirar intoleravelmente mal. Como ninguém suportava estar perto dele, seus companheiros o deixaram em uma pequena ilha rochosa, onde ele mal se manteve vivo comendo o que conseguia abater com flechas.

Chegando a Troia, os gregos puxaram seus navios para a praia, montaram seu acampamento e começaram a sitiar a cidade.[6] E lá, por semanas, meses e anos eles permaneceram. A luta se arrastou por nove anos: o Rei Príamo e os troianos não se renderam, e Agamenon não consentia em ir embora com suas forças. O exército estava cansado e com saudades de casa, e no décimo ano Apolo se irritou e se posicionou ao lado dos navios, atirando flechas de pestilência, dia após dia, no acampamento grego. Ao mesmo tempo, Aquiles brigou com Agamenon por causa de uma mulher cativa, concedida a ele como prêmio por sua destreza. Ele abandonou a luta, voltando para sua tenda, onde permaneceu remoendo a ofensa. Os troianos, vendo a divisão no campo inimigo, atacaram com tal espírito que Agamenon rapidamente negociou uma trégua, durante a qual Páris e Menelau deveriam lutar, homem a homem, pela bela Helena. Mas esse não seria o fim da questão; pois Afrodite, vendo que Menelau estava vencendo, formou uma nuvem em torno de seu favorito, Páris, e o levou para longe do campo, de volta para sua casa em Troia.

Agamenon, Ulisses e seus amigos fizeram o possível para aplacar o colérico Aquiles, mas sem sucesso. Enquanto isso, seu amigo Pátroclo, dia após dia, saía para a batalha com a armadura de Aquiles e lutava brilhantemente, até que o próprio Apolo o desarmou, e ele foi facilmente morto pelo mais corajoso dos defensores de Troia, o filho de Príamo, Heitor, que o despojou da armadura, como seu prêmio legítimo. Quando a notícia foi trazida a Aquiles, ele quase enlouqueceu de dor; esqueceu sua raiva contra os líderes gregos e fez voto

---

6   Não um cerco no sentido moderno, com a cidade cercada e seus defensores famintos. Os troianos conseguiram manter seu comércio com o interior, enquanto os gregos compravam suprimentos ao longo do litoral e das ilhas. Consequentemente, a guerra poderia continuar indefinidamente.

de entrar novamente no conflito para vingar seu amigo. Sua mãe Tétis e as ninfas do mar que a serviam saíram do mar para confortá-lo, caminhando em uma longa fila pelas areias até sua tenda. Ouvindo-o jurar a morte de Heitor, ela o avisou que a morte de Heitor logo seria seguida pela sua; mas ele pensou pouco nisso, e ela foi embora triste, prometendo trazer-lhe uma nova armadura, que ela persuadiria o deus ferreiro Hefesto a forjar. Enquanto isso Aquiles, desarmado como estava, apressou-se a ajudar os gregos a defender o corpo de Pátroclo, que os troianos exultantes tentavam arrastar para a cidade, para desonrá-lo e expô-lo na muralha da cidade. De pé na trincheira que delimitava o acampamento, ele gritou em voz alta três vezes, com tal som de trombeta que os cavalos de Troia empinaram, em confusão. Doze nobres troianos foram arremessados e esmagados por suas próprias rodas de carruagem, enquanto os demais se dispersaram na fuga, permitindo a Aquiles resgatar o corpo de seu amigo.

No alto Olimpo, Hefesto, limpando seu rosto e braços da sujeira da oficina, recebeu a deusa Tétis em sua casa de maravilhas. Aqui ela era sempre honrada e bem-vinda; por muitos anos ela o acolheu e o abrigou quando ele caíra do Céu. Feliz por ela agora recorrer à sua habilidade, ele prometeu o que ela pediu: "E quem me dera poder manter teu filho longe da vista da morte no dia do mal, quem me dera poder protegê-lo tão facilmente quanto posso fazer para ele uma armadura que surpreenderá os olhos dos homens".

> *Em sua ira,*
> *o severo Aquiles perseguiu seu inimigo*
> *três vezes ao redor dos muros de Troia.*
> — Milton[7]

Pronta, a armadura que Tétis trouxe para Aquiles era da mais fina técnica, feita de cobre, estanho, prata e ouro. A mais esplêndida das peças era o escudo, no qual o ferreiro divino havia retratado as estrelas do céu e cenas da vida terrena, de paz e guerra, cidade e campo, tudo cercado pela corrente do oceano que circunda o mundo. Aquiles se alegrou quando viu a armadura. Convocando os chefes do exército, planejou com eles os ataques que faria; então se armou e saiu para a batalha, furioso. Enquanto seu cocheiro os guiava, Aquiles falava com seus cavalos, dizendo: "Quando terminarmos a luta hoje, peço-vos que me tragais de volta ao acampamento, são e salvo, e que não me deixeis morto na planície como fizestes com Pátroclo". Seu cavalo Xanto inclinou

---

7   John Milton, *Paraíso perdido*, l. 9, vv. 14–16.

a cabeça e disse: "Poderoso Aquiles, hoje te traremos de volta seguro, mas está próximo teu dia mau, trazido pelo Céu e pelo destino severo, sem que tenhamos qualquer culpa". As Parcas não o permitiram dizer mais nada, e Aquiles, aflito, respondeu: "Xanto, por que prevês minha morte? Eu sei que vou cair aqui, longe de meus queridos pai e mãe; mas não deixarei o campo até que tenha dado aos troianos a luta merecida". E, gritando, fez com que andassem os cavalos.

Aquiles fez estragos entre a hoste troiana, avermelhando de sangue e coalhando de cadáveres o Rio Escamandro. Com raiva, o deus do rio protestou de seu leito, pedindo-lhe que ao menos se limitasse ao morticínio sobre a terra; e quando Aquiles demorou a obedecer, Escamandro levantou-se de suas margens e o perseguiu pela planície, rugindo e rogando que Simoente, seu irmão, se juntasse a ele. Hera, para ajudar Aquiles, enviou seu filho Hefesto para conter Escamandro com fogo. Quando o rio começou a ferver em seu leito, ela gritou: "Dá limite às tuas chamas: não nos é apropriado usar de tal violência contra um deus por causa de homens mortais".

O Rei Príamo, observando da muralha da cidade, via como os troianos caíam diante de Aquiles e ordenou que os portões fossem abertos para lhes dar refúgio. Eles vieram se aglomerando em pânico, correndo como uma manada de veados diante de Aquiles, que estava meio louco de combatividade, vingatividade e sede de glória. Logo todos os troianos estavam a salvo na cidade, todos menos Heitor, que, indiferente às súplicas de seus amigos para entrar, esperava por Aquiles, diante dos portões.

Quando Aquiles se abateu sobre ele, com sua armadura brilhando, furioso como o próprio deus da guerra Ares, a coragem de Heitor falhou e ele, amedrontado, fugiu, circundando três vezes as muralhas da cidade com Aquiles em seu encalço. Os corredores eram tão similarmente capazes, que a perseguição era como um sonho, um não conseguindo escapar nem o outro alcançar; nem Aquiles alcançava Heitor nem Heitor fugia de Aquiles. Mesmo assim, a agilidade de Heitor poderia ainda ter salvado sua vida, se o destino não tivesse decidido o contrário. No cume do Olimpo, Zeus tomara sua balança dourada. Em cada lado ele pesou um destino,[8] um para Aquiles e outro para Heitor, e o de Heitor caiu em direção ao reino de Hades, enquanto o de Aquiles voou,

---

8   O que Zeus pesa são dois *keres thanatoio*, "fados fatais", um para cada um dos heróis. Um *ker* é um pequeno espírito alado, às vezes portador do bem, mas geralmente do mal. Os males que saíram da caixa de Pandora — tristezas, doenças, velhice e morte — eram um enxame de *keres*, e a Esperança também era um *ker*. O *ker* que Zeus pesa para cada um dos heróis é a própria morte iminente e o de Heitor afunda porque seu destino está próximo. Zeus está usando suas balanças para verificar que resultado as Parcas decretaram: ele não as está usando para decidir a disputa em si, como nossa expressão "seu destino está na balança" poderia sugerir.

subindo, e bateu no teto. Vendo isso, Apolo, o protetor de Heitor, que até então havia mantido sua força e estimulado sua corrida, o deixou.

Agora, pela quarta vez, passavam pelas nascentes gêmeas do Escamandro e pelos cochos de pedra onde em tempo de paz as troianas traziam suas roupas, quando Atena, sempre amiga de Aquiles, resolveu fazer com que Heitor lutasse. Ela assumiu a forma de seu irmão favorito, Deífobo e correu até ele, dizendo: "Fiquei fora do muro por amor de ti: agora vamos juntos resistir ao feroz Aquiles". Com essas palavras, ela o convenceu a se virar e encarar Aquiles; mas quando os dois se encontraram, Heitor, procurando o irmão, viu que havia sido enganado. "Oh, que vergonha!", exclamou, "os deuses me traíram, decretaram o meu destino: então que eu não morra indefeso; lutarei, para que as gerações futuras se lembrem de mim".

A pesagem dos destinos[9]

Heitor então investiu contra Aquiles com toda a sua força, enquanto Aquiles, atentamente, procurava onde iria atacá-lo. Ao avançar, Aquiles enfiou a lança na base de sua garganta, onde a armadura subtraída ao cadáver de Pátroclo não protegeu o príncipe troiano. Heitor caiu e, sentindo que perdia as forças, implorou a Aquiles que aceitasse o resgate que os troianos oferecessem por seu corpo, para que fosse enterrado em casa, com os devidos ritos. Aquiles recusou. Então Heitor disse com seu último suspiro: "Sei o que és: um homem de coração de ferro, que as orações não podem abrandar. Mas cuide para que tuas ações não levem os deuses à vingança, no dia em que Páris e Apolo te matarem, ao lado do Portão Escaeno". Enquanto ele falava, as sombras da morte o envolveram, e sua alma desceu, lamentando-se, até a casa de Hades. E Aquiles respondeu ao cadáver: "És finado; quanto a mim, aceitarei meu destino quando os deuses acharem adequado enviá-lo". Então ele prendeu o corpo pelos tornozelos na traseira de sua carruagem e o arrastou pela poeira em direção aos navios, enquanto todos os troianos que observavam da muralha

---

9 O artista mostrou Hermes segurando a balança no lugar de Zeus, provavelmente porque pensava que Hermes revelava aos homens na Terra o que acontecia no Céu.

lamentavam a morte de seu campeão. Eles prantearam Heitor, mas era por si mesmos que choravam; pois viram aproximar-se o seu próprio dia mau.

Tendo matado Heitor, Aquiles agora realizou o funeral de Pátroclo, queimando seu corpo em uma pira junto com cães, cavalos e prisioneiros troianos mortos em sua homenagem e erguendo uma tumba sobre os restos mortais. Ele diariamente arrastava o corpo de Heitor ao redor da tumba, como uma vingança adicional. No entanto, apesar dessa desonra, Apolo mantinha o corpo fresco e livre de corrupção, e expulsava os cães que o tentavam comer. Por fim, os deuses ficaram zangados com esse tratamento vergonhoso de um inimigo morto, e o próprio Hermes levou o velho Príamo, o rei troiano, à tenda de Aquiles à noite, trazendo presentes, para tentar resgatar o corpo de seu filho. Hermes adormeceu profundamente as sentinelas, de modo que Príamo com seu criado e a carroça carregada de tesouros passaram despercebidos pelo corpo do exército.

Príamo encontrou Aquiles sentado em sua tenda e, aproximando-se dele, agarrou seus joelhos em um gesto de súplica e beijou as mãos terríveis que haviam matado tantos de seus filhos. Aquiles ficou maravilhado ao vê-lo, e Príamo implorou-lhe: "Pensa em teu próprio pai, Aquiles semelhante aos deuses, no teu pai que como eu é um homem velho. Talvez ele também esteja desamparado, à mercê de seus vizinhos; mesmo assim seu filho ainda vive, e ele aguarda o regozijo de ver retornar de Troia seu querido filho. Mas eu, que tive muitos filhos, agora perdi quase todos, e por último o mais bravo, Heitor, a torre forte de nossa cidade. Por causa dele vim a ti, para oferecer um grande resgate pelo seu corpo. Lembra-te do teu próprio pai e tem pena de mim, que fiz o que homem nenhum jamais se obrigou a fazer, beijando as mãos que mataram meu filho".

Aquiles chorou com as palavras de Príamo, pensando ora em seu pai Peleu e ora em seu amigo Pátroclo; e Príamo, a seus pés, chorava por Heitor, de modo que a tenda se encheu de lamentos. Por fim, Aquiles levantou Príamo, dizendo: "Infeliz homem, como tiveste a coragem de vir aos navios, sozinho, suplicar a quem matou teus filhos? Certamente tens de ferro o coração. Toma assento ao meu lado; enterremos nossas dores em nossos corações, pois o choro não pode nos ajudar. Esta é a sorte que os deuses teceram para os homens miseráveis, a de viver na dor, enquanto para eles não há tristeza. Também assim sofrerá meu pai Peleu, o herói, abençoado em seu casamento com uma deusa: pois ele não tem filho além de mim, que estou fadado a uma morte prematura; e não posso cuidar dele em sua velhice, pois é meu destino, aqui em Troia, molestar-te e a teus filhos". Então Aquiles clamou, em alta voz, a seu amigo morto Pátroclo que o perdoasse por deixar sua vingança inacabada; pois ele pretendia jogar o corpo de Heitor aos cães, em vez de deixar sua família enterrá-lo. Ele aceitou os presentes e deu o corpo a Príamo, e Príamo voltou com ele para Troia; e os gregos retiveram suas forças fora da cidade, até que os ritos fúnebres fossem realizados.

Mulheres de luto

A queda da cidade

> *Situado junto aos altos córregos do Simoente*
> *estava o Paládio, no alto, entre as rochas e a floresta;*
> *Heitor estava em Ílio, muito abaixo,*
> *e lutava, sem o ver — mas ele estava de pé!*
> *Estava de pé, tendo banhadas pelo Sol e pela Lua*
> *as colunas perfeitas do alto cômodo que o alojava.*
> *Selvagemente rolava a confusão da luta*
> *ao redor de Troia; mas enquanto ele estivesse de pé, Troia não cairia.*
> — Matthew Arnold[10]

Pouco depois da morte de Heitor, também Aquiles encontrou seu fim. Escondido em uma nuvem, o deus-arqueiro Apolo encontrou Páris no meio da batalha ao lado do Portão Esceano e guiou sua mão, fazendo sua flecha atingir Aquiles em seu calcanhar vulnerável. Seu primo Ájax carregou seu

---

10 Matthew Arnold, *Palladium*.

corpo através do exército, de volta ao acampamento grego, enquanto Ulisses lutava contra todos os que tentavam detê-lo.

Jogos fúnebres foram realizados em homenagem a Aquiles, assim como a todos os grandes heróis mortos na guerra. Sua mãe Tétis ofereceu sua armadura divinamente forjada como prêmio ao mais valente dos gregos sobreviventes. Tanto Ájax quanto Ulisses reivindicaram este título, que por meio de voto comum foi atribuído a Ulisses. Ájax, indignado, enfureceu-se, tomado pela ânsia de lutar, e atacou durante a noite um inofensivo rebanho que Atena, amiga de Ulisses, o fez confundir com seus inimigos, até que seu frenesi se esgotasse. Quando, pela manhã, voltou a si e viu o estrago que havia feito, ele se deixou cair sobre a própria espada.

Calcas, o profeta, agora declarou que Troia não poderia ser tomada sem a ajuda do arco e das flechas de Héracles. Estes haviam sido dados muitos anos antes pelo herói moribundo a Filoctetes, como recompensa por ele ter acendido a pira no Monte Eta; mas Filoctetes havia sido deixado sozinho, em uma ilha do Mar Egeu, por causa de seu ferimento malcheiroso. Ulisses e um companheiro navegaram para lá, ao encontro dele. Filoctetes, cuja desconfiança logo foi desfeita por meio de amáveis palavras e promessas, veio com eles para o acampamento grego. Lá, um cirurgião conseguiu tratar com sucesso a ferida e, recuperado, Filoctetes saiu para o campo de batalha e acertou Páris mortalmente, com o arco fatal. Os troianos levaram seu príncipe moribundo para o Monte Ida, onde ele implorou a ajuda de Enone, a ninfa que abandonara, pois ela era conhecedora de drogas curativas. Mas ela se lembrou do abandono, e recusou-se a ajudá-lo; então ele foi levado de volta a Troia para morrer.

Restava mais uma condição a ser cumprida antes que a cidade pudesse cair. Os troianos guardavam em um rico santuário uma antiga e famosa imagem de Palas Atena, conhecida como Paládio, à qual a fortuna da cidade estava ligada. Ulisses a roubou, abrigado sob o manto da noite.

Depois que Filoctetes e suas armas foram apanhados e o Paládio roubado, Atena colocou na mente dos gregos um plano pelo qual a cidade poderia ser tomada. Eles construíram um enorme cavalo de tábuas de madeira, grande o suficiente para conter uma pequena companhia de homens armados em sua barriga, e entalharam em seu flanco uma dedicação à deusa Atena. Deixando-o na praia, eles desmontaram o acampamento, queimaram as estruturas mais permanentes, tomaram sua frota e navegaram para fora da vista dos troianos, que maravilhados e encantados ao vê-los partir, travaram um sério debate sobre o cavalo de madeira. Alguns quiseram queimá-lo onde estava, temendo uma armadilha. Outros, com medo de profanar a propriedade da deusa e esperando atraí-la para o seu lado, aconselharam trazê-lo com toda honra para a cidade. Enquanto eles ainda estavam discutindo, ocorreu um portento que resolveu o assunto.

Ulisses carregando o Paládio

O principal entre aqueles que suspeitavam do cavalo era o sacerdote Laocoonte, que declarou: "Desconfio dos gregos, mesmo quando trazem presentes". Tendo feito o possível para persuadir seus concidadãos, ele desceu à praia com seus dois filhos para oferecer um sacrifício a Poseidon. Apolo viu-os partir e, lembrando-se de que este homem o havia ofendido gravemente, fez com que duas serpentes monstruosas saíssem do mar, se enrolassem em torno do pai e dos dois meninos e os esmagassem miseravelmente, apesar de sua resistência, até a morte. Os troianos interpretaram essas mortes como um castigo dos deuses pela oposição de Laocoonte ao cavalo, e ficaram ainda mais determinados a trazê-lo para sua cidade. A única que ainda se opunha a isso era a filha de Príamo, Cassandra, uma sacerdotisa com o dom da profecia, que não conseguia que ninguém ouvisse sua visão dos sofrimentos que viriam.

Enquanto os troianos se preparavam para arrastar o cavalo, um soldado grego solitário, que havia sido deixado para trás, apareceu nos portões e implorou a Príamo que lhe desse abrigo. Sua história era que Ulisses e alguns dos outros líderes gregos haviam conspirado contra sua vida, de modo que ele fugiu para Troia em vez de voltar com eles. Questionado sobre o cavalo, ele respondeu que o objeto havia sido construído como uma oferenda a Atena, que depois de ter mantido amizade com os gregos por tanto tempo, agora estava zangada com eles por roubarem sua imagem sagrada do santuário troiano. "Mas por que então o fizeram tão grande?". "Por medo de que vocês o levassem para a cidade e ganhassem o favor de Atena para o seu lado". Nada mais foi necessário para convencer os troianos: eles imediatamente instalaram roletes sobre um tapete de flores e trouxeram o cavalo com gritos de júbilo, embora tivessem que derrubar parte da muralha da cidade para que ele entrasse. Talvez eles agissem mais devagar, se soubessem que seu convidado era Sínon, um primo do astuto Ulisses.

Quando a escuridão caiu e encontrou os troianos comemorando a partida de seus inimigos com banquetes e bebida, a frota grega, que havia apenas contornado o cabo mais próximo, voltou rapidamente para Troia. Cansados dos festejos, os troianos estavam todos em sono profundo quando trinta homens armados, Ulisses entre eles, desceram da barriga do cavalo, por uma escada de corda, e sinalizaram para seus companheiros do lado de fora das muralhas. Em pouco tempo, todo o exército grego lotava as ruas e saqueava as casas, massacrando seus defensores desarmados.

Príamo morreu nos degraus do palácio, com os últimos de seus filhos caindo ao seu redor, e seu corpo foi lançado insepulto, em cima do túmulo de Aquiles. Sua rainha Hécabe, com Andrômaca, a viúva de Heitor, e outras mulheres troianas de alto nascimento, foram levadas para o cativeiro. O filho pequeno de Heitor, Astíanax, foi jogado das ameias, porque os gregos temiam que ele decidisse vingar sua cidade quando se tornasse homem. O injuriado Menelau foi direto aos aposentos de Helena, pretendendo vingar, nela, todos os sofrimentos da longa guerra; mas a beleza divina ainda brilhava em seu rosto cansado. O coração dele cedeu, ele largou sua espada e a conduziu gentilmente para os navios.

Tendo massacrado seus defensores traídos, os gregos saquearam e queimaram a cidade, dividindo como pilhagem tudo o que podiam levar consigo, tanto mercadorias quanto cativos.

Os retornos[11]

O RETORNO DE MENELAU

Querida é a memória de nossas vidas conjugais,
e queridos os últimos abraços de nossas esposas
e suas lágrimas quentes; mas tudo mudou:
pois certamente agora nossos lares estão frios,

---

11 *Nostoi*, o nome que os próprios gregos deram a esses contos do rescaldo de Troia. Daí a palavra "nostalgia", isto é, desejo de retorno ou saudade do passado: de *nostes*, voltar para casa, e *algos*, dor.

> *nossos filhos nos sucederam, nossa aparência é estranha;*
> *é como fantasmas que surgiremos, perturbando a alegria.*
> *Ou então os audazes príncipes das ilhas*
> *comeram de nossas dispensas, e o menestrel canta*
> *diante deles a guerra dos dez anos em Troia,*
> *e nossas façanhas, como coisas meio esquecidas.*
> — Tennyson[12]

Os gregos vitoriosos saquearam e destruíram sem limites; e sua ferocidade provocou o desgosto dos deuses, especialmente de Atena. Na noite da queda de Troia, a profetisa Cassandra se refugiou no templo de Atena, onde os gregos invasores a encontraram agarrada a uma estátua de madeira que agora substituía o Paládio. Ao arrastá-la à força, eles desonraram a proteção de Atena e violaram seu santuário. O principal responsável por isso foi um certo Ájax — não o grande Ájax, que morrera antes do fim da guerra, mas um homem de menor valor. A deusa insultada persuadiu Poseidon a ajudá-la a se vingar, agitando os mares e arrebatando de muitos a esperança de retorno. Assim, duas poderosas divindades que haviam estado do lado dos gregos tornaram-se agora seus amargos inimigos.

O próprio Poseidon cuidou do tolo Ájax, arremessando seu navio contra uma costa rochosa, fazendo-o se quebrar. Ájax teria escapado sem danos maiores que o de um banho, se não se gabasse, ao escalar as rochas, de que os deuses não eram capazes de afogá-lo: o furioso Poseidon partiu com seu tridente a rocha em que Ájax estava, provando seu erro.

O primeiro a sofrer com a ira de Atena foi Menelau, que perdeu a maior parte de sua frota em uma violenta tempestade. Então ele ficou retido no Egito com os cinco navios restantes, esperando ventos favoráveis. Bem no momento em que seus homens estavam ficando sem provisões e começaram a pescar com apetrechos improvisados, uma ninfa do mar, com pena de Menelau, aproximou-se dele, que estava sozinho, e o aconselhou a procurar seu pai Proteu, um velho imortal que vivia sob o mar, ao largo da costa egípcia. Se Menelau conseguisse segurá-lo firmemente, ele o aconselharia sobre sua viagem. Dando-lhe instruções precisas sobre como Proteu poderia ser capturado, ela então mergulhou de volta no mar.

---

12 Lord Alfred Tennyson, *The Lotos-Eaters*, vv. 114–123.

Atena e Poseidon[13]

Menelau partiu para a Ilha de Faros, acompanhado de três de seus homens, e lá na praia ficaram à espreita sob quatro peles de focas frescas fornecidas pela ninfa, que lhes deu também uma ambrosia[14] divina para afastar o mau cheiro. Por uma longa manhã eles vigiaram enquanto as focas vinham se aquecer na praia, até que ao meio-dia veio o próprio velho do mar, que contou as focas, como um pastor conta o rebanho, antes de se deitar para dormir no meio delas. Então os quatro correram até ele, e com gritos o agarraram. Ele logo começou a mudar sua forma, tornando-se um leão, um dragão, e todos os tipos de animais selvagens, e depois água corrente, depois uma árvore; mas Menelau e os marinheiros continuaram firmes. Por fim Proteu cedeu, admitindo que reconhecera Menelau e sabia por que ele viera. Aconselhou Menelau, se quisesse quebrar a calmaria, que voltasse ao continente e oferecesse generosos sacrifícios a Zeus e aos outros deuses, que o deixariam terminar sua viagem.

Quando Menelau perguntou a Proteu como seus amigos estavam se saindo em suas viagens de volta para casa, o velho profeta tinha muitas histórias tristes para lhe contar, histórias de naufrágio, esquecimento ou coisas ainda piores em casa. Por fim, ele contou a Menelau sobre seu próprio destino.

---

13 A vestimenta superior de Atena é sua *aegis* ou manto curto de pele de cabra. Às vezes é orlado com tufos encaracolados de pelo de cabra, às vezes com cobras encaracoladas, como aqui.

14 Ambrosia — que significa "imortal", "divino" — é o alimento dos deuses, assim como o néctar é sua bebida.

"Não morrerás em Esparta, mas os deuses te levarão para os Campos Elísios[15] no fim do mundo. Lá a vida é mais agradável do que em qualquer outro lugar, pois não cai chuva, nem granizo, nem neve, mas uma brisa fresca e cantante sem fim sopra do mar e renova os espíritos dos homens. Entrarás neste lugar feliz porque, sendo casado com a bela Helena, és portanto genro de Zeus". Ele, então, mergulhou de volta no mar, e Menelau, com o coração pesado, voltou para os navios na costa egípcia, chegando pouco depois com Helena ao seu palácio em Esparta.

O retorno de Agamenon

Venha a linda Tragédia[16]
amortalhada e de cetro às mãos,
mostrando Tebas ou a linhagem de Pélope.
— Milton[17]

Para o irmão de Menelau, Agamenon, um destino pior estava reservado. Ao contrário de tantos outros, ele chegou ao seu palácio em Micenas com muito poucos problemas, trazendo consigo, como parte de seus despojos, a profetisa Cassandra, filha de Príamo. Ele foi regiamente recebido em casa por sua rainha, Clitemnestra, irmã de Helena, que lhe preparou um banquete e, antes de tudo, o levou ao banho para que lavasse a sujeira da viagem. Quando ele saiu do banho, ela estendeu-lhe um manto; mas, em vez de ajudá-lo a vestir-se, ela lançou-o sobre a cabeça do marido, dominando-o. Então ela e o primo de Agamenon, Egisto, com quem ela havia conspirado durante os longos anos da guerra, o esfaquearam até a morte. Cassandra, que já sabia o que iria acontecer, foi morta em seguida, pela mão de Clitemnestra.

Este foi apenas um de uma longa série de crimes cometidos naquela família malfadada. Pois o bisavô de Agamenon era Tântalo, que era amigo dos deuses e se banqueteava em suas mesas, até que um dia os ofendeu, traindo sua confiança, e com um ultraje ainda pior: uma vez, quando o visitavam, ele matou e serviu em um ensopado seu filho Pélope,[18] para testar as capacidades perceptivas dos deuses. Todos se levantaram horrorizados da mesa, exceto

---

15 Um lugar feliz, às vezes chamado de Ilhas dos Bem-aventurados, onde certos heróis especialmente favorecidos desfrutam de uma vida imortal após a morte. Às vezes era figurado no Extremo Oeste, às vezes como parte do reino do submundo de Hades.
16 Os dramaturgos trágicos gregos Ésquilo, Sófocles e Eurípides tiraram os temas de suas maiores peças a partir das histórias de Tebas (Édipo e seus filhos) e da casa de Atreu ou Pélope (família de Agamenon).
17 John Milton, *Il Penseroso*, 97–99.
18 Ele dá seu nome ao Peloponeso, "Ilha de Pélope", a metade peninsular do sul da Grécia, unida ao continente pelo Istmo de Corinto.

Deméter, que, ainda distraída pelo luto por sua filha, chegara a comer um pouco da carne do ombro sem perceber o que comia. Primeiro os deuses lançaram Tântalo no submundo, onde ele está condenado a ficar eternamente sedento diante de um riacho que foge quando ele tenta beber de suas águas, e faminto sob uma árvore frutífera que continuamente afasta das mãos dele seus galhos carregados. Em seguida, eles reuniram os pedaços de Pélope do caldeirão e o trouxeram de volta à vida, substituindo o ombro que faltava por um de marfim.

Os dois filhos de Pélope, Atreu e Tiestes, brigaram pelo trono de Micenas, que pela vontade expressa de Zeus foi dado a Atreu. Ao descobrir que Tiestes havia insultado sua jovem noiva, Atreu enviou-lhe um convite amigável para vir compartilhar a cidade com ele, oferecendo-lhe um banquete de boas-vindas. Depois de Tiestes comer à vontade, Atreu ordenou a um servo que lhe oferecesse, em um prato, tudo o que sobrara do banquete sangrento: os restos dos filhos assassinados de Tiestes. Tiestes levantou-se da mesa, engasgando com a carne repugnante, e antes de deixar Micenas virou-se e lançou uma maldição sobre a casa de Atreu.

Ambos os irmãos em guerra tiveram filhos que atingiram a idade adulta. O vingativo Atreu foi pai de Agamenon e Menelau, que se casaram com irmãs, as princesas espartanas Clitemnestra e Helena: dois casamentos infelizes. Menelau escapou dos piores efeitos da maldição, mas Agamenon sentiu sua força total em sua morte. O filho sobrevivente de Tiestes, Egisto, assassinou seu tio Atreu e viveu para ajudar a esposa de Agamenon em sua destruição. Agamenon foi assassinado em vingança não apenas pelo crime de seu pai, mas também por consentir no sacrifício de sua filha Ifigênia.

Tal cadeia de crimes não poderia passar despercebida pelos deuses, que finalmente intervieram. Apolo, com o consentimento de Zeus, encorajou Orestes, filho agora crescido de Agamenon, a vingar a morte de seu pai matando sua mãe Clitemnestra e também seu cúmplice e amigo. Orestes realizou essa vingança com a ajuda voluntária de sua irmã Electra.

O matricídio trouxe a Orestes o ódio das Erínias, as três bruxas horríveis que farejam o sangue daqueles que morrem pelas mãos de seus parentes e exigem punição. Elas são tão antigas que desprezam os deuses do Olimpo como recém-chegados e arrivistas. As Erínias perseguiram Orestes por terra e mar, levando-o à loucura e à ilusão. Após um ano de exílio, ele foi a Atenas, com as vingadoras ainda em seu encalço. Elas o arrastaram até o Areópago,[19]

---

19 "A colina de Ares", nos arredores de Atenas, onde era realizado o tribunal de justiça. Tem esse nome por causa de Ares, que cometeu um assassinato e se tornou o primeiro a ser julgado lá. Esta é a "Colina de Marte" onde São Paulo pregou aos atenienses (At 17, 22).

o tribunal ateniense de julgamento. Aqui as Erínias foram suas principais acusadoras, enquanto o próprio Apolo se apresentou em sua defesa. A disputa em questão era se o assassinato de seu pai justificava que um filho matasse a própria mãe. Apolo, em seu discurso, declarou que a mãe que desse à luz um filho não era tão sua genitora como o pai: ela apenas nutrira a semente.[20] Os doze juízes então deram seus votos, que foram divididos igualmente; assim, Atena, como deusa padroeira da cidade, foi chamada a decidir. Atena, que não só nunca se tornou esposa ou mãe, mas também nasceu da cabeça de Zeus, assumiu uma postura antifeminina. "Apoio o pai", anunciou ela, julgando a favor de Orestes. Feito isso, ela pacificou as Erínias, que tendo perdido sua vítima, estavam rangendo suas longas presas. Ela lhes prometeu um santuário sombrio sob a Acrópole ateniense,[21] onde doravante elas deveriam receber oferendas e adoração perpétua sob o novo nome de "Eumênides" — não mais as Fúrias, mas as Gentis.

O retorno de Eneias

Ramo dourado em meio às sombras,
reis e reinos que se vão para não mais se erguer.
— Tennyson[22]

Outra história das consequências de Troia, embora não exatamente um "retorno", é a das peregrinações de um dos príncipes troianos,[23] Eneias, filho da deusa Afrodite com um homem mortal, Anquises, por quem ela se apaixonou enquanto ele cuidava de seu rebanho nas encostas do Monte Ida. Sua paixão por ele foi causada por Zeus, como vingança pelas muitas humilhações que

---

20 Apolo é aqui o porta-voz de um novo princípio. Nos primeiros tempos, os gregos, como outros povos, traçavam a descendência através da linha feminina, que era mais fácil de estabelecer do que a masculina. Assim, a primeira responsabilidade de um filho seria para com sua mãe como seu parente mais próximo. A acusação das Fúrias a Orestes repousa sobre essa velha ordem familiar. Em algum momento, ocorreu uma mudança para a ênfase na linha masculina — "patrilinearidade" em vez de "matrilinearidade" — provavelmente sob a influência da nova religião olímpica, se não exatamente por decreto de um deus. A religião grega como a conhecemos, dominada por Zeus, o pai de todos, é falocêntrica. Mas antes que um povo invasor trouxesse o culto aos olímpicos, os gregos parecem ter se dedicado muito mais, como a maioria de seus vizinhos mediterrâneos, aos poderes femininos, como a Mãe-Terra.

21 "Ponto alto da cidade", cidadela. As cidades antigas geralmente começavam por fortes no topo de uma colina e cresciam para fora: templos e palácios ocupariam mais tarde a altura central. A Acrópole ateniense é coroada com um conjunto de edifícios que ainda é uma das maravilhas da Europa, construídos no século v a.C. com o mármore branco da região. O principal deles é o Partenon, o templo da "virgem" (Atena).

22 Lord Alfred Tennyson, *To Virgil*.

23 Os príncipes troianos eram numerosos. O Rei Príamo, um monarca de estilo oriental com um harém, teve cinquenta filhos; Hécabe, sua esposa principal, era a mãe de Heitor. Eneias pertencia ao ramo mais jovem da casa real troiana: seu tataravô Tros — daí "Troia" — também o era de Heitor. Não apenas os romanos se esforçavam por traçar sua ascendência até Troia. Os ingleses, na Idade Média, acreditavam que sua ilha teria sido colonizada pelo descendente de Eneias, Bruto, e dele tiraram o nome de Bretanha.

ela e seu travesso filho Eros haviam infligido a ele e aos outros deuses. Depois Anquises foi tolo a ponto de se gabar de sua conquista, e Zeus, vendo que a piada estava saindo do controle, disparou um raio sobre ele. Afrodite interpôs seu maravilhoso cinto e salvou sua vida, mas ele nunca mais conseguiu andar.

Protegido por sua mãe divina, Eneias escapou das chamas de Troia, carregando seu velho pai nas costas e as efígies de seus deuses domésticos em seus braços, acompanhado por alguns amigos e seu filho Ascânio. Ele havia sido informado em um sonho que era seu destino fundar uma nação em um país distante a oeste, a Itália, para onde a orientação divina acabaria por levá-los. Um profeta os aconselhou sobre que caminho tomar: eles deveriam fazer um desvio, para evitar certos perigos que não seriam fortes o suficiente para vencer. Muitos anos de peregrinação estavam diante deles, ao final dos quais chegariam ao seu novo lar.

Passando pela Sicília, onde vivia o monstro Polifemo, que da costa gritou terríveis ameaças para eles, foram recebidos por uma terrível tempestade enviada por Hera, que odiava todos os troianos, mas especialmente Eneias, e havia resolvido que ele nunca deveria chegar à Itália. Ele, porém, com sua pequena frota, atravessou a tempestade em segurança e desembarcou perto da cidade de Cartago,[24] no norte da África. Cartago estava sob a proteção de Hera, que sabia que a cidade destinada a ser fundada pelos troianos posteriormente guerrearia contra Cartago, arrasando-a e devastando todo o território circundante. Por isso, ela elaborou um plano para desviar Eneias de seu curso. O herói iria apaixonar-se por Dido, a bela rainha cartaginesa, que recentemente tornara-se viúva, e estabelecer-se tranquilamente como seu consorte. Sua mãe Afrodite estava disposta a ajudar a enredar Eneias neste caso de amor, sabendo o que Hera não sabia: que Zeus havia jurado que seu filho deveria cumprir seu destino como fundador de uma nova Troia que se tornaria o maior império da Terra.

Por um tempo Eneias viveu em Cartago, feliz com o amor de Dido. Mas quando ele e seus homens estavam completamente descansados e revigorados da longa campanha em Troia e de suas andanças desde então, os deuses decidiram interromper-lhes o sossego. Hermes, enviado por Zeus, veio um dia lembrar Eneias de seu dever. Envergonhado de sua ociosidade luxuosa, Eneias imediatamente ordenou a seus homens que se preparassem para a partida, sem se importar com as súplicas e lamentos de Dido. Naquela mesma noite os

---

24 Colônia da grande cidade comercial de Tiro, na Fenícia, fundada por volta de 814 a.C. no norte da África — quase quatrocentos anos atrasada para abrigar Eneias fugindo de Troia. Virgílio, que conta a história, não está fingindo escrever história quando sugere um pano de fundo para os problemas posteriores entre Cartago e Roma.

navios zarparam, e naquela mesma noite Dido ergueu uma alta pira funerária, na qual ela se esfaqueou até a morte, pedindo aos deuses que vingassem seu destino. Dessa dura retribuição por sua generosidade teria surgido a inimizade entre Cartago e a raça de Eneias, mais tarde o povo romano.

Deixando Cartago para trás, Eneias seguiu rumo à Itália. A frota havia novamente deixado a Sicília para trás quando ele perdeu seu valioso e experiente piloto, Palinuro, que uma noite adormeceu no leme e escorregou para o mar. Eneias, acordado enquanto seus homens dormiam, viu que o navio havia perdido o piloto e estava à deriva. Ele mesmo assumiu o leme e guiou o navio toda aquela noite, lamentando o amigo: "Ai, Palinuro, confiaste demais no céu e no mar tranquilo: ficarás insepulto, em uma praia desconhecida".

Passando pelo rochedo das sirenes, Eneias desembarcou na costa oeste da Itália. Lá ele procurou a Sibila de Cumas, a sacerdotisa profética de Apolo, para indagar a vontade dos deuses sobre sua jornada. Ela mesma não lhe deu nenhum conselho, mas prometeu guiá-lo ao submundo, onde ele poderia consultar o fantasma de seu velho pai Anquises, que havia morrido a caminho da Sicília. O caminho para o mundo inferior era árduo e perigoso, e para percorrê-lo em segurança, Eneias devia levar na mão o misterioso ramo dourado, consagrado a Perséfone, a Rainha dos Mortos. Guiado por duas pombas[25] enviadas por sua mãe, Eneias viu o ramo dourado brilhando no bosque escuro ao redor do Lago Averno, onde começava o caminho do submundo, e, quebrando-o, levou-o de volta para Sibila. Ela, depois de sacrificar a Hécate, conduziu-o durante a noite pela estrada íngreme para o Tártaro.[26]

> Quatro rios infernais, que despejam
> no lago ardente suas correntes funestas:
> O abominável Estige, rio de ódio mortal;
> o triste Aqueronte, negro e profundo;
> o Cócito, famoso pelos altos
> choros ouvidos em seu curso; o feroz Flegetonte,
> cujas ondas de fogo queimam raivosamente.
> Longe destes um fluxo lento e silencioso,
> Lete, o Rio do Esquecimento, percorre
> seu curso labiríntico, do qual quem bebe

---

25 As pombas eram sagradas para Afrodite e dizia-se que puxavam sua carruagem pelo ar. A águia era sagrada para Zeus, e o pavão para Hera. Através de sua associação com Atena, a coruja, figurada nas moedas de sua cidade, tornou-se a tradicional ave da sabedoria.

26 Às vezes usado para todo o reino de Hades, mas propriamente o lugar de punição do submundo habitado pelos grandes pecadores, Tântalo, Sísifo e os demais.

> *imediatamente esquece de seu estado e ser anteriores,*
> *Esquece tanto a alegria quanto a tristeza, o prazer e a dor.*
> — Milton[27]

Cinco rios circundam e serpenteiam pela morada dos mortos: Estige ou o Odioso, o rio pelo qual Zeus jura; Aqueronte, o Doloroso; Flegetonte, o Ardente; Cócito ou a Lamentação; e Lete, o Rio do Esquecimento. Suas margens estão cheias de almas lamentosas, esperando que Caronte, o barqueiro infernal, as transporte em seu decrépito barco. O ramo de ouro foi passaporte suficiente para Eneias e sua guia, que rapidamente chegaram à margem mais distante, onde aplacaram Cérbero, o cão de guarda de três cabeças, jogando-lhe pequenos bolos trazidos para este fim. Entre os campos dos mortos encontraram a sombra pálida de Dido, que passou por eles sem lhes dar um olhar ou palavra, lívida de raiva e ainda sangrando em sua ferida fatal. Por fim encontraram Anquises, que saudou seu filho afetuosamente, indicou-lhe onde deveria se estabelecer e como deveria proceder, e profetizou-lhe a futura glória de Roma.

De volta à costa italiana, Eneias foi com seus homens para o Lácio, o distrito ao redor da foz do Tibre, onde Roma seria fundada. Lá Hera causou problemas entre eles e os habitantes. Vindo em paz e pedindo apenas um lugar para se estabelecer, encontraram resistência armada e tiveram que fazer guerra pelo direito de ficar. Por fim, Eneias derrotou todos os seus inimigos e casou-se com Lavínia, filha de Latino, o Rei de Lácio, amigo deles; dessa união surgiu o povo romano.

O retorno de Ulisses

> *Aquele grego que tanto vagara,*
> *que por amor rejeitou a divindade.*
> — Spenser[28]

A mais longa história de peregrinações no retorno de Troia é a de Ulisses, o astuto rei da ilha rochosa de Ítaca, no Mar Jônico, que após dez anos de cerco levou mais dez anos para voltar à própria casa. Um dos primeiros lugares onde sua frota aportou foi a terra dos comedores de lótus, um povo gentil, cujo principal alimento era o fruto de lótus, que ofereceram aos navegantes. Aqueles que o provaram, imediatamente esqueceram da longa guerra que lutaram e as casas às quais retornavam, não pensando em mais nada além de ficar ali, contentes para sempre. Ulisses precisou de toda a sua presença de

---

27 John Milton, *Paraíso perdido*, l. 2, vv. 575–586.
28 Edmund Spenser, *The Faerie Queene*, l. 1, canto 3, est. 21, vv. 5–6.

espírito para enfrentar esse perigo: mandou os homens imediatamente de volta a bordo e os manteve amarrados até que o efeito passasse.

Em seguida, chegaram à ilha da Sicília, habitada pelos perigosos ciclopes, gigantes com um único olho no meio da testa. Eles viviam como pastores, dormindo com seus rebanhos em cavernas solitárias entre as rochas. Ulisses e alguns de seus homens entraram em uma dessas cavernas durante o dia, na ausência de seu dono Polifemo. Eles sabiam que a caverna tinha dono, pois havia cabritos e cordeiros presos na parte de trás, e nas paredes havia tigelas, baldes de leite e queijos recém-feitos. Os gregos se acomodaram, acendendo uma fogueira e servindo-se dos queijos de leite de cabra. À noite, Polifemo voltou para casa, levou seu rebanho para dentro da caverna e depois bloqueou a entrada com uma enorme pedra. Então ele avistou os viajantes, que educadamente pediram sua hospitalidade, Ulisses atuando como porta-voz. A resposta que receberam foi áspera: "Estranho, és um tolo, ou ignoras onde estás. Por que falar sobre Zeus e sua proteção aos suplicantes? Nós, ciclopes, somos mais fortes do que ele e não nos importamos com suas leis". Assim dizendo, ele pegou dois dos companheiros de Ulisses, quebrou seus miolos no chão da caverna e os devorou. Os outros assistiram horrorizados enquanto ele engolia os últimos bocados com leite e depois se esticava no chão para dormir. Ulisses pensou em matá-lo com sua espada, mas de que isso adiantaria? Eles nunca poderiam afastar a pedra da entrada da caverna.

Depois de uma noite de medo e lamentação, eles viram o monstro se servir de mais dois homens no café da manhã; em seguida, tendo ordenhado as cabras, ele empurrou a pedra e expulsou seu rebanho, bloqueando em seguida a boca da caverna novamente. Na sua ausência, eles elaboraram um plano. À noite, depois que Polifemo mais um vez jantou dois de seus companheiros, Ulisses se aproximou dele com uma taça cheia do vinho que trazia consigo, fingindo que esperava com essa oferta abrandar o coração do gigante. Polifemo engoliu avidamente e exigiu mais. Depois de três tigelas, ele perguntou o nome de Ulisses e prometeu dar-lhe um presente. "Meu nome é Outis (Ninguém). O que me darás?". "Outis será o último a ser comido depois de seus companheiros: esse é o seu presente", e com isso o ciclope entregou-se ao sono ébrio. Imediatamente Ulisses pulou e agarrou uma enorme vara de oliveira recém-cortada que estava na caverna, e depois de afiar uma ponta, os homens a enfiaram nas brasas do fogo para a aquecer. Quando a seiva começou a chiar e queimar, eles a tiraram do fogo e enfiaram a ponta no único olho do ciclope enquanto ele dormia com a cabeça jogada para trás. Polifemo gritou e cambaleou, cego e berrando. Os outros ciclopes que moravam perto vieram correndo para descobrir a causa do distúrbio; mas quando ouviram Polifemo rugir: "Ninguém me cegou! Ninguém está me matando!", voltaram para suas cavernas, resmungando, para terminar a noite de sono.

Enquanto o gigante gemia e tropeçava na caverna, Ulisses estava realizando um estratagema para que ele e seus homens pudessem escapar. Ele pegou os carneiros do rebanho sem fazer barulho e os amarrou em trios, amarrando um homem sob cada um dos carneiros do meio. Para si, ele pegou o maior de todos os carneiros, agarrando-se à lã grossa sob a barriga. Quando amanheceu, Polifemo soltou seu rebanho, passando a mão sobre o dorso de cada um dos animais que passavam, sem tocar nos homens por baixo. Quando o próprio carneiro de Ulisses saiu em segurança, ele o soltou e correu para desamarrar todos os outros. Alcançando seus navios e silenciando os gritos de admiração e boas-vindas de seus amigos, eles tomaram seus lugares aos remos e começaram a remar. Então Ulisses se levantou e gritou de volta para Polifemo: "Bruto! De viajantes inofensivos te cevas? Os deuses fizeram bem em punir-te por tal maldade". Polifemo, furioso, atirou-lhes a metade de uma montanha, tão violentamente que foram empurrados de volta em direção à costa. Quando, a remar, estavam mais uma vez em alto mar, Ulisses começou a insultá-lo novamente, embora seus companheiros o implorassem que se calasse: "A qualquer um que te pergunte quem arrancou aquele teu lindo olho, podes dizer que foi Ulisses, de Ítaca". Então o ciclope levantou as mãos para o céu e orou a seu pai Poseidon. "Ouve-me, grande deus do mar: se sou de fato teu filho, cuida para que Ulisses nunca volte vivo para casa, ou se voltar, que sofra a perda de seus navios, seus homens e tudo o que tem, e volte pobre e sem amigos a uma casa lamentosa". Poseidon ouviu sua oração, e os gregos seguiram remando, tristes por seus amigos e temerosos do que estava por vir.

Chegaram perto da ilha flutuante de Éolo, o deus dos ventos, onde este morava com seus seis filhos casados com suas seis irmãs. Lá eles foram gentilmente entretidos, e quando Ulisses partiu, Éolo deu-lhe como presente de despedida uma bolsa de pele na qual foram encerrados todos os ventos desfavoráveis à viagem de volta — ou seja, todos os ventos exceto o vento oeste, que os ajudaria. Por nove dias e nove noites eles avançaram, até que no décimo dia eles puderam ver sua terra natal erguendo-se acima do mar e as fogueiras queimando o restolho do outono. Então Ulisses, cansado de vigiar, caiu em um sono leve. Seus homens começaram a conversar entre si, dizendo que ele trazia para casa um tesouro naquele saco, e que aqueles que compartilharam seus problemas e trabalhos deveriam ter parte em suas recompensas também. Um deles desatou o cordão que fechava a bolsa; e todos os ventos irromperam juntos em uma tempestade que levou os navios e os tristes homens para longe de sua terra natal. Conduzido de volta à ilha Eólia,

Ulisses entrou na casa do deus e sentou-se junto à lareira como suplicante, explicando a desgraça que o trouxera de volta e pedindo ajuda pela segunda vez. O deus estava, para falar pouco, zangado com o mau uso de seu dom e declarou que um homem tão azarado devia ser merecidamente odiado pelo Céu. Ulisses voltou tristemente para os navios, não tendo ganho nada com sua visita, e eles partiram mais uma vez.

Depois de uma longa remada, eles chegaram ao país onde viviam os lestrigões, gigantes comedores de homens, que esperaram até que a maior parte da frota atracasse em seu porto fechado para então começar a lançar pedras enormes contra os navios e a caçar os homens com dardos, como se fossem peixes. Todos os que foram presos no porto tiveram uma morte cruel, enquanto Ulisses, que prudentemente havia ancorado seu próprio navio do lado de fora, cortou o cabo com sua espada e gritou para os homens que remassem por suas vidas. Então eles navegaram, felizes por terem escapado da morte, mas tristes pela perda de seus amigos.

> *Quem não conhece Circe,*
> *a filha do Sol, cuja taça encantada*
> *tira de quem a prova a postura ereta,*
> *e rebaixa-o a um porco rastejante?*
> — Milton[29]

Com o tempo eles chegaram à Ilha de Eeia, lar da grande e astuta deusa Circe, irmã do mago Eetes e filha do Sol. Lá eles fundearam seu navio em um porto seguro, e por dois dias e duas noites ficaram na praia, exaustos de tantos problemas. No terceiro dia, Ulisses, sem saber onde estavam, enviou alguns de seus homens, sob o comando de seu tenente Euríloco, na direção em que havia visto a fumaça de uma casa subindo por entre as árvores.

Quando o grupo se aproximou da casa, eles foram recebidos por todos os tipos de animais selvagens, lobos e leões da montanha entre eles, que, para seu espanto, não eram nada ferozes, mas os bajulavam como cães tratam seus donos. De pé nos portões da casa, eles podiam ouvir a deusa trabalhando em seu tear lá dentro, e toda a casa ressoava com seu canto. Assim que eles a chamaram, ela abriu os portões e os convidou a entrar com palavras gentis, colocando comida e vinho diante deles — todos menos o cauteloso Euríloco, que ficou do lado de fora, desconfiado. E os fatos provaram que ele estava certo, pois no momento em que os homens engoliram o vinho drogado de Circe,

---

29 John Milton, *Comus*, vv. 50-53.

ela os tocou no ombro com sua varinha e eles se transformaram em porcos peludos e barulhentos, e foram trancados em seus chiqueiros. Foi então que, tarde demais, eles entenderam a natureza dos estranhos animais da floresta.

Circe[30]

Quando seus companheiros não voltaram, Euríloco, aterrorizado e angustiado, apressou-se a voltar para Ulisses, que imediatamente partiu ao encontro deles. No bosque encantado que cercava a casa encontrou o deus Hermes, na forma de um jovem, reconhecível pelo cajado dourado de arauto[31] que ele sempre carregava. Hermes cumprimentou Ulisses gentilmente, explicou o destino de seus companheiros e deu-lhe uma erva mágica chamada móli, que o protegeria contra os encantamentos de Circe. O móli tem a raiz preta, uma flor branca como leite, e somente os deuses podem arrancá-lo da terra.

Acolhido por Circe, Ulisses bebeu seu vinho sem ficar estupefato; e quando ela o atingiu com sua varinha, gritando: "Vá para o chiqueiro com seus amigos!", ele avançou para ela com sua espada e a fez cair suplicante a seus pés. "Quem és tu, que resistes aos meus feitiços? Não podes ser senão Ulisses, que estava destinado a vir aqui: embainha tua espada, sejamos amigos". Ulisses só cedeu depois que ela prometeu libertar não apenas seus companheiros, mas também

---

30 Os gregos sempre misturavam seu vinho com água em uma tigela antes de beber.

31 O caduceu, carregado por arautos e embaixadores gregos como marca de seu ofício. O de Hermes tinha duas serpentes enroscadas em torno do cabo, com suas cabeças se encontrando no topo, e na arte clássica tardia era encimado por um pequeno par de asas como símbolo de sua velocidade. Não deve ser confundido com o cajado de Asclépio, o patrono da medicina, no qual se enrosca uma única cobra. O cajado de Hermes tinha poderes mágicos: podia adormecer as pessoas e também controlar as almas dos mortos, que Hermes, como "psicopompo", tinha o dever de levar ao submundo. Hermes é reconhecido também pelas botas aladas e um chapéu de abas largas de viajante, às vezes também alado.

todos os outros cativos. A partir daí, ela os entreteve tão majestosamente que eles ficaram com ela por um ano inteiro sem pensar em suas casas.

Por fim, os homens de Ulisses começaram a pressioná-lo para continuar a viagem, e ele pediu conselhos à deusa. "Antes que possas chegar à tua terra natal, deves ir à casa de Hades e sua rainha Perséfone para consultar o fantasma de Tirésias, o profeta cego de Tebas. Ele é o único de todos os mortos que preserva seu entendimento, enquanto os outros fantasmas flutuam sem pensar. Entra no teu navio, abre as velas e o vento te levará direto para a costa do país de Perséfone,[32] onde o Sol nunca brilha, onde os choupos pretos enchem os bosques e os salgueiros deixam cair seus frutos antes que amadureçam. No ponto em que os rios Flegetonte e Cócito deságuam no Aqueronte, lá deves cavar um poço e derramar uma oferenda aos mortos. Então sacrificarás um carneiro e uma ovelha preta com o teu rosto virado, e deixarás o sangue deles escorrer para a vala. Os fantasmas dos mortos[33] vão se aglomerar e tentar beber, mas deves mantê-los afastados com sua espada até que Tirésias tenha bebido do sangue e respondido a todas as suas perguntas. Ele te guiará sobre o mar e te dirá como chegar em casa".

Tudo aconteceu como a deusa havia prometido. Quando Ulisses derramou o sangue das ovelhas, os fantasmas surgiram em bando do chão, ansiosos para beber, esvoaçando ao redor da trincheira com gritos débeis. Ulisses conteve-os até que a sombra de Tirésias se encheu e reuniu forças para falar. "Perseguido pela ira de Poseidon, terás uma dura jornada para casa; mas lá ainda chegarás se quando chegarem à Sicília fores capaz de impedir teus homens de molestar os bois do Sol, que tudo ouve e tudo vê. Mesmo assim, estás destinado a perder todos os teus homens e a terminar a viagem na miséria, no navio de outro homem: então encontrarás problemas em tua casa, estranhos devorando tua propriedade e desrespeitando tua paciente Rainha Penélope. Deles te livrarás, mas então precisarás empreender outra jornada para aplacar Poseidon, carregando um remo sobre o ombro até chegar a uma terra onde os homens não salgam sua comida, nunca ouviram falar do mar, e confundem o remo com uma pá de peneirar. Lá enterrarás o remo e farás sacrifício a Poseidon; depois podes ir para casa e viver até uma velhice tranquila, mas a morte, por fim, virá do mar em teu encalço".

---

32 Os primeiros gregos tinham duas concepções da morada dos mortos: que era subterrânea e que era um país no Extremo Oeste, na direção do Sol poente. Na *Odisseia*, essas tradições são combinadas: a entrada da casa de Hades é no "país de Perséfone", no Oeste, onde os fantasmas surgem quando são invocados.

33 A vida após a morte imaginada pelos gregos era sombria e sem alegria. Os fantasmas eram meros fantasmas, sem força e sem entendimento, sem o sangue que é o vigor dos homens vivos. Eram objetos de pena, mas dificilmente de medo. Homero fala com respeito nesta passagem das "tribos gloriosas dos mortos", mas também, quase no mesmo fôlego, ele os chama de "os fracos mortos".

Tirésias então disse a Ulisses que, se ele desejasse falar com mais algum dos fantasmas, principalmente o de sua mãe, deveria deixá-los beber do sangue, e então sua memória e fala retornariam. A mãe de Ulisses confirmou as palavras de Tirésias sobre os problemas em Ítaca, contando-lhe como os chefes da cidade, supondo-o morto, se mudaram para sua casa sob o pretexto de cortejar sua esposa, enquanto seu velho pai era reduzido à pobreza e seu filho Telêmaco, agora um homem adulto, administrava a propriedade da melhor maneira possível.

Quando ela terminou de falar, Ulisses tentou abraçar sua mãe; mas embora ele estendesse os braços para ela três vezes, cada vez ela esvoaçava como um fantasma ou um sonho. Por fim, ele gritou: "Quererá Perséfone atormentar-me, perturbado como estou, zombando de mim com uma sombra vazia?". "Meu filho", ela respondeu, "mais infeliz dos homens, não é que Perséfone te iluda, mas todos nós somos assim depois da morte. Nossos tendões não mantêm nossa carne e ossos juntos, e nada resta além de um fantasma fugaz".

Por fim, chegaram ao poço as sombras de alguns dos companheiros de Ulisses na guerra. Entre eles estava Aquiles, que perguntou chorando: "Por que te aventuraste neste reino miserável, entre os fantasmas vazios dos mortos?". Ulisses tentou animá-lo, dizendo: "Deves sem dúvida estar contente. Nenhum homem jamais foi abençoado como tu foste, pois em vida foste honrado, entre nós, como os deuses; e agora és um senhor poderoso entre os mortos. É este um destino tão mau?". "Não te incomodes em elogiar a morte diante de mim", respondeu Aquiles. "Mais me valera servir como escravo de um pobre lavrador, se ao menos pudesse estar acima da Terra, do que ser o rei dos reis sobre todo o exército dos mortos".

> E as sirenes, ensinadas a matar
> com sua doce voz,
> fazem com que cada pedra ecoante responda
> ao seu suave murmúrio.
> — Thomas Campion[34]

Deixando o escuro covil de Perséfone, Ulisses retomou a viagem de volta para casa. Agora eles se aproximavam da ilha das sirenes, as cantoras fatais que habitavam um verde prado amontoado com os ossos apodrecidos daqueles que enganaram. Circe o havia advertido sobre elas, aconselhando-o a tapar os ouvidos de seus homens com cera. Ele acatou o conselho, mas deixou seus

---

34 Thomas Campion, *A Hymn in Praise of Neptune*.

próprios ouvidos livres, tendo-se amarrado ao mastro para que não pudesse saltar para sua destruição. Em seguida, eles tiveram que passar entre a rocha de Cila, o uivante monstro de seis cabeças, e o terrível redemoinho Caríbdis; mantendo-se do lado de Cila do canal, passaram sem serem sugados, mas pagaram por sua fuga: ao passarem, cada uma de suas seis cabeças engoliu um homem.

Ulisses e as sirenes

Circe, assim como Tirésias, avisara Ulisses sobre os rebanhos do Sol na ilha da Sicília e os riscos de roubar ainda que um único daqueles animais. Ele avisou, muito cuidadosamente, seus homens que eles deveriam se contentar com a comida mandada por Circe enquanto estivessem lá. No início, seus conselhos foram obedecidos. Mas a ira dos deuses ainda os perseguia: primeiro Zeus enviou uma tempestade, e depois um vento contrário soprou continuamente por um mês, de modo que eles esgotaram suas provisões sem que pudessem deixar a ilha. Por fim, eles começaram a pescar e a armar arapucas para pássaros pequenos, sem sucesso. Então, um dia, quando Ulisses dormia um pouco longe, seu tenente Euríloco reuniu os outros ao seu redor e declarou que morreriam de fome se continuassem obedecendo à ordem. A fome venceu a prudência, e Ulisses, voltando ao navio, sentiu o cheiro de carne assada e amaldiçoou seu destino. O Sol, enfurecido, foi até Zeus e jurou que desceria à casa de Hades e brilharia entre os mortos se a perda de seu amado gado não fosse compensada. Zeus só conseguiu apaziguá-lo prometendo destruir o navio com um raio. Os presságios do desastre começaram imediatamente: as peles do gado morto rastejaram, e as carnes suspiravam como vacas vivas enquanto estavam sendo assadas.

Quando finalmente o vento cessou, o navio partiu para o mar. Imediatamente o céu escureceu, irrompeu uma tempestade terrível, e Zeus lançou seus raios. O navio deu voltas e mais voltas: todos os homens foram varridos do convés e se afogaram ou foram atingidos por raios. Ulisses conseguiu agarrar-se a alguns destroços com os quais improvisou uma jangada e, sendo carregado pelas ondas a noite inteira, pela manhã se viu novamente próximo de Caríbdis. Ele escapou agarrando-se a uma árvore solitária que crescera em uma rocha até que sua jangada, sugada pelo redemoinho, foi expelida novamente.

Por fim, a jangada o levou para a ilha de Ogígia, onde a ninfa Calipso o recebeu gentilmente, prometendo-lhe a mesma juventude eterna de que gozava se ele ficasse com ela na ilha. Ela tinha meios de forçá-lo a ficar com ela, pois Ulisses, apesar de toda a sua saudade de casa, não tinha como fugir. Finalmente, depois de sete anos, Atena, preocupada com os problemas da esposa e do filho em Ítaca, bem como com os do herói, persuadiu Zeus a, através de Hermes, enviar a Calipso uma mensagem de que ela havia mantido Ulisses por tempo suficiente e deveria libertá-lo. Calipso ficou zangada, mas não conseguiu demover os deuses; então ela foi a Ulisses, que estava sentado na praia olhando o mar, com saudades de casa, e disse-lhe que se ele persistisse em sua preferência por uma casa atribulada e uma esposa não imortal nem divinamente bela, ela o ajudaria a construir e equipar uma jangada forte o suficiente para levá-lo para casa. Admirando-se com a disposição dela, ele se pôs a trabalhar de bom grado. Em cinco dias, a jangada estava completa e totalmente abastecida de provisões, e Ulisses partiu, guiando sua embarcação com um leme rústico de modo a manter a Ursa à sua esquerda, como Calipso o instruíra. Ele quase havia chegado à terra dos feácios quando Poseidon o avistou navegando e enfureceu-se. "Os deuses têm favorecido este homem, mas esqueceram de tratar comigo". Ele armou a pior tempestade de que era capaz, ordenando que os ventos de todos os quatro quadrantes soprassem contra Ulisses e sua embarcação improvisada, derrubando-o nas águas agitadas e arrebatando a jangada de suas mãos. No momento em que Ulisses estava perdendo a esperança, Ino, uma deusa do mar, apareceu e emprestou-lhe seu véu, que o impediu de afundar até que, após grandes esforços, ele conseguiu chegar à praia. Lá, ele nadou pela foz de um rio, alcançou a margem e devolveu o véu à água. Lá ficou até a manhã seguinte, exausto com tantas dificuldades.

Quando amanheceu, Nausícaa, a bela filha do Rei Alcínoo e da Rainha Arete, desceu à foz do rio com suas companheiras para lavar as roupas da corte.[35] Quando o serviço estava feito e o linho seco ao Sol e dobrado para ser levado de volta na carroça, a princesa jogou uma bola para uma das jovens, que não conseguiu pegá-la, deixando-a cair na água. O grito delas despertou o herói,

---

35 A maioria dos reis homéricos, com poucas exceções, como Agamenon, eram governantes de pouca monta — chefes de distritos, comparáveis aos *squires* do sistema nobiliárquico inglês. As condições de vida naquela época não permitiam nem à realeza que ficasse ociosa: princesas lavavam, príncipes como Anquises cuidavam do gado, rainhas fiavam e teciam. Mulheres mediterrâneas em lugares remotos ainda pisoteiam roupas em cisternas de pedra construídas ao longo dos riachos.

que saiu dos arbustos em que estivera abrigado e apareceu caminhando, nu, com os olhos arregalados de fome e machucado pela luta com o mar. Nausícaa, comovida por sua evidente aflição, mandou que o banhassem, vestissem e levassem à cidade; mas sendo uma princesa de notável discrição, ela deixou que ele por si mesmo se apresentasse no palácio. "Para que não haja escândalo por eu tomar um homem estranho sob minha proteção, deves esperar nos arredores da cidade, permitindo-nos chegar em casa antes que perguntes pelo caminho à casa de meu pai Alcínoo. Quando entrares no prédio, caminhe direto pelo pátio interno até encontrar minha mãe Arete, sentada perto do fogo e fiando sua lã roxa com suas criadas ao redor dela. Perto dela está meu pai, bebendo como os deuses imortais, mas não dês atenção a ele. Vá até minha mãe e coloque tuas mãos nos joelhos dela em súplica se quiseres ver tua casa novamente".

Guiado por Atena, Ulisses chegou ao palácio, esplêndido como o Sol ou a Lua e cercado por um jardim murado no qual cresciam todas as espécies de árvores frutíferas, cujos frutos nunca faltavam durante todo o ano, uma nova safra amadurecendo à medida que a anterior era colhida. De cada lado do portão postavam-se cães de ouro e prata, feitos por Hefesto para guardar a casa, eternos e imortais: dentro havia estátuas de ouro com tochas nas mãos, para iluminar à noite os convivas.

Ao entrar, Ulisses foi direto à Rainha Arete, como lhe fora aconselhado. Tudo correu bem e ele foi muito bem recebido. Alcínoo convocou os principais cidadãos da Feácia para um banquete. Lá foram entretidos pelo bardo Demódoco, a quem a Musa amava muito, mas que recompensou tanto com o bem quanto com o mal, dando-lhe o dom divino da canção e tornando-o cego. Demódoco começou a cantar os acontecimentos de Troia, quando Ulisses, que ainda era desconhecido da corte, cobriu o rosto com o manto e chorou. Alcínoo, percebendo sua dor, começou a suspeitar quem era seu hóspede e o questionou até que Ulisses consentiu em contar toda a história de suas viagens.

Depois disso, Alcínoo despachou Ulisses, carregado de presentes, numa das naves inteligentes dos feácios, que sabem para onde vão sem precisar de leme nem piloto. Cumpriu-se então uma antiga profecia: Poseidon, de quem descendiam tanto Alcínoo quanto sua esposa Arete, sempre ameaçara que um dia, se os feácios continuassem a dar escoltas a todos que os pedissem, ele naufragaria um de seus navios quando voltasse para casa de tal missão, e enterraria sua cidade sob uma alta montanha. Quando Poseidon viu o navio feácio chegar a Ítaca e Ulisses ser desembarcado pelos marinheiros, ficou furioso e, esperando que o navio chegasse perto de casa, golpeou-o com a palma da mão e transformou-o em uma rocha. Então Alcínoo, lembrando-se da profecia, apressou-se com todo o povo a sacrificar a Poseidon, temendo que ele cumprisse sua ameaça e enterrasse sua cidade sob uma montanha; e nesse ponto, a história os deixa para trás.

> *Homero conta em seus versos abundantes*
> *as longas e laboriosas viagens do homem,*
> *e também sobre a mulher dele esboça*
> *como escapa, com toda a arte de que dispõe,*
> *do ingrato amor que tantos já tentaram;*
> *pois a falsa fama há muito jurava, sobre seu senhor,*
> *que os monstros de Netuno o devoraram.*
> — Sir John Davies[36]

Ulisses, chegando à sua terra natal, foi saudado por Atena, que o advertiu dos perigos que enfrentaria em casa, deu-lhe a aparência de um homem velho e miserável e o levou secretamente à cabana de Eumeu, seu velho criador de porcos. Durante sua ausência de vinte anos, um grupo de príncipes de Ítaca e das ilhas vizinhas vinha exigindo a mão de sua fiel esposa Penélope, e com ela o reino. Ela os recusou, fazendo uso de todos os pretextos que foi capaz de criar, confiando no eventual retorno de Ulisses; e quando finalmente foi obrigada a definir um dia em que escolheria dentre eles, prometeu fazê-lo quando concluísse o trabalho que, naquele momento, realizava no tear — uma mortalha para seu velho sogro. A mortalha nunca foi terminada, no entanto, pois ela secretamente desmanchava, todas as noites, o progresso que tivesse feito durante o dia. Enquanto isso, os pretendentes turbulentos haviam se mudado para o palácio e se banqueteavam generosamente com os rebanhos, manadas e estoque de vinho de Ulisses. Sua insolência e impaciência aumentavam a cada dia, especialmente porque, pouco antes dessa época, uma das criadas de Penélope lhes havia revelado por que a costura estava demorando tanto. Penélope agora vivia praticamente prisioneira nos quartos superiores, enquanto seu filho Telêmaco viajara a Esparta para perguntar se Menelau tinha alguma notícia de Ulisses.

Agora que Ulisses havia retornado, Atena trouxe Telêmaco de volta de Esparta e o levou à cabana de Eumeu, onde pai e filho se cumprimentaram afetuosamente. Então eles traçaram seus planos para se livrar dos pretendentes incômodos.

---

36 Sir John Davies, *Orchestra*, vv. 15-21.

Na manhã seguinte, Telêmaco foi para casa no palácio, e Ulisses chegou depois, vestido como um pobre e velho mendigo. Ao chegar ao portão, seu velho cão Argos, deitado no caminho, reconheceu-o e abanou debilmente o rabo. Ulisses não se atreveu a curvar-se e acariciá-lo, e enquanto se afastava o velho cão morreu.

Quando Ulisses apareceu como mendigo no salão, os pretendentes zombaram dele e o maltrataram, um deles jogando um escabelo que machucou seu ombro. Penélope, ao saber disso, enfureceu-se e mandou chamar o mendigo para perguntar se ele sabia alguma coisa de Ulisses. Chegando a sua presença, ele contou uma longa história de ter conhecido seu marido e a animou com promessas de que logo estaria em casa; e enquanto ele falava, Penélope olhava para o marido, mas não o reconhecia. Ulisses teve pena dela e ansiava por se revelar, mas temia que ela pudesse acidentalmente traí-lo antes que sua vingança fosse realizada.

Quando ouviu a história, Penélope chamou uma velha criada, Euricleia, que havia sido ama de Ulisses, para vir lavar os pés de seu convidado. Assim que ela se curvou sobre a banheira, reconheceu uma velha cicatriz na coxa dele, que ele havia obtido muitos anos antes, caçando no Monte Parnaso com seu avô Autólico, o famoso ladrão e mentiroso. Em seu choque, ela deixou cair o pé dele, fazendo a banheira virar e derramando água: Ulisses imediatamente a agarrou pela garganta e ordenou que ela segurasse a língua. "Meu filho", ela disse, "o que estás pensando? Sabes que nada pode me dobrar: vou continuar muda como uma pedra".

Quando Ulisses despediu-se de Penélope, que não havia notado nada, ela lhe disse que, afinal, temia que o marido estivesse morto, que tinha medo de atrasar os pretendentes por mais tempo e estava pensando em alguma prova de força ou habilidade pela qual pudesse fazer a escolha dela. Ainda assim, ela hesitava: havia sonhado, recentemente, com uma grande águia que descia do céu e destruía um bando de gansos que comiam no cocho: não seria esse um presságio de que Ulisses voltaria e destruiria os pretendentes indesejados? "Estranho, não sei o que pensar. Há duas portas por onde nos chegam os sonhos do submundo, uma de chifre e outra de marfim.[37] Aqueles que passam pela porta de marfim são vazios e vãos, mas verdadeiros são os sonhos que passam pela porta de chifre: por meu filho e por mim mesma, acredito que meu sonho foi um desses". Assim dizendo, ela subiu para seu divã, onde Atena derramou o doce sono em seus olhos.

---

[37] Enquanto o chifre, se cortado fino o suficiente, é transparente, o marfim é sempre opaco, portanto capaz de iludir. Os gregos, como os egípcios, desde tempos remotos importavam marfim da Etiópia.

Ao raiar do dia, todos os pretendentes chegaram à casa e começaram a sua festa habitual, amontoando insultos a Ulisses, que se mantinha calado. Depois de comerem, Penélope trouxe da despensa um grande arco, com sua aljava de flechas, deixado por Ulisses vinte anos atrás, quando foi para a guerra. Ela se apresentou aos pretendentes e disse-lhes que se casaria com qualquer um deles que conseguisse disparar, com o arco de Ulisses, uma flecha que passasse através de uma série de doze argolas de ferro dispostas em fila. Todos os pretendentes tentaram, por sua vez, pôr a corda no arco; enquanto tentavam, Ulisses saiu ao pátio e deu-se a conhecer a dois velhos criados de cuja fidelidade tinha certeza: o porqueiro Eumeu que o acolhera sem saber, e outro pastor. A estes ele ordenou que fechassem a porta do apartamento das mulheres e as outras saídas da casa. Quando ele voltou para o corredor, o último dos pretendentes tinha acabado de desistir. Ulisses perguntou se poderia tentar, para ver que força lhe restava na velhice; os outros se zangaram, mas Telêmaco os repreendeu e fez o arco ser entregue a ele. Depois de examiná-lo por um momento, Ulisses esticou a corda, com a mesma facilidade de um bardo colocando uma corda nova em sua lira, e atirou uma flecha diretamente através da fila de argolas que havia sido montada. Em seguida, desfez-se dos andrajos, fez sinal a Telêmaco, que saltou ao seu lado, armado, e começou a disparar sua aljava de flechas nos pretendentes, que, impotentes de espanto, caíram um a um. Quando suas flechas se esgotaram, Eumeu e o vaqueiro, que haviam se munido de armaduras, vieram em seu auxílio, e a deusa Atena os acompanhou e os encorajou na matança. Por fim, restaram apenas dois miseráveis, que foram obrigados a servir os pretendentes: um sacerdote que realizou seus sacrifícios e um bardo que cantou para entretê-los. O sacerdote implorou por sua vida, mas Ulisses não o ouviu. "Muitas vezes rezaste aos deuses para que perturbassem minha volta para casa", disse ele, e decepou a cabeça do homem ajoelhado. Então o bardo se adiantou: "Não te fará bem algum matar um bardo como eu, que pode cantar diante de deuses e homens". A ele Ulisses poupou.

Por fim, quando Ulisses parou e olhou em volta, o salão estava cheio de mortos, deitados como peixes pescados e deixados na margem para espirar. Abriu, então, a porta do apartamento das mulheres e chamou a velha ama Euricleia. Quando ela viu aquela cena, abriu a boca para gritar em triunfo; mas Ulisses a conteve, dizendo: "Regozijai-vos em silêncio: é uma coisa profana alegrar-se com a morte dos homens. A ira dos deuses e seus próprios atos maus os destruíram". Sob sua direção, as empregadas começaram a trabalhar minuciosamente para limpar o salão; enquanto isso Euricleia subia com o passo leve de uma jovem para dizer a Penélope que o marido chegara em casa e acabara com os pretendentes insolentes que a perturbavam. Penélope a princípio não acreditou, supondo que sua velha criada tivesse enlouquecido. "Ulisses encontrou a morte longe de Ítaca", disse ela, "ele nunca mais retornará à sua terra natal". Mas ela foi, por fim, persuadida a descer e ver por si mesma.

Hermes

Descendo ao salão, sentou-se junto à lareira em frente a Ulisses e fitou-o longamente sem falar, por tanto tempo que Telêmaco começou a recriminá-la pela dureza de coração. Ainda cheia de espanto, ela não acreditou até que Ulisses disse para ela coisas que só ele poderia saber; então, finalmente, ela foi até ele e o abraçou. Enquanto isso, Hermes, o guia das almas, ajuntava os fantasmas dos pretendentes, despertando-os com seu cajado de ouro e atraindo-os, chorosos, atrás dele. Como os morcegos voam guinchando nas profundezas de uma grande caverna quando um deles cai da massa em que se agarram, assim os fantasmas gemiam e guinchavam quando Hermes, o curador de dores, os conduzia para as moradas sombrias da morte.[38] Depois de terem passado pelas correntes do oceano e da Rocha Leucádia, chegaram às Portas do Sol e à terra dos sonhos, e depois aos prados de asfódelos, onde vivem as sombras daqueles cujos trabalhos terminaram.

Ulisses e sua família fizeram as pazes com os parentes dos pretendentes, e Ulisses, depois de suas longas andanças, voltou a ser senhor em sua própria casa.

---

38 A Rocha Leucádia (que não deve ser confundida com o cabo na ilha jônica de Leucas, ao norte de Ítaca) era um marco mítico além do mar ocidental. Os Portões do Sol eram aqueles pelos quais o deus-sol Hélio descia todas as noites para iniciar sua jornada sob a Terra, de volta ao seu ponto oriental de ascensão. Dizia-se que a terra dos sonhos fazia parte do submundo ou estava situada ao lado de sua entrada. O reino dos mortos, governado por Hades e Perséfone, era uma planície lúgubre coberta de asfódelo, um lírio de folhas acinzentadas comum na Grécia. A palavra inglesa *daffodil*, "narciso", vem de "asfódelo", embora os narcisos sejam de uma família diferente.

7
Cupido e Psiquê[1]

Ó, mais jovem e mais bela visão
de toda a hierarquia desbotada do Olimpo!
— Keats[2]

Era uma vez um rei que morava em certa cidade e tinha três filhas. Psiquê, a mais nova, era tão bonita que cidadãos e estranhos se uniam para dar-lhe honras divinas, acreditando talvez que ela fosse a renascida deusa do amor, Vênus que subira do mar espumante. As multidões comprimiam Psiquê quando ela caminhava pela cidade, chamando-a pelo nome e pelos títulos da deusa e oferecendo-lhe guirlandas floridas. À medida que sua fama se espalhava, viajantes vinham de cada vez mais longe para vê-la, até que os santuários de Vênus, até mesmo o da própria Citera, ficaram abandonados e seus altares ficaram negligenciados e cobertos de cinza antiga.

Vênus ficou zangada com isso e jurou vingança. "Como! Terei eu, que sou o espírito ardente do mundo todo, que compartilhar minha adoração com uma jovem mortal que um dia morrerá?". Ela chamou em seu socorro seu filho alado Cupido, que faz todo tipo de travessuras sem se importar com ninguém, e indicou Psiquê, sentada na casa de seu pai. "Meu querido filho, eu te conjuro por amor da tua mãe, castiga essa beleza arrogante que me ofende. Faz com que essa jovem caia em uma paixão desesperada pela mais miserável criatura

---

[1] Apenas um autor conta esta história: Apuleio, no decorrer de seu romance em prosa latina, *O asno de ouro*, escrito no final do século II d.C. Nele, a história é contada por uma velha em um covil de ladrões para entreter uma donzela sequestrada. Não temos como saber se Apuleio recolheu ou inventou a história, que é, de muitas maneiras, mais parecida com os contos de fadas da Europa medieval do que com os mitos clássicos mais antigos. Os nomes de seu herói e heroína são sugestivos: Cupido, em grego Eros, é o deus do amor, e *psyche*, a palavra grega para "borboleta", também significa "alma".

[2] John Keats, *Ode to Psyche*.

viva, por algo tão sujo, doente e deformado que nada se conheça igualmente repulsivo". Assim dizendo, ela abraçou o filho e partiu em direção ao mar, acompanhada por ninfas que cantavam e brincavam ao seu redor.

Dragão[3]

Enquanto isso Psiquê, amada por todos, ainda assim definhava em sua beleza infeliz; pois o desagrado de Vênus mantinha longe dela todos os pretendentes. Ela era elogiada e admirada como uma imagem pintada, em vez de desejada como uma jovem de carne e osso. Suas duas irmãs mais velhas tinham sido esplendidamente casadas com reis, enquanto ela ficava sozinha em casa e odiava a triste sorte que a separava do destino comum das mulheres. Seu pai, temendo que algum deus fosse a causa de seu infortúnio, fez uma viagem a um oráculo de Apolo, que lhe deu esta resposta alarmante:

> *Leva tua filha, ó rei, a uma encosta elevada*
> *para o destino dela qual noiva adornada.*
> *Aquele que dela há de desfrutar o amor*
> *não é mortal, mas um dragão de imenso horror,*
> *que o ar do céu ventila com asas brutais,*
> *e sem cansaço ou dor destrói as coisas mais.*
> *Mesmo a Jove e aos outros deuses lá molesta;*
> *Rios, pedras, e sombras do Inferno o detestam.*

Quando ouviram a resposta do deus, a família infeliz passou vários dias de luto, à medida que se aproximava a hora do casamento fúnebre. As tochas ardiam com uma luz fracamente bruxuleante, a música nupcial era interrompida por lamentações, a noiva enxugava as lágrimas com o véu; toda a cidade lamentava com seus pais. Psiquê os repreendeu: "Era quando todos

---

3   O monstro representado é Tífon (p. 286).

me prestavam honras divinas, chamando-me a nova Vênus, que deveríeis ter chorado e sofrido por mim; agora enxugai vossas lágrimas vãs, e levai-me". O povo a seguiu até o topo da montanha onde ela deveria encontrar seu estranho destino, e lá a deixaram. Então, quando ela ficou sozinha, chorando e tremendo na rocha, o gentil Zéfiro a pegou com suas vestes e a carregou pelo ar, pousando-a, depois de algum tempo, num canteiro de flores suaves em um vale profundo.

Olhando ao seu redor, Psiquê se viu ao lado de um riacho cristalino e um bosque verde, no meio do qual erguia-se um palácio majestoso, mais finamente trabalhado e decorado que qualquer obra das mãos dos homens, brilhando com pedras preciosas como a luz do Sol. A vista agradável fez Psiquê se animar e entrar; e enquanto caminhava pelos pátios e salas, todos abertos e sem tranca, ela viu muitas coisas deleitosas, mas nenhuma pessoa. Quando viu tudo, ouviu uma voz que dizia: "Senhora, por que se maravilha com estes tesouros? Tudo o que vês está sob teu domínio, e nós que lhe falamos estamos aqui para servi-la; portanto, descanse um pouco, banhe-se e refresque-se, e todos os pratos que lhe aprazem lhe serão servidos quando a senhora quiser". Então Psiquê agradeceu aos deuses que a protegiam, e refrescou-se como a voz havia dito. À mesa, ela era servida por mãos invisíveis e entretida por músicos invisíveis, e tudo o que ela desejava era feito para ela.

À noite, Psiquê foi ao quarto preparado para si e deitou-se para dormir; e ali, depois de um tempo, alguém juntou-se a ela na escuridão, conhecido apenas por sua voz e seu toque. Era o dono do palácio e seus tesouros, e ele a cumprimentou com grande gentileza. Noite após noite ele vinha ao quarto dela, sempre deixando-a novamente antes do raiar do dia.

Dessa forma e com essa estranha companhia, que se tornou muito querida para ela, Psiquê viveu muitas semanas felizes. Uma noite, seu amante disse-lhe que suas irmãs a procuravam, mas que se ela ouvisse suas lamentações não deveria lhes prestar atenção, a menos que desejasse causar grande tristeza a ela e a ele. Então Psiquê lembrou-se de sua casa e família, e de repente seu belo palácio lhe pareceu uma prisão, se não pudesse falar com suas irmãs; então ela pediu e implorou que ele as trouxesse ao vale para visitá-la. Por fim, ele cedeu à súplica, mas advertiu-a novamente contra dar-lhes crédito.

Quando o gentil Zéfiro colocou suas queridas irmãs no vale, Psiquê as recebeu com grande alegria, entretendo-as com o melhor que havia no palácio. Quando viram sua felicidade e como ela era esplendidamente servida, a inveja tomou conta de seus corações, e elas a pressionaram a falar do marido; ela as calou com a história de que ele era um belo jovem que passava os dias caçando nas colinas. Em seguida, enchendo seus colos com joias e ornamentos de ouro, ela ordenou a Zéfiro que as levasse para casa novamente.

Longe dela, a inveja de sua boa fortuna aumentou além de qualquer medida, e elas queixaram-se entre si de que ela se dava ares, como a consorte de um deus. Mais uma vez o marido de Psiquê a advertiu contra elas, e disse-lhe, além disso, que como testemunho de seu amor ela estava agora carregando um filho dele, que estava destinado a se tornar um dos deuses imortais se ela ocultasse seu segredo. Psiquê ficou mais alegre do que antes e amou o marido mais do que nunca.

Mas as malvadas irmãs ordenaram a Zéfiro que as levasse de volta ao vale, e depois de felicitar Psiquê pelo filho que ela logo teria, fingiram estar preocupadas com sua segurança: "Pois soubemos que aquele que vem a ti todas as noites é uma serpente monstruosa, que cuida de ti e te acaricia apenas até que teu filho nasça, quando ele pretende devorar-vos os dois juntos". Esquecendo toda a ternura de seu marido, suas advertências e suas promessas, a pobre Psiquê ficou muito assustada e implorou às irmãs que a aconselhassem em sua dificuldade. O conselho delas foi esse: que ela escondesse uma faca afiada e uma lâmpada acesa em seu quarto, e à noite, quando seu amante desconhecido adormecesse, aproximasse a lâmpada, iluminando-o. Então, tendo conseguido seu intuito, elas foram embora.

À noite, Psiquê fez seus preparativos, ainda tremendo de medo por si mesma e por seu filho ainda não nascido. Quando seu amante dormiu, ela pegou a lâmpada e levou-a para a cama: e lá ela viu o corpo formoso de seu marido, o próprio Cupido, o deus do amor, ainda ignorante de sua traição. Com vergonha e carinho, ela estremeceu, e na pressa de esconder a lamparina deixou cair uma gota de óleo ardente no ombro dele, acordando-o com a dor. Sem dizer uma palavra, ele pegou seu arco e aljava e se elevou no ar em suas asas de plumagem branca, voando imediatamente para longe.

Cupido foi direto para o quarto de sua mãe, onde esperou, inquieto, que seu ombro queimado cicatrizasse, suportando as represões de Vênus por desrespeitar suas ordens. Enquanto isso, a fiel Psiquê vagava procurando por ele, muitas vezes cansada com seu fardo, mas sem descansar. Ela viajou, passando por todos os altares das deusas, realizando humildes serviços em seus templos e implorando sua ajuda. Juno, Ceres, todas por fim se compadeceram de seu arrependimento e de sua condição, mas ninguém a aconselhava por medo da ira de Vênus, que de todas as deusas é a que menos costuma perdoar uma ofensa.

Em sua angústia, Psiquê resolveu se aproximar da deusa ofendida, a quem ela ainda poderia aplacar com sua humildade e lágrimas. Quando ela chegou à vista da casa de Vênus, um dos servos correu e a agarrou, arrastando-a pelos cabelos até a presença da deusa, que a espancou e a insultou como uma prostituta desavergonhada. Depois, ela derramou no chão uma grande quantidade de trigo, cevada, lentilha e outros grãos e ordenou que Psiquê os separasse antes do cair da noite. Psiquê mal começara quando, assim que ficou sozinha, sentou-se e chorou. Imediatamente, uma formiga, com pena das dores da mulher casada com um deus, chamou todas as suas irmãs, filhas da terra que é mãe de todas, para colocar as sementes em montes separados. Quando a tarefa foi concluída, elas saíram da casa e desapareceram. Mas Vênus quando entrou ficou furiosa: "Nenhum mortal poderia cumprir tal tarefa. Meu filho, aquele malandro, deve ter te ajudado". Ela atirou-lhe um pedaço de pão e deixou-a dormir em um canto, enquanto planejava outra provação.

Pela manhã, Vênus enviou Psiquê para uma floresta densa para trazer de volta um pouco da lã dourada das ovelhas ferozes que ali se alimentavam. Quando Psiquê chegou à floresta, seu primeiro pensamento foi o de se jogar no rio e acabar com suas tristezas; mas um junco verde na margem do rio, que, agitado pelo vento, produzia uma música murmurante, sussurrou-lhe que a tarefa seria fácil, se ela esperasse até que o calor do dia passasse e as ovelhas descessem à água para beber, deixando presos nos arbustos tufos de sua lã, que ela poderia recolher e levar para Vênus.

Ainda assim, quando ela fez isso, Vênus a acusou novamente de trapacear, e lhe deu uma tarefa ainda mais difícil. De uma rocha negra no topo de uma alta montanha descia um riacho gelado, cujo fluxo se tornava o sombrio baixio do Estige e o furioso Rio Cócito: ela deveria encher um frasco de cristal com essa água. A rocha era impossível de escalar e, além disso, guardada por dragões rastejantes que reviravam seus olhos insones e injetados de sangue. Estando Psiquê ali, tão fria e rígida quanto uma pedra, a ave real de Júpiter, a águia, que tinha um antigo débito com Cupido, desceu com suas asas largas e se ofereceu para encher seu frasco com a terrível água do Estige, da qual até os deuses têm medo. Quando Psiquê a levou para Vênus, foi recebida com insultos piores do que nunca. "Feiticeira das trevas, que realizas essas tarefas e retornas segura! Vejamos se és capaz de mais uma. Toma esta caixa e desce ao Inferno, à casa das sombras, e pede a Proserpina que me envie um pouco de sua beleza. Volte, trazendo-a, o mais rápido que puderes".

Ouvindo esta ordem, Psiquê chegou ao mais profundo desespero. Sem sequer parar para pensar em como fazê-lo, ela correu até o topo de uma torre alta com a intenção de se jogar ao chão. Da torre, então, surgiu uma voz que lhe disse: "Mulher miserável, não tomes o caminho mais curto para a casa de Plutão, desistindo da esperança de retornar; vai pelas estradas, perguntando pelo caminho até Tênaro no deserto, onde encontrarás um poço, o respiro do Inferno.[4] Por este poço poderás entrar, levando nas mãos dois bolos de mel e na boca duas moedas.[5] Na descida, encontrarás pessoas pedindo ajuda: ignora-as. No rio mortal, dá a Caronte, o barqueiro, uma moeda de tua boca, e ele te carregará em seu barco frágil. Ao atravessar, um velho nadando no rio estenderá suas mãos apodrecidas e gritará pedindo que o leves contigo no barco; não dês ouvidos. Diante do cão Cérbero, que guarda a desolada casa da morte, joga-lhe um dos bolos de mel, e o outro no teu retorno. Proserpina, à tua chegada, te dará as boas-vindas, oferecendo um assento macio e comidas delicadas: faça questão de sentar no chão duro e não aceitar nada além de uma côdea de pão.[6] Quando tiveres obtido o que foste buscar, volta ao mundo superior pelo mesmo caminho. Mas principalmente, toma cuidado para não olhar a caixa que Proserpina encher, nem ceder à curiosidade sobre o tesouro da beleza divina".

Psiquê imediatamente se preparou para a descida, seguindo as instruções da torre. Passou em silêncio por todos aqueles que a tentavam deter, pagou os honorários de Caronte, rejeitou no rio o velho morto, tapou a boca de Cérbero com um bolo de mel, e assim chegou à presença de Proserpina, onde se sentou na terra dura e contentou-se com uma côdea de pão. No caminho de volta, quando estava quase chegando à casa de Vênus, ela foi tomada por um grande desejo,[7] dizendo a si mesma: "Não sou uma tola por, sabendo que carrego a beleza divina, não tirar dela um pouco com que eu possa agradar meu amante?". E então ela abriu a caixa, que parecia estar vazia, mas um sono mortal veio furtivamente e cobriu seu rosto, de modo que ela caiu na estrada, como morta.

Enquanto isso, Cupido havia se recuperado de sua queimadura e voou pela janela do quarto onde Vênus pensava mantê-lo trancado, e agora procurava

---

4   No final da era clássica, muitas regiões áridas ou sombrias, não necessariamente no Extremo Oeste, eram consideradas entradas para o submundo. Em Tênaro, no Peloponeso, estava a caverna através da qual Héracles teria arrastado Cérbero, o cão de guarda de Hades. O Lago Averno (p. 392) tinha outra caverna de entrada, através da qual Eneias desceu com a Sibila. Vapores venenosos que saíam de sua boca reforçavam sua reputação infernal: Virgílio deriva seu nome do grego *a-ornos*, "sem pássaros".

5   Os gregos enterravam seus mortos com um óbulo (uma pequena moeda) na boca para pagar a taxa de Caronte. Psiquê leva duas moedas, pois fará a travessia duas vezes.

6   Assim como Psiquê teria se colocado em perigo se tivesse parado para ajudar aqueles que lhe pedissem, ela também, aceitando de Proserpina mais do que o estritamente necessário, teria lhe dado poder sobre ela. A própria Proserpina ficou ligada ao submundo ao aceitar a romã que lhe foi oferecida por Plutão, o Hades grego (p. 312).

7   O que ajuda a tornar essa história tão parecida com um conto de fadas é sua abundância de proibições mágicas: o amante que não deve ser olhado, a caixa que não deve ser aberta. Exemplos em outras histórias são a caixa de Pandora (p. 300), a bolsa que contém os ventos (p. 395–96) e a ordem de Hades a Orfeu de não olhar para Eurídice (p. 316). Como Adão e Eva, heróis e heroínas sempre infringem essas condições: caso contrário, não haveria história.

descobrir o que havia acontecido com sua Psiquê. Quando ele a viu deitada na estrada, ele limpou o sono terrível de seu rosto e o colocou de volta na caixa, acordando-a com palavras gentis. Então ele saltou no ar, enquanto Psiquê levava para Vênus o presente de Proserpina.

Finalmente conquistado pela longa paciência de sua esposa, Cupido voou direto para seu pai Júpiter para declarar sua causa. Depois de ouvir tudo, Júpiter respondeu com alguma severidade: "Meu filho, nunca me obedeces como é devido, visto que eu sou teu pai e o legislador do universo; é por tua culpa que minha reputação foi manchada por intrigas perversas, para não falar das várias transformações nas formas inferiores de animais e pássaros. No entanto, farei por ti o que puder". Assim dizendo, ele convocou um conselho de todos os habitantes do alto Olimpo. Ele lembrou aos deuses os males que sofreram nas mãos de Cupido e da dolorosa picada de suas flechas: agora, disse ele, convinha que o menino travesso se estabelecesse e vivesse com as responsabilidades de um homem, e para isso eles estavam lá reunidos, para celebrar seu casamento com uma jovem virtuosa de fidelidade provada. Nem mesmo Vênus pôde contrariar a vontade do grande Júpiter, que a pacificou com argumentos graciosos. Então, chamando Psiquê diante de si, ele deu-lhe a beber o néctar divino, para que ficasse para sempre com seu marido Cupido, eterna e imortal como os deuses e como eles honrada nos templos e corações dos homens.

A grande festa nupcial estava preparada, e Cupido sentava-se à cabeceira da mesa com sua querida noiva em seus braços. As Horas[8] tinham enfeitado toda a casa com grinaldas de rosas, as Graças[9] a perfumaram, as Musas[10] cantavam docemente ao ritmo da harpa de seu mestre Apolo, e Vênus dançou entre elas. E quando, no devido tempo, seu filho nasceu, naquele berço de felicidade e beleza, Psiquê o chamou de Prazer.

---

8   Deusas das estações, associadas à fertilidade da terra. Às vezes eram três, às vezes quatro, e tinham nomes diferentes em lugares diferentes.

9   As três filhas de Zeus e Eurínome, chamadas Caritas pelos gregos, representavam as qualidades da graça, da beleza e do encanto. Na mitologia, elas fazem pouco além de servir e acompanhar a deusa do amor. Seus nomes: Aglaia, Eufrosina e Tália.

10 Filhas de Zeus e Mnemosine (Memória), padroeiras da poesia e da música, que delas herda o nome. "Música" é "aquilo que pertence às Musas", e um "museu" é um "lugar das Musas". São nove em número, e suas moradas são sempre montanhas — o Monte Helicão da Beócia, onde apareceram a Hesíodo, com sua fonte sagrada Hipocrene; o Monte Píero na Pieria, onde nasceram; e o Monte Parnaso na Fócia, ao pé do qual estava o oráculo apolíneo de Delfos. Apolo, o deus da poesia, é seu mestre e toca suas danças em sua lira. Os romanos atribuíam funções específicas às Musas de acordo com seus nomes tradicionais: Calíope era a musa da poesia épica, Clio da história, Euterpe da flauta, Terpsícore da dança, Érato da poesia lírica, Melpômene da tragédia, Tália da comédia, Políminia da retórica e Urânia da astronomia.

8
O fim e o pós-morte dos deuses

> *Os oráculos estão mudos,*
> *nenhuma voz ou murmúrio hediondo*
> *pronuncia, sob o teto arqueado, palavras enganadoras.*
> *Apolo em seu santuário*
> *não adivinha mais,*
> *deixou na escarpa de Delfos só ruído.*
> *Nenhum transe noturno ou feitiço*
> *inspira o sacerdote de olhos pálidos da cela das profecias.*
> — Milton[1]

Os deuses dos gregos e romanos tinham muitas maneiras de revelar aos homens a sua vontade. Antes de qualquer grande empreendimento, animais eram sacrificados e os sacerdotes observavam seu comportamento e revistavam seus corpos em busca de presságios. Às vezes, os deuses enviavam sinais na forma de acontecimentos naturais inesperados, como quando Zeus sinalizou sua aprovação a Ulisses fazendo trovejar num dia de céu claro. Um deus também podia enviar em um sonho uma mensagem verdadeira ou ilusória, conforme seu propósito. Mais importantes, porém, eram os oráculos ou locais de consulta associados a certos deuses, santuários onde as pessoas podiam fazer perguntas ao deus e obter respostas. Em alguns o questionador passava a noite dormindo dentro do recinto sagrado, esperando um sonho significativo. No bosque de carvalhos sagrados de Zeus em Dodona, os sacerdotes traduziam o farfalhar das folhas em mensagens. No oráculo de Trofônio, batizado em homenagem a um mortal favorecido por Apolo,

---

1 John Milton, *On the Morning of Christ's Nativity*, vv. 173–180.

o suplicante, após rigorosa purificação, descia a uma caverna escura e sombria, onde recebia sua resposta em estado de transe.

O mais famoso de todos os oráculos era o de Apolo, em Delfos, chamado centro ou umbigo da Terra.[2] Em tempos anteriores o oráculo não pertencia a ele, mas a Gaia, para quem servia de guarda uma enorme serpente conhecida como Píton. Sendo ainda pouco mais do que uma criança, Apolo matou Píton com suas flechas e tomou o santuário, após o que a Terra foi até Zeus e exigiu justiça. Ela se conformou quando Apolo estabeleceu os Jogos Píticos[3] em homenagem à serpente, e quando ele chamou a sacerdotisa do santuário de Pitonisa, também em homenagem a ela. Quando consultada, a Pitonisa se sentava no tripé[4] e respirava os vapores que subiam de uma fenda na terra. Ela então entrava em transe e começava a proferir palavras frenéticas, que os sacerdotes organizavam em versos simples.

Sacerdotisa de Delfos no tripé

2   A história era que Zeus havia libertado duas águias, uma da extremidade leste do mundo e outra do oeste, que se encontraram em Delfos. O oráculo possuía uma rocha sagrada conhecida como *omphalos* ou umbigo.

3   Um festival realizado regularmente em Delfos, que consistia em competições atléticas e, principalmente, em competições "musicais": música instrumental, canto, drama e recitações de verso e prosa. Esses eventos foram realizados em homenagem a Apolo, e perdiam em importância apenas para os Jogos Olímpicos, que celebravam o Zeus Olímpico e eram realizados em Olímpia, no distrito ocidental da Élida, e consistiam apenas de eventos atléticos. Os vencedores dos Jogos Píticos eram coroados com coroas de folhas de louro cortadas no Vale de Tempe, nas proximidades; vencedores olímpicos, com ramos de oliveira.

4   O banquinho em que a sacerdotisa se sentava.

Apolo, o deus da música e da poesia, era também o deus da profecia, da qual ele podia dotar alguém que apreciasse especialmente, como fizera com a princesa troiana Cassandra. No entanto, quando Cassandra perdeu sua afeição, posteriormente, ele acrescentou como castigo que ninguém acreditaria no que ela dissesse. Assim, embora ela previsse todo o destino de Troia e de sua casa real, ela nada pôde fazer para evitá-lo.

> *O raivoso vento norte*
> *soprará essas areias como as folhas da Sibila.*
> — Shakespeare[5]

À Sibila de Cumas, outra mulher a quem Apolo amou, ele prometeu tudo o que ela pedisse. Pegando um punhado de poeira do chão, ela pediu para viver tantos anos quantos grãos houvesse em sua mão; mas ela se esqueceu de pedir juventude perpétua. Apolo ofereceu-lhe isso também, se ela lhe concedesse seu amor; quando ela recusou, ele jurou que o que ela desejava seria seu castigo. Seu destino era viver mil anos de velhice e fraqueza. Por fim, muito tempo depois da visita de Eneias, ela reduzira-se a um amontoado lamentável de pele e ossos, e foi pendurada em uma garrafa no teto do templo. Nada além de sua voz foi deixado pelas Parcas. As crianças que brincavam perto do santuário gritavam: "Sibila, o que você quer?", e da garrafa uma voz fraca respondia: "Quero morrer". Seus oráculos, nos dias em que ela ainda os dava, eram respostas confusas, escritas em folhas e lançadas ao vento que girava em torno de sua caverna.

Já mulher velha, esta Sibila apresentou-se a um antigo rei de Roma chamado Tarquínio, o Orgulhoso, com nove livros de profecias antigos e esfarrapados, que ela ofereceu a ele por um grande preço. Quando ele recusou, ela queimou três deles na presença dele e ofereceu-lhe os seis restantes pelo mesmo preço. Ele novamente recusou, e agora ela queimou todos, exceto três, que ela ainda ofereceu a ele pelo mesmo preço. Desta vez Tarquínio aceitou a oferta. Conhecidos como os Livros Sibilinos, eram guardados no templo de Júpiter no Monte Capitolino[6] e consultados em emergências nacionais.

---

5 William Shakespeare, *Tito Andrônico*, 4.1.104–105.

6 Uma das sete colinas sobre as quais Roma foi construída. Diz-se que seu nome significa Colina da Cabeça, por causa de uma cabeça humana ensanguentada encontrada por trabalhadores que lançavam as fundações do templo.

As montanhas solitárias além,
e a costa retumbante,
ouviram uma voz que lamentava.
— Milton[7]

Depois de muitas gerações, os oráculos entraram em decadência, e contavam-se histórias de como os deuses haviam abandonado seus lugares sagrados. Uma história, de fato, registra a morte de um deus. Um navio a caminho da Grécia para a Itália passava pela Ilha de Paxos quando se ouviu uma voz a chamar o piloto pelo nome: "Tamo!". Na primeira e na segunda vez, Tamo ficou surpreso demais para responder, mas na terceira vez ele respondeu. Então a voz gritou: "Quando estiveres diante de Palodes, anuncie lá que o Grande Pã está morto". Metade de Tamo queria ignorar a ordem misteriosa; mas quando, em frente a Palodes, o vento acalmou e tudo ficou quieto, ele ergueu a voz e gritou para a terra: "O Grande Pã está morto". Imediatamente as pessoas a bordo ouviram um alto grito de lamentação, que parecia vir de uma multidão de enlutados.

Como isso ocorreu por volta da época em que Cristo nasceu, os escritores cristãos deram grande importância à história, porque para eles representava a morte ou a derrubada dos antigos deuses pelo nascimento do novo. Mas os deuses não morreram completamente; eles sobreviveram em formas alteradas nas histórias e tradições da Europa.

Podes atar os eflúvios das Plêiades, ou soltar os laços de Órion?[8]
— Livro de Jó[9]

Uma área, no plano intelectual, em que os deuses perduraram foi a teoria da astrologia, ou a influência das estrelas na vida humana, atualmente considerada como superstição, mas antes entendida como um estudo científico. Os deuses dos gregos e romanos tinham originalmente muito pouca conexão com o Sol, a Lua, as estrelas e outras forças naturais. No entanto, muito antes dos gregos, os babilônios adoravam o Sol e a Lua e os cinco planetas sob os nomes de seus grandes deuses, entre eles o deus criador Marduk e a deusa do amor Ishtar. Em tempos posteriores, a crença astrológica se espalhou pela Grécia e por Roma, e os planetas começaram a ser chamados em homenagem aos deuses do Olimpo que mais se assemelhavam aos deuses planetários da Babilônia.

---

7   John Milton, *On the Morning of Christ's Nativity*, vv. 181–183.

8   A Bíblia em inglês usa os nomes gregos dessas constelações. As Plêiades eram as sete filhas de Atlas; seu nome remete à sua mãe, Pleione. Órion, o grande caçador, as perseguiu por cinco anos; e a perseguição nunca terminou, mas foi transportada pelos deuses para os céus. Órion tornou-se uma constelação e as irmãs um aglomerado de sete estrelas próximas. Uma das sete era Maia, a mãe de Hermes com Zeus.

9   Jó 38, 31.

As "sete estrelas do céu" são lembradas nos nomes dos dias da semana em toda a Europa, embora nem sempre na mesma ordem. Em inglês, *sunday* (domingo) e *monday* (segunda-feira) são assim chamados por causa do Sol e da Lua, e *saturday* (sábado) é o dia de Saturno. Os nomes latinos dos deuses ainda podem ser vistos nos nomes franceses dos quatro dias restantes: terça-feira é *mardi*, dia de Marte; quarta-feira é *mercredi*, dia de Mercúrio; quinta-feira é *jeudi*, dia de Júpiter; sexta-feira é *vendredi*, dia de Vênus. Em inglês, os nomes para esses dias resultam da posterior identificação dos deuses clássicos com os deuses dos nórdicos. A terça-feira pertence ao deus da guerra Tyr, a quarta-feira a Woden ou Odin, o deus-pai que governa o céu, a quinta-feira ao deus do trovão Thor e a sexta-feira à deusa do amor Freya. A correspondência com os deuses clássicos é próxima, mas não completa. Os nórdicos não têm um deus que se assemelhe a Mercúrio, e eles dividem os cargos de Júpiter, pai de todos e deus do trovão, entre Odin e Thor. Em alemão, a quinta-feira não é chamada pelo nome de um deus, mas é *Donnerstag*, o dia do trovão.

Cada planeta governava o dia chamado pelo seu nome. Os poderes planetários deveriam conferir suas próprias características às crianças nascidas em seus próprios dias. É aí que encontramos alguns adjetivos para diferentes tipos de pessoas: "solar", "lunático", "marcial", "mercurial", "jovial", "venéreo" (relativo ao amor), "saturnino" (sombrio e lento). Algumas pessoas que consideravam os deuses antigos como maus culpavam seus planetas por induzir o homem aos sete pecados capitais, respectivamente: gula, inveja, ira, avareza, orgulho, luxúria e preguiça.

Na familiar rima inglesa: "A criança de segunda-feira é bonita de rosto", as velhas características mal podem ser reconhecidas. Mas uma versão mais antiga lembra que *Monday* é o dia da Lua, e Mercúrio, o patrono dos mercadores, é também o deus dos ladrões. Aqui ele até roubou o lugar de seu pai Jove; pois sabemos, pelos nomes dos dias franceses, que o dia de seu planeta é quarta-feira.

> *A criança de domingo é cheia de graça,*
> *a criança de segunda é inchada na face,*
> *a criança de terça é solene e triste,*
> *a criança de quarta é alegre e feliz,*
> *a criança de quinta costuma roubar,*
> *a criança de sexta é generosa para dar,*
> *e a criança de sábado trabalhará duro pelo sustento.*[10]

---

10 No original: "Sunday's child is full of grace,/ Monday's child is full in the face,/ Tuesday's child is solemn and sad,/ Wednesday's child is merry and glad,/ Thursday's child is inclined to thieving,/ Friday's child is free in giving,/ And Saturday's child works hard for a living" — NE.

Um provérbio mais conhecido pela maioria de nós: "A criança de sexta-feira é amorosa e generosa", não apenas lembra Vênus, mas também as associações cristãs com esse dia.

Nossos nomes para os meses do ano são romanos, e quatro deles vêm de nomes de divindades. Março, maio e junho vêm, respectivamente, de Marte, Maia, a mãe de Mercúrio, e Juno. Janeiro vem de um deus romano, Janus, o guardião das portas (do latim *Ianua*, porta), o "abridor" do ano. Ele é sempre representado com duas faces, capaz de olhar para os dois lados ao mesmo tempo.

> *Eis que ela é do mundo o deleite.*
> — Swinburne[11]

Muito depois do declínio da religião clássica, dizia-se que Vênus, a deusa do amor, mantinha sua corte no nordeste da Alemanha, sob uma colina batizada, em sua homenagem, de Venusberg ou montanha de Vênus. Viajantes que passavam após o anoitecer viam clarões de tochas e ouviam o som distante de festa. A própria deusa apareceu diante do menestrel Tannhäuser e o seduziu, levando-o até o coração da colina, onde o entreteve esplendidamente por sete anos. Por fim, ele se cansou de sua corte, com aquela sequência ininterrupta de prazeres, e rezou pedindo ajuda à Virgem Maria; então a encosta da colina se abriu e ele escapou no ar fresco da noite. Ele primeiro foi até a igreja de uma vila próxima, onde fez sua confissão ao padre e implorou para ser absolvido da culpa de seus sete anos de flerte com os poderes do Inferno. Horrorizado com a história, o padre o enviou para pedir absolvição a uma autoridade superior, que também o recusou e o enviou a um superior. Por fim, ele chegou com sua história ao Papa Urbano IV, um homem conhecido por sua severidade, que expulsou Tannhäuser com as palavras: "Antes o cajado em minha mão se tornará verde e dará flores, do que Deus te perdoará!". Com isso, Tannhäuser caiu em desespero e voltou para Venusberg, o único lugar que restava para um homem excluído da Cristandade. Depois de três dias de sua partida, o cajado do Papa ficou verde e desabrochou em flores. Então Urbano enviou mensageiros em busca do menestrel, mas, assim que eles chegaram, ele adentrou a encosta da montanha, que se fechou atrás dele para sempre.

Tais contos mostram como os deuses da antiga religião não morreram, mas se tornaram os inimigos e demônios da nova. Na representação de Satanás com chifres e pés de bode podemos reconhecer o grande deus Pã, outrora o bondoso protetor dos rebanhos, mas agora o príncipe dos demônios. O passo

---

11 Algernon Charles Swinburne, *Laus Veneris (O elogio de Vênus)*, v. 9.

manco de Satanás e sua conexão com o fogo subterrâneo provavelmente vêm de Vulcano, a forma latina de Hefesto, o ferreiro coxo dos deuses. O ofício misterioso de Vulcano na história muitas vezes parece um pouco demoníaco e, assim como Lúcifer, ele já foi expulso do Céu.

Por volta do século V a.C., Ártemis, a virgem caçadora filha de Zeus, começou a ser considerada a Lua. Os romanos, que a chamavam de Diana,[12] adotaram essa visão dela, às vezes representando-a com uma Lua crescente na testa; seu irmão Febo Apolo, o deus-arqueiro de cabelos claros, era para eles o Sol. Eles associaram Diana especialmente com o luar claro, enquanto sua prima Hécate[13] e sua meia-irmã Proserpina (Perséfone) foram associadas aos aspectos sombrios ou sinistros da Lua. No folclore europeu, esses poderes ainda dominam a noite: as fadas dançam sob a proteção de Diana, a Rainha das Fadas é chamada de Titânia (um dos nomes de Diana) ou Proserpina, e Hécate é a deusa das bruxas.

Algumas das figuras míticas tiveram uma pós-vida mais agradável. Além de seu papel de feiticeira, Vênus viveu como a Rainha do Amor na poesia da Renascença, e os poetas tinham ainda mais a dizer sobre os males causados por seu filho, Cupido, o atirador de flechas. Bóreas, Noto, Euro e Zéfiro, os quatro filhos de Eos, podem ser vistos com suas bochechas inchadas nos cantos de mapas antigos. Tritão, o filho de Netuno (Poseidon), soprador de conchas com cauda de peixe, torna-se o tritão dos contos de viajantes. A origem da sereia é mais complexa. Sua voz perigosamente doce lembra as sirenes, enquanto seu espelho e

> *o pente de ouro*
> *com o qual ela se senta em rochas de diamantes*
> *penteando seus cachos sedutores*
> — Milton[14]

12 Outros nomes que os poetas dão a Diana como deusa-lua são Luna, "lua" em latim; Febe, o feminino de Febo; Titânia, o feminino de Titã, título do Sol; e Cíntia, por seu local de nascimento, o Monte Cinto, em Delos. A mitologia grega primitiva tinha uma deusa-lua, Selene, e um deus-sol, Hélio, embora nunca muito importantes. A maioria dos escritores posteriores que recontam suas histórias fazem de Diana, e não de Selene, a deusa que amava Endimião; e fazem de Apolo o pai de Faetonte, no lugar de Hélio.

13 Um dos antigos poderes femininos da mitologia grega mais antiga. Ela pode ter sido muito importante: Hesíodo diz que Zeus lhe deu poder "na terra, no mar e no céu". Nos tempos históricos, ela era uma deusa menor, associada à escuridão, à magia e ao submundo. A ela pertenciam as encruzilhadas, lugares onde a uma estrada se unia um caminho lateral, e onde às vezes se colocava uma imagem sua com três rostos, de modo que olhasse para as três direções. Os romanos a chamavam de Hécate Trívia, "de três caminhos", e assim ela ficou conhecida como uma "deusa tripla". Quando mais tarde ela foi identificada com as trevas da Lua, e os escritores esqueceram por que ela havia sido tripla, eles a conectaram com Diana e Proserpina para compor as três fases da Lua.

14 John Milton, *Comus*, vv. 880–882.

talvez a conectem com Vênus e outras deusas do amor mediterrâneas que surgiram do mar. São Jorge, que resgata uma princesa sequestrada por um dragão, parece muito com Perseu ao resgatar Andrômeda, ou Hércules ao resgatar Hesíone. O Flautista que pode atrair ratos com sua música é apenas um dos muitos músicos mágicos cujos dons lembram os de Orfeu. A tarefa dada a Psiquê, de separar um monte de sementes, ocorre em muitas histórias conhecidas, e ela mesma e seu misterioso amante nos reencontram no conto da Bela e da Fera. E onde foi que conhecemos Endimião, o pastor adormecido?

O pastor adormecido[15]

Menininho, vem tocar teu chifre,
a ovelha está no prado, a vaca no milharal.
Onde está o menino que cuida das ovelhas?
Ele está sob o palheiro, dormindo profundamente.
Você vai acordá-lo? Não, eu não vou não;
pois se eu o acordar, ele decerto vai chorar.

---

15 Esta é, na verdade, uma ilustração medieval francesa do conto de Hermes e Argos. Ambos estão vestidos como camponeses, e Hermes toca, em vez da flauta de pastor clássica, uma gaita de foles simplificada.

Versos
Tantas vezes eu aqui, na minha infância,
deitei-me a descansar, deliciado.
Era aqui minha Ílion de criança,
aqui a frota grega tem estado;
E outra vez retorno, e só alcanço
terreno pantanoso e abandonado —
Margens cinzentas, fosco céu, a ânsia
do vento, a tempestade, o mar pesado.
— Tennyson

Árvore genealógica dos deuses olímpicos

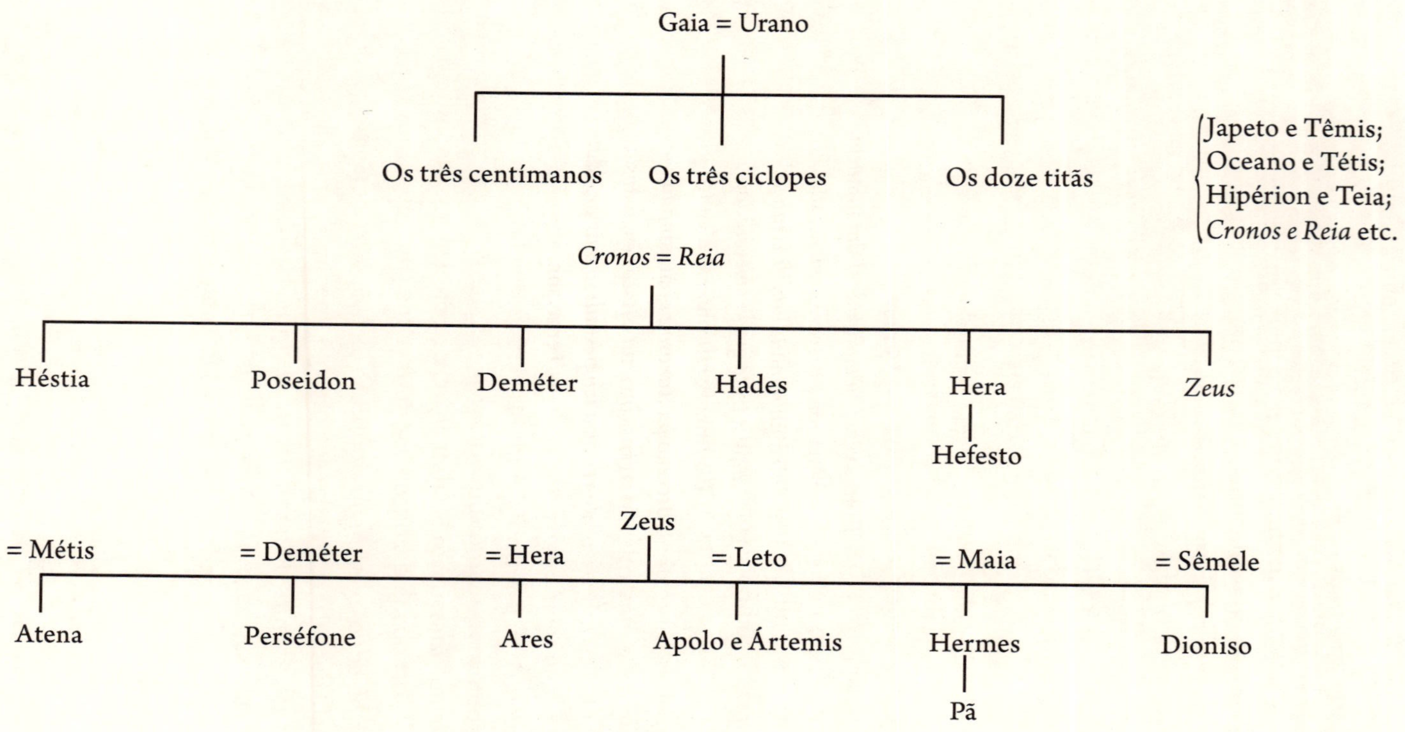

```
                    Gaia = Urano
        ┌──────────────┬──────────────┐
   Os três centímanos  Os três ciclopes  Os doze titãs
                                         ⎧ Japeto e Têmis;
                                         ⎨ Oceano e Tétis;
                                         ⎩ Hipérion e Teia;
                                           *Cronos e Reia* etc.

                   *Cronos = Reia*
   ┌────────┬────────┬────────┬────────┬────────┐
 Héstia  Poseidon  Deméter  Hades   Hera      *Zeus*
                                              Hefesto

                        Zeus
   ┌──────────┬──────────┬──────────┬──────────┐
 = Métis   = Deméter   = Hera    = Leto     = Maia     = Sêmele
   │          │          │          │          │          │
 Atena    Perséfone    Ares    Apolo e Ártemis  Hermes    Dioniso
                                                  │
                                                  Pã
```

Árvore genealógica da casa real de Tebas

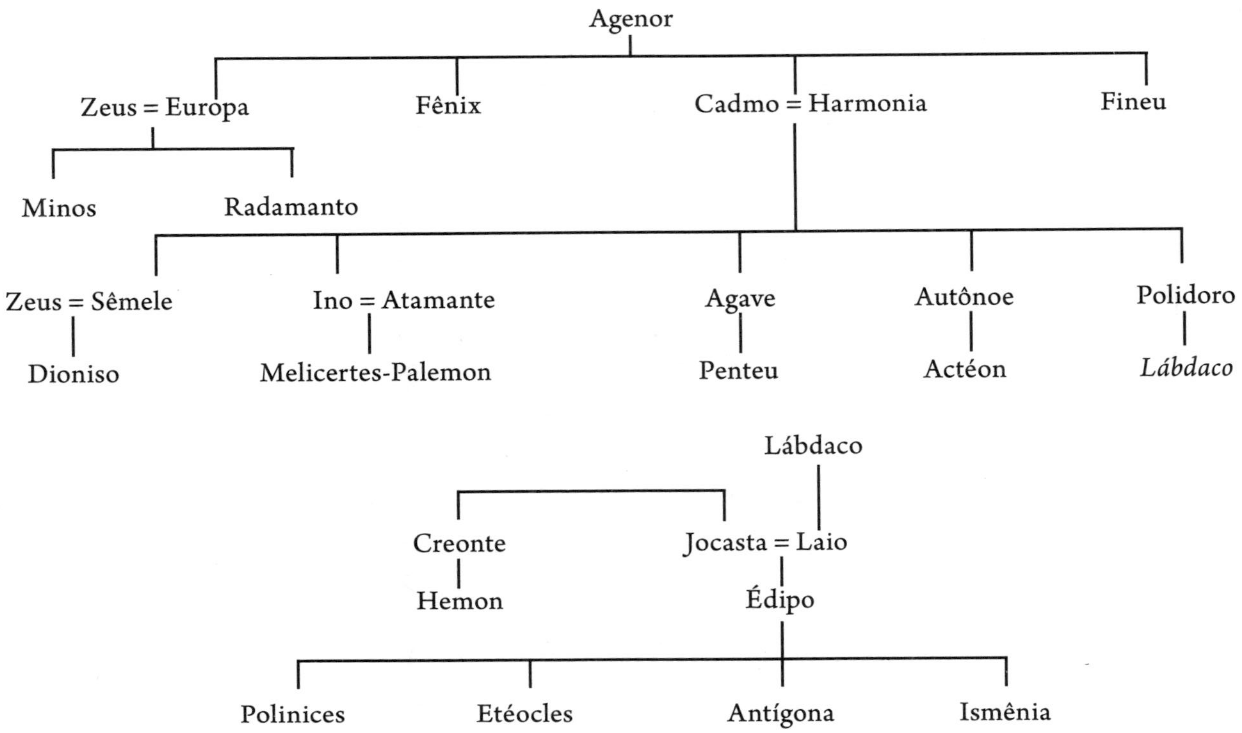

- Agenor
  - Fênix
  - Cadmo = Harmonia
    - Polidoro
      - *Lábdaco*
    - Autônoe
      - Actéon
    - Agave
      - Penteu
    - Ino = Atamante
      - Melicertes-Palemon
    - Sêmele
      - (Zeus = Sêmele) Dioniso
  - Fineu

- Zeus = Europa
  - Minos
  - Radamanto

Lábdaco
- Jocasta = Laio
  - Édipo (= Jocasta)
    - Polinices
    - Etéocles
    - Antígona
    - Ismênia
- Creonte
  - Hemon

O fim e o pós-morte dos deuses | 427

Mitologia

CRIAÇÃO	
	Reino de Urano (Céu) e Gaia (Terra)
IDADE DE OURO	Reino de Cronos e dos titãs
IDADE DE PRATA	Reino de Zeus e dos olímpicos ....
	Nascimento dos olímpicos mais novos
IDADE DO BRONZE	
	Idade dos ancestrais (Europa, Cadmo, Tântalo, etc.)..................
	Idade dos heróis (Jasão, Teseu, Héracles, etc.).........................
	Queda de Troia para os gregos sob o rei micênico Agamenon .....
IDADE DO FERRO	Retorno do Norte dos filhos exilados de Héracles ....
	Dido recebe Eneias em Cartago ....
	Rômulo e Remo fundam Roma..

> Os mitos gregos são contados em uma sequência que tem alguma relação com a sequência histórica de eventos na coluna da direita. Muitos dos mitos foram inspirados pelos eventos históricos e, onde este é o caso, os dois estão conectados na tabela.

Declínio dos oráculos e morte de Pã ....

História

	PALEOLÍTICO (pedra lascada)
	NEOLÍTICO (pedra polida)
	IDADE DO BRONZE
A Grande Pirâmide e a Grande Esfinge são construídas no Egito	2500 a.C. (?)
Invasões acaias vindas do Norte, trazendo para a Grécia a religião olímpica	2000–1300
Auge da civilização micênica; fundação das cidades-Estados gregas	1600–1200
Queda do Império Minoico, destruição de Cnossos; ataques aqueus em Creta, Egito, margens do Mar Negro	1400 (?)
Queda de Troia	1184 (?)
Invasão dórica vinda do Norte, trazendo o ferro	IDADE DO FERRO
Fundação de Cartago	814 (?)
Homero, autor da *Ilíada* e da *Odisseia*; Hesíodo, autor de *Trabalhos e dias* e *Teogonia*	século 8 a.C.
Fundação de Roma	753 (?)
Queda de Jerusalém diante de Nabucodonosor	586
Auge de Atenas: dramaturgos trágicos Ésquilo, Sófocles, Eurípides	século 5 a.C.
Os gregos derrotam os persas em Maratona	490
Morte do filósofo ateniense Sócrates	399
Alexandre, o Grande, em suas conquistas, chega à fronteira da Índia	326
Apolônio Ródio, autor das *Argonáuticas*; Apolodoro, autor da *Biblioteca*	século 3 a.C.
Início das guerras de Roma com Cartago	264
Destruição de Cartago por Roma	146
Nascimento de Virgílio, autor da *Eneida* (latim)	70

Invasão da Grã-Bretanha por Júlio César	54
Nascimento de Ovídio, autor das *Metamorfoses* (latim)	43
Data provável do nascimento de Cristo	4

Morte de Augusto, primeiro imperador romano	14 d.C.
Nascimento de Apuleio, autor de *O asno de ouro* (latim)	123
Conversão de Constantino, primeiro imperador romano cristão	312

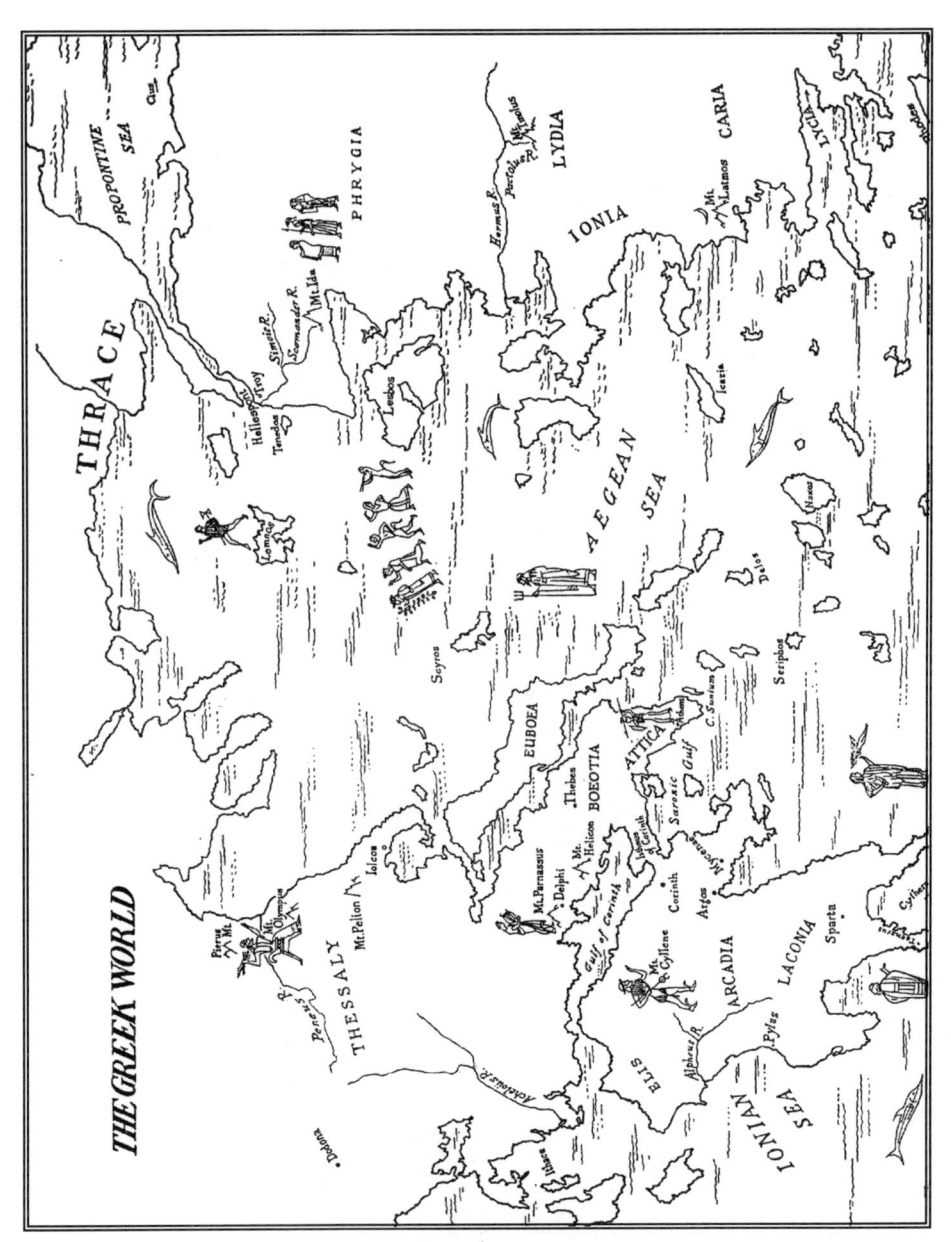

O mundo grego

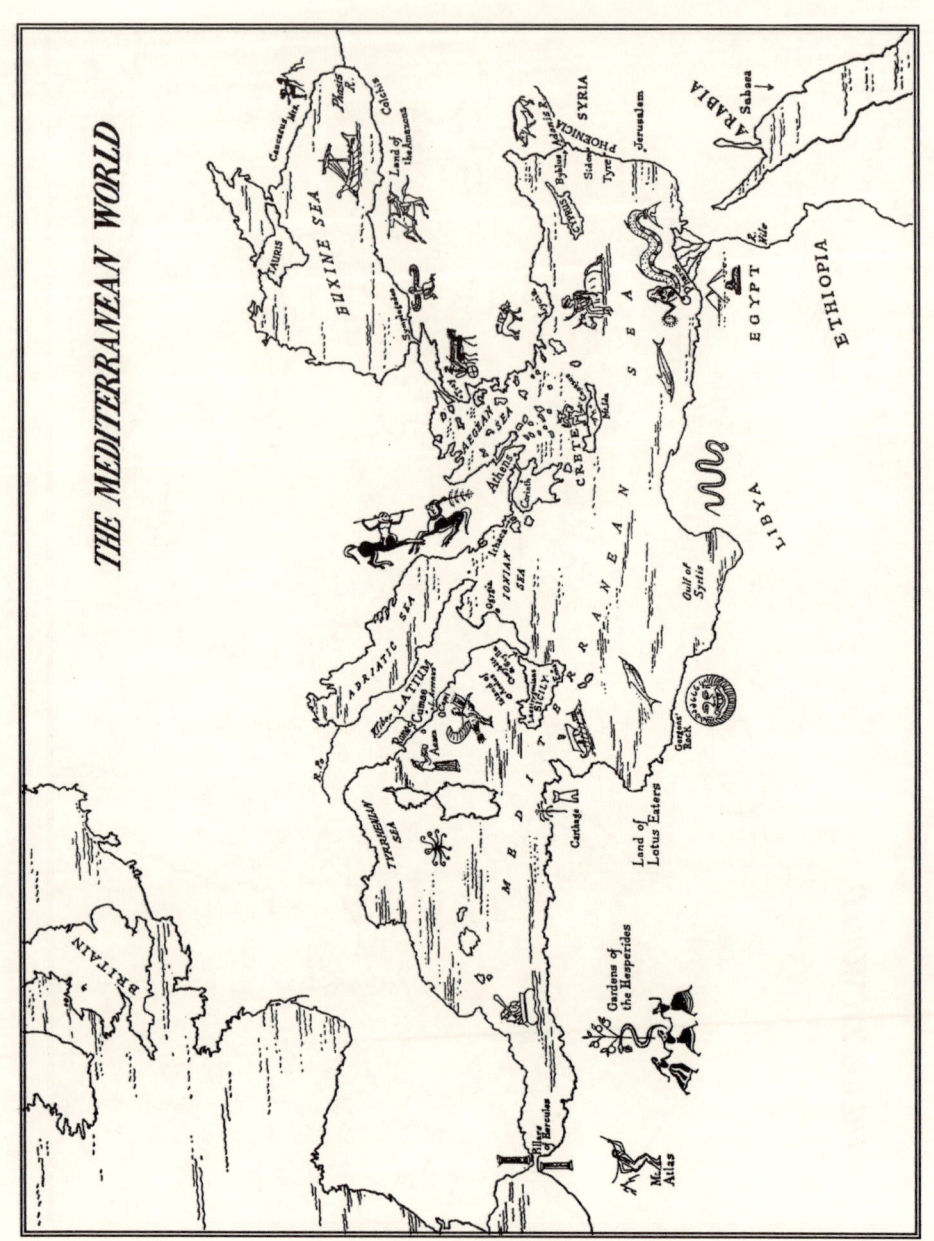

O mundo mediterrâneo

Nota sobre as ilustrações

Todas as ilustrações, com três exceções, são extraídas da cerâmica grega; pois de todos os vários materiais em que os gregos pintavam ou desenhavam, apenas sua argila cozida sobreviveu abundantemente até nossos tempos. Ela é durável, mas não tão apta a ser quebrada ou derretida para reutilização, como mármore ou bronze, substâncias mais fortes.

Os vasos mais antigos ou "arcaicos" têm seus desenhos pintados em esmalte preto sobre a argila grega avermelhada, dando um efeito de silhueta ou "figura negra". A página 382 mostra um exemplo muito antigo. Muitas vezes os rostos e as mãos das mulheres são preenchidos de branco, como no exemplo posterior do pintor Amasis na página 387; detalhes são riscados no esmalte para que a argila do vaso apareça. Amasis e Exéquias são dois destacados mestres atenienses deste estilo, cujos nomes conhecemos porque assinavam seus trabalhos.

No final do século VI a.C., uma nova técnica foi introduzida, a "figura vermelha", que gradualmente substituiu a figura negra. As figuras agora eram desenhadas em contorno na superfície de barro contra um fundo pintado de preto. O trabalho com figuras vermelhas exigia uma mais refinada habilidade de desenhista do que as figuras negras; mas permitia maior liberdade de linha, pois detalhes dentro dos contornos podiam ser aplicados com caneta ou pincel em vez de incisão. Da obra de Macrón, o pintor que colaborava com o oleiro ateniense Hierão, extraímos os desenhos de figuras vermelhas nas páginas 297, 308 e 384.

As três exceções ocorrem nas páginas 358, 363 e 424. A primeira mostra uma moeda cretense, a segunda um selo egípcio. A terceira não é antiga, mas foi tirada de uma cópia manuscrita medieval das *Metamorfoses* de Ovídio; o artista nunca tinha visto a pintura clássica e, portanto, desenhou os deuses e deusas como homens e mulheres de seu próprio tempo.

Comentários adicionais sobre certas ilustrações (as das páginas 308, 332, 337, 354, 380, 387, 397, 410 e 424) serão encontrados em notas de rodapé ao longo do texto.

Nota sobre os nomes clássicos

A maioria dos mitos clássicos surgiu na Grécia alguns séculos antes do nascimento de Cristo. No século II a.C., a Grécia foi conquistada por Roma, e os escritores romanos começaram a recontar as histórias gregas, alterando os nomes para se adequarem à ortografia latina e às vezes mudando-os para os de seus próprios deuses menos coloridos. Assim Héracles tornou-se Hércules, e o deus do céu, Zeus, tornou-se Jove ou Júpiter. O próprio nome "Grécia" é latino: os próprios gregos sempre chamaram sua terra de *Hellas*, Hélade, e a si, enquanto povo, de helenos.

Foram os romanos que civilizaram a maior parte da Europa, enviando exércitos, construindo estradas e cidades, estabelecendo o Estado de direito. Quando o Império Romano desmoronou, deixou em seu lugar a Igreja Católica Romana, que continuou a usar o latim em seus cultos e livros. O catolicismo romano foi a religião de toda a Europa Ocidental até a Reforma Protestante no século XVI. Assim, o latim foi, durante séculos, a língua internacional da Europa educada, e os livros e escritores gregos eram conhecidos apenas em suas versões latinas. É por isso que os nomes latinos de deuses e heróis ainda são, muitas vezes, mais familiares para nós do que os originais gregos.

Neste livro são usados nomes gregos, exceto nas histórias dos dois últimos capítulos, contadas apenas por autores latinos. No entanto, as grafias latinas foram preferidas quando estas eram mais familiares: Febo e Édipo em vez de Phoibos e Oidipous, Jocasta em vez de Iokaste, Circe em vez de Kirke. Segue uma lista de nomes gregos com seus equivalentes latinos:

Zeus — Júpiter, Jove
Poseidon — Netuno
Hades — Plutão, Dis
Hera — Juno
Deméter — Ceres
Perséfone — Proserpina
Dioniso — Baco

Ares — Marte
Atena — Minerva
Ártemis — Diana
Hefesto — Vulcano, Mulciber
Hermes — Mercúrio
Afrodite — Vênus
Pã — Fauno
sátiros — faunos
Cronos — Saturno
Reia — Ops
Urano — Celo
Gaia — Tellus (Terra)
Hélio — Sol
Selene — Luna
Eos — Aurora
Fósforo — Lúcifer
Héspero — Vésper
Héracles — Hércules
Asclépio — Esculápio
Eros — Cupido
Héstia — Vesta
Hécabe — Hécuba
Polideuces — Pólux

Sugestões para leitura adicional

Carpenter, Thomas H., *Art and Myth in Ancient Greece: A Handbook*. Londres: Thames and Hudson, 1991.

Dowden, Ken, *The Uses of Greek Mythology*. Londres, Nova York: Routledge, 1988. Usos da mitologia grega para os próprios gregos; isto é, uma exposição valiosa e direta de origens e contextos.

Edmunds, Lowell (ed.), *Approaches to Greek Myth*. Baltimore: Johns Hopkins University Press, 1990. Ensaios sobre abordagens modernas como a psicanalítica, a estrutural, etc.

Gantz, Timothy, *Early Greek Myth: A Guide to Literary and Artistic Sources*. Baltimore: Johns Hopkins University Press, 1993.

Grant, Michael, *Myths of the Greeks and Romans*. 1962. Nova York: Meridian, 1995. Manual muito completo sobre mitos e sua pós-morte. Bibliografia atualizada.

Mayerson, Philip, *Classical Mythology in Literature, Art and Music*. Waltham, Mass.: Xerox College Publishing, [1971].

Powell, Barry B., *Classical Myth*. Prentice, 1995. Livro didático universitário com ampla apresentação; extensas bibliografias.

~

Brown, Norman O., *Theogony, Hesiod*. Indianápolis: Bobbs, 1953. Ensaio introdutório, tradução.

Clarke, Howard, *The Art of the Odyssey*. 1967. Wauconda, Ill.: Bolchazy-Carducci, 1989.

Dodds, E. R. (ed.), *The Plays of Euripides: Bacchae*. 1944. Oxford: Clarendon Press, 1960. Importante ensaio introdutório; texto grego.

Edmunds, Lowell, *Myth and Poetry in Homer*. Highland Park, NJ: December Press, 1993.

Edwards, Mark, *Homer, Poet of the Iliad*. Baltimore: Johns Hopkins University Press, 1987.

Galinsky, G. Karl, *Ovid's Metamorphoses: An Introduction to the Basic Aspects*. Oxford: Blackwell, 1975.

Green, Peter (ed.), *The Argonautica, by Apollonios Rhodios*. Berkeley: University of California Press, 1997. Tradução com introdução, comentários e glossário.

Henry, Elisabeth, *The Vigour of Prophecy*. Carbondale: Southern Illinois University Press, 1989. A *Eneida* de Virgílio vista principalmente através de sua mitologia.

Hine, Daryl (trad.), *The Homeric Hymns, and The Battle of the Frogs and the Mice*. Nova York: Atheneum, 1972.

Lesky, Albin, *Greek Tragedy*, (trad.) H. A. Frankfort. Nova York: Barnes, 1965.

Lord, Albert, *The Singer of Tales*. 1965. Cambridge, Mass.: Harvard University Press, 2000. Esta edição tem CD de áudio e CD de vídeo.

Page, Denys, *Folktales in the Odyssey*. Cambridge, Mass.: Harvard University Press, 1973.

~

Burkert, Walter, *Greek Religion, Archaic and Classical*, (trad.) John Raffan. Cambridge, Mass.: Harvard University Press, 1985.

Carpenter, Thomas H., e Christopher A. Faraone (eds.), *Masks of Dionysus*. Ithaca, NY: Cornell University Press, 1993. Além de Dioniso, Pã, Teseu (ver abaixo), inúmeras outras figuras e suas vidas pós-morte são tratadas em livros a eles dedicados: consulte nos catálogos, por exemplo, Aeneas, Cadmus/Kadmos, Heracles/Herakles, Hermes, Narcissus, Oedipus, Orpheus, Pandora, Persephone, Sphinx, Zeus.

Dexter, Miriam Robbins, *Whence the Goddesses? A Source Book*. Elmsford, NY: Pergamon, 1990.

Fitton, J. Lesley, *The Discovery of the Greek Bronze Age*. Cambridge, Mass.: Harvard University Press, 1996.

Gardner, Jane F., *Roman Myths*. Austin: University of Texas Press, 1993.

Goodison, Lucy, e Christina Morris (eds.), *Ancient Goddesses: The Myths and the Evidence*. Londres: British Museum, 1998.

Grant, Michael, *The Ancient Mediterranean*. Londres: Weidenfeld and Nicolson, 1969.

Guthrie, W. K. C., *Orpheus and Greek Religion*. 1935. Princeton, NJ: Princeton University Press, 1993.

Lefkowitz, Mary R., *Women in Greek Myth*. Baltimore: Johns Hopkins University Press, 1986.

Merivale, Patricia, *Pan the Goat-God: His Myth in Modern Times*. Cambridge, Mass.: Harvard University Press, 1969.

Meyer, Marvin W. (ed.), *The Ancient Mysteries, A Sourcebook: Sacred Texts of the Mystery Religions of the Ancient Mediterranean World*. Nova York: Harper, 1987.

Neumann, Erich. *Amor and Psyche: The Psychic Development of the Feminine: A Commentary on the Tale by Apuleius*, (trad.) Ralph Manheim. Nova York: Harper, 1962.

Nilsson, Martin P., *The Mycenean Origins of Greek Mythology* [1932]. Berkeley: University of California Press, 1972, com uma nova introdução e bibliografia de Emily Vermeule.

Reeder, Ellen D. (ed.), *Pandora: Women in Classical Greece*. Princeton, NJ: Princeton University Press, 1995. Catálogo da exposição com belas ilustrações e extensos ensaios.

Seznec, Jean, *The Survival of the Pagan Gods: The Mythological Tradition and Its Place in Renaissance Humanism and Art*, (trad.) Barbara Sessions (Bollingen Series 38). Nova York: Pantheon, 1953.

Vermeule, Emily, *Aspects of Death in Early Greek Art and Poetry*. Berkeley: University of California Press, 1979.

Ward, Anne (ed.), *The Quest for Theseus*. Nova York: Praeger, 1970.

Vale a pena conhecer os seguintes *sites*:

theoi.com

uvic.ca/grs/bowman/myth

romansonline.com

Índice bíblico

1. Passagens bíblicas

Amós
7, 16–17   230

Apocalipse
1, 7   241
2, 17   86
4, 6–9   88
11   126, 165
12   66, 67
12, 1–6   250
12, 9   130
13, 8   61
13, 18   66
15, 6   86
17, 8   90
19, 10   87
22, 9   87
19, 16   59
21, 1   91
21, 2   64, 67, 86
21, 9–10   260
21, 10–21   89
21, 18–21   89
21, 22   70, 73
22, 10   257
22, 16–17   243
22, 18–21   47, 48

Atos dos Apóstolos
1, 4–12   237
1, 9   87
2   238
4, 11   86
5, 1–3   179, 180
13, 33   114

Cântico dos Cânticos
1, 5   64
3, 1–5   225
4, 7–8   260
4, 12   69
5, 2–8   186
7, 4   64

1Coríntios
2   230
2, 14–15   128
7, 19   167
15, 44   129
15, 45–47   48
15, 45–49   140

1Crônicas
21, 1   264

2Crônicas
9, 13   89
9, 20   89
36, 22–23   37

Daniel
3   83
4, 17–19   56
4, 20–22   56
6   142
6, 18–23   225
8, 8   38
11, 31   38
11, 37   76
12, 11   38
13–14   27

Deuteronômio
4, 20   106
6, 5   232
14, 21   60
21, 22–23   58
32, 48–52   109
34, 1–6   109
34, 5   127
34, 10   125

Eclesiastes
2, 3   193
2, 15   194
3, 17   247

Efésios
2, 2   96
4, 1–16   259
4, 9–10   99, 175

Esdras
1, 1–3   37
5–6   103
7–10   38

Ester
2, 17   246

Êxodo
3   17
3, 8   36, 75
4, 22   134
14   36
14, 15–31   62

16	121	8, 21–22	74	40–55	117
17, 1–7	156	9, 20–21	74	45, 1	57
20	78, 238	9, 20–27	143	51, 9–10	92, 239
20, 13	231	14, 1	124	53, 3	118, 119
20, 19	78	14, 17	121	60, 6	123
21, 32	108	14, 18	124	62, 4	65
23, 19	60	16, 1–3	135	63, 1–6	256
28, 15–21	89	16, 5–8	138		
32	50	17, 18	138	Jeremias	
32, 1-4	60	18, 1–22	83	17, 9	174
34, 19–20	134	19, 23–28	248	31, 31–33	180
34, 26	60	22, 1–14	74, 145	36, 20–32	164
34, 29–35	273	22, 3–9	144		
		25, 21–34	71	Jó	
Ezequiel		27, 34	138	1, 18	201
1, 15–21	151	28, 10–15	259	16, 2	201, 211
8, 14	76	28, 11–46	42	19, 25	200
16, 3	68	32–33	52	26	214
23	67	32, 24–32	227	26–31	215
26, 3–5	91	37, 12–35	104	28	215
29	98	37, 18–24	166	29, 18	89
31, 3–5	55	37, 23–28	112	31, 35	201
31, 8–9	55	37, 29	186	31, 35–40	215
40–42	165	37, 36	112	32, 1	202
47, 7	48, 49	38, 1–30	66	36, 2	216
47, 8	49	45, 1–15	226	38, 2	202
47,12	49	49	113	40	102
5				40, 7–9	219
		Hebreus		41	102
Gálatas		1, 5	114	42, 1–6	210
3, 13	59	3, 11	134, 180	42, 4–5	210
4, 21–24	135	4, 12	267	42, 7	210
4, 25–26	135	7, 2	125	42, 10	211
5, 6	167	8, 8–10	134	42, 10–15	212
6, 15	167	11	135		
		11, 5	237	João	
Gênesis				1, 1	88
1	43	Isaías		1, 5	152
1, 3–7	46	1, 3	256	2, 19	70
1, 13	152	6, 1	151	3, 8	88
2, 4	153	6, 6–7	87	3, 14	108
2, 20–25	156	13	97	8	67–69
3, 1–7	12, 71	14, 10–15	130	8, 58	128
3, 22–23	47	17, 10–11	77	14, 2	86
4, 5–7	138	27, 1	91	14, 6	86
7, 11–12	46	34, 14	67	15, 5	86

18, 14	199
19, 17	144
19, 34–37	156
19, 37	81
20, 11–18	225
20, 24–29	111, 227

Jonas

1	166
1, 17	100
2	176
2, 2–3	101
3, 3	55

Josué

5, 12	75
7, 24–25	179

Juízes

6, 11–24	227
6, 36–40	12
11, 37–38	80
14, 5–6	175
16, 1–3	176

Levítico

14, 50–53	119
16, 10	119
17, 7	119
25, 8–12	167

Lucas

1, 5–25	13
1, 46–55	137
1, 57–79	135
2	17
2, 22–39	32
6, 10	264
7, 37 ss.	67
7, 47	68
8, 5–18	243
10, 18	130
11, 24	97
15, 11–32	35
16, 19–31	137
17, 21	234

20, 17	86
22, 20	74
23, 17	120
23, 28	81
23, 38	120
24, 36–49	226

Marcos

1, 22	229
3, 5	264
4, 37–41	97
10, 30	232
12, 10	86
12, 17	66, 245
14, 23–24	74
16, 1–8	186

Mateus

1, 11	31
1, 17–18	136
2, 1–11	31
2, 13–14	42
2, 16–18	51, 67
2, 19–23	52
3, 13–17	62
5, 29	248
6, 28	191
6, 34	184
7, 29	229
10, 16	53
10, 34	267
11, 14	125
12, 13	264
12, 40	101
12, 43	97
13, 24–30	235
17, 1–13	83
21, 12–13	103
21, 19–21	58
21, 42	86
22, 37	232
24, 31	259
25, 1–13	130
26, 1–5	104
26, 7–13	84
26, 14–16	112

26, 17–30	121
26, 27–28	74
26, 35	122
26, 37–45	130
26, 45–52	141
27, 24	142
27–31	143
27, 33–54	145
28, 1–10	176

Números

12	84
13, 17–27	62
13, 23–24	36
13, 23–27	75
16	248
16, 1–35	178
17	17
21, 4–6	178
21, 4–9	145
21, 6–9	108
26, 9–10	107

Oseias

1	67
1, 2	68
3, 1	68
7, 14	77
11, 1	107
13, 14	175

1Pedro

2, 5	86
2, 7	86
3, 18–19	175
3, 21	48

Provérbios

8, 12	192
13, 24	183

1Reis

2, 19	246
3, 16–27	247
10, 1–13	31
10, 21	89

12, 28–29	60	19, 6	116	2Samuel	
16, 34	80	23	63, 74, 90	1, 1–16	247
17, 1	126, 144	74, 13	98	2, 1 ss.	52
17, 17–24	72	86, 4	101	3, 6–21	31
18, 17–40	162, 238	87, 4	101	3, 22–30	141
19, 1-3	142	89, 9	97	6, 1–19	255
20, 23	162	95, 11	134, 180	15, 1–12	104
21	65	107, 8–16	175	18	59, 118, 139
22, 1–38	122	110	114, 124	18, 9–10	59
		118, 22	86	24, 1	264
		119	181, 187		
2Reis		119, 11	243	1Timóteo	
2, 1–15	93	148	46, 47	6, 20	220
2, 23–24	143				
3, 26–27	79				
3, 27	134	1Samuel		2Timóteo	
4, 8–37	72	1	136	4, 1	247
6, 24–7, 20	122	1, 24–28	32		
11, 1	51	2, 1–10	137	1Tessalonicenses	
22	163	2, 6–8	137	5, 23	128
		5, 1–5	50		
Romanos		15	139	2Tessalonicenses	
13	243	17	175	2, 3–4	66
13, 1	160	17, 5–7	37		
5, 14	48	18, 6–9	93	Zacarias	
		19, 9–17	42	4, 1–3	126
Salmos		22	51	11, 12–13	108
1	53			12, 10–11	81
2	114				

2. Pessoas, nomes e títulos

Aarão, irmão de Moisés, sumo sacerdote 17, 60, 89, 123, 125

Abel, filho de Adão, morto pelo irmão Caim 36, 73, 74, 131, 138

Abraão, ancestral dos judeus, estabelecido em Canaã 36, 73, 74, 75, 78, 79, 83, 121, 124, 128, 132, 135, 136, 138

Absalão, filho rebelde de Davi 59, 104, 118, 139

Acã, desobedeceu a ordem divina 179, 180

Acabe, Rei de Israel, inimigo de Elias 65, 122

Adadremmon, deus cananeu da chuva e da vegetação 81

Adão, primeiro homem, feito por Deus 20, 23, 28, 29, 34, 36, 43, 48, 57, 58, 63, 67, 773, 74, 99, 100, 108, 131, 140, 158, 159, 172, 173, 174, 198, 245, 414

Agague, rei derrotado por Saul 138, 139

Agar, mãe com Abraão de Ismael 135

Alexandre, o Grande (f. 323 a.C.), conquistador macedônio 38, 160, 429

Amós, profeta do oitavo século a.C., o primeiro a escrever ou ditar suas profecias 230

Ana, mãe de Samuel 136, 137
Ananias e Safira, retiveram dinheiro prometido aos discípulos 179, 180
Anticristo (nome apenas nas Epístolas de João, e não pessoal), negação de Cristo e seu ensino 65, 66, 85, 90, 96, 117, 254
Antíoco Epifânio, rei sírio, profanador do templo 38, 40, 66, 90, 160
Ararat, Monte, lugar onde a arca de Noé aportou 256
Armagedom, local de reunião no Ap para a batalha final 251
Assíria, império que c. 722 a.C. destruiu o Reino do Norte 35, 54, 55, 164, 183
Assuero, rei persa, casou-se com Ester 160, 246
Augusto, Imperador ("César") na época do nascimento de Cristo 106, 289, 292, 430
Azazel, demônio do deserto 119

Baal, deus cananeu e sírio da chuva e da fertilidade 38, 65, 68, 77, 162
Babel, Torre de, esquema de construção presunçoso punido por Deus 70
Babilônia, antiga cidade da Mesopotâmia, tornou-se centro do império 37, 40, 48, 53, 54, 55, 56, 65, 67, 68, 70, 91, 96, 97, 101, 105, 114, 115, 119, 152, 161, 164, 177, 180, 181, 251, 252, 254, 420
Babilônia, império que se seguiu à Assíria, saqueou Jerusalém 586 a.C. 76
Barrabás, criminoso libertado por Pilatos 120
Beemot, animal terrestre superpoderoso 102, 203, 204, 209
Beulá, "terra casada", epíteto profético para Jerusalém 65
Bruxa de Endor, consultada por Saulo 64

Cã, terceiro filho de Noé, amaldiçoado por ele, ancestral de várias raças, incluindo cananeus e egípcios 143

Caim, filho de Adão, matou o irmão Abel 36, 73, 74, 131, 138, 139
Canaã, nome antigo da Palestina 68, 75, 109, 118, 132
Carmelo, Monte 77, 126, 162
cativeiro babilônico, 70 anos de deportação de judeus para Babilônia 37, 48, 117, 134
César(es), Imperador(es) Romano(s) 40, 65, 66, 110, 160, 242, 244, 245, 252, 430
Ciro, c. 529 a.C., fundador do Império Persa, encorajou o retorno dos judeus da Babilônia 37, 57, 160, 162
Coré, com Datã e Abirão rebelou-se contra Moisés 107, 178

Daniel, sábio e piedoso judeu cativo na corte da Babilônia 27, 38, 56, 142, 225, 241
Dario I, rei persa sob o qual o templo foi reconstruído 103, 160, 162, 225
Davi, sucessor de Saul como Rei de Israel 31, 35, 37, 42, 52, 59, 81, 84, 93, 104, 114, 115, 116, 1183, 3–724, 133, 136, 139, 163, 175, 243, 247, 255, 258, 264
Diabo 96, 119, 149, 200
Ver também Satanás

Efraim e Manassés, filhos de José 132
Egito, antigo império norte-africano 35, 36, 37, 40, 53, 55, 57, 75, 76, 92, 98, 105, 106, 107, 123, 126
El-Elion, título divino pré-israelita 124
Elias, antigo profeta 72, 77, 125, 126, 142, 162, 165, 238
Eliú, último dos consoladores de Jó 202, 216
Enoque, "andou com Deus" 28, 126, 237
Esaú, o irmão mais velho de Jacó 71, 132, 138, 139
Espírito de Deus 88, 128
Eva, primeira mulher 12, 23, 29, 58, 63, 67, 71, 99, 156, 173, 300, 414

Faraó, título de reis do Egito 36, 40, 66, 90, 91, 96, 98, 106, 110, 114, 160, 183

fenícios, povo marítimo e comercial no norte da Palestina 54, 57, 75

Festa das Tendas (ou Tabernáculos), festival de outono da colheita e vindima 74

filisteus, se estabeleceram na costa sul da Palestina, inimigos dos israelitas 37, 133

Gideão, "juiz" que derrotou os midianitas 12, 33, 227

Gogue, inimigo do Norte (Ez 38-39) destruído por Deus; em Ap, líder na batalha final 251, 256

Golias, campeão gigante dos filisteus morto por Davi 37, 175

Herodes, Rei da Judeia sob os romanos, ordenou o massacre dos inocentes 30, 106, 107

Isaque, filho de Abraão e Sara 36, 74, 78, 79, 132, 135, 136, 138, 144, 145, 230

Ismael, filho de Abraão com Sara, ancestral dos árabes do deserto 132, 135, 136, 138, 139

Israel, nome dado a Jacó e nação descendente dele 36
História de 34, 35, 37, 54, 75
Reino do Norte 37, 60, 65, 68, 165
povo de 101, 115, 119

Jacó (Israel), filho de Isaque, pai de doze filhos 36, 39, 42, 52, 67, 104, 113, 132, 160, 227, 259, 266

Jefté, "juiz", líder contra os amonitas, fez voto fatal 33, 80

Jeová, nome divino na tradução KJV 26, 45, 77, 79, 98, 105, 124, 161, 162, 220, 230

Jeremias, profeta do século VII (período babilônico) 134, 164, 174, 180

Jeroboão I, primeiro rei do Reino do Norte, erigiu santuários para rivalizar com Jerusalém 60, 133

Jerusalém, capital israelita estabelecida por Davi 37, 40, 64, 65, 67, 81, 118, 124, 126, 133, 135, 255
Nova 67, 70, 73, 89

Jesus, figura central do Novo Testamento 20, 21, 29, 35, 39, 40, 41, 53, 57, 58, 59, 64, 66, 67, 68, 69, 70, 73, 74, 81, 85, 86, 88, 97, 99, 100, 101, 104, 105, 106, 107, 6, 109, 110, 113, 11118, 119, 120, 12117, 7 1125, −128, 129, 131, 135, 136, 137, 149, 155, 162, 168, 184, 190, 191, 198, 199, 209, 220, 229, 232, 234, 235, 240, 242, 243, 244, 258, 264, 266

Jezabel, esposa idólatra de Acabe 65, 67, 68, 142

Jó, homem bom atingido pelo desastre 35, 89, 102, 199, 200, 201, 202, 203, 204, 205, 207, 208, 209, 210, 211, 212, 213, 214, 215, 216, 219, 220, 221, 222, 223, 224, 236

Joabe, general leal de Davi 59, 141

João Batista, profeta, primo e arauto de Jesus 29, 99, 125, 126, 135, 137

João de Patmos, autor do Apocalipse e das 3 cartas (João 1, 2, 3) 43, 91, 242, 252

João Evangelista, autor do Quarto Evangelho 88, 69, 107, 260

Jonas, profeta engolido por um grande peixe 55, 100, 101, 166, 176

José, décimo primeiro filho de Jacó, vendido no Egito 36, 40, 104, 106, 107, 112, 113, 132, 160, 166, 186, 226

José e Maria, pais de Jesus 107, 136

Josias, Rei de Judá, encontrou o Livro da Lei 164

Josué, sucessor de Moisés, líder na Terra Prometida 36, 79, 109, 118, 133, 179

Judá (Reino do Sul) 37, 38, 60, 124, 133, 163

Judá, quarto filho de Jacó 132

Judas, discípulo que traiu Jesus 107, 108, 112, 140

judeus, nome pelo qual os israelitas são conhecidos desde o cativeiro babilônico 21, 30, 37, 38, 48, 66, 76, 90, 167, 199, 220, 285

Kereu-Happouk, terceira das filhas restauradas de Jó 211, 213

Lázaro e o homem rico, personagens na parábola de Jesus 137
Levi, terceiro filho de Jacó, ancestral da tribo sacerdotal 38, 124
Leviatã, monstro do mar e do caos 85, 91, 96, 97, 98, 101, 102, 203, 204, 209
Lilith (KJV "bruxa da noite"), demônio feminino, na lenda posterior a primeira esposa de Adão 67, 68

Macabeu, Judas, templo purificado 38, 103, 124
Macabeus, família sacerdotal que no século II a.C. se rebelou com sucesso contra os sírios 35, 38, 57, 76, 90, 124
Magnificat, canção de Maria após a Anunciação 137, 263
Magos, três magos do Oriente na história da Natividade 67, 123, 190
Maria Madalena, figura composta do NT, representa o pecador perdoado 68, 69, 84, 225
Maria, Virgem, Mãe de Jesus 29, 66, 67, 69, 107, 109, 136, 137, 422
Mar Morto, lago salgado no sul da Palestina 49, 56, 57
Mar Vermelho (ou Mar de Juncos, não o atual Mar Vermelho, mas presumivelmente um lago situado mais ao norte) 36, 56, 57, 62, 92, 107, 109, 110, 127, 160, 255
Matatias, sacerdote, pai dos Macabeus 124
Melquisedeque, rei-sacerdote que abençoou Abraão 121, 124, 125
Mesa de Moabe, Rei, filho sacrificado 79, 134
Mesopotâmia, "terra entre os rios", berço da civilização, situada a leste da Palestina, entre rios Tigre e Eufrates e próxima às cidades de Ur e Babilônia, mais tarde também Nínive 35, 36, 45, 54, 75, 106, 287

Messias, "ungido", o esperado salvador dos judeus, Jesus para os cristãos 57, 58, 59, 67, 73, 98, 125, 133, 250, 256, 276
Mical, filha de Saul, esposa de Davi 42, 116
Miriã, irmã de Moisés 84, 107
Moabe, região na margem leste do Mar Morto, agora parte da Jordânia, onde Moisés morreu e Rute nasceu; em conflito frequente com israelitas 79, 127, 134
Moisés, levou judeus para fora do Egito, recebeu a lei 17, 36, 48, 50, 60, 75, 89, 106, 107, 108, 109, 125, 126, 127, 133, 134, 156, 160, 161, 163, 165, 178, 238, 251, 255, 256, 273

Nabucodonosor, Rei da Babilônia, sitiou e conquistou Jerusalém em 586 a.C. 37, 40, 56, 66, 90, 96, 115, 119, 126, 133, 429
Nero, f. 68 d.C., o imperador romano perseguidor no período de Atos 40, 66, 90, 126, 160
Nicodemos, professor judeu que veio secretamente a Jesus 29, 88, 99
Nilo, rio do Egito 45, 54, 91, 98, 255, 306, 321, 370
Nínive, capital da Assíria 54, 55, 100, 183, 184
Noé, sobreviveu com sua família ao dilúvio 28, 36, 46, 48, 57, 58, 74, 78, 102, 126, 132, 143, 203, 255, 256, 300, 303
noiva do Cântico dos Cânticos 64, 65, 67, 69

Oseias, profeta do século VIII (período assírio) 67, 68, 77, 78, 107

Páscoa, festa comemorativa da libertação do Egito 74, 79, 85, 99, 109, 110, 120, 138
Patmos, ilha na costa oeste da Ásia Menor onde Ap foi escrito 241, 242, 252

Índice bíblico | 447

patriarcas, Abraão e descendentes próximos 36, 75

Paulo, o último apóstolo de Cristo, missionário de longa viagem, autor principal do NT 40, 41, 48, 59, 66, 96, 127, 128, 129, 135, 140, 160, 167, 191, 192, 230, 233, 243, 266, 267, 389

Pedro, apóstolo, lendário primeiro Bispo de Roma, salvo do afogamento em Mt 14 48, 101, 179

Pentecostes, festa judaica, ocasião da descida do Espírito Santo sobre os apóstolos 74, 238

Pérsia, Irã moderno, destruiu a Babilônia e encorajou o retorno dos judeus por volta de 516 a.C. 37, 57, 162, 164

Prostituta, Grande, imagem em Ap para Babilônia e Roma 63, 65, 68, 96, 251, 252, 254

Quemós, deus dos moabitas 79

Raabe, monstro feminino do caos subjugado na Criação 91, 92, 96, 97, 98, 101

Rainha de Sabá (atual Iêmen?), visitou Salomão 31, 123

Raquel, esposa de Jacó, mãe de José 67

Roboão, filho de Salomão e sucessor, causou divisão no reino 133

Roma, capital do Império Romano 35, 38, 40, 48, 53, 61, 65, 66, 76, 91, 252, 287, 373, 391, 393, 419, 420, 428, 429, 430, 435

Rúben, filho mais velho de Jacó 132, 186

Sábios, visitaram o Menino Jesus 190
Ver também Magos

Salém ("Paz"?), nome antigo de Jerusalém 124, 125

Salomão, filho e sucessor de Davi, famoso por sua sabedoria 31, 35, 37, 59, 64, 65, 70, 89, 114, 115, 118, 123, 133, 163, 164, 183, 192, 246, 247, 312

samaritanos, sucessores do Reino do Norte 165

Samuel, profeta, líder entre os períodos de Juízes e Reis 32, 33, 133, 136, 137, 138, 139, 163

Sansão, campeão de Israel contra os filisteus 33, 175, 176

Sara, esposa de Abraão 132, 135

Satanás ("adversário") no Livro de Jó 200, 201, 202, 204, 207, 208, 209, 214, 216, 219, 220, 222, 223

Saul, primeiro rei dos israelitas 51, 52, 57, 116, 132, 133, 138, 139

Sedecias, quase último rei de Judá, morreu cativo na Babilônia 115, 123, 164

"servo sofredor", termo usado para a figura retratada em partes da segunda metade de Isaías 117, 118, 119, 123

Sião, Monte, em Jerusalém, local do templo 37, 40, 45, 233

Sinai, Monte, onde Moisés recebeu a lei 60, 135, 164, 273

Síria, reino ao nordeste centrado em Damasco 35, 38, 76

Sodoma 40, 126

Sodoma e Gomorra, cidades do Mar Morto destruídas pelo fogo do céu a 56, 57, 97, 248

Suméria, civilização mesopotâmica do terceiro milênio 36, 46, 181

Tamar, nora de Judá, garante justiça para si 65

Tiro, cidade costeira, capital da Fenícia 54, 57, 101, 365, 391

Tomé, apóstolo que quis verificar Jesus ressuscitado 111, 227, 234

Ur, cidade suméria, local de nascimento de Abraão 36

3. Eventos, símbolos e temas

abertura 44, 48, 53, 64, 68, 88, 109, 136, 171, 201, 220, 231, 241, 255, 256
absorção individual da lei 181
água 36, 43, 44, 45, 46, 47, 49, 53, 55, 58, 75, 77, 88, 90, 95, 97, 101, 110, 119, 156, 255
    da morte 56, 58
    da vida 34, 44, 47, 48, 53, 54, 55, 88, 89, 243, 252, 257, 258, 265
    morta 47, 49, 56, 90
águia 88, 150
aliança 64, 68, 134, 135, 180
alma e espírito 128
anjos 67, 83, 85, 86, 87, 88, 90, 130, 242, 250
Ano Novo, festa do 74, 115, 119
Anunciação 12
Apocalipse, Livro do 16, 20, 34, 39, 40, 43, 47, 48, 49, 61, 64, 65, 66, 67, 68, 70, 73, 86, 88, 89, 90, 91, 102, 126, 127, 129, 147, 148, 150, 165, 172, 239, 241, 242, 243, 244, 245, 249, 252, 253, 254, 255, 256, 257, 258, 265
Apocalipse final 49
apocalíptico 43, 53, 60, 64, 67, 74, 90, 95, 96, 117, 255
Apresentação de Cristo no templo 32
aprisco 63, 90, 96
árvore 39, 40, 43, 44, 47, 49, 53, 55, 56, 59, 77, 89, 113, 118, 162, 194, 250, 287
    da morte 56, 58, 90
    da vida 34, 44, 47, 48, 49, 53, 54, 57, 58, 70, 85, 86, 113, 159, 249, 252, 257
    do conhecimento 44, 58, 159
Ascensão 87, 99, 109, 237
"aspecto do mandamento" 232
autoridade 22, 25, 123, 124, 125, 131, 198, 199, 229, 230, 231, 243, 244, 258, 265
autoridade espiritual e temporal 66, 123, 125, 244

batismo 48, 58, 62, 88, 107, 127, 167
besta 90, 91, 96, 102, 203, 251, 254

bezerro de ouro 50, 60
bode expiatório 59, 119

cânone sagrado 28, 163, 164, 165, 243
caos 46, 91, 92, 97, 100, 152, 153, 157, 161, 177, 200, 204, 239, 252
carneiro 74, 78, 81
carruagem, visão da 88, 126, 151, 252
casa de muitas moradas 70, 86
casamento 34, 64, 98, 233
céu 87, 88
    símbolos demoníacos 95
cidade demoníaca 65, 126
condenação de Cristo 142
condenados levados ao Inferno 248
conhecimento do bem e do mal 47, 48, 235
contrato 64, 68, 108, 119, 134, 164, 170, 187, 198
cordeiro 61, 73, 74, 78, 79, 85, 90, 110, 134, 138, 153, 154, 252
Cordeiro 47, 109, 249
Coroação da Virgem 246
Corpo de Cristo 70, 73, 86, 96, 255
Criação 20, 29, 36, 44, 45, 46, 61, 67, 91, 92, 97, 99, 147, 148, 149, 150, 152, 153, 154, 157, 158, 163, 167, 177, 189, 190, 193, 194, 200, 204, 209, 221, 239, 243, 244, 245, 253, 256, 257
Cristo 35, 48, 57, 59, 62, 64, 65, 69, 74, 76, 85, 88, 90, 96, 99, 100, 101, 106, 107, 108, 109, 110, 114, 118, 119, 122, 123, 124, 125, 126, 129, 130, 136, 137, 139, 140, 156, 161, 199, 210, 220, 240, 241, 253, 256, 263, 273
Cristo aparece a Maria Madalena 225
Cristo aparece aos discípulos 226
Cristo carregando a cruz 144
Cristo exposto ao escárnio 143
Cristo reúne os bem-aventurados 259
Crucificação 35, 59, 69, 108, 109, 110, 140, 145, 199
cruz 58, 69, 99, 101, 108, 109, 119, 120

descida aos infernos 29, 99, 100, 175
descida ao Inferno 99, 109, 110
deserto 36, 43, 47, 49, 75, 90, 91, 97, 98, 107, 108, 109, 115, 119, 132, 133, 134, 138, 139, 152, 177, 178, 180, 255
Dez Mandamentos (Código Mosaico) 45, 60, 78, 80, 107, 123, 168, 231
Dia da Expiação 119
Dia do Senhor 92, 125
dias da semana 148, 152, 157, 253
dilúvio 36, 46, 57, 58, 74, 101, 102, 158, 159, 167, 203
dois ladrões 126
doze discípulos 107
doze tribos 39, 89, 107, 113
dragão 27, 46, 90, 91, 92, 96, 97, 98, 99, 100, 152, 177, 204, 239, 241, 250, 252, 254, 256
duas árvores 44, 159
duas testemunhas (Moisés e Elias) 40, 126, 165

elementos 39, 74, 88, 89, 90, 119, 123, 125, 140, 199, 262, 263, 267
enforcamento 214
Entrada em Jerusalém 93
Epifania 31, 249, 250, 251, 252, 254
escuridão 200, 235, 242, 251, 254
Espírito de Deus 88, 128
Espírito Santo 47, 69, 88, 180, 244, 265
espíritos demoníacos 95
espíritos do ar 95, 96
estado 10, 34, 47, 58, 88, 100, 105, 115, 138, 159, 168, 172, 173, 174, 193, 197, 211, 212, 220, 221, 232, 233, 240
Eucaristia 74, 85, 256
Evangelho 105, 107, 110, 118, 148, 167, 168, 178, 180, 229, 232, 233, 240, 241, 242, 244, 264
Êxodo 36, 40, 47, 57, 58, 60, 105, 106, 107, 108, 109, 113, 118, 123, 133, 148, 157, 159, 160, 161, 167, 178, 180, 197, 232, 239, 255

falsos deuses 161
Faraó 36, 40, 66, 90, 91, 96, 98, 106, 110, 114, 160, 183
fazendeiros e pastores 73
fênix 89
figueira estéril 58
figura conjugal 68
figuras de noiva 64, 65, 66, 67, 68, 69, 252
figuras femininas 66, 69
figuras intermediárias 66
figuras maternas 66, 67, 69
figuras rejeitadas 138
fogo 56, 87, 88, 89, 90, 95, 96, 151, 164, 179, 238, 250, 252, 255

Getsêmane 122
Grande Prostituta 63, 65, 67, 68, 252, 254

hino pascal 109
homem divino 57

ideal humano 63

jardim 36, 39, 43, 45, 57, 63, 69, 70, 85, 158, 190
Jardim do Éden 34, 36, 39, 40, 43, 44, 45, 47, 49, 53, 56, 57, 63, 88, 105, 113, 172, 173, 233
Jó 35, 102, 111, 137, 191, 197, 198, 199, 200, 201, 202, 203, 204, 205, 207, 208, 209, 210, 211, 212, 213, 214, 215, 216, 219, 220, 221, 222, 223, 224, 236
Jó, final do Livro de 199, 203, 204, 205, 208, 209, 210, 211, 212, 213, 219, 221, 224, 240
Juízo Final 200, 247, 251, 256

kairos 242, 257

leão 88, 95, 175
legalismo 135, 232, 235
lei 59, 75, 107, 108, 109, 119, 125, 126, 132, 133, 134, 135, 136, 148, 152, 164, 165, 167, 168, 169, 170, 174, 177, 178, 180, 181, 183, 187, 197, 198, 201, 204, 231, 232, 233, 238, 239, 240

línguas de fogo 87, 88, 95
Livro da Lei 163, 240
Livro da Vida 249
Logos 69
lugares áridos 97

Macabeus 35, 38, 57, 76, 90, 124
mãe-terra 70, 153, 154, 157, 158
maldição 58, 59, 74, 79, 132, 138, 158, 220, 221
mandamentos 78, 229, 231, 232
mar de água doce 45, 46, 88
Melquisedeque 121, 124, 125
metáfora legal 200
milênio 242, 251, 256, 257
morte 46, 48, 47, 49, 56, 57, 58, 59, 76, 81, 97, 98, 99, 100, 101, 108, 109, 110, 118, 127, 149, 152, 153, 158, 171, 174, 235, 252, 254, 256, 257, 267
morte do rei 78, 98, 100, 118, 119, 286
mulheres no sepulcro 186

Natividade 135, 256
natureza humana 66, 74, 100, 127, 161, 172, 173, 174, 215, 235
noiva 21, 63, 64, 65, 66, 67, 68, 69, 70, 73, 86, 96, 100, 101, 158, 186, 225, 252, 260
nuvens 46, 47, 55, 87, 88, 95

oásis 43, 45, 53
óleo 57
ouro e pedras preciosas 89
ovelha 21, 25, 60, 85, 88, 90, 134

Pai 69, 70, 114, 120, 154, 158
pai-céu 154, 157
Palavra 99, 126, 152, 240, 241, 243, 244, 258, 263, 265, 266, 267
pão e vinho 74, 124, 189
paradisíaco 43, 53, 63
paródia demoníaca 54, 69, 95, 126
pássaros 87, 88, 90, 95
pastor 60, 63, 73, 74, 85, 108, 114
pecado 39, 67, 68, 69, 79, 81, 105, 108, 119, 149, 158, 168, 173, 174, 194, 195, 197, 214, 232, 233, 266
pedra 22, 57, 60, 64, 69, 86, 89, 98, 118, 162, 164, 192, 249, 252, 255
peixes 47, 88, 100, 101, 102
Pentecostes 74, 238
pesca 88, 91, 100, 101, 209
pomba 88
primícias 22, 74, 78
primogênito 78, 79, 80, 81, 110, 131, 134, 135, 136, 139, 255
primogenitura 71, 131, 132, 133, 135, 136
profecia 55, 148, 197, 198, 199, 229, 230, 240, 241, 242
profeta 123, 125, 126, 131, 198, 199
prostituta 65, 66, 68, 69, 96, 182, 188, 212, 254
Prostituta Perdoada 63, 67, 68
provisão milagrosa de alimentos 107
purificação 32
purificação do templo 38, 103

quatro rios 45, 54
quatro seres vivos 88
queda 23, 34, 35, 50, 57, 58, 63, 70, 71, 74, 105, 130, 139, 140, 158, 159, 167, 172, 173, 174, 191, 197, 198, 245, 251

realeza 70, 113, 114, 115, 116, 117, 120, 124
recompensa dos bem-aventurados 260
reconstrução 37, 38, 49, 79, 103, 118, 158, 266
rei 64, 65, 70, 73, 78, 98, 99, 100, 114, 115, 116, 117, 119, 119, 123, 125, 131
reinos pagãos 53, 54, 61, 91, 96, 100, 101
relação sexual 64, 173
Ressurreição 72, 89, 99, 106, 109, 111, 140, 155, 172, 176
retorno do Egito 52
retornos 37, 38, 39
rio 21, 44, 45, 47, 48, 49, 53, 54, 91
rio da vida 48, 252
ritual negativo 60, 75

Índice bíblico | 451

sábado 99, 148, 152, 167, 256
sabedoria 53, 59, 117, 118, 123, 133, 148, 159, 170, 177, 180, 181, 182, 183, 184, 185, 187, 188, 189, 190, 191, 192, 193, 194, 197, 198, 199, 210, 215, 239, 240
sacerdotes pagam a Judas 112
sacrifício 59, 61, 73, 74, 77, 78, 79, 80, 81, 119, 134, 136, 138, 144, 145, 179, 202, 210, 238
sangue 25, 40, 74, 77, 78, 85, 109, 118, 119, 126, 128, 235, 242, 250, 251, 252, 254, 256
Santo dos Santos 38, 90, 192
sarça ardente 17, 75, 160
Satanás 127, 139, 179, 196, 200, 201, 202, 204, 207, 208, 209, 214, 216, 219, 220, 222, 223, 251, 252, 264
Segunda Vinda 128, 148, 240
separação final 257
Sepultamento 166
serpente 12, 40, 53, 96, 108, 145, 159, 178
"servo sofredor" 117, 118, 119, 123
sete e doze 253
sete montanhas 65
sexo 58, 134, 157, 159
simbolismo 16, 38, 40, 58, 59, 64, 65, 70, 73, 74, 81, 85, 86, 87, 90, 96, 99, 100, 119, 123, 134, 152

simbolismo apocalíptico 255

templo 32, 37, 38, 40, 45, 49, 53, 59, 61, 65, 70, 73, 76, 86, 87, 89, 103, 118, 123, 125, 126, 133, 136, 163, 164, 165, 210, 233, 249, 250, 255, 256
templo reconstruído 38, 39, 49
tempo e espaço 209, 233, 235, 242, 253
tentação de Cristo 71, 107
Terra Prometida 36, 40, 53, 75, 109, 118, 133, 134, 180, 233
terra vermelha 75
testamento 64, 68, 134, 180
tipologia 65, 109, 110, 124, 161
touro 60, 61, 133
traição ao Cristo 141
Transfiguração 83, 126
travessia do Mar Vermelho 36, 92, 107, 160

Última Ceia 74, 121
último dia 74, 91, 98, 204, 252, 256
unção 57, 118
uvas 36, 62, 75

vento 88, 95, 219
vinho 21, 40, 65, 74, 78, 85, 116, 189, 193, 256

4. Índice geral

Abzu 46
Adônis 76, 77
Adriano, Imperador 38
Agostinho, Santo 20, 44, 148
A história de 106, 138, 180, 289, 331
Aicar 183, 184
Akhenaton 162
Alcorão 21, 22, 107, 184
Alexandria 21, 29
Ambrósio, Santo 109, 110
Ana, Santa 29
ansiedade da continuidade 132, 183
Apocalipse, como profecia do futuro 253, 254

Ariel (Shakespeare) 95
Aristóteles 213, 214, 261
árvore do mundo 54, 55, 56
Ásia Menor 38, 76, 339, 373
Átis 76

Bíblia 239, 240, 241, 242, 243, 244, 258, 264, 265, 268
    estruturas narrativas 105
    forma narrativa 34
Biblia *Pauperum* 12, 17, 31, 32, 42, 50, 51, 52, 62, 71, 72, 83, 84, 93, 103, 104, 112, 121, 122, 130, 141, 142, 143, 144, 145,

156, 166, 175, 176, 186, 225, 226, 227, 237, 238, 246, 247, 248, 259, 260, 273, 274, 453
Blake, William 211, 231, 254, 274
Bossuet, Bénigne 193
Browne, Sir Thomas 24
Bultmann, Rudolf 266
Bunyan, John 149
Burke, Edmund 173
Burton, Robert 185
Byron, George Gordon, Lord 139, 298

Calígula 90
Calvino, João 253
carvalho 59, 139, 214, 292, 329, 330, 343, 346, 348, 362, 417
catolicismo romano 435
Catulo 77
Chaucer, Geoffrey 22, 28, 29, 150, 356
Chesterfield, Philip Dormer Stanhope, Lord 182
Cibele 76
Clemente, São 28, 61
Confúcio 183, 188
continuidade narrativa 21
coro de mulheres (ritual do deus que morre) 76, 81
Credo 151
crocodilo 91, 203

Dante 34, 100, 254
democracia 117, 163
demoníaco 53, 54, 56, 65, 67, 90, 91, 95, 96, 97, 102, 117, 204, 423
deuses, surgimento dos 163
deuses gregos 287
deuses que morrem 69, 76, 78, 81
deus que morre 75, 76
deuteronômicos(as), histórias, historiadores 133, 163, 264
Dickinson, Emily: "Pudesse a esperança..." 224
direito materno (matrilinearismo) 98

Édipo 69, 70, 202, 215, 365, 369, 370, 371, 372, 388, 427, 435

Eliot, T. S. 100, 191, 360
Eneias 162, 362, 373, 390, 391, 392, 393, 414, 419, 428
Enki 45
Enuma Elish 97, 152, 177
episcopais 24
Esopo 182, 184
Espírito Santo 47, 69, 88, 180, 244, 265
espíritos elementais 95
Ésquilo 170, 171, 373, 388, 429
Evangelhos Sinópticos (Mateus, Marcos, Lucas) 88, 107

fé e dúvida 223
fênix 89, 320, 365, 427
Fílon (de Alexandria) 29, 278
forma de U na narrativa bíblica 34, 35, 39, 105, 115, 240
Frazer, James G., Sir 76, 78, 118, 362

Galileu 150, 241, 256
gnomos 95
gnósticos 30, 164, 220
Goethe, J. W. von 68, 200, 204
golfinhos 101, 359
Graves, Robert 66, 255
Grécia 76, 286, 287, 294, 303, 334, 343, 360, 365, 370, 375, 388, 407, 420, 429, 435
Guerra de Troia 37, 162, 169, 300, 331, 373

Halloween 90, 96
Hampton Court 24
Hardy, Thomas 223
Heidegger, Martin 151
Henrique VIII 23
Heródoto 89
herói 95, 98, 100, 106, 152
Homero 80, 169, 181, 219, 266, 285, 287, 291, 307, 373, 398, 403, 429
hybris 171

Igreja da Inglaterra 23, 24
Império Romano 41, 60, 155, 160, 162, 254, 435

Índice bíblico | 453

ironia 139, 212, 242
Isabel I 23, 24

Jacinto 76, 307, 313, 314
Jaime I 23, 24, 25, 77, 89
javali 76, 313, 316, 336
Johnson, Samuel 172, 182
Jorge, São 98, 99, 100, 424
Josefo, Flávio 30, 38, 45, 54, 160

Kafka, Franz 201
Khrushchev, Nikita 241
kobolds 95
kosher, regras 60

lei, origem mítica da 177
literatura romântica 68
Livro tibetano dos mortos 254
Londres 23, 60
Lutero, Martinho 22, 23, 45, 168

MacLeish, Archibald: *J. B.* 211
magia imitativa 75, 77, 78, 335
mal, origem e existência do 223
Marduk e Tiamat 46, 97, 152, 177, 420
Marvell, Andrew 63, 304, 322
metáfora 39, 40, 43, 57, 60, 70, 74, 85, 86, 96, 100, 113, 114, 116, 117, 127, 128, 147, 148, 151, 152, 157, 158, 159, 192, 200, 210, 230, 235, 241, 242, 263
milenaristas, seitas 242
Milton, John 24, 67, 172, 173, 174, 197, 207, 243, 244, 245, 258, 265, 281, 289, 295, 300, 302, 307, 312, 313, 327, 332, 333, 338, 339, 350, 354, 367, 368, 378, 388, 393, 396, 417, 420, 423
Missa de Réquiem 92
misticismo Merkabah 252
mito 39, 61, 76, 91, 97, 98, 150, 151, 153, 154, 157, 158, 159, 174, 177, 204, 256, 266, 287, 288
mitraísmo 60, 61, 110
Moisés e Elias 125, 126, 165
monoteísmo, imperial e revolucionário 162

Mozart, Wolfgang 90
múrex 75, 365

Natal 17, 67, 90, 110, 255, 256
nêmesis 171, 314
Newton, Isaac 150, 256
Nietzsche, Friedrich 170, 171

ondinas 95
Osíris 76, 106, 114, 307

Palestina 37, 269, 271
Patrício, São 85
pecado 67, 68, 69, 105, 119, 149, 168, 214, 350
  original 39, 174, 197, 266
Perseu e Andrômeda 100, 101, 333, 334, 424
Platão 29, 127, 154, 233
Plotino 220
presença real 40, 234
Prometeu 79, 139, 203, 220, 221, 222, 286, 291, 294, 295, 298, 299, 300, 301, 303, 339, 344
prostitutas no templo 65
protestantismo 198
provérbios 181, 182, 183, 184, 185, 188, 189, 191, 192
  conselhos de prudência 182
puck (*ignis fatuus*) 95
Puck (Shakespeare) 95
puritanos 23, 24
Pynchon, Thomas 150, 159

Q, livro perdido dos ditos de Jesus 263
Quaresma 107

realidade e ilusão 224
Reaney, James 68
reencarnação 40, 126, 245
Reforma Protestante 22, 174, 198, 254, 265, 435
religiões mediterrâneas 76
retórica 25, 193, 202, 203, 229, 230, 266, 415

Revolução:
   Americana 177
   Inglesa 197
Rimbaud, Arthur 221
ritos agrícolas 75
romance 68, 100, 159, 183, 201, 288, 409
Rousseau, Jean-Jacques 174

salamandras (espíritos do fogo) 95
Salomão 31, 35, 37, 59, 64, 65, 70, 89, 114, 115, 118, 123, 133, 163, 164, 183, 192, 246, 247
Sargão 106
Sartre, Jean-Paul 63
Selêucida, Império 38, 160
sete pecados capitais 168, 232, 233, 421
Shakespeare, William 23, 27, 95, 96, 132, 171, 172, 212, 213, 214, 223, 230, 233, 257, 315, 319, 323, 326, 335, 337, 340, 341, 348, 359, 419
Shaw, Bernard 154, 158, 203, 214, 244
Shelley, Percy Bysshe 203, 220, 352, 369
shunyata 194
Sicília 76, 286, 308, 358, 359, 391, 392, 394, 398, 400
sílfides 95
Simão Macabeu 124
Sócrates 198, 233, 429
Southwell, Robert 90
Spenser, Edmund 99, 291, 314, 323, 335, 344, 361, 393
Spinoza, Baruch 154, 155
Stein, Gertrude 208

Suméria 36, 46, 181
Tácito 66
Tamuz 76
taoísmo 191
tempo 148, 149, 150, 240, 241, 242
Teócrito 76
teodiceia 160
teoria luterana 85
Tomé 111, 227, 234
Tito, Imperador 38, 126
Torá 125, 167
Trento, Concílio de 24
Trindade 40, 44, 86, 88, 210

Ussher, James 242

Vênus 69, 88, 169, 291, 409, 410, 411, 412, 413, 414, 415, 421, 422, 423, 424, 436
   e Cupido 69
verdade 261, 262, 263
Victoria College, Universidade de Toronto 7, 9, 16, 19, 89, 274
visco 59, 362
Vitória, Rainha 44
voto precipitado 80

Wagner, Richard 98, 203

Yeats, William Butler 69, 267

zen-budismo 86, 191

Índice de mitologia clássica

Absirto, irmão e vítima de Medeia 345, 348, 349, 350
Acrísio, Rei de Argos, avô de Perseu 331, 334
Acrópole, cidadela de Atenas 390
Actéon, neto de Cadmo, destruído por Ártemis 368, 369, 427
adamante (indomável), material muito duro 290, 294, 333, 347, 352
Admeto, Rei de Feras na Tessália, marido de Alceste 339
Adônis, caçador amado por Afrodite 307, 312, 313, 314
Adônis, rio no Líbano 313
aegis 387
Afrodite ("espuma"?, latim: Vênus), deusa do amor 291, 297, 313, 322, 346, 350, 361, 374, 377, 390, 391, 392, 436
Agamenon, Rei de Micenas, filho de Atreu, líder dos gregos contra Troia 306, 373, 375, 376, 377, 388, 389, 401, 428
Agave, filha de Cadmo, matou o filho Penteu 368, 427
Agenor, Rei de Tiro, pai de Europa e Cadmo 344, 365, 366, 427
Ájax (o menor), filho de Oileu, guerreiro grego em Troia 386
Ájax, filho de Telamon, herói grego em Troia 376, 382, 383
Alceste, resgatado da morte 339, 340
Alcides, um nome de Héracles 306, 338, 340
Alcínoo, rei dos feácios, pai de Nausícaa 351, 401, 402, 403
Alcione, filha de Éolo 327, 328

Alcmena, mãe de Héracles com Zeus 319, 334, 335
alfabeto 365
Amalteia, cabra que amamentou o menino Zeus 293
Amazonas, povo oriental de mulheres guerreiras 336, 355, 361, 362
ambrosia, comida dos deuses 310, 387
Anauro, rio na Tessália 341
Andrômaca, esposa de Heitor 385
Andrômeda, filha de Cefeu e Cassiopeia, resgatada por Perseu 333, 334, 424
Anfitrite, filha de Oceano e Tétis, esposa de Poseidon 359
Anquises, príncipe troiano, pai de Eneias 390, 391, 392, 393, 401
Anteu, filho gigante da Terra 338
Antígona, filha de Édipo, desafiou a lei 365, 371, 427
Apolo, deus olímpico, filho de Zeus e Leto 286, 295, 296, 297, 313, 314, 317, 319, 321, 322, 324, 326, 331, 336, 339, 361, 366, 376, 377, 380, 381, 382, 384, 389, 390, 392, 410, 415, 417, 418, 419, 423, 426
Apolodoro, mitólogo grego 331, 429
Apolônio Ródio, poeta grego 331, 373, 429
Apuleio, romancista romano 409, 430
Aqueronte (o Doloroso), rio do submundo 392, 393, 398
Aquiles, filho de Peleu e Tétis, maior dos guerreiros aqueus em Troia 300, 343, 373, 375, 376, 377, 378, 379, 380, 381, 382, 383, 385, 399
Aracne (Aranha), donzela que desafiou Atena 323, 324

Arcádia, distrito montanhoso no centro do Peloponeso 298, 321
Arcas, filho de Calisto 320
Areópago, corte ateniense 389
Ares (latim: *Marte*), deus da guerra, filho de Zeus e Hera 291, 297, 313, 344, 345, 346, 347, 348, 366, 367, 379, 389, 426, 436
Arete, esposa de Alcínoo 351, 370, 401, 402
Argo, construtor do Argo 343
Argo, navio de Jasão 343, 346, 347, 348, 350, 352, 353
Argos, cão de Ulisses 404
Argos, guardião de cem olhos de Io 321, 424
Argos, principal cidade da Argólida 331, 334, 375
argonautas, heróis que navegaram com Jasão 343, 344, 348, 350, 351, 352
Ariadne, filha de Minos que fez amizade com Teseu 359, 360
Ártemis (latim: Diana), deusa caçadora, filha de Zeus e Leto, irmã de Apolo 296, 319, 321, 361, 362, 369, 376, 377, 423, 426, 436
Ascânio, filho de Eneias 391
Asclépio (latim: Esculápio), curandeiro, filho de Apolo 339, 361, 362, 397, 436
Ásia Menor, península do Mediterrâneo oriental, mais ou menos a Turquia moderna 339, 373
Astíanax (rei da cidade), jovem filho de Heitor e Andrômaca 385
astrologia 420
Atamante, Rei da Beócia, pai de Frixo e Hele 342, 367, 368, 427
Atena (latim: Minerva), deusa guerreira, filha de Zeus 295, 323, 324, 332, 334, 345, 349, 355, 358, 366, 374, 380, 383, 384, 385, 386, 387, 390, 392, 401, 402, 403, 404, 405, 426, 436
Atenas, principal cidade da Ática 295, 309, 324, 356, 357, 358, 359, 360, 361, 363, 389, 429

Ática, distrito da Grécia a leste do Istmo de Corinto 324, 360, 361, 362, 363, 371
Atlas, titã, irmão de Prometeu, portador do céu 295, 338, 420
Atreu, Rei de Micenas, filho de Pélope, pai de Agamenon e Menelau 306, 373, 375, 388, 389
Atrida, patronímico de Agamenon 306
Átropos 299
    Ver Parcas
Augias, Rei da Élida, cujos estábulos Héracles limpou 336
Autólico, famoso ladrão e mentiroso, pai da mãe de Ulisses 404
Averno, lago no oeste da Itália, caminho para o submundo 362, 392, 414

babilônios 420
bacantes 317, 365
    Ver mênades
Baco, um nome de Dioniso 365, 368, 435
Báucis, velha hospitaleira 329, 330
Belerofonte, herói de Corinto, matou a Quimera 354, 355
Beócia, distrito grego a noroeste da Ática 342, 366, 367, 376, 415
Bóreas, vento norte 291, 303, 341, 344, 423
Bretanha, conhecida por gregos e romanos posteriores 295, 390, 430
Briareu, gigante de cinquenta cabeças e cem mãos, filho de Urano e Gaia 289
Busíris, rei egípcio assassino morto por Héracles 338

Cadmo, irmão de Europa, fundador de Tebas 342, 345, 365, 366, 367, 369, 427, 428
caduceu 397
Calais, filho de Bóreas 343, 344
Calcas, sacerdote troiano aliado dos gregos 376, 383
Calcíope, irmã de Medeia, viúva de Frixo 342, 345

Calipso ("cobertura"), ninfa de Ogígia que recebeu Ulisses 401
Calisto, ninfa arcádia transformada em urso 319, 320, 321
Campos Elísios ou Elísio, lugar de vida feliz após a morte 350, 388
Caos, o vazio primordial 289
Caríbdis, redemoinho no moderno Estreito de Messina 350, 351, 400, 401
Caronte, barqueiro do submundo 315, 393, 414
Cartago, cidade do norte da África perto da moderna Túnis 391, 392, 428, 429, 430
Cassandra, profetisa, filha de Príamo 384, 386, 388, 419
Cassiopeia, Rainha da Etiópia, mãe de Andrômeda 333, 334
Castor, filho de Zeus e Leda, gêmeo de Polideuces, irmão de Helena 319, 343, 363
Cáucaso, cordilheira no extremo leste do Mar Euxino 299, 339, 344
Ceice, Rei da Tessália, marido de Alcione 327
Celeu, Rei de Elêusis, anfitrião de Deméter 376
centauro 340, 341
Ver Quíron, Nesso
centímanos, filhos gigantes de Urano e Gaia, chamados Giges, Coto, Briareu 289, 294, 426
Cérbero, cão de guarda de três cabeças no portão de Hades 315, 337, 363, 393, 414
Ceres, nome latino de Deméter 307, 412, 435
Chifre da Abundância 293
Chipre, ilha mediterrânea 297

ciclopes (olhos redondos), raça selvagem e solitária de gigantes de um olho que vivem na Sicília, alguns como ferreiros sob o Monte Etna, alguns como pastores 289, 294, 336, 339, 394, 395, 426
Ver Polifemo

Cila (Si-), filha de Niso 328
Cila, monstruosa filha de Fórcis e Hécate, que vive em uma rocha perigosa no estreito entre a Sicília e a Itália, atual Estreito de Messina 350, 351, 400
Circe, feiticeira de Eeia, filha de Hélio e Perseida, irmã de Eetes 349, 350, 396, 397, 399, 400, 435
Círon, ladrão morto por Teseu 356
Citera, ilha ao sul da Lacônia 297, 409
civilização minoica 357, 375
Clímene, Rainha da Etiópia, mãe de Faetonte 304, 305
Clitemnestra, filha de Leda, esposa e assassina de Agamenon 319, 377, 388, 389
Clítia, donzela que amava Hélio 323
Cnossos, principal cidade de Creta 357, 429
Cócalo (concha espiral), Rei da Sicília que abrigou Dédalo 358, 359
Cócito (a Lamentação), rio do submundo 392, 393, 398, 413
Colono, bosque nos arredores de Atenas, onde Édipo morreu 365, 371
Cólquida, país no extremo leste do Mar Euxino 341, 342, 344, 346, 348
comedores de lótus (lotófagos) 393
constelações 306, 320, 334, 420
Corinetes ou Perifetes, ladrão morto por Teseu 363
Corinto, cidade do Peloponeso 353, 356, 369, 371, 388
Coto, gigante de cem mãos, filho de Urano e Gaia 289
Creonte, Rei de Corinto, filho de Sísifo, pai da segunda esposa de Jasão 371, 427
Creta, ilha do Mediterrâneo 286, 293, 309, 328, 336, 352, 357, 358, 359, 366, 429
cristianismo 287
Cronos (latim: Saturno), filho de Urano e Gaia, deposto por Zeus 286, 290, 291, 292, 293, 294, 299, 302, 426, 428, 436

Cumas, antiga cidade na costa oeste da Itália 392, 419

Cupido, nome latino de Eros 287, 322, 409, 412, 413, 414, 415, 423, 436

Curetes, guerreiros cretenses que guardaram o infante Zeus 293

Dafne ("loureiro"), donzela amada por Apolo 322

Dânae, filha de Acrísio, mãe de Perseu 319, 331, 334

danaides, sofredores no Tártaro 316

Dédalo ("habilidoso"), artesão ateniense, pai de Ícaro, construtor do labirinto 358, 359

Deífobo, irmão de Heitor e Páris 380

Delfos, cidade abaixo do Monte Parnaso, local do oráculo de Apolo 286, 296, 313, 336, 342, 366, 369, 370, 371, 415, 417, 418

Delos, ilha do Mar Egeu 423

Deméter (deusa dos grãos, latim: Ceres), irmã de Zeus, mãe de Perséfone 286, 293, 297, 307, 308, 309, 310, 311, 312, 376, 389, 426, 435

Demódoco, bardo na corte feácia 368, 373, 402

Demofonte, filho de Celeu e Metanira, amamentado por Deméter 308, 310

dentes de dragão 344, 347

Deucalião, filho de Prometeu, marido de Pirra, sobrevivente do dilúvio 287, 289, 301, 302, 303, 304

deuses olímpicos 426

Diana, nome latino de Ártemis 361, 362, 368, 423, 436

dias da semana, nomes dos 421

Díctis ("rede"), pescador de Serifos, anfitrião de Perseu 331, 334

Dido, Princesa de Tiro, fundadora e Rainha de Cartago 391, 392, 393, 428

Diomedes, guerreiro argivo em Troia 376

Diomedes, Rei da Trácia, filho de Ares, morto por Héracles 336, 339

Dioniso, deus do vinho, filho de Zeus e Sêmele 297, 317, 325, 326, 360, 365, 367, 368, 426, 427, 435, 438

dióscuros ("filhos de Zeus"), título de Castor e Polideuces 343

Dis (*Dives*, rico), nome latino de Hades 307, 435

Djanira, segunda esposa de Héracles 340

Dodona, antigo santuário de Zeus no noroeste da Grécia 343, 349, 417

dríades (*drus*, carvalho), ninfas das árvores 290

Eco, ninfa que amava Narciso 314, 315

Édipo ("pé inchado"), rei tebano, destinado a matar o pai e se casar com a mãe 365, 369, 370, 371, 372, 388, 427, 435

Eeia, ilha na costa oeste da Itália 349, 396

Eetes, Rei da Cólquida, filho de Hélio, dono do Velocino de Ouro 342, 344, 345, 346, 347, 348, 349, 351, 352, 396

Egéria, ninfa de Arícia na Itália, casada com Vírbio, posteriormente conselheira do antigo rei romano Numa 362

Egeu, mar entre a Grécia e a Ásia Menor 360, 373, 377, 383

Egeu, Rei de Atenas, pai de Teseu 356, 357, 360

Egisto, filho de Tisto, amante de Clitemnestra e assassino de Agamenon 172, 388, 389

Egito, país do norte da África 286, 307, 365, 370, 386, 429

Electra, filha de Agamenon e Clitemnestra 389

Eleia, planície na Lícia 354, 355

Elêusis, cidade da Ática 309, 311

Ena, planície siciliana 307, 308

Endimião, pastor cariano amado por Selene 323, 347, 423, 424

Eneias, príncipe troiano, fundador do Império Romano 362, 373, 390, 391, 392, 393, 414, 419, 428

Enone, ninfa amada por Páris 374, 383

Éolo, deus dos ventos 327, 328, 360
Éolo, ilha de, ao largo da Sicília 395
Eos (latim: Aurora), deusa do amanhecer 291, 305, 423, 436
Epimeteu ("reflexão posterior"), titã, filho de Jápeto, irmão de Prometeu 286, 298, 300, 301, 303
epônimo 320
Érebo ("escuridão" ou "abismo"), nascido do Caos, mais tarde um nome para o submundo 289, 322
Erínias (Fúrias, latim: *Furiae*), Alecto, Megera, Tisífone: deusas da vingança, posteriormente chamadas Eumênides 302, 389, 390
Éris ("discórdia") 373, 374
Eros (latim: Cupido), deus do amor, nascido do Caos e da Noite ou de Afrodite 289, 290, 322, 391, 409, 436
Esão, Rei de Iolcos, pai de Jasão 341, 344, 346, 347, 352
Escamandro, rio perto de Troia 379, 380
Esculápio, nome latino de Asclépio 436
Esfinge, monumento egípcio 370, 429
Esfinge ("sufocadora"), monstro feminino nascido de Tífon e Equidna, flagelo de Tebas 369, 370
Esparta, cidade e região da Lacônia no Peloponeso 362, 363, 374, 375, 388, 403
Esperança (grego: *Elpis*) 301, 379
Esquéria, ilha no Mar Jônico 351, 352
   Ver também Feácia
Ésquilo, dramaturgo trágico grego 373, 388, 429
Estige (Abominável), rio do submundo pelo qual os deuses juram 291, 304, 315, 376, 392, 393, 413
Estrela Matutina (grego: *Phosforus*, latim: *Lucifer*, portador da luz) 291
Estrela Vespertina 291
   Ver Héspero
Eta, Monte, na Tessália 340, 383
Etéocles, príncipe tebano, filho de Édipo 371, 427
Etiópia, país na África, ocupava territórios dos atuais Etiópia, Sudão e Eritreia 304, 305, 306, 333, 404
Etna, Monte, vulcão siciliano 286, 294
Etra, mãe de Teseu 356, 363
Eumênides (Gentis) 342, 373, 390
   Ver também Erínias
Eumeu, fiel porqueiro de Ulisses 403, 405
Euricleia, velha enfermeira de Ulisses 404, 405
Eurídice, ninfa, noiva de Orfeu 315, 316, 414
Euríloco, companheiro de Ulisses 396, 397, 400
Eurínome, titânide, filha de Oceano, mãe das Graças com Zeus; antes, consorte de Ófion (serpente), com quem ela teria governado o Olimpo antes de Cronos e Reia 415
Eurípides, dramaturgo trágico grego 331, 365, 373, 388, 429
Euristeu, Rei de Micenas, que impôs a Héracles os doze trabalhos 335, 336, 338
Euro, vento leste 291, 423
Europa, filha de Agenor raptada por Zeus sob forma de touro 319, 344, 352, 357, 359, 365, 366, 390, 427
Euxino ("hospitaleiro"), Mar, moderno Mar Negro 342, 344, 348, 349

Faetonte ("brilhante"), filho imprudente de Hélio e Clímene 289, 304, 305, 306, 423
Faros, ilha ao largo da costa norte do Egito no futuro local de Alexandria 387
Fásis, rio da Cólquida 344, 348
Fauno, equivalente romano de Pã, com consorte Fauna 298, 436
Feácia, ilha ao norte de Ítaca, reino do Rei Alcínoo, também chamada Esquéria, Córcira. Atual Corfu 402
Febo, um nome ou título de Apolo 296, 423, 435
Fedra, filha de Minos, esposa de Teseu, madrasta de Hipólito 361, 362, 427

Fenícia, faixa costeira ao norte de Israel e Judá 365, 391
Fênix (Carmesim), filho de Agenor, ancestral dos fenícios 320, 365, 427
Feras, cidade na Tessália 339
Filemon, velho hospitaleiro 329, 330
Filoctetes, arqueiro, herdeiro do arco de Héracles 377, 383
Filomela ("rouxinol"), filha de Pandião, que se tornou um rouxinol 324, 325, 326
Fineu, filho de Agenor, Rei da Bitínia, profeta cego perturbado pelas harpias 344, 368, 427
Flegetonte (Ardente), rio do submundo 392, 393, 398
Fósforo 291, 436
 Ver Estrela Matutina
Frígia, região centro-norte da Ásia Menor 326, 329, 373, 374
Frixo, filho de Atamante e Nefele, irmão de Hele 342, 345, 367
Fúrias 302, 315, 349, 390
 Ver também Erínias

Gaia (Terra; latim: *Tellus*), esposa de Urano, mãe dos titãs 289, 290, 293, 294, 418, 426, 428, 436
gêmeos celestiais 319, 343
 Ver também Dióscuros
Gerião, rei gigante de três corpos 336, 337
gigantes, monstros que atacaram o Olimpo após a derrota dos titãs. Muitos, como punição, foram enterrados sob vulcões famosos 302
Giges, gigante de cem mãos, filho de Urano e Gaia 289
golfinhos 359
Golfo Sarônico, baía entre Ática e Peloponeso 356, 360
Górgonas, monstros femininos, Esteno, Euríale, Medusa ("Poderosa", "Puladora", "Rainha") 332, 333

Graças (grego: *Charites*, latim: *Gratiae*), filhas de Zeus e Eurínome, deusas da beleza e bondade 415
Greias, irmãs das Górgonas 333

Hades ("invisível"; no latim: Dis), deus do submundo, irmão de Zeus e Poseidon, casado com Perséfone. Também chamado Plutão (Rico) por gregos e romanos 293, 294, 295, 307, 308, 309, 311, 312, 315, 316, 354, 361, 363, 379, 380, 388, 392, 398, 400, 407, 414, 426, 435
Harmonia, filha de Ares, esposa de Cadmo, dona do colar azarado 367, 427
harpias ("ladras"), monstros com corpo de pássaro e cabeça de mulher 341, 344, 350
Hebe ("juventude"), copeira celestial 295, 296, 341
Hebro, Rio, flui da Trácia para o Egeu 317
Hécabe (latim: *Hécuba*), esposa de Príamo, mãe de Páris e Heitor 374, 385, 390, 436
Hécate, titânide, deusa associada à noite e à feitiçaria 309, 345, 346, 348, 352, 353, 392, 423
Hécuba 436
 Ver Hécabe
Hefesto (latim: Vulcano), deus ferreiro, filho de Hera 296, 297, 301, 305, 345, 347, 352, 378, 379, 402, 423, 426, 436
Heitor, filho de Príamo, maior herói troiano 377, 378, 379, 380, 381, 382, 385, 390
Hélade, Grécia continental 352, 435
Hele, filha de Atamante e sua primeira esposa, Nefele 342, 367
Helena, filha de Zeus e Leda, casada com Menelau; seu rapto por Páris foi causa da Guerra de Troia 362, 363, 374, 375, 377, 385, 388, 389
Helesponto, estreito, moderno Dardanelos 342, 343, 373

Helíadas, filhas de Hélio, irmãs de Faetonte 304, 306
Helicão, Monte, na Beócia 289, 355, 415
Hélio, Sol, pai de Faetonte com Clímene, e de Circe e Eetes com Perseida 291, 304, 305, 306, 309, 323, 342, 348, 349, 407, 423, 436
Hemon, filho do tebano Creonte, noivo de Antígona 371, 427
Hera (latim: Juno), Rainha dos Deuses, filha de Cronos e Reia, irmã e esposa de Zeus 285, 293, 295, 296, 297, 314, 316, 319, 320, 321, 327, 335, 336, 340, 341, 343, 345, 347, 350, 367, 374, 379, 391, 392, 393, 426, 435
Héracles (latim: Hércules), o mais famoso dos heróis gregos, filho de Zeus com Alcmena 300, 306, 331, 334, 335, 336, 337, 338, 339, 340, 341, 343, 363, 383, 414, 428, 435, 436
Hércules (grego: *Herakles*) 335, 424, 435, 436
Hermes (latim: Mercúrio), filho de Zeus e Maia, arauto dos deuses 291, 296, 297, 300, 301, 311, 312, 321, 329, 332, 333, 339, 374, 380, 381, 391, 397, 401, 406, 407, 420, 424, 426, 436
Hesíodo 285, 289, 301, 322, 323, 415, 423, 429
Hesíone, princesa troiana, filha de Laomedonte, irmã de Príamo 338, 424
Hespérides, filhas de Héspero, guardiãs dos pomos dourados no jardim do Extremo Oeste 287, 294, 306, 337, 338
Héspero (latim: Vesper), Estrela Matutina, filho de Eo e do titã Astreu 291, 306, 436
Héstia (latim: *Vesta*, de onde "virgens vestais", guardiãs do fogo sagrado), deusa da lareira 293, 295, 426, 436
Hidra, monstruosa filha de Tífon e Equidna 336
Hilas, escudeiro de Héracles 343
Hino homérico a Deméter 307
Hipérion, titã, deus da luz, pai de Hélio, Selene e Eos 291, 304, 426

Hipnos (latim: *Somnus*), Sono 348
Hipocrene, fonte sagrada para Musas no Monte Helicão 355, 415
Hipólita, Rainha das Amazonas, esposa de Teseu 336, 361
Hipólito, (latim: Vírbio) filho de Teseu e Hipólita 304, 361, 362
histórias etiológicas (do grego *aition*, causa) 323
Homero, poeta épico grego 285, 287, 291, 307, 373, 398, 403, 429
Horas (*Horae*), deusas das estações, filhas de Zeus e Têmis 415

Ícaro, filho de Dédalo, piloto audacioso 358
Ida, Monte, em Creta 293
Ida, Monte, na Frígia, perto de Troia 374, 383, 390
Íficles, filho de Anfitrião, meio-irmão de Hércules 335
Ifigênia, filha de Agamenon, sacrificada em Áulis 376, 389
Ilítia, deusa do nascimento 296, 335
Ínaco, deus do rio, fundador de Argos, pai de Io 320
Ino, filha de Cadmo, esposa de Atamante, mais tarde chamada Leucoteia 342, 367, 401, 427
Io, filha de Ínaco, amada por Zeus 319, 320, 321, 365
Ióbates, Rei da Lícia, anfitrião de Belerofonte 354, 355
Íris, deusa do arco-íris, mensageira especial de Hera 311, 327, 350
Istmo de Corinto, faixa de terra que une o Peloponeso à Grécia continental 328, 388
Ítaca, ilha no Mar Jônico, reino de Ulisses 375, 393, 395, 399, 401, 402, 403, 406, 407
Itália 295, 306, 362, 391, 392, 420

Jacinto, príncipe espartano morto por Apolo 307, 313, 314
Janus, deus romano das portas 422

Jápeto, titã, pai de Prometeu, Epimeteu e Atlas 291, 300, 426
Jasão, filho de Esão, herói da busca do Velocino de Ouro 331, 341, 342, 343, 344, 345, 346, 347, 348, 349, 350, 351, 352, 353, 356, 373, 428
Jocasta, mãe e esposa de Édipo 369, 370, 371, 427, 435
Jogos Olímpicos 418
Jogos Píticos 418
Jônico, Mar, entre a Grécia e a Sicília 393
Jove 300, 339, 410, 421, 435
    Ver Júpiter
Juno, nome latino de Hera, esposa de Zeus 412, 422, 435
Júpiter ou Jove, nomes latinos de Zeus, rei dos deuses 291, 292, 319, 367, 413, 415, 419, 421, 435
Justiça (grego: *Diké*; grego e latim: *Astraea*, estrelada), identificada com a constelação de Virgem 302

ker (*keres thanatoio*) 379

labirinto, edifício cretense construído por Dédalo 357, 358, 359, 360, 363
Lácio, região da Itália perto do Tibre 393
Ladão, dragão das Hespérides 337
Ladão, rio arcadiano 321
Laertes, marido de Anticleia, pai de Ulisses 399
Laio, bisneto de Cadmo, pai de Édipo 369, 370, 371, 427
Laocoonte, sacerdote troiano de Apolo 384
Lápites, tribo da Tessália 362
Latino, Rei do Lácio, que recebeu Eneias 393
Latmo, Monte, na Ásia Menor 323, 347
Lavínia, filha de Latino 393
Leda, esposa de Tíndaro, Rei de Esparta; mãe de Helena, Clitemnestra, dos Dióscuros 319, 362, 375
Lemnos, ilha do Egeu 296
Lesbos, ilha do Egeu 317

Lete (Esquecimento), rio do submundo 392, 393
Leto (latim: Latona), titânide, mãe com Zeus de Apolo e Ártemis 296, 426
Leucoteia ("deusa branca"), deusa do mar 367, 368
Líbia, país do norte da África 306, 333, 352
Lícia, país do sul da Ásia Menor 354, 355
Lídia, país da Ásia Menor 339
lira 296, 297, 315, 326, 350, 405, 415
louro 322, 418
Lua 291, 306, 323, 340, 347, 382, 402, 420, 421, 423
Lúcifer 423, 436
    Ver Estrela Matutina

magia simpática 335
Maia, mãe de Hermes 296, 420, 422, 426
maldição 288, 304, 361, 371, 389
Maratona, aldeia perto de Atenas, cena da vitória ateniense contra os persas em 490 a.C. 363, 429
Marte, nome latino de Ares 291, 389, 421, 422, 436
matriarcado 370
Medeia, feiticeira cólquida, filha de Eetes, esposa de Jasão 345, 346, 347, 348, 349, 350, 351, 352, 353, 356
Medusa 332, 333, 334
    Ver também Górgonas
Mégara, cidade no Istmo de Corinto 328
mênades (loucas) ou bacantes, mulheres selvagens seguidoras de Dioniso 368
Menelau, filho de Atreu, irmão de Agamenon, marido de Helena 375, 377, 385, 386, 387, 388, 389, 403
Mercúrio, nome latino de Hermes 291, 421, 422, 436
meses, nomes dos 377, 422
Metanira, esposa de Celeu, Rei de Elêusis 310, 311
Métis ("conselho"), titânide, filha de Oceano e Tétis 286, 293, 295, 426
Micenas, cidade da Argólida 335, 337, 375, 388, 389

Midas, Rei da Frígia, anfitrião de Sileno 321, 326, 327
Minerva, nome latino de Atena 332, 436
Minos, Rei de Creta, filho de Zeus e Europa, pai de Ariadne 283, 328, 357, 358, 359, 361, 427
Minotauro, monstro, filho da Rainha de Minos, Pasífae 357, 358, 359, 360
Mirra, filha de Ciniras, Rei de Chipre, mãe de Adônis 312
móli, erva protetora 397
Mopso, profeta entre os argonautas 343
Morfeu, deus dos sonhos 327
Morte (grego: *Thanatos*, latim: *Mors*), com quem Héracles lutou por Alceste 340
Musas, nove filhas de Zeus, deusas da poesia, música, dança e artes liberais, chamadas Calíope, Clio, Euterpe, Terpsícore, Érato, Melpômene, Tália, Polímnia, Urânia 289, 326, 355, 415

náiades, ninfas de rios e nascentes 350
narciso, flor 308, 407
Narciso, jovem apaixonado pela própria imagem 307, 313, 314, 315
Nausícaa, princesa feácia, fez amizade com Ulisses 401, 402
Naxos, ilha do Mar Egeu 360
néctar 292, 295, 387, 415
Nêmesis ("retribuição"), deusa vingadora de atos injustos 314
Nemi, bosque em Arícia, Itália 362
Nereu, deus do mar 333, 334, 338
Nesso, centauro, barqueiro do Rio Eno 340
Nestor, Rei de Pilo, velho sábio que acompanhou os gregos a Troia 376
Netuno, nome latino de Poseidon 319, 403, 423, 435
Nilo, Rio, no Egito 306, 321, 370
ninfas, filhas de Oceano, espíritos da água e das fontes 290, 291, 293, 298, 306, 315, 320, 321, 333, 337, 351, 361, 369, 378, 410
Niso, Rei de Mégara, pai de Cila 328

Noite (grego: *Nyx*; latim: *Nox*), mãe de Eros e das Parcas 289, 299, 322
"nostalgia" 385
Noto, vento sul 291, 302, 423

Oceano (latim: *Pontus*), titã, filho de Urano e Gaia, pai com Tétis de Rios e das ninfas 290, 293, 308, 342, 426
Ogígia, ilha na costa da Itália 401
Olimpo, montanha da Tessália, casa dos deuses 293, 295, 297, 299, 302, 304, 305, 309, 311, 340, 355, 367, 378, 379, 389, 409, 415, 420
Onfale, Rainha da Lídia a quem Héracles serviu 339
oráculo 293, 294, 313, 317, 331, 336, 338, 340, 341, 342, 366, 369, 371, 375, 410, 415, 417, 418, 419, 420, 428
Ver também Delfos; Dodona
Orestes, filho e vingador de Agamenon 389, 390
Orfeu, poeta, filho do rei trácio Eagro e da musa Calíope 307, 315, 316, 317, 343, 348, 350, 351, 414, 424
Órion, gigante caçador, mais tarde uma constelação 420
Ossa, montanha na Tessália, ao sul do Olimpo 302
Ovídio, poeta romano 289, 301, 304, 307, 319, 329, 331, 365, 430, 433

Pã ("pastor", latim: *Faunus*), deus arcadiano dos pastores, filho de Hermes 297, 298, 321, 322, 326, 420, 422, 426, 428, 436
Pactolo, rio frígio 326
Paládio (latim: *Palladium*), imagem de Atena mantida em Troia 382, 383, 384, 386
Palas, um nome ou título de Atena 332, 383
Palemonte, nome de Melicertes como deus do mar 368
Palinuro, piloto de Eneias 392
Pandião, Rei de Atenas, pai de Procne e Filomela 324

Pandora, mulher enviada para a humanidade com uma caixa cheia de males 300, 301, 379, 414

Parcas (grego: *Moirai*, "destinadoras"; latim: *Parcae*), filhas da Noite, chamadas Cloto, Láquesis, Átropos ("Giradora", "Sorteadora", "Inflexível") 299, 339, 361, 379, 419

Páris, filho de Príamo de Troia, raptor de Helena 374, 375, 377, 380, 382, 383

Parnaso, Monte, na Grécia central, associado às Musas 303, 404, 415

patrilinearidade 390

Pátroclo, amigo de Aquiles morto por Heitor 376, 377, 378, 380, 381

patronímicos 306

Pégaso ("aquele da fonte"), cavalo alado, filho de Poseidon e Medusa, mais tarde associado às Musas e à poesia 334, 354, 355

Peleu, argonauta, marido de Tétis, pai de Aquiles 300, 343, 350, 373, 375, 376, 381

Pelião, Monte, na Tessália 302, 341

Pélias, tio usurpador de Jasão 341, 342, 353

Pélope, filho de Tântalo 388, 389

Peloponeso, metade sul peninsular da Grécia 375, 388, 414

Penélope, esposa de Ulisses 375, 398, 403, 404, 405, 406

Peneu, rio da Tessália 322

Penteu ("luto"), Rei de Tebas, filho de Agave 365, 368, 427

Perséfone (latim: Proserpina), filha de Zeus e Deméter, casada com Hades, Rainha do Submundo 286, 307, 308, 309, 311, 312, 313, 315, 363, 392, 398, 399, 407, 423, 426, 435

Perseu, filho de Zeus e Dânae, herói de Argos que matou a Górgona 303, 331, 332, 333, 334, 335, 424

Pilo, cidade do oeste do Peloponeso 376

Pirítoo, Rei dos Lápites, filho de Íxion, amigo de Teseu 362, 363

Pirra, filha de Epimeteu e Pandora, esposa de Deucalião 289, 301, 302, 303, 304

Pitiocantes, apelido de Sínis 356

Píton, serpente morta por Apolo 293, 336, 418

Pitonisa, sacerdotisa de Delfos 418

planetas (estrelas errantes) 291, 420, 421

Plêiades, sete filhas de Atlas e Pleione, filha de Oceano, tornaram-se uma constelação 420

Plutão ("rico"), um nome grego e também romano de Hades 413, 414, 435

Pó, Rio, grande rio do norte da Itália antigamente chamado Erídano 306, 338

Polidectes, Rei de Serifos que enviou Perseu atrás da cabeça da Górgona 331, 332, 333, 334

Polideuces (Pólux), filho de Zeus e Leda, gêmeo de Castor e irmão de Helena 319, 343, 363, 436

Polifemo, ciclope, filho de Poseidon, cegado por Ulisses 391, 394, 395

Polinices, filho de Édipo e Jocasta, irmão de Etéocles, e líder dos Sete contra Tebas 371, 427

Poseidon (latim: Netuno), deus do mar, irmão de Zeus, casado com Anfitrite 293, 294, 295, 302, 303, 320, 324, 353, 359, 361, 384, 386, 387, 395, 398, 401, 402, 403, 423, 426, 435

presságio 400, 404, 417

Preto, Rei de Tirinto que enviou Belerofonte à Lícia 354

Príamo, Rei de Troia, filho de Laomedonte, pai de Páris e Heitor 374, 375, 377, 379, 381, 382, 384, 385, 388, 390

Procne, filha do Rei Pandião, transformada em andorinha 324, 325, 326

Procusto, ladrão morto por Teseu, tinha cama famosa 356, 357

Prometeu ("previsão"), titã, filho de Jápeto e Têmis, que roubou fogo do Céu 286, 291, 294, 295, 298, 299, 300, 301, 303, 339, 344

Propontino, Mar (atual Mar de Mármara), entre os mares Egeu e Euxino 343
Proserpina, nome latino de Perséfone 307, 413, 414, 415, 423, 435
Proteu, deus do mar 386, 387
Psiquê, noiva de Cupido 287, 322, 409, 410, 411, 412, 413, 414, 415, 424

Quimera ("cabra"), monstro lício, descendente de Tífon e Equidna 355
Quíron, centauro do Monte Pelião, mestre de Jasão, Aquiles e Asclépio 341, 361, 376

Radamanto, irmão de Minos, juiz dos mortos 359, 427
Reia, titânide, irmã e esposa de Cronos, mãe de Zeus 292, 293, 309, 426, 436
Remo, irmão gêmeo de Rômulo 428
Rios, filhos de Oceano e Tétis 290
Rocha Leucádia ("branca"), marco mítico do Extremo Oeste 407
Roma, principal cidade da Itália, no Rio Tibre, na fronteira entre o Lácio e a Etrúria 287, 373, 391, 393, 419, 420, 428, 429, 430, 435
Rômulo, descendente de Eneias, fundador de Roma 320, 428

sacrifício 311, 334, 336, 339, 340, 342, 345, 346, 349, 351, 352, 384, 387, 389, 398, 405
sátiros (latim: *fauni*, faunos), homens meio-animais selvagens de bosques e campos 298, 436
Saturno, nome latino de Cronos 291, 292, 421, 436
Selene (latim: *Luna*), deusa da Lua, filha de Hipérion e Teia 291, 323, 423, 436
Sêmele, filha de Cadmo, mãe de Dioniso com Zeus 367, 426, 427
Sibila, sacerdotisa profética de Cumas na Itália 392, 414, 419
Sicília, ilha ao pé da Itália 286, 308, 358, 359, 391, 392, 394, 398, 400
Sileno, tutor de Dioniso 297, 326

Simoente, rio perto de Troia 379, 382
Simplégades 344
Sínis ou Pitiocantes, ladrão morto por Teseu 356
Sínon, grego que persuadiu os troianos a levar o cavalo de madeira para Troia 385
sirenes, doces cantoras traidoras, filhas de Fórcis e uma das Musas 350, 392, 399, 400, 423
Siringe ("junco"), ninfa perseguida por Pã 321, 322
Siro, ilha do Egeu 363
Sirte, Golfo de, ao largo do norte da África, famoso por bancos de areia movediços 352
Sísifo, filho de Éolo, sofredor no Tártaro 316, 354, 392
Sófocles, dramaturgo trágico grego 331, 365, 388, 429
Sol 291, 299, 300, 304, 305, 306, 314, 315, 327, 337, 344, 346, 348, 349, 356, 358, 382, 396, 398, 400, 401, 402, 407, 411, 420, 421, 423, 436
Ver Hélio
sonhos 327, 342, 404, 407
Sono (grego: *Hipnos*, latim: *Somnus*), filho da Noite e irmão da Morte 327
Súnio, cabo ao sul de Atenas 360

Taça do Sol 337
Talo, homem de bronze, guardião de Creta 352
Tântalo, rei lídio, filho de Zeus e amigo dos deuses, punido por ofendê-los. Ancestral da casa real de Micenas 316, 388, 389, 392, 428
Tártaro, lugar de punição do submundo 294, 316, 363, 392
Táurida, península no Mar Euxino, Crimeia moderna 377
Tebas, famosa cidade no Egito 335, 365, 367, 368, 369, 370, 371, 388, 398, 427
Teia ("deusa"), titânide, esposa de Hipérion 291, 304, 426
Telêmaco, filho de Ulisses e Penélope 375, 399, 403, 404, 405, 406

Têmis ("ordem"), titânide, mãe de Prometeu 302, 304, 426
Tempe, vale da Tessália entre os montes Olimpo e Ossa 418
Tênaro, promontório da Lacônia 414
Tênedo, ilha oposta a Troia 377
Tereu, Rei da Trácia, casado com Procne 324, 325
Terra (Mãe-Terra), filha do Caos 286, 289, 293, 295, 296, 338, 390
Ver também Gaia
Teseu, herói ateniense, assassino do Minotauro 304, 331, 337, 356, 357, 359, 360, 361, 362, 363, 428
Tessália, região no norte da Grécia 327, 341
Tétis, esposa de Peleu, mãe de Aquiles 300, 350, 351, 373, 375, 376, 378, 383
Tétis, esposa de Oceano, mãe dos Rios e das ninfas 426
Tibre, Rio, na Itália, perto de onde Roma foi construída 393
Tiestes, Príncipe de Micenas, filho de Pélope e Hipodâmia, irmão de Atreu 389
Tífon, monstro, pai com Equidna de numerosas pragas; dá seu nome ao furacão, "tufão" 286, 410
Tíndaro, Rei de Esparta, marido de Leda, pai adotivo de seus filhos por Zeus 375
Tirésias, profeta cego de Tebas 368, 371, 398, 399, 400
Tirinto, antiga cidade do Peloponeso 354, 375
Tiro, antiga cidade costeira fenícia 365, 391
tirso 368
titãs, doze filhos e filhas de Urano e Gaia 290, 291, 293, 294, 299, 304, 426, 428
Títio, gigante punido no Tártaro por tentar levar Leto do Olimpo 298, 316
Tmolo, montanha da Lídia 326
Trácia, região ao norte do Egeu 316, 324, 325, 339

tridente 294, 303, 324, 386
tripé 418
Triptolemo, emissário de Deméter 308
Tritão, deus do mar, filho de Poseidon 423
Trofônio, oráculo de, em Lebadeia, Beócia 417
Troia (grego e latim: *Troia*; também grego: *Ilion*, latim: *Ilium*), cidade da Frígia ao lado do Helesponto 286, 300, 331, 338, 373, 374, 375, 376, 377, 378, 381, 382, 383, 384, 385, 386, 390, 391, 393, 402, 419, 428, 429
Tros, ancestral da casa real troiana 390

Ulisses (latim: *Ulixes*; grego: *Odysseus*, daí Odisseu), astuto rei de Ítaca, lutou em Troia e fez uma longa viagem de volta para casa 373, 375, 376, 377, 383, 384, 385, 393, 394, 395, 396, 397, 398, 399, 400, 401, 402, 403, 404, 405, 406, 407, 417
Urano ("céu", latim: *Celo*), filho e marido de Gaia, pai dos titãs 289, 290, 291, 292, 299, 302, 304, 426, 428, 436
Ursa Maior, constelação 286, 320

Vênus, nome latino de Afrodite 291, 409, 410, 411, 412, 413, 414, 415, 421, 422, 423, 424, 436
Vergonha (grego: *Aidos*) 302
vida após a morte 341, 398
Vírbio (*vir bis*, "duas vezes homem"), nome latino de Hipólito revivido 362
Virgílio, poeta épico romano 362, 373, 391, 414, 430
Vulcano, nome latino de Hefesto 296, 423, 436

Xanto (Zanto) ("castanho"), cavalo de Aquiles 378, 379

Zéfiro, vento oeste 291, 411, 412, 423
Zetes, filho de Bóreas, irmão de Calais 343, 344

Zeus, filho de Cronos e Reia, rei dos deuses, defensor da justiça e ordem 283, 285, 286, 291, 292, 293, 294, 295, 296, 297, 298, 299, 300, 301, 302, 303, 305, 306, 307, 308, 309, 311, 312, 314, 316, 319, 320, 321, 324, 329, 330, 331, 335, 338, 339, 340, 342, 343, 344, 347, 348, 349, 350, 351, 352, 354, 355, 359, 362, 363, 365, 366, 367, 368, 374, 379, 380, 387, 388, 389, 390, 391, 392, 393, 394, 400, 401, 415, 417, 418, 420, 423, 426

Aos curiosos se adverte que
este livro acaba de ser impresso pela
Gráfica Guadalupe, Campinas-SP, Brasil, nos
papéis Chambril Avena 80 gr/m² e Triplex 250 gr/m²,
e que o tipo usado foi Arno Pro.